本书获教育部哲学社会科学研究重大课题攻关项目“巨灾风险管理制度创新研究”（编号：09JZD0028）的大力资助，在此表示感谢！

巨灾风险管理与保险制度创新研究（第二版）

Innovation Research on Catastrophe Risk Management and Insurance System

卓志 主编

西南财经大学出版社

图书在版编目(CIP)数据

巨灾风险管理与保险制度创新研究/卓志主编.—2版.—成都:西南财经大学出版社,2015.3(2024.8重印)
ISBN 978-7-5504-1701-4

Ⅰ.①巨… Ⅱ.①卓… Ⅲ.①灾害保险—研究—中国 Ⅳ.①F842.64

中国版本图书馆CIP数据核字(2014)第286185号

巨灾风险管理与保险制度创新研究(第二版)
Juzai Fengxian Guanli yu Baoxian Zhidu Chuangxin Yanjiu
卓 志 主编

责任编辑:李霞湘
助理编辑:高小田
封面设计:三原色设计 张姗姗
责任印制:封俊川

出版发行	西南财经大学出版社(四川省成都市光华村街55号)
网 址	http://www.bookcj.com
电子邮件	bookcj@foxmail.com
邮政编码	610074
电 话	028-87353785 87352368
印 刷	北京业和印务有限公司
成品尺寸	170mm×240mm
印 张	24.75
字 数	535千字
版 次	2015年3月第2版
印 次	2024年8月第3次印刷
印 数	1—3000册
书 号	ISBN 978-7-5504-1701-4
定 价	76.00元

序

近年来，全球范围内，各种自然灾害频繁发生。今年是“5·12”汶川大地震灾后重建七周年。同全球其他国家一样，在巨灾风险席卷全球的浪潮中，中国的保险业经受了严峻的考验，同时也给我国政府的公共灾害管理带来了新的挑战。因此，在当前的经济和社会背景下，共同分享灾后重建经验，探讨中国自然灾害的特征，建立适合我国国情的新型巨灾风险管理制度，不仅具有重要的理论研究意义，而且对于我国社会主义和谐社会的构建也具有非常重要的现实价值。

在当前的经济社会条件下，我国保险业多年来在巨灾保险方面发展比较缓慢，保险赔付占巨灾损失的比例与国际平均水平相比明显偏低，仅依靠保险机构商业运营难以承担相应的风险保障责任。这就需要建立起一个由投保人、保险机构、再保险人、资本市场和政府来共同承担风险的巨灾风险分担机制，实现政府推动与市场机制相结合的巨灾风险管理体系。

在这一体系的构建过程中，各方面应做好以下工作：

第一，对于保险公司：首先，保险公司要对中国自然灾害进行科学分类和评估，研究中国的自然灾害对中国保险的显性需求和潜在需求，充分发挥保险的功能和作用，为经济发展、社会进步以及创新社会管理提供保障，做好对灾害存量风险和增量风险的保险保障工作；其次，保险公司要加大巨灾保险的投入，积极进行创新式的保险产品研究，开发适合我国国情的各种巨灾保险产品。

第二，对于政府部门：①首先，政府部门应该认真研究与分析各种自然灾害的经济损失与灾害救助之间的关系，防止重大自然灾害对经济发展、社会管理和民生改善等的不利影响，确保在财富稳定增长的前提下不影响经济发展和居民生产生活；其次，政府部门应该建立起政策性支持分散风险机制，在政府主导、社会广泛参与、保险公司积极参加的巨灾风险管理体系中承担主体责任。②政府部门应该在法律层面上对巨灾风险管理体系的构建进行规范，并对巨灾保险相关业务给予财税政策支持。

第三，对于再保险人和资本市场：一方面，可以利用再保险人和资本市场的力量建立中国式的巨灾保险基金，用多年的资金积累来应对偶尔的巨灾事故；另一方面，巨灾风险可以尝试利用资本市场进行分担,比如用保险产品证券化来分散风险。

第四,对于高校研究人员:高校和研究机构要切实承担起职责,高度重视和开展对巨灾风险管理与保险的研究,形成政策建议和操作方案,加快与政府部门和保险监管部门的对接,提高与保险公司的对接速度,对一些项目可以先行先试,加快研究成果转化步伐,成为国家经济社会发展的思想库与智囊团,从而构建起具有中国特色的巨灾风险管理体系。

中国特色巨灾保险的构建离不开创新性质的保险监管。围绕巨灾风险管理制度的构建,当前在监管机制的建设上应该注意以下几个问题:①要积极研发防灾减灾的信息技术支撑系统,建立适合中国特色的、加强各部委合作的、信息产业(IT)支持的信息系统,综合分析,准确反映巨灾风险状况,进行风险分类、风险评估,制定风险应对方案。高校要切实承担起职责,高度重视对巨灾保险的研究。保险公司要加大对巨灾保险的投入,创新研究和开发巨灾保险产品,在保证偿付能力的前提下,有效配置保险资金;要加强对数据的整合,客观进行分析评价,提供科学的政策建议,建立有效的效益评价系统。②要建立效率和效益并重的保险监管机制。一是要建立起"三铁",即铁规章、铁算盘、铁数据。铁规章重点在于加强执行力建设,铁算盘就是要讲效益,铁数据要抓数据的真实性,体现刚性的要求和长期可持续发展。二是要注重"三率",即费用率、赔付率和成本率。三是要加强"三配置",即人力资源配置、货币资本配置和经费开支配置。人力资源要向转方式、调结构、方向、比例等方面配置,货币资本要向一些优势的险种、有效益的险种进行配置,各方面的开支要向能产生企业效益和社会效益,增加人力资本的方面进行配置,使有限的经费开支发挥最大的效用。

在国内外自然巨灾不断频发,2008年"5·12"汶川大地震灾后重建三周年以及日本"3·11"地震海啸发生三月之际,西南财经大学卓志教授发起、筹划并组织了由西南财经大学主办、中国财产再保险股份有限公司协办,以"巨灾:挑战与应对"为主题的巨灾风险管理与保险国际研讨会。我有幸应邀出席大会,认为大会举办的意义深远,研讨主题鲜明,产、学、研、政专家聚集,涉及内容广泛,成果与三年前相比,深度和广度均有很大的可喜的进步;更重要的是,研讨会不仅为国内外学者提供了一个沟通与交流的平台,还集思广益,为我国巨灾风险管理制度的制定提供了参考和借鉴。

欣闻在大会论文集基础上,卓志教授主编的《巨灾风险管理与保险制度创新研究》一书付梓。我认为它是对当前我国巨灾风险管理与保险领域相关研究问题的一次系统性的梳理和归纳总结,是对未来我国巨灾风险管理与保险制度构建的一次探索性的尝试和前沿性的展望,具有较高的参考价值。为此,我欣然为之作序,并希望借此序和通过本书内容，让更多关心、关注和推动巨灾风险管理和保险制度建设和国家综合防灾减灾工作的各界人士，可以从战略的高度和国际的视角，就我国巨灾风险管理与保险问题发表更深刻和富有远见的真知灼见，为中国巨灾保险与风险管理的发展提供重要的理论支持和政策建议。

周延礼

（中国保险监督管理委员会副主席）

再版前言

作为世界上受各种自然灾害破坏严重的少数国家之一，中国面临严峻的巨灾风险以及应对管理的形势。20 世纪以来，全世界 54 次最严重的自然灾害就有 8 次发生在我国，而且自 20 世纪 90 年代以来，自然灾害造成的经济损失占国内生产总值(GDP)的比重以平均每年 2.7% 的速度增长。面对目前严重的巨灾损失风险，我国传统机制下所采取的较为单一的，以国家财政救济为主、社会对口支援和捐助为辅的灾害补偿和处置机制，成效比较显著。但是随着社会主义市场机制的不断完善，有必要进一步挖掘和发挥市场机制在应对巨灾风险中的积极作用。为逐步实现这样的初衷和目的，各界对建立多位一体的整合性巨灾风险管理制度的呼声日益强烈，理论研究也不断深化而呈现越来越多的建设性观点，巨灾风险管理已成为风险社会环境下一个国家产、学、研、政关注的热点、重点和难点领域。

在此背景下，西南财经大学依托承担主持的教育部哲学社会科学研究重大课题攻关项目“巨灾风险管理制度创新研究”，在学校和有关部委单位研究机构以及大型企业等的关心与支持下，经大半年的精心筹备，于 2011 年 6 月，由西南财经大学主办，中国财产再保险股份有限公司协办，在成都召开了以“巨灾：挑战与应对”为主题的巨灾风险管理与保险国际研讨会，希望借此会议促进巨灾风险管理与保险研究与实务领域的交流和合作，探讨适合我国国情的巨灾保险与风险管理的制度建设与创新，推动我国巨灾风险管理与保险事业的发展。

会议取得了圆满成功，而且会议汇集了不少领导、专家、学者的成果，无论会议的组织管理，会议的内容与观点，领导、专家、学者的严谨治学态度及其热情洋溢的发言等，均获得了与会代表以及广大师生的好评，也产生了深远广大的社会反响。应大会论文作者和广大关心和支持巨灾风险管理与保险制度建设者的请求和建议，我们从本次会议论文中选择了部分论文，按照标准出版规范与要求，编辑出版了《巨灾风险管理与保险制度创新研究》一书，旨在总结、分析巨灾风险管理与保险领域的最新学术论文、调研报告与对策研究等成果，更希望抛砖引玉，进一步拓展巨灾风险管理与保险的研究视角，丰富和完善巨灾风险管理与保险的研究基础，推动适合我国国情的巨灾风险管理与保险制度的建设，唤起人们对巨灾造成的财产和人身严重损失的警惕，呼唤更多的力量投入到防灾减灾以及巨灾风险管理之中，让更多的人士关心关注并身体力行地投入到巨灾风险管理与保险的研究中。

立足我国巨灾风险管理与保险发展的全局，针对我国当前的巨灾风险管理与保险发展现状和前景，反映我国巨灾风险管理与保险领域的研究成果，全书由如下三个部分构成：

（1）制度建设与体制创新部分。当前，巨灾风险管理制度主要有政府主导的模式、商业保险市场主导的模式和政府—市场相结合的模式三类。根据各国巨灾保险的实施经验，政府和市场相结合的模式集合了单一承担主体的优点，同时还有效地控制了政府和市场的风险责任，在保证市场效率和社会公平中寻求平衡。正是这些优点使得这种模式逐步成为巨灾保险制度的主流。在这一制度体系中，政府制定有效的公共政策，通过对巨灾保险立法的研究和相关配套政策的支持，提供适当的财政资助和公共政策支持；保险公司广泛参与，采取市场化的运作方式，对巨灾风险进行管理。但是在这一制度的构建过程中，政府作为制度安排的供应者，该怎么样扮演好自己的角色？是设立数个政策性的保险公司，对全国的巨灾风险进行集中管理和经营，还是在更广的范围进行分散，并以多样化的政府救济方式为补充手段？政府又应该提供什么样的政策支持，是风险补贴的提供方还是最终风险的承担方？政府有没有必要进行事前风险教育，政府应该建立什么样的再保险防范体系？围绕这些问题的制度建设与政策主张是巨灾风险管理与保险制度创新得以实现的核心。

（2）理论探索与政策建议部分。在构建和实施一个巨灾风险管理与保险制度安排时，必须从理论和工具上对制度构建过程中各个行为主体之间的关系以及行为决策原则给予充分论证并明确抉择，它既是研究巨灾风险管理制度构建的逻辑起点又是实施运行的必要基础。在对巨灾风险及其理论的研究过程中，基于不同的制度背景，立足于不同的价值与文化哲学观念，可以从多层次、多角度和多维度展开，运用不同的方法论与工具等对巨灾风险管理与保险的一些基本性的理论问题进行研究，将会得到不同的研究结论和研究观点。诸如：规范主义与实证主义、经验主义与制度分析相结合的研究模式，综合性的风险管理体系和多学科交叉性的研究方法等研究方法和理论探索是否具有创新性的价值？基于实验性的调查研究以及以实证性的可靠性检验为分析手段是否具有实际的可操作性？制度比较分析、公共决策行为以及投保人的心理分析和行为决策研究能否成为未来研究中新的亮点？围绕这些问题的理论探索与实际应用是巨灾风险管理与保险制度创新得以完成的基础。

（3）国际经验与对我国的启示部分。我国在十余年前兴起了对巨灾风险管理与保险的理论研究，其间无论理论研究还是实践，可谓时断时续，起起伏伏，至今仍没有建立起现代意义上的完整的和多层次、多主体的巨灾风险管理与保险制度。相比之下,发达国家无论是在巨灾风险管理与保险的理论研究还是在实践应用方面,不仅建立了符合自身国情的巨灾风险管理制度,而且发达市场的风险分析技术已经比较成熟,一些知名的巨灾模型公司如 RMS 和 AIR 都拥有不同灾种和地区的巨灾模型,并以此为基础,为各国政府、金融市场和保险公司提供广泛的技术支持。但是,不同国家因国情不同,必然存在差异化的巨灾风险管理与保险制度模式,不存在千篇一律的制度,为此,创建适合我国国情的巨灾风险管理与保险制度是我们的目标。由于巨灾应对以及制度建设是复杂且高难度的课题,“前车之鉴,后车之覆”,可以使我们少走弯路,所以学习国外经验,开展理论研究,加强对巨灾风险管理控制平台建设和对巨灾保险基金、巨灾保险证券化等相关领域的规划和探索,都具有重要的学术价值和迫切的现实意义。围绕上述问题的国际实践与对我国的启示是巨灾风险管理与保险制度创新得以运行的借鉴。

文集中的成果反映了作者们自己的观点,是他们辛勤研究、调查与工作的成果,更是他们关心、关注并身体力行地对我国巨灾风险管理与保险制度建设做出的贡献。我们相信,在建设巨灾风险管理与保险制度这座高楼大厦的宏伟工程面前,我们的成果犹如一块块小砖石,不一定很结实和坚硬,但是只要它们能够成为建设高楼大厦的成千上万砖石中的一员,承载高楼大厦的挺拔,尽管力量绵薄,仍然值得自豪和欣慰。在此,我代表西南财经大学巨灾风险管理与保险国际研讨会会议组委会,并以执行主席的名义,向参与论文征文活动的作者、参加会议的代表以及各个相关职能部门的热情帮助和支持表示衷心感谢!向你们学习并致敬!

当然,由于我们工作的疏忽,在论文征集以及会议准备过程中还存在很多的不足,对巨灾风险管理与保险的研究水平还有待进一步提高。我们将总结经验和教训,为更好地探讨巨灾风险管理与保险领域中的理论问题和实践经验,推动我国巨灾风险管理与保险事业的发展不断努力!

卓志

目　录

第一部分　制度建设与体制创新

第二部分　理论探索与政策建议

第三部分 国际经验与对我国的启示

第一部分

制度建设与体制创新

对建立政府与市场相结合巨灾保险制度的探索

金坚强

【摘要】我国是世界上自然灾害最严重的少数国家之一,灾害种类多,发生频率高,分布地域广,造成损失大。建立一个稳定的巨灾损失补偿机制,构建有效的巨灾风险保障体系已成为我国社会主义和谐社会建设的一项重要课题。本文认为立足当前我国国情,建立政府与市场相结合的巨灾保险制度是提升巨灾风险管理效率的最优模式,并提出建立我国巨灾保险制度的政策建议:立法保障,加强巨灾融资体系建设;政策支持,促进巨灾保险制度创新;市场运作,充分利用再保险及资本市场分散风险;行业参与,积极发挥保险行业协会的桥梁纽带作用。

【关键词】政府与市场相结合;巨灾保险;政策建议

Abstract: China is one of the worst natural disasters countries in the world, in which catastrophes are variety, high frequency, wide distribution and cause severe loss. The paper explores that we should construct private - public catastrophe risk insurance system in order to improve efficiency. Then the paper introduces the corresponding countermeasure to improve the catastrophe insurance system of our country. The specific countermeasures include four aspects: We should establish and improve the law and regulations; We should strengthen the construction of system, and improve the enthusiasm of commercial insurance companies. We should raise the proportion of reinsurance, and make the reinsurance combined with the government. And we must accelerate the development of capital market, and improve the catastrophe insurance coverage capacity; We should make full use of insurance associate as the bridge and link.

Key words: catastrophe risk insurance; private - public system; policy recommendations.

随着全球化、城市化的加速,以及全球气候变暖,破坏性自然灾害不断上升,瑞士保险公司发布的《Sigma》报告统计数据显示,2010 年全球发生了 167 起极端天气事件,洪灾与

[作者简介]金坚强,高级经济师,中国保险行业协会会长。

毁灭性地震造成的损失都是史无前例的,全球因自然灾害导致的经济损失达1940亿美元,其中保险业承担损失金额约400亿美元。我国幅员辽阔,自然环境及地质构造复杂,各种极端自然灾害更是频繁发生,2010年干旱、地震、洪水、泥石流等重特大灾害连发。自然灾害对人民的生命、财产安全造成严重损失。经民政部等相关部门核定,全国各类自然灾害共造成4.3亿人次受灾,因灾直接经济损失5339.9亿人民币。为有效防范巨灾对经济社会的冲击,建立一个稳定的巨灾损失补偿机制,构建有效的巨灾保险制度迫在眉睫。

一、稳定的巨灾损失补偿机制亟待建立

巨灾风险管理是政府有关部门相互配合的系统工程,包括对自然灾害的预测、预警,城市规划和建筑标准的规范,以及灾前、灾后融资体系的构建,涉及民政部、气象局、地震局和住建部等多个政府部门与相关利益主体。巨灾损失补偿机制的构建与完善是这一系统工程的重要环节,将有助于促进巨灾风险管理长效机制的建立。

(一)我国巨灾损失补偿机制现状

目前,我国对地震、洪水等巨灾仍然实行传统的国家财政支持下的灾后救济补偿模式。灾害补偿主要依靠财政补贴、救济和社会援助等方式,稳定的巨灾损失补偿制度尚不完善,商业保险在巨灾损失补偿方面发挥的作用有限①,远低于国际平均水平②,受灾个人、企业和政府机构自身承担了大部分巨灾经济损失,保险机制在巨灾风险管理中的技术优势未能得到有效发挥,无法有效转移和分散巨灾风险和损失。

在当前我国巨灾损失补偿模式下,一方面,因社会捐赠存在较大不确定性,因此公共财政承担了巨灾补偿的主要任务,这种补偿机制下不仅可持续性差,而且可能影响财政收支的平衡与稳健。巨灾事件往往给政府财政预算构成较大冲击,增加了当期财政支出压力,加大了财政安排的不确定性,甚至影响到其他方面的财政投入。而且,财政往往只能提供灾后的基本补偿,补偿比例较低,仅依靠财政补助难以全面迅速地开展灾后重建以及恢复正常的生产生活③。另一方面,保险的作用尚未充分发挥。保险公司由于缺乏相应的政策支持,加上巨灾风险的分散渠道有限,商业化经营无法单独承担巨灾风险。2008年初,我国南方发生的低温雨雪冰冻灾害中,保险业赔款尚不足直接经济损失的5%。同时,由于巨灾发生概率低,人们存在侥幸心理并过度依赖政府,加上缺乏基于公共赈灾的相关强制保险措施,因而我国公众主动购买保险的意识不足,意愿不强。

因此,建立适合我国国情的巨灾保险制度是巨灾风险管理的当务之急。

---

① 保险赔款支出占巨灾经济损失的比例不足10%。

② 国际上保险赔款支出占巨灾经济损失一般可达到30%~40%。

③ 2009年全国因灾直接经济损失2523.7亿元,政府救济支持174.5亿元,仅占6.9%。

(二)运用保险机制提供巨灾损失补偿具有现实意义

第一,在巨灾风险管理方面引入巨灾保险机制,已成为全球通行的有效做法。从全球来看,巨灾保险已成为各国综合灾害防范和救助体系的重要组成部分,在灾害防范、灾害应急处理以及灾后恢复重建等方面发挥了积极作用。2010 年,全球保险业承担了 19.7%的巨灾损失①。

第二,保险作为市场化的风险转移机制、社会互助机制和社会管理机制,在巨灾风险管理方面具有独特优势,能够发挥更大作用。从国际经验看,建立巨灾保险机制有利于构建包括政府、市场、社会的多层次巨灾风险补偿体系,可以充分调动全社会的力量,增强抵御巨灾风险能力。

第三,充分发挥商业保险在巨灾风险管理中的积极作用。巨灾保险模式的建立离不开商业保险,它的设计最终是以保险业的规律为基础,比如巨灾保险条款的设计、费率的厘定、承保、理赔等。依托商业保险机构,利用保险机构在人员和专业技术等方面的资源来运行管理巨灾保险,可以大大提高巨灾损失的补偿效率。

二、建立我国巨灾保险制度的模式选择

(一)立足国情,选择政府与市场相结合的巨灾保险机制

基于我国巨灾的风险种类多②、发生频率高、波及范围广等特点,巨灾保险制度的建立宜选择政府与市场相结合的模式,在具体的制度建设和运行过程中,应当更多地采用政府引导下的市场运作。

一方面,商业化运作模式对保险市场的发展程度要求较高,一般以成熟的保险市场存在为前提,如德国拥有发达的保险市场,其巨灾风险主要通过商业保险来分散。而且,商业巨灾保险也面临着逆向选择和道德风险等市场失灵问题,导致巨灾保险供给不足或者保费价格过高。另一方面,从多数国家的实践看,政府机构直接运行和管理的效果往往不好,效率相对较低,最终均向市场化方向转轨。根据我国现阶段经济发展、保险市场发育和各级财政的实际情况,通过市场运作的方式建立和发展我国的巨灾保险制度,既符合我国行政体制改革的总体方向,又能够促进我国保险市场、再保险市场、资本市场的发育与发展。

因此,单纯采用商业化运作模式或政府主导模式均不适合我国当前国情,建立政府与市场相结合的巨灾保险制度是对我国当前巨灾风险补偿机制的创新与探索。

---

① 据瑞士再保险公司统计,2010 年巨灾导致的全球经济损失为 2180 亿美元,其中保险业承担的损失额为 430 亿美元。

② 地震、洪水、泥石流、干旱、台风、暴雪、沙尘暴等自然灾害发生的种类较多。

（二）建立政府与市场相结合的巨灾保险机制，提升巨灾风险管理效率

建立政府与市场相结合的巨灾保险机制，有利于政府和社会公众有效应对巨灾损失，提升巨灾风险管理效率，促进国民经济平稳发展与社会和谐稳定。

第一，有利于国民经济平稳发展。通过巨灾保险机制，将巨灾风险及其损失的不确定性转化为相对确定的财务安排，以保险费的形式积累巨灾保险基金，可以实现巨灾风险的有效转移和科学管理。对政府而言，通过事前相对确定的财政投入来支持巨灾保险机制的建立，有利于缓解灾后财政安排的不确定性，稳定财政支出预期，优化财政支出结构。

第二，实现财政投入的放大效应，提升公共服务的资源配置效率。建立巨灾保险机制，通过财政支持等手段，可以有效调动企业和个人参与巨灾保险的积极性，以少量财政投入撬动巨大社会资金，缓解灾害发生时政府财政救济资金不足的困难。

第三，有利于保障和改善民生。改革开放三十多年来，我国居民的家庭财产不断增多，其中房屋、汽车等不动产和较高价值的动产占比越来越高。一旦发生巨灾，受灾居民将面临巨额财产损失，建立有效的巨灾保险机制，在灾害发生后能有效补偿人民群众的损失，尽快恢复灾区的生产生活秩序，降低社会灾害痛苦指数，有效防范灾后出现社会失序和不安定局面，对于保障和改善民生、促进社会和谐具有重要作用。

第四，最大程度分散巨灾风险。巨灾风险造成的损失巨大，直接承保的保险公司、局部地区乃至单一经济体往往难以在特定时期独立承担。巨灾保险机制通过再保险等技术手段，可在空间上将巨灾风险在国内国际保险市场、再保险市场上进行分散，并通过建立巨灾保险准备金制度，在时间上逐步积累应对巨灾风险的储备资金。同时，通过金融创新，开发有限风险再保险产品、巨灾指数联结证券等风险转移产品，可以将巨灾风险转移到资本市场、海外市场，在更多经济体之间进行分散，进一步增强消化巨灾风险的能力。

第五，有效应对商业巨灾保险市场的失灵问题。由于巨灾风险不具有不可保性及公共风险的特性，导致纯粹的商业巨灾保险市场供给很少，存在市场失灵，然而政府主导巨灾保险市场，承担巨灾保险最后的再保险人，就可以应对市场失灵问题。而且，可以充分发挥商业保险的风险选择、定价、监测及理赔审核优势。商业保险在风险管理的各个方面都具有专业技术优势，在政府主导、商业保险参与的模式下，可以充分发挥这些优势，提高巨灾保险保障效率。

三、建立我国巨灾保险制度的政策建议

全面有效的巨灾融资体系离不开政府推动和政策支持，政府与市场在巨灾融资体系中缺一不可。政府支持是市场机制发挥作用的一个重要条件，鉴于巨灾保险具有“公共产品”的特点，国家需要通过强有力的手段，如立法、税收、财政、行政干预等，推动巨灾保险制度的建设。同时，巨灾保险制度建设涉及的部门众多，工作繁杂，仍存在大量的工作需

要国家(部委)层面统筹协调,这些工作是市场和公司难以实现的。建议按照“政府主导、政策支持、适当强制、市场运作”的思路建立我国巨灾保险制度。

(一)立法保障,加强巨灾融资体系建设

建立相关法律法规是发展巨灾融资的重要制度保障,政府应通过颁布法律法规等政策,尽快推动多层次巨灾融资保障体系的建立,并保证其长远、有序发展:一是通过立法建立巨灾基金,规定基金的经办主体、运作模式和保障对象;二是制定《政策性巨灾保险法》,规定保障对象,运作方式,保险责任、最高保险金额、费率划分、费率补贴以及赔偿方式等,明确政策性巨灾保险的强制性;三是制定对商业巨灾保险的监管法规,加强对商业巨灾保险的保费价格及偿付能力监管。

对于目前经营商业巨灾保险的保险公司而言,一旦地震等巨灾事件发生在经济较发达地区,巨额赔付可能导致财产保险行业的偿付危机,甚至危及某些保险公司的生存。监管部门应考虑以巨灾为情境的偿付能力压力测试、经营巨灾风险的资本约束、巨灾风险再保险安排的安全程度、巨灾风险的地区责任累积控制、巨灾风险费率指引和巨灾风险承保数据标准化等措施加强对财产保险公司承保巨灾风险的监管,保障行业的健康发展。

(二)政策支持,促进巨灾保险制度创新

在政策性巨灾保险以及商业巨灾保险发展的起步阶段,为培育市场稳步发展,建议政府相关部门通过制定支持政策来促进制度创新:一是出台优惠的税收、会计和金融政策来引导和鼓励巨灾保险供求双方进行理性决策。二是加强识别、调查和评估主要巨灾风险因素,建立我国巨灾风险管理数据库。巨灾融资体系需要建立在对巨灾风险进行精算分析和定价的基础上,以国家资源建立巨灾风险数据库有利于弥补巨灾风险本身数据稀少且历史损失数据积累不足的缺陷。三是支持高校加强关于巨灾保险技术等基础性工作的研究,全面提升巨灾保险制度的竞争力。

(三)市场运作,充分利用再保险及资本市场分散风险

在构建传统巨灾融资体系分散巨灾风险的同时,也要注重新型巨灾风险控制手段的运用。新型巨灾保险的风险分散与转嫁对于巨灾保险的顺利实施具有非常重要的作用,其主要方式是通过再保险市场和资本市场来转嫁和分散风险。通过国际再保险分保及发行巨灾债券等方式,将巨灾损失在国际范围内进行风险分担,提高我国巨灾风险保障能力,如在巨灾保险设立的初始阶段,由于储备金有限不足以应对巨灾损失,可通过发行以参数为基础的巨灾债券来分散风险。一个成熟而有效运行的资本市场是巨灾融资体系发展的重要前提,加强资本市场和现代金融体系建设,鼓励金融创新,培育巨灾保险制度建设的外部环境,发展再保险市场,利用再保险提高巨灾保险的承保能力;发展资本市场,为巨灾风险证券化以及各种 ART 工具的运用创造条件。

(四)行业参与,积极发挥保险行业协会的桥梁纽带作用

在我国多层次巨灾融资体系建设中,保险行业协会作为非营利组织可以充分发挥桥梁和纽带作用,反映行业诉求,维护行业权益,积极争取巨灾保险成功运行的良好外部环境。行业协会可以:一是负责协调启动应急赔偿计划,督促政府制定有效的公共政策,实施有效的工程性防损减灾措施;二是负责收集巨灾损失数据、查勘定损及灾情和保险赔偿的统计,建立巨灾风险管理数据库;三是充分发挥协会在行业"智库"建设中的作用,整合行业力量,着力提升巨灾保险的风险管控技术;四是积极开展国际交流与合作,学习国外先进的巨灾保险产品开发技术、巨灾保险证券化技术和相关管理经验等。

【参考文献】

[1]魏迎宁. 建立我国巨灾保险制度[J]. 中国金融,2009(6):18 -18.

[2]吴焰. 从汶川地震看建立巨灾保险机制[J]. 人民日报理论版,2008(6).

[3]王和. 我国地震保险制度建设路线图[J]. 中国金融,2008(13):28 -32.

[4]王和. 对建立我国巨灾保险制度的思考[J]. 中国金融,2005(7):50 -52.

[5]王和. 我国地震保险方案研究[J]. 保险研究,2008(6):15 -18.

[6]刘京生,刘晓权,孟彦君. 我国洪水保险若干问题的研究[J]. 金融科学,1998(4):1 -4.

[7]刘京生. 对我国洪水保险若干问题的思考[J]. 保险研究,1999(4):16 -18.

[8]周光武,史培军. 洪水风险管理研究与中国洪水风险管理模式初步探讨[J]. 自然灾害学报,1999(8):62 -72.

[9]史培军,唐迪,等. 从应对2008年低温雨雪冰冻巨灾看我国巨灾风险防范对策[J]. 保险研究,2008(5):9 -12.

[10]史培军. 建立巨灾风险防范体系刻不容缓[J]. 求是,2008(8):47 -49.

[11]许谨良. 我国巨灾保险制度模式探讨[J]. 人民法院报2008 -06 -03(005).

[12]李海堂. 论巨灾保险的需求与供给[J]. 保险职业学院学报,2009(4):45 -48.

[13]张艳花. 巨灾风险管理——问题与对策[J]. 中国金融,2005(7):54 -56.

[14]谢世清. 加勒比巨灾风险保险基金的运作及其借鉴[J]. 财经科学,2010(1):32 -39.

[15]谢世清. 建立我国巨灾保险基金的思考[J]. 上海金融,2009(4):27 -30.

[16]谢世清. 公司伙伴合作应对巨灾挑战:国际经验与启示[J]. 财贸经济,2009(7):62 -69.

[17]颜清. 2003年全球巨灾情况概述[J]. 保险研究,2004(6):56 -59.

关于构建巨灾风险管理体系中再保险制度的实践与思考

欧伟

【摘要】我国作为世界上自然灾害最为严重的国家之一，面临严峻的巨灾风险转移与分散形势。如何设计和建立并逐步完善我国的巨灾防范体系，通过多层次、广范围的风险管理体系来分散巨灾损失风险，是摆在我国政府和保险行业面前迫切需要解决的一个重要课题。本文从研究我国巨灾风险管理体系的现状出发，总结探索巨灾风险管理体系建设的理论与实践，认为政府推动是构建中国巨灾风险管理体系的基本保障，应该建立政府政策引导与商业保险相结合的运营模式，通过建立以再保险为核心的多渠道的巨灾损害补偿制度夯实巨灾风险管理机制的基础保障，进一步发挥再保险公司的职能和作用。

【关键词】巨灾；风险管理体系；再保险

Abstract: As one of the countries in the world that suffer the most serious natural disasters, China faces a severe situation of catastrophe risk transfer and dispersion. How to design, construct and gradually improve China's catastrophe prevention system and spread catastrophe loss risk through a multi - level and widely - ranged risk management system is a very important and urgent problem to be solved placed in front of China government and insurance industry. This paper, viewed from the research on current situation of China's catastrophe risk management system, summaries exploration and practice of catastrophe risk management system construction, and argues that the government's promotion is the basic security to construct China's catastrophe risk management system. China should build a business model integrating government policy guidance and commercial insurance and consolidate the basic security for catastrophe risk management mechanism to further develop reinsurance companies's role and function.

Key words: catastrophe; catastrophe management system; reinsurance

自1970年以来，世界巨灾风险爆发的频率呈上升趋势，巨灾造成的财产损失程度也

［作者简介］欧伟，中国财产再保险股份有限公司总经理。

显著增加。作为转移分散巨灾损失风险的重要手段,再保险在巨灾风险管理体系的构建中发挥着十分重要的作用,而在当前全球巨灾风险频发、各种灾害损失日益增加的背景下,探讨保险、再保险在建立巨灾风险保障体系和加强巨灾风险管理中的作用,具有非常现实而深远的意义。

一、我国巨灾风险管理体系建设现状

随着世界经济的发展和人类文明的不断进步,巨大的生产力推动社会创造并累计了大量的物质财富。与此同时,由于自然环境和生态环境的不断恶化,全球巨灾发生频率及破坏程度日趋增加,给社会的生产和生活带来极大冲击。我国是世界上自然灾害最为严重的国家之一,近年来,干旱、暴风雪、超强台风等极端气候以及特大地震、泥石流等地质灾害发生的频率和损失程度均呈现明显上升趋势。据统计,我国有超过70%的城市、50%以上的人口分布在气象灾害和地质灾害较严重的地区。

面对不断频发的自然灾害,目前我国主要采取的是以中央政府为主导、地方政府配合,以国家财政救济为主,社会对口支援和捐助为辅的灾害补偿和处置机制。这种方式过于依赖中央财政体系,客观上造成了财政预算波动、资金来源渠道单一、补偿程度和效率较低等问题。同时,随着市场经济的发展和财产权属关系的明确,不可能将所有社会资产的风险补偿义务都与财政手段绑定。因此,现行的国家灾害处置机制,存在明显的内在缺陷,长期来看需要调整,而改进的方向就是尽快引入市场化的风险转移机制,构建多层次、多渠道和全方位的巨灾风险补偿体系。

现代商业保险是市场经济条件下提供风险分散和损失融资职能的重要方式,但应对巨灾风险需要系统和全方位的手段。发达国家的实践表明政府财政与商业保险的有机结合是较为行之有效的。但中国的巨灾风险分散机制尚未建立,导致商业保险也难以作为其中的一个重要组成部分发挥其应有的作用。从近年来各类自然灾害的损失情况看,商业保险处于比较尴尬的局面,巨灾导致的经济总损失巨大,但商业保险赔款在其中的占比通常在3%左右,大大落后于发达国家的30%~40%,甚至落后于一些发展中国家。因此,构建全方位的巨灾风险分散体系,对于提高巨灾风险管理水平和救助效率,促进社会经济和谐稳定发展具有十分重要的意义。

二、巨灾风险管理体系建设的探索与实践

作为在国内再保险市场占主导地位的专业再保险公司,中再产险始终致力于推动国家巨灾风险补偿机制建立,并希望能在这一关系国计民生的社会事业中发挥国家再保险公司应有的作用。为此,公司在机制建设、技术准备和政策推动方面作了一些有益的探索。

(一)积极推进巨灾风险管理体系的制度建设

中再产险积极与国家部委及有关方面合作,从制度保障、体系构建和巨灾风险分散等方面,以商业合作模式为载体,积极开展巨灾风险管理制度建设的再保险实践。一是参与了保监会牵头开展的国家15项金融领域重大课题“建立巨灾保险制度”调研工作,研究探索符合我国国情的巨灾风险分散机制。二是积极参与国内巨灾超赔再保险市场,为国内保险公司设计巨灾再保险保障提供专业服务,推动我国保险行业整体巨灾管理水平的提升。三是推动完善我国农业巨灾风险分散机制,探索组建中国农业再保险共同体,为解决农业再保险有效承保能力、转移农业巨灾风险提供重要保障。

(二)发挥再保险在巨灾风险分散机制中的作用

中再产险作为国内财产保险公司最重要的合作伙伴,承担了包括地震、海啸、台风、冰雪灾害等巨灾风险的再保险业务,发挥了巨灾风险分散的主渠道作用,并通过转分保机制,使国内巨灾风险有效转移到国际市场。目前,参与了国内绝大多数直接保险公司的巨灾再保险合约,公司承担国内地震风险累计责任超过5000亿元人民币,洪水台风累计责任超过20 000亿元人民币,旱灾风险累计责任超过1000亿元人民币,已经成为国内巨灾再保险和农业再保险的主渠道。与此同时,公司通过巨灾压力测试分析,在自身承受能力及风险控制需求的基础上,中再产险已经采取了包括转分保和巨灾超赔等方式实现了多层次的再保险保障,可以较好抵御一定规模的巨灾事件。

(三)引进和开发符合中国国情的巨灾风险模型

巨灾模型的研发是巨灾风险管理中最核心的技术手段,目前在这个方面我国与国际先进水平还有较大的差距。发达市场的风险分析技术已经比较成熟,一些知名的巨灾模型公司如RMS和AIR都拥有不同灾种和地区的巨灾模型,并以此为基础,为各国政府、金融市场和保险公司提供广泛的技术支持。我国在巨灾分析模型的研究和应用上相对滞后,还没有建立符合中国国情和自主知识产权的巨灾分析模型。从2009年开始,中再产险与RMS巨灾模型公司开始合作,以地震风险为突破口,在探讨如何建立拥有自主知识产权的巨灾风险分析模型及数据库方面开展了一系列的工作,取得了一些阶段性的成果。目前,公司在比例/非比例再保险业务报价中已经广泛使用了巨灾模型,为国内的保险公司提供更科学和系统的再保险及风险管理服务。下一步,公司将整合更多资源,加大模型建设的推进力度。一方面,要与合作伙伴一起结合中国的实际情况,对模型的参数和算法进行优化;另一方面,要拓展模型的运用领域,除对再保险产品的设计和报价提供支持外,更要广泛运用于灾后辅助评估以及各种证券化的风险融资产品创新。

在这方面,我们也非常愿意与大专院校等专业研究机构开展广泛的合作,希望通过政府、企业以及各类专业研究机构的共同努力,能尽快突破技术瓶颈,弥补中国与发达国家之间的差距。

三、在构建有中国特色巨灾风险管理体系方面的思考

温家宝同志在2011年的《政府工作报告》中首次提出“建立农业再保险和巨灾风险分散机制”。这既是对我国农业再保险和巨灾风险分散机制建设提出的要求,也是交代给我们每一个再保险人的任务,“十二五”是中国保险业调整结构、提升影响力的重要发展期,为了促进和完善我国巨灾风险管理体系的规范化和制度化,结合我国的国情,应着重关注以下几个方面。

(一)政府推动是构建中国巨灾风险管理体系的基本保障

在国外成熟的巨灾风险管理体系中,政府推动和政策支持是建立和完善巨灾风险管理的重要前提和保证。随着保险行业对巨灾风险损失的补偿能力逐步提高,政府应该充分发挥引导作用,利用保险的商业运作能力和风险管理技术优势,发挥商业保险在国家层面巨灾风险管理中的作用。

在发达国家的巨灾解决方案中,政府的作用不可或缺。不论美国的风灾、欧洲的洪水,还是日本的地震,政府在巨灾风险的管理和保障体系中都发挥着重要的作用。政府通过立法保障、预算管理和统一协调机制等进行系统化的运作,可以使原先几乎不可保的巨灾风险变为可保风险。其中,最为关键的就是国家通过立法制定一系列标准和制度,建立最高级别的国家信用和风险评判标准。举例来说,如果政府在城市规划和建设进程中考虑对重点区域和设施的建造标准和建造方式进行立法规范,则会对防止地震巨灾损失方面起到很好的作用。在屡次遭受地震巨灾打击之后,日本在历次的复兴计划和城市建设中,一方面根据历史最严重地震损失经历制定地震设防标准,如1923年9月1日的关东大地震后,包括东京都等地的建筑地震设防标准,都是以关东大地震同等烈度的地震为条件进行设计的;另一方面,特别注意城市避难场所的设置、公园防火带的建设及社区防灾据点的规划等,并且逐步形成了比较健全和完善的法制体系。这也是使日本地震风险成为全球公认的可保风险的重要前提。

(二)建立政府政策引导与商业保险相结合的运营模式

随着经济的发展、家庭财富的积累,以及大众风险保障意识的增强,主要针对个体损失的巨灾风险保障供给与现实需求差距很大。长期来看,重大灾害完全由政府买单的做法会无限地加重政府的负担,不具有可持续性。而在政府统一指导和管理下,逐步建立社会多层次的巨灾保险商业运营模式则是比较现实的一种方式。

经营巨灾保险应以非营利模式为主。所谓非营利模式,是指由政府成立直接管理巨灾风险的非营利机构,同时与现有的商业保险机构相结合,共同构建全社会参与的巨灾风

险管理体系。一是针对个人家庭财产,可以采取商业保险(保险公司、再保险公司)、非营利机构(政府+保险公司+再保险公司)和投保人个人自负三位一体的方法,三方共同建立巨灾保险基金,并由政府委托的非营利机构统一管理。二是针对企业财产,仍可采取商业保险和投保人自担部分风险的方式。

(三)建立多渠道的巨灾损害补偿制度

一个国家或地区的经济总量决定了其分散风险的能力。对于地理面积狭小、巨灾风险频繁的地区(如日本、智利和我国台湾地区),一个仅仅是500年一遇的巨灾灾害(相当于年发生频率只有2‰)所造成的损失,就足以超过这个地区全年所有的非寿险保费收入。为了更好地分散风险,有必要通过商业保险、政府和个体投保者参与的方式建立广泛的巨灾风险保障基金制度。

此外,从风险分散工具和资本管理手段方面考虑,加强对巨灾保险基金、巨灾保险证券化等领域的研究和规划也很有必要。随着非寿险风险转移渠道和资本管理手段的日益多样化,一些创新型的风险转移和资本管理机制不断出现。学习和借鉴国际市场的巨灾风险非传统转移方式,如巨灾债券、巨灾互换、行业损失担保、应急资本和交易所买卖期权等非传统的财务手段进行风险分散,将保险风险向资本市场转移,丰富我国资本市场的交易品种,也是解决巨灾保险风险管理的一个重要途径。

(四)夯实巨灾风险管理机制的基础保障

一是提高巨灾保险覆盖面的广泛性。再保险公司需要最大数量的个体投保者的参与和保费贡献,以创造更高程度的“巨灾风险分散系统”,从而支持整个系统长期有效运作,提升社会经济的整体稳定性。二是确保损失定价的合理性。包括对巨灾风险的测度和对巨灾风险累积的测度两部分。对风险的测度是指对标的物的地理分布、财产价值的分布及其抗巨灾能力的评估。对风险累积的测度,则需要借助专门用于巨灾风险损失超赔概率计算的精算模型工具,并依赖于比较详细的风险分布数据。三是提高运作流程的规范性。在确定保险标的、改进产品设计、促进数据归集等方面创造一个良好的流程和环境,从而确保巨灾保险分散机制各个环节的衔接。

(五)进一步发挥再保险公司的职能和作用

从发达国家的经验来看,再保险公司在巨灾风险体系中发挥着重要的作用。首先,从职能上讲,再保险公司是最主要的风险承担者,通过独立承保和交换承保大量同质巨灾风险,能够达到最大限度分散风险和分摊损失的目的。能有效地消除单一巨灾风险对区域经济造成毁灭性打击的潜在威胁。其次,从能力上看,再保险公司通过综合评估和更大范围的保费收入分享机制来达到平衡本地区巨灾风险的目的,使得同一笔风险资本能多次使用,在提高承保能力的同时,大大降低整体风险转移的交易和使用成本。最后,从经验方面考虑，再保险公司可以利用在数据及保险经营方面的经验，通过构建巨灾评估模型和定价模型，整理并分析损失基础数据，不断推进巨灾风险评估技术的发展，使巨灾保险更加精准并满足不同的风险保障需要。

四、小结

建立巨灾风险管理体系需要很强的理论性和实践性。中再产险非常重视自己在国内再保险市场上的定位，近年来投入了大量人力物力从事巨灾风险管理的研究，也有专门的人员和机构进行专题研讨，但从总体上看还处在初级阶段。下一步将在已取得的成果基础上，重视借鉴国内外巨灾管理的成功经验，进一步加大研究和投入力度，发挥再保险分散风险的功能，为构建中国特色的巨灾风险管理体系，促进行业全面协调发展做出应有的贡献。

【参考文献】

[1]ARTUR RAVIV. The Design of an Optimal Insurance Policy[J]. The American Economic Review, 1979, 69(1): 84-96.

[2]MARTIN NELL, ANDREAS RICHTER. Improving Risk Allocation Through Indexed Cat Bonds[J]. The Geneva Paper on Risk and Insurance, 2004, 29(2): 183-201.

[3]赵苑达. 再保险学[M]. 北京: 中国金融出版社, 2003.

[4]王洪栋. 发展我国巨灾保险的策略性分析[J]. 中国保险, 2002(6).

[5]栗存存. 巨灾风险的保险研究与应对策略综述[J]. 经济学动态, 2003(8).

[6]孙祁祥，等. 中国巨灾风险管理：再保险的角色[J]. 财贸经济, 2004(9).

构建符合我国国情的农业巨灾风险分散机制

闫波

【摘要】农业生产活动一方面是人与自然之间进行劳动产品、劳动力等经济现象交换并产生生产关系的经济再生产过程，另一方面又是生物有机体同自然环境之间进行物质和能量互换等自然现象的自然再生产过程。农业生产活动面临多样性的风险暴露点，如何有效地转移分散农业巨灾风险成为当前理论研究与实践应用中亟须解决的难点问题。本文首先分三个阶段分析我国当前农业保险发展的基本情况；其次是从农业巨灾风险分散的政策支持、农业巨灾风险分散的机制安排以及农业巨灾风险分散机制存在的问题三个方面探寻我国农业保险风险分散现状；最后从巨灾风险分散机制的选择和农业巨灾风险分散机制有效性评价两个维度对建立我国农业巨灾风险分散机制提出几点思考。

【关键词】农业；农业巨灾风险；分散机制

Abstract: On the one hand, Agricultural production activities are the economic reproduction process between human and nature, such as products switching and labor exchange, on the other hand, Agricultural production activities also the natural process reproduction between biological organisms and natural environment, such as material and energy exchange. So that, they are faced a large number of risk of exposure points, and how to effectively transfer agricultural catastrophic risk become difficult problems in theory study and practice application. This paper first analysis the basic development situation of agricultural insurance from three－phase; and the analysis the situation of china's risk spreading in agricultural insurance form policies supports、arrangements mechanisms and its issues, and last it aloes make some suggestions to establish China's agricultural catastrophe risk spreading in two dimensions.

Key words: agriculture; agricultural catastrophe risk; dispersion mechanism

中国是世界上自然灾害最为严重的国家之一。伴随着全球气候变化以及中国经济快

［作者简介］闫波，经济学博士，原中国保监会政策研究室副主任，现任长安保险公司总裁。

速发展和城市化进程不断加快，中国的资源、环境和生态压力加剧，中国农业应对自然灾害，尤其是防范巨灾风险形势更加严峻复杂。由于农业自身的弱质性和生产过程的特殊性，农业风险一般具有风险单位大、发生频率较高、损失规模较大、区域效应明显等特点。这要求在处理农业巨灾风险时一方面要重视减灾能力的建设，加大减灾工程、灾害预警、应急处置、科技支撑、人才培养等方面工作力度；另一方面要重视农业巨灾风险分散机制的构建，充分调动多方社会资源，发挥农业保险机构和各级财政力量，建设广覆盖、可持续、激励相容的巨灾风险分散机制。

一、我国农业保险发展基本情况

农业保险作为保险业服务经济社会发展的重要内容，一直以来得到了党中央、国务院的高度重视，得到了全社会的关心和关注，农业保险已经逐步发展成为防范化解农业生产风险的重要经济手段。总的来看，我国农业保险发展分为如下三个阶段。

（一）阶段一：1982—1994 年

我国恢复保险业务以后即将农业保险作为重要的业务内容。中国人民保险公司从1982 年起开始试办农业保险，种植业和养殖业保险实行全国统一核算，盈亏在保险公司经营范围内相互调剂，农业保险的亏损可以由其他业务的盈利进行弥补。1992 年，全国农业保险业务收入达到 8.2 亿元，但赔付率高达 116%，农业保险完全是亏本经营。不难看出，在这个阶段保险公司实际上发挥了准财政作用，承担农业保险损失，形成了事实上的保费补贴。

（二）阶段二：1994—2006 年

伴随着我国保险业的分业经营，保险公司成为自负盈亏的商业主体，在缺乏必要的国家财税与巨灾风险分散支持下，农业保险发展陷入低谷。从 1996 年起，农业保险业务规模逐年萎缩，2001 年全国农业保险规模跌到二十多年来的低谷，农业保险业务收入仅为 3 亿元，占保险业总保费的 0.14%，农业保险面对农业巨灾风险几乎无所作为。

（三）阶段三：2007 年以来

从 2007 年起，中央政府开始推出面向全国的农业保险进行保险费补贴的政策，形成了中央、省、地（市）及县为单位的多级财政支持的农业保险保费补贴计划。在保险行业的积极努力下，农业保险摆脱了逐步萎缩的怪圈，迎来了发展壮大的新时期，开创了持续快速发展、功能作用日益凸显的新局面。

1. 业务持续快速增长,发展基础不断夯实

2008 年,我国农业保险全年保费收入已达 110. 68 亿元。据统计,我国农业保险保费规模达到亚洲第一、全球第二。2009 年,我国农业保险保费收入 133. 93 亿元,是 2004 年的 30 倍,为超过 1. 33 亿农户提供了 3812 亿元风险保障。2010 年我国农业保险共为 1. 4 亿农户提供风险保障 3943 亿元,保费收入 135. 68 亿元。

2. 覆盖面快速提升,服务能力显著增强

我国农作物承保面积从 2006 年的 0. 6 亿亩(1 亩约合 666. 67 平方米)增加到 2010 年的 11. 6 亿亩,增长了 18 倍。累计承保农作物 29 亿亩,承保生猪及能繁殖母猪 2 亿头,承保森林 7. 6 亿亩。2010 年年末,重要粮、油、棉作物的承保覆盖面已经达到全国播种面积的 33%。2007 年以来农业保险累计为 6189 万户次受灾农户支付赔款 307. 66 亿元,简单赔付率 70. 92%,受益农户占投保农户的 19. 13%;2010 年为 2066 万户次受灾农户支付赔款 100. 69 亿元,简单赔付率 74. 11%(一般险种约 63%),受益农户占投保农户的 14. 73%。目前,在农业保险覆盖面较高的地区,保险赔款已成为农业灾后农民得到补偿的重要渠道。

3. 经营管理水平逐步提高,赢利能力显著改善

2007 年以来,农业保险累计实现承保利润 25. 47 亿元,简单利润率 5. 87%,除了 2007 年政策刚启动,因能繁殖母猪业务占比较高和东北主要经营区域发生重大自然灾害造成全面亏损 6. 48 亿元,简单利润率 -12. 16% 外,2008—2010 年均实现了赢利。从险种看,种植险经营稳定,但养殖险持续亏损。种植险四年累计实现承保利润 38. 24 亿元,简单利润率 12. 05%,除 2007 年亏损 11. 58%,其余三年均实现承保赢利;养殖险四年连续亏损,累计亏损 13. 41 亿元,简单利润率 -11. 52%。

二、我国农业保险风险分散现状

(一)农业巨灾风险分散的政策支持

近年来,农业保险得到了党中央、国务院前所未有的重视。党的十七届三中、五中全会决议及 2006—2010 年连续 5 个中央一号文件、2006 年国发 23 号文件等都对农业保险发展提出了明确的要求。其规格之高、密度之大、措施之强,前所未有,形成了强大的政策推动力。

(1)明确了农业巨灾风险分散的基本制度框架。2006 年《国务院关于保险业改革发展的若干意见》(国发 23 号文件)指出,要"完善多层次的农业巨灾风险转移分担机制,探索建立中央、地方财政支持的农业再保险体系"。近年来的中央一号文件均提出建立农业再保险体系和财政支持的巨灾风险分散机制的要求。

(2)明确了农业巨灾风险分散的费用来源。2008 年财政部颁布的《中央财政种植业保险费补贴管理办法》第三十八条规定经办机构应按补贴险种当年保费收入 25% 的比例计提巨灾责任准备金,并采取逐年滚动的计提方法是对农业保险巨灾风险的一项重要的制度性安排。

(3)明确了农业巨灾风险分散的税收问题。2009 年,财政部与税务总局联合发文,对保险公司提取农业巨灾风险准备金企业所得税税前扣除问题作了进一步明确,准予在企业所得税税前据实扣除。

(二)农业巨灾风险分散的机制安排

2007 年以来,直保公司累计分出保费 71.46 亿元,占保费收入的 16.47%;分出率从初期的 15% 左右上升到 2010 年的近 20%,比 2010 年当年财产保险 12.30% 分出率高 7 个百分点。从国际经验来看,通过运用公共财政撬动更多资源参与到农业巨灾保险中,不仅能够明显提高公共财政支出的稳定性,也能够运用市场机制,实现农业巨灾风险的合理化分散。因此,如何通过合理的制度设计,使用有限的财政资源实现巨灾风险的有效分散,是农业巨灾保险制度的核心问题。近年来,由各地政府牵头,对于农业巨灾风险分散机制进行了有益的探索,并初步形成如下几种机制:一是风险共担方式。地方政府和保险公司按照各自比例承担赔付风险,比如江苏省。二是赔付封顶方式。保险公司当年农业保险累计赔付超过保费收入的一定比例之后,由政府承担超出该比例部分的赔款,比如山东、内蒙古等省。三是地方性巨灾基金。部分地方政府通过提取保费、划拨财政资金方式建立地方性巨灾基金,应付当年农险赔款超过农险保费收入一定倍数的赔付责任的全部或部分。比如北京、江苏、湖南、西藏等地。四是政府购买再保险方式。由政府出资代替保险公司直接向商业再保险公司购买保障。

(三)农业巨灾风险分散机制存在的问题

1. 农业巨灾风险相关政策问题

与 2008 年财政部《中央财政种植业保险费补贴管理办法》第三十八条要求计提巨灾责任准备金不同的是,2009 年财政部出台的《保险合同相关会计处理规定》要求不得计提以平滑收益为目的的巨灾准备金、平衡准备金等。由于政策上的冲突,目前各公司对巨灾准备金的计提均按自己的理解和公司经营的实际,以及会计师事务所的意见进行核算。从损益上看,一般都在经营支出中列支,但有的新增了科目,有的则在未决赔款准备金下设二级科目;从资产负债上看,有的放在了一般负债项下,有的放在了权益项下。截至 2010 年年底,八大经营农险的保险公司按政策应提巨灾准备金 27.68 亿元,实际已提 9.98 亿元,存在 16.70 亿元的缺口,占四年总承保利润的 66%。

2. 缺乏国家层面农业巨灾风险分散机制

在巨灾风险分散方面,大多数国家或者由联邦政府与州政府分别设置保障范围和服务功能不同的两级巨灾风险保障基金,或者由联邦政府和州政府按照不同的比例共同出资组建全国性的农业保险巨灾基金,为农业巨灾风险损失提供保障。目前,我国尚未建立起国家层面的农业巨灾风险分散机制,而地方政府的承诺起到了关键作用。但是地方政府承诺分担农业巨灾风险,会给地方财政带来较大的支出困境。同时,农业保险经办机构对政府支持政策的较大依赖也会导致其业务经营会因政府政策变化而体现出较大的波动性。并且现有的地方农业巨灾基金规模有限且过于分散,限制了农业风险的分散渠道和范围,难以完全化解突发的农业巨灾风险。

三、对建立我国农业巨灾风险分散机制的几点思考

(一)巨灾风险分散机制的选择

在农业保险保障体系下,从某种意义上说,农户已基本处于农业保险的“保护伞”下,换句话说,农户已经有了基本的巨灾保障。这和我们通常意义上讨论的不同之处在于:通常我们讨论社会需要巨灾保险时,大量的被保险人、大量的个体是没有保险保障的。也就是说,我们现在讨论的是,一旦发生巨灾,我们的这个“保护伞”能不能幸存下来。“保护伞”由当前的农业保险体系和地方财政组成。巨灾风险承灾体包括农业保险承保机构与地方政府。因此,我国建立农业巨灾风险分散机制的目的应当是确保当前的农业保险稳健发展,同时避免对财政造成大的冲击。借鉴保险的常用机制,为农业保险承保机构建立一个超赔机制就是一个比较好的思路。这样就可以多灾因条件下的农业保险承保机构保险赔付率(年度保险赔付率=年度保险赔款支出/年度保险保费收入)作为农业保险巨灾风险界定标准,进而可以根据保险赔付率区间设计多层风险分散,比如,赔付率140%以下、赔付率140%~200%、赔付率200%以上等。农业风险可能在一个较广泛的区域内都是系统性的,大数定律的一些基本假设条件被破坏。但是如果我们把一个省份的“赔付率超过100%”作为一个风险事件、把农业保险的承保机构作为承灾体来看,则大数法则基本能够符合。从我国国情来讲,建立省级与中央两级巨灾基金比较好,因为两级运作模式更符合我国两级财政体制,能够最大限度调动各级政府的积极性和能动性。并且从风险分散的角度来看,两级运作模式能够充分考虑各省(市、区)风险差异,风险能够更好地实现纵向分散和横向分散。

(二)农业巨灾风险分散机制有效性评价

建立农业巨灾风险分散机制不仅是保险业面临的重大课题,对于农业生产安全、经济社会稳定都有重要意义。农业风险分散机制本身也是一个复杂的系统性工程,其制度效果往往有一定的滞后性,因此如何在制度建设之初,评价风险分散机制的有效性显得十分

重要。一般来讲,应考虑以下三个方面:

1. 覆盖率

每次巨灾过后,媒体、政策研究部门包括决策层面都会反思、追问:“巨灾保险为什么总是缺位?”这种追问背后实际对巨灾保险有两层期望:一是期望巨灾保险成为应对巨灾的重要手段;二是期望巨灾保险能有效减轻或降低对财政的冲击。巨灾保险能不能起到应有的作用,一个关键的指标应该是覆盖率有多高。调查数据显示,美国地震最频繁的加利福尼亚州,大约只有12%的人购买了地震险。日本是对地震最敏感的国家之一,其地震险的投保率通常也在20%以下。而具体到我国农业保险,从重要粮油棉作物承保覆盖面看,已承保全国主要粮油棉作物播种面积的33%。内蒙古、吉林、上海、江苏、安徽、湖南、新疆的承保覆盖面超过50%。江苏、上海、安徽、湖北、四川的水稻承保覆盖面超过80%(全国水稻保险的平均承保覆盖率达到49%);内蒙古、江苏、安徽的小麦承保覆盖面接近100%;内蒙古、安徽、四川、吉林的玉米承保覆盖面超过70%;湖南、新疆的棉花承保覆盖面超过90%。建立农业巨灾风险分散机制既可以切实解决农业巨灾问题,保障农业安全,也是构建我国巨灾保险体系的一个良好切入点。

2. 财务可持续

一是农业保险保费的充足性问题。巨灾风险分散机制本身并不能解决保险费率充足性不够的问题。当前农险产品定价普遍缺乏足够的数据支撑,没有充分考虑地域差异性,这偏离了保险的精算原理。经营结果地区间的不均衡,一方面有风险发生的不均衡;另一方面,也反映了费率水平与实际风险状况有一定的差异。因此,提高定价的科学性十分重要。二是巨灾基金的充足性问题。巨灾风险分散体制的财务可持续严重依赖巨灾基金的充足性。在农业巨灾保险系统中,政府除了为农业巨灾保险提供政策支持外,还作为最后再保险人,使用巨灾基金为农业巨灾保险兜底。这意味着巨灾基金能够得到稳定、持续、强大的财务支持是巨灾风险分散机制的关键。

3. 激励相容

建立农业巨灾风险分散机制从本质上来讲,是利用市场化的机制和手段来提供准公共产品,因此如何实现制度的参与各方,即农民、各级财政以及保险机构的激励相容是制度能够顺利运行的关键。一是对保户的激励。要在减轻保户的负担的同时,保护投保的积极性,避免搭便车的行为,充分发挥巨灾保险的防灾防损以及损失补偿等功能,鼓励更多的农户主动参与农业巨灾保险。二是对农业保险经办机构的激励。要鼓励农业保险机构改进农业保险产品费率厘定,改善业务赢利状况,加强改进管理水平,调动农险从业人员和基层机构推动农业险业务的积极性。三是对地方政府的激励。考虑到我国特有的财税体制,如何有效匹配中央与地方在农业巨灾保险中的财力与事权,最大限度调动地方政府的积极性,同时最优配置基金效率,是整个制度设计的核心环节。

【参考文献】

[1]庹国柱,王国军. 中国农业保险与农村社会保障制度研究[M]. 北京:首都经济贸易大学出版社,2002.

[2]庹国柱,李军,丁少群,等. 国外农业保险:实践、研究与法规[M]. 西安:陕西人民出版社,1996.

[3]李军. 农业风险管理和政府的作用[M]. 北京:中国金融出版社,2004.

[4]P K RAY. Agricultural Insurance:Theory and Practice and Application to Developing Countries[M]. Oxford:Pergamon Press,1986.

[5]Miller S M. Measure of risk aversion : some clarifying comments[J]. The Journal of Financial & Quantitative Analysis,1975,10(2).

[6]NAKAGAWA Y,R SHAW. Social Capital: A Missing Link to Disaster Recovery[J]. International Journal of Mass Emergencies and Disasters,2004,22(1).

我国地震保险制度建设研究

王和

【摘要】地震保险问题一直是人们关注和研究的热点，但至今没有彻底解决，其原因是缺乏一个总体规划和实现路径。为此，笔者通过对地震保险发展历史沿革及现状进行系统分析，探讨了地震保险制度建设中的模式选择、基金归集等五大难点问题；并且按照构建我国地震保险制度的六项原则，借鉴国外地震保险体系建设的经验，结合我国二元经济的基本国情，提出了当前我国地震保险制度建设的总体思路：区分住宅与非住宅，区分城市住宅与农村农房，逐步建立起“基本保障，广泛覆盖”的政策性城乡居民住宅地震保险和商业地震保险共同保障、全方位、多层次的地震保险制度。最后，给出了我国地震保险制度建设基本框架和实现路径的具体建议。

【关键词】地震；地震保险；地震保险制度

Abstract: Although earthquake insurance has long been a hotly - debated issue among the policy makers, the implementation of which has run into great difficulties due to the lack overall plan and guidance. Hence, the paper aims to discuss the five questions such as model choices and fund collections through the systematic analysis of the historical development of earthquake insurance. In addition, according the six guiding principles of the domestic earthquake insurance, drawing lessons from international experiences and depending on the current conditions of dual economy, the paper raises the ideas of distinguishing residential from non - residential, distinguishing urban from rural houses and gradually establishing comprehensive and multi - layered earthquake insurance mechanisms in both urban and rural societies. Lastly, the paper provides policy recommendations for the building of China's earthquake insurance mechanisms.

Key words: earthquake; earthquake insurance; earthquake insurance mechanisms

---

[作者简介]王和，经济学博士，高级经济师，国务院政府特殊津贴专家。

东日本大地震之后,地震保险问题再一次引起社会的广泛关注,社会各界,尤其是专家学者也纷纷就我国地震保险制度建设问题建言献策。其实,地震保险在我国并不是一个新问题。我国是一个地震多发的国家,地震保险问题一直是人们关注和研究的热点,而至今没有彻底解决的原因是复杂的,有机制体制方面的,有技术能力方面的,还有观念认识方面的,但在诸多原因中,认识和重视不足是重要原因之一,具体讲就是缺乏一个总体规划和实现路径。为此,笔者希望通过系统的观察和分析,就我国地震保险制度建设的总体框架和实现路径提出具体建议。

一、我国地震保险发展的历史沿革

我国的地震保险,即使是财产保险领域也并不是一片空白的,但地震保险在我国的发展的确经历了一个曲折的历程。从财产保险的角度看,我国的地震保险的发展经历了三个阶段:

第一阶段:发展初期(1951—1958 年)。20 世纪 50 年代初,按照中央人民政府政务院的决定,由中国人民保险公司负责具体推动,国家机关、国营企业、合作社的绝大多数财产都办理了财产强制保险,其中,地震属于基本责任范围。同时,部分省份还为农业生产提供了包含地震在内的巨灾风险保障。在这一时期,我国具有广泛的地震保险供给。但由于历史原因,1959 年我国全面停办国内保险业务,地震保险制度建设因此停滞了二十多年。

第二阶段:恢复时期(1980—1996 年)。1979 年,国务院决定逐步恢复国内保险业务。在政府的大力支持和保险公司的积极推动下,地震保险得到了较快的发展。在这个时期,面向我国企事业单位的财产保险、工程保险、车险、船舶保险、货运保险,面向居民的家庭财产保险,面向农民的农业保险,均包含了地震风险保障,地震保险实现了普遍和充分的供给。同时,在当时的一系列地震灾害中,地震保险的积极作用也得到了初步发挥。这期间存在的突出问题是投保意识不强,承保比例相对较小。

第三阶段:限制与规范发展时期(1996 年至今)。1996 年,中国人民银行考虑到我国的地震保险经营缺乏科学的精算基础,为了确保保险公司稳健经营,决定将“地震所造成的一切损失”列入绝大多数财产保险的责任免除条款,地震保险的经营受到严格限制。与此同时,相关的地震保险研究工作加快推进,在取得一定成果的基础上,考虑到地震保险的市场需求,2000 年 1 月,中国保监会下发通知,对于事关国计民生的重大项目,在风险有效控制的前提下,允许扩展地震责任。2001 年 10 月,保监会下发《企业财产保险扩展地震责任指导原则》,进一步放宽了承保限制,并在承保方式、分保安排、财务管理等方面提出了规范性要求。同时,家庭财产地震保险的研究工作也在积极推进。2003 年,保监会完成并提交了《建立我国家庭财产地震保险研究报告》,温家宝亲自批示,要求“深入研究地震保险方案,加快推进震灾保险体系建设”,政府积极支持发展地震保险,有力推进了地震保险的基础研究工作。

二、我国地震保险市场供给的现状

自改革开放以来,经过近三十年的持续探索和不断发展,虽然我国的地震保险制度仍处于初级阶段,但产品供给体系已形成了初步轮廓。它主要由以下五个部分构成:

一是保障企业和大型项目的企业财产保险和工程保险。这是目前形成一定规模、发展较为规范的地震保险业务。对于企业财产保险,基本形式是以附加险扩展地震责任。对于建筑及安装工程保险,基本形式是在主条款中明确保障因地震所造成的损失,工程保险是从20世纪80年代以来唯一不间断提供地震风险保障的险种。

二是保障居民财产损失的家庭财产保险。从20世纪90年代后期开始,包含地震责任的家财险业务已经陆续停售。但在此之前,保险公司经营的"长效还本"的家庭财产保险业务是覆盖地震保险的。同时,近几年,部分公司也开发了一些涵盖地震责任的产品。

三是保障农业生产的政策性农业保险。近年来,在政府的大力推动下,政策性农险业务快速发展。目前包含地震责任的农险产品集中在养殖保险领域,主要包括能繁殖母猪养殖保险和奶牛养殖保险。

四是保障人民群众生命和意外伤害的人身保险。目前我国保险市场上的寿险和意外健康险产品,除极少数特定条款(如航空意外险、境外旅行意外险、手术安全意外险等)外,对于因地震所致的身故和残疾以及相关医疗和住院费用,均在责任范围之内。

五是分散地震保险风险的再保险安排。通过商业化机制对地震责任风险进行分保,通常由三个层次构成:第一层是协议分保,第二层是根据标的保额和合约条件安排商业比例合约分保与临时分保,第三层是将剩余的自留责任安排巨灾超赔保障。

三、我国地震保险制度建设的难点和关键

无论是从我国还是从国外的地震保险制度的建设情况看,模式选择、基金归集、偿付能力、责任与限额、定价是五大难点,也是五大关键。这些问题不解决,地震保险制度的建设就没有了基础和保证,特别是偿付能力问题。1996年当时的保险监管部门之所以限制保险公司经营地震保险,正是为了防止保险公司可能出现的盲目经营,导致偿付能力危机,继而影响社会稳定。因此,在我国地震保险制度建设的基本思路就应当从解决这五大难题入手,积极探索符合我国国情的解决路径。

(一)模式问题

在各国地震保险制度的建设过程中面临的首要问题就是模式选择,即采用什么样的模式建设国家的地震保险制度,是官办或民办,还是官民结合?如果是官民结合,那么应

当采用什么样的结合方式？是法定，是自愿，还是“半法定”的方式？因此，在我国建设地震保险制度时，也首先要回答这个问题。从各国的实践情况看，官办肯定不是一个好的选择，或者说不是潮流和方向，但完全民办的方式也难以适应地震保险的性质和特点，所以，大多数国家均采用了官民结合的方式。但关键是如何结合，或者是采用什么样的方式进行结合。这个问题没有标准答案，不同的国家和地区，甚至是不同的时期，面临的环境、情况和条件均存在很大的不同，应当在把握根本的基础上，结合实际，创造性地研究和制定解决方案。从我国的实践看，“政府主导，市场运作”是一种较好的模式。关于是否采用法定模式的问题，从大多数国家的情况看，更多地采用“半法定”的模式，即对所有投保普通家庭财产保险的，保险公司应当自动为其办理地震保险，或者说地震保险对普通家庭财产保险的投保人具有强制的约束力。但从我国的情况看，普通家庭财产保险的普及率较低，更重要的是大多数家庭对普通家庭财产保险缺乏内在需求，普遍认为就现在的住宅情况而言，基本上不存在除地震以外的其他风险威胁，如火灾、洪水、暴雨等，因此，在我国如果采用“自动附加”的方式可能行不通。但如果采用完全自愿，或者商业的模式，恐怕也难以在短时间内建立起我国的地震保险体系。笔者建议：我国的城市居民住宅地震保险的“半法定”，可以采用“法定基本，商业补充”的模式，实现“两个确保”，即对基本保障采用法定的形式，确保“基本保障广泛覆盖”目标的实现，确保社会的基本保障与稳定；在此之上根据不同地区，不同主体的需求和支付能力，采用商业的形式，确保满足差异化的需求，确保不断提升社会的总体保障程度。在此之上，可以根据实际情况和需要，建立“有限兜底”制度，即根据财政支付能力，通过发行政府地震债券等方式，形成一定的超额保障能力，在有限程度内，增强法定和商业体系经营的稳定性。

从管理和服务的角度看，地震保险制度采用“官民结合”的模式，对于强制的“基础保障”部分均采用政府机构，或者准政府机构来进行管理。同时，对于“基础保障”层之上的风险，在商业保险公司的经营过程中，也需要政府建立一个具有公共利益色彩的风险分散机制。此外，在地震灾害发生之后，地震保险制度就面临着一个巨大的挑战：理赔服务。这种理赔工作不仅涉及基本保障层面，也涉及商业补充层面，因此，无论是从资源效率的角度看，还是从专业技术的角度看，地震保险理赔工作均离不开保险行业的参与。结合管理与服务两个方面的因素，笔者认为：由国家保险监督管理部门为主，依托保险行业协会，协调保险行业的力量，建立和运行我国的地震保险制度是一个切实可行的解决方案。

（二）承保能力问题

在各国地震保险制度的建设过程中面对的一个共同的问题，也是共同的难题，就是承保能力，或者偿付能力问题。由于地震灾害的特点是损失巨大，特别是社会和经济日益发展的今天，一次巨灾可能导致的经济损失往往是巨大的，是一般的经济体甚至是国家也难以承受的。因此，地震保险制度也绕不过这个问题。制度的设计者需要解决的问题是：如何确保切实、有效地承担责任。因此，在各国地震保险制度的建设过程中，需要面对的一个重点问题就是偿付能力的解决方案。从国外的实践看，分层技术是解决偿付能力的主要选择，即将可能面临的地震风险损失划分为若干层，不同的层采用不同的解决方案，同时在各层内部还可以采用“横纵结合”的模式。从方式上看，可以采用共保、再保的模式；再保可以采用比例或者非比例的模式；可以采用传统的再保，也可以采用非传统的模式；可以采用保险的模式，还可以采用金融创新的模式。从承担主体上看，可以是保险市场上的保险公司和再保险公司，也可以是资本市场上的其他金融机构和主体，还可以是政府财政机构；可以是国内的主体，也可以是国外的主体。这样通过一个以分层技术为主，结合各种金融创新安排的模式设计，就能够最大限度地解决偿付能力的问题，同时，能够很好地兼顾可行性和效率问题。另外，我们必须认识到：即使采用了分层技术，由于巨灾的特点，我们仍然不能彻底解决偿付能力问题，至少从理论上讲是这样的。而且，如果一味追求更高的偿付能力，势必会导致效率的降低。因此，一些国家在地震保险制度的设计过程中采用了“回调机制”，即当发生特别巨大的地震损失，这个损失超过了国家地震保险制度设计承受的程度时，在必要的前提条件和法定程序下，允许地震保险制度启动“回调机制”，即按照总偿付能力与总损失的比例，进行比例赔偿。这样的“开口”安排，从根本上解决了偿付能力这个关键问题，同时，也为解决定价等技术难题提供了条件和便利。更重要的是偿付能力往往是制约一个国家地震保险制度建设的瓶颈问题，解决了这个问题，就能够彻底解决我国地震保险制度建设过程中的环境和条件等问题，为促进和加快我国地震保险制度的建设奠定必要的基础。

（三）基金归集问题

地震保险制度建设面临的另外一个问题是地震保险基金的建立问题，这个问题的背后是归集的规模和归集的效率。从地震保险的性质看，如果保险基金达不到一定的规模，那么，其作用就不能得到有效发挥，制度建设就可能面临进退两难的尴尬。所以，从制度设计上就必须确保基金能够达到起码的规模。此外，作为一个经济制度的安排，效率也是一个重要的指标，尤其是这种具有一定公共利益性质的制度，如果完全采用自愿和商业的模式，就可能出现归集成本过高的问题，而且，归集的周期，即时间成本也可能较大。解决住宅地震保险基金归集问题的较好方法是采用一定程度的强制模式，这样能够在较短的时间内，用最低的成本迅速归集起一个较大的量，形成一定的规模。

在解决归集过程中核心是回答：从哪里来、怎么来的问题。就城市居民住宅的地震保险而言，地震基金的来源基本上有两个途径：一是由财政拨付；二是由居民缴付。财政拨付的方式比较简单，但关键是就目前的情况看，许多地方财政拨付的能力有限，更重要的是完全由财政拨付也与财政开支的基本原则存在一定的偏离，再者，完全由财政资源建立地震保险基金有可能导致国民产生依赖的思想，不利于风险管理意识的普及。如果采用居民缴付的方式，就有一个如何实现的问题，如果采用完全自愿，或者商业的模式，一是推广，或者归集的成本相对较高，不利于促进地震保险的普及；二是如果基金的总量相对较小,就难以形成社会效应。

根据我国的实际情况,建议采用分层建立地震保险基金的模式,即针对“法定基本层”,应采用“政府 + 市场”的模式,基本思路是按照住房公共维修基金的管理模式,同时,采用“新房新办法,老房老办法”的衔接方案。各省级人民政府根据本省的基本情况,通过颁布专门法规的方式,要求购买商品房的居民均应按照商品房购房款的一定比例交缴“地震保险基金”,同时,按照相关规定向其提供一定期限,如10年,或者20年的地震保险保障。而对于方案启动前已经购买商品房的居民,则可以从已经缴交的住房公共维修基金中划拨一定的比例,如50%左右到地震基金账户。这样能够确保基金的有效和快速归集,一方面能够保证保障的面,另一方面能够基金的基本规模。在“商业补充层”,原则上采用商业运作的模式,根据不同产品的责任范围和损失记录,利用精算技术,科学确定价格,通过市场运作,利用自身和各种外部代理渠道,宣传和推销产品,也可以通过住房公共维修基金的收缴部门代理业务。政府可予以一定的政策支持,如减免税、特别财务核算等方式,以鼓励商业保险公司开展地震保险业务。而对于“有限兜底层”,应当在一级政府的财政预算中予以安排,这种安排实际上体现为一种基于政府职能外包的思路,它能够利用乘数效应,放大财政资源的救灾功能。另外,对于一些特殊群体,如孤寡老人、残疾人、失业人员等弱势群体,政府可以通过专门购买“地震指数产品”的方式,解决他们的地震风险保障问题。

(四)责任与限额问题

地震保险责任的确定关键要解决两个问题:一是保险责任的触发条件,即在什么样的地震条件下,地震保险才承担赔偿责任。从传统的商业保险看,对承保的地震风险也有一个定义问题,即承保的地震风险是指一定震级的地震灾害。但从地震损害学的角度看,地震的烈度是导致损失的更敏感因素,例如我国1995版“建筑工程一切险”承保的地震风险就明确定义为“震级在4.75以上且烈度在6级以上的破坏性地震”。因此,建议在地震保险中采用烈度作为触发条件并在责任范围中予以明确。二是赔偿限额,就“法定基本层”而言,因为是以“购房款”作为交缴地震保险基金的基础,但如果从修复,或者重建的角度看,至少有两个部分是可以剔除的,即开发商的利润和土地使用费,但不同的项目这种可以剔除费用的量存在一定差异,因此需要统一明确一个比例。另外,根据“法定基本层”的“低保障,广覆盖”的原则,建议“法定基本层”的保险赔偿限额按照“购房款”的30% ~50%确定;同时,还可以根据情况确定一个限额,作为封顶的上限。还有一个问题是赔偿方式,建议按照“第一危险赔偿方式”,即在赔偿限额范围内,按照被保险人的实际损失进行赔偿,而这个“实际损失”,原则上按照出险时的市场重置标准确定。至于“商业补充层”则可以“法定基本”为前提,基本定位于一种补充保障,这种补充可以体现为额度方面,即在“法定基本”之上的超赔模式,解决100%损失与法定基本层的30% ~50%之间的资金缺口问题。同时,还可以体现为保障对象方面,因为在地震发生后,人们在恢复生活的过程中,仅有"购房款"的补偿是远远不够的,所以商业保险可以根据客户的需要,提供房屋装修、家用电器、家庭用品、临时租房费用以及重新购置住宅可能发生的相关费用等各种保障。

(五)定价问题

根据地震学的基本理论,地震风险的分布具有明显的地理特征,即不同地区的地震风险存在较大的差异,因此无论是地震灾害学的研究机构,还是经营地震风险的保险公司、再保险公司均致力于地震风险地理分布的研究,它们通过大量历史资料和数据的采集,利用分析模型和计算机技术,绘制具有区划特点的地震风险分布图。尽管这些地图在确定具体的风险保费方面仍然存在一定的局限性,但在解决地区风险之间的相对关系,即在一定范围内解决保费差异和合理负担方面,确保定价的相对合理,具有很强的实用价值。另外,在地震保险制度建设过程中,尤其是在定价设计中要关注制度的正外部性特征的发挥,首先是应当按照建筑物的不同类型确定差异费率,尤其要注意根据我国相关标准推行的时间,按照不同的时间段确定费率水平。其次,应当按照国家《建筑抗震设计规范》,同时,配合建设部的"商品住宅性能认定体系",将达标和认证作为承保和定价的一个重要因素,即按照地区设防和认证标准,并将其作为一个"基础门槛":高于这个标准的,可以下调费率;而低于这个标准的,则应当上调费率,直至拒绝承保。

另外,在地震保险的定价过程中,有两个问题需要高度关注:一是鉴于地震作为巨灾风险的特点,技术定价具有有限性特征,因此我们需要重视和推动技术定价工作,但经营过程中不能困陷于其中,特别是从金融创新的角度看,定价的另一个途径是市场,特别是资本市场的价格发现功能,将给定价问题的解决开辟一个全新思路和模式。二是就地震保险制度而言,无论是地震还是保险,均需要更多地体现一种互助和共济的原则。因此在定价过程中,我们固然需要通过技术的方式,实现定价的更科学和合理,但在实际运行过程中,我们更多的是在基于技术的前提下,追求一种更高层次的科学与合理,一种促进社会互助与和谐的目标。

四、我国地震保险制度建设的基本原则

(一)政府主导,市场运作原则

建立我国的地震保险制度,必须坚持政府主导,这既是由地震风险的特殊性决定的,也是立足于我国国情的必然选择。我国现行的地震风险管理就是以中央政府为主导、地方政府紧密配合,以国家财政救济和社会捐助为主的模式。要建立和完善地震保险制度,离不开政府对方方面面进行的协调与干预,需要财政和行政资源,尤其是行政资源的大力投入。另一方面,政府主导并非政府主办,在具体的制度建设和运行过程中,应当更多采

用政府引导下的市场运作。从多数国家的实践看，政府机构直接运行和管理的效果往往不好，效率相对较低，最终均向市场化方向转轨。在我国政府行政体制改革的大背景下，特别是在推行公共财政理念的过程中，应当考虑将政府的救灾功能“外包”，通过市场化的运作模式，或者是在政府辅助下的市场化运作模式来建设我国的地震保险制度。

（二）适度强制，力求普及原则

在地震保险建设的初期，由于人们对地震风险和保险的认识和接受程度均可能存在较大差异，如果完全采用自愿的原则，就可能导致地震保险制度的建设难以推行，甚至半途而废，因此有必要通过强制的方式加以推动，但这种强制的方式应当是针对“基本保障”层面。此外，无论是地震制度建设的初衷还是保险经营的基本要求，均要求地震保险制度能够最大限度地加以普及，如果普及的面不够广，地震保险基金的积累就不能达到一定的量，同时如果仅有少数人参加，一旦发生地震灾害，仍然有大部分的人得不到保障，制度的作用就难以得到充分发挥。因此，在地震保险制度的建设过程中，具体方案的设计应力求普及，至少是“基本保障”层面的普及。

（三）统筹规划，先分后统原则

地震保险制度的建设是一个系统工程，涉及众多领域和方面，因此需要有一个完善的整体规划。这个整体规划的作用：一是明确方向。地震保险制度建设涉及许多方向性的问题，包括模式的选择等，通过这个规划，能够勾勒出我国地震保险制度的总体蓝图，使得涉及制度建设的各个方面有一个清晰的工作方向和目标。二是形成合力。地震保险制度建设涉及的部门众多，工作繁杂，通过这个规划，能够明确各自的地位和职责，齐心协力，共同推动，使制度建设工作更高效。三是确保系统性。国家地震保险制度是一个系统工程，系统性是其重要特征，通过这个规划，能够确保各个部门在开展工作中相互协调，最大限度地降低相互冲突和重复建设。在整体规划的基础上，根据我国的实际情况，可以采用“先分后统”的方法，即有条件的领域、部门和地区可以先行建设，形成各自的“子体系”，待时机成熟的时候，再逐步进行统一。

（四）区别差异，逐步深入原则

由于我国地区间差异较大，部门间情况亦有不同，应充分考虑不同地区在风险类型、收入水平和保障需求方面的差异，按照先易后难、统分结合的方式，允许需求迫切、有积极性、有条件的省份先行制定相关法规，更快推进地震保险制度，逐步推广到其他地区。充分考虑不同人群在保险需求方面的差异，从较低水平的基本保障入手，在具备一定普及率和覆盖面的基础上，逐步提高保障额度，不断丰富产品类型，实现地震保险产品体系的渐趋完善。

（五）创新思维，求真务实原则

我国地震保险制度建设应当充分结合传统实践，但不局限于传统；积极借鉴、利用国外先进经验和金融工程技术，但不拘泥于形式。应当以创新性和前瞻性的思维，看待新形势下地震保险制度的建立，敢于突破，勇于创新，提出有建设性的模式和操作方案。应当以实事求是的态度，理性制定整体规划，对于有利于制度建设的基础性工作要加快推进，对于耗时很长、收效不明显的工作可以暂缓推行，避免空谈和久拖不决，不求完美，但求实效，努力建成和不断完善有中国特色、符合中国实际的地震保险制度。

（六）求同存异，尽快启动原则

地震保险制度建设涉及方方面面，不可能一步到位地统一所有人的认识，解决所有的问题，协调好所有的关系，营造好所有的条件。从既往实践看，其他国家和地区的地震保险制度都不是一步到位和尽善尽美的，都有一个实施中不断完善的过程。例如我国的台湾地区，在 1999 年 9 月 21 日“集集大地震”之后，仅仅用了两年的时间就建立起了一个全覆盖的住宅地震保险体系，并在运行的过程中不断完善。我们现在的突出矛盾是如何尽快启动地震保险制度。特别是“5·12”汶川大地震再一次警示我们：我国的地震保险制度的建设已经到了刻不容缓的地步，我们应当以更加务实的态度，立足中国的国情特点，在学习和借鉴国外先进经验的基础上，求同存异，尽快制定我国的地震保险方案，抓紧启动，并在启动和建设过程中不断加以完善。

五、我国地震保险制度建设的设想

按照构建我国地震保险制度的原则，借鉴国外地震保险体系建设的经验，结合我国二元经济的基本国情，笔者认为，当前我国地震保险制度建设的总体思路是：区分住宅与非住宅，区分城市住宅与农村农房，逐步建立起“基本保障，广泛覆盖”的政策性城乡居民住宅地震保险和商业地震保险共同保障、全方位、多层次的地震保险制度。

（一）思路

区分住宅与非住宅建筑物。我国的地震保险制度应仅针对个人，包括城市居民和农村农民所有的住宅，而不包括其他非住宅建筑物。从大多数国家的实践看，地震保险均仅针对住宅，基本的理由是居民作为一个个体，无论是承受巨灾风险的能力，还是支付保费的能力均相对较弱，因此，需要从政府层面干预，建立一个具有公共和互助性质的体系，确保他们的基本生活条件能够得到保障，继而维护社会的稳定。非住宅建筑物主要是指企事业单位所有的建筑物以及公共设施等，这些建筑物的地震风险问题应通过市场化的方式解决，包括商业地震保险方案。

区分城市居民住宅与农村农民住房。分别建立城市居民住宅地震保险体系和农村农民住房保险体系。从建立地震保险的角度看，我国城市居民住宅与农村农民住房具有很大的差异性，包括产权类型、建筑物特点、单位价值、支付能力等，因此不应当也难以将二者纳入同一个体系内，而应当分别建立。相对而言，城市居民住宅地震保险体系应当更市场化，公共资源的投入更多地体现为行政资源，体现为通过政府的协调和引导，推动制度和体系的建设；而农村农民住房地震保险体系的建立则需要更多的财政资源的直接投入，尤其是在一些经济欠发达地区。

以省为单位建立地震保险体系。从我国的实际情况看，在地震保险体系建设过程中面临的难题之一是地区差异大：①幅员辽阔，地震风险程度差异大；②经济发达程度不同，经济价值分布情况差异大；③个人的风险承受和保费支付能力差异大；④经济总量不同，财政收入和承担能力差异大。因此，要想建立一个全国的地震保险体系存在基础性的障碍。同时，从国外的实践看，大多数国家虽然是以全国为“单位”建立地震保险体系，但这些国家均相对较小，就地震保险体系建设而言，与我国均存在不可比性。另外，美国地震保险体系也是以州为单位的，最有代表性的是加州地震保险制度。因此，就目前的情况而言，应当先推行以省为单位的地震保险体系，待条件成熟时，再建立全国统一的地震保险体系。

(二)基本框架

完整的地震保险保障体系应包括城市和农村地震保险保障两个体系，其中城市保障体系包括居民住宅、企事业单位财产、公共利益(政府法人)财产等保险保障子体系，农村地震保险保障体系包括农民住房和农业生产等保险保障子系统，详见下表。

表1 地震保险体系

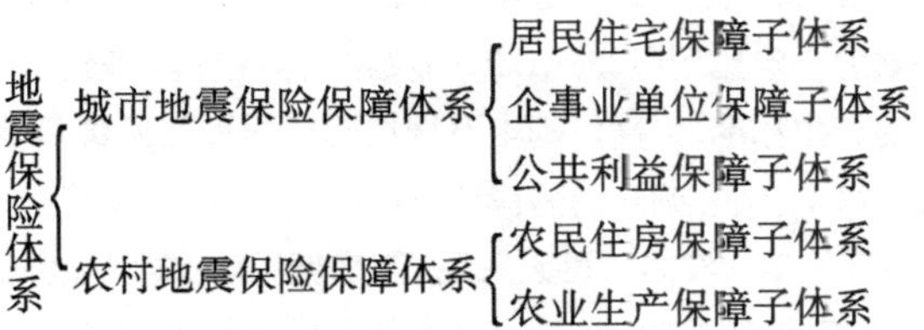

在地震保险保障体系中，城市中的企事业单位、政府法人，相对居民住宅而言，抵御地震风险的能力相对较强，可以实行完全市场化的商业运作模式。农村种植、养殖两业地震保险体系可以在目前政策性农业保险体系基础上，适当拓宽保险范围，构建一个涵盖地震风险的政策性农业生产保险体系。城市居民住宅和农村农民住房地震保险保障体系应更多强调政策性和强制性，是目前构建我国地震保险保障体系的重点。考虑到目前我国城市与农村二元化经济格局仍然存在，城市居民住宅与农村农民住房在产权类型、建筑物特

点、单位价值、支付能力等方面具有很大的差异性，因此需要分别建立城市居民住宅地震保险保障子体系和农村农民住房保险保障子体系，其中农村农民住房保障子体系需要更多的各级财政资源的直接投入，而城市居民住宅保障子体系则需要政府行政资源的投入，包括强制推行。

根据我国的实际情况，在地震保险制度建设过程中，应当注意方法和路径选择，其中有：①以省为单位建立的方法。考虑到我国幅员辽阔，地区间地震风险程度差异大，财政收入和承担能力不均衡，当前以省为单位建立城乡居民地震保险保障体系符合我国国情。②先试点再推广、先易后难的方法。因地震保险项目牵涉面较广，费率测算比较复杂，建议先在部分省进行试点，总结经验后再逐步推广到全国。在试点地区选择上，可以首先选择需求迫切、条件较为成熟的省市，先易后难，逐步推进。③协调推进的方法。地震保险制度建设涉及的部门众多，具体工作也比较繁杂，应明确地震保险的主办部门，注重地震保险保障体系推动的协调性，各部门齐心协力，共同推动，才能高效地推动地震保险保障体系建立。

（三）实现路径

路线图一：城市居民住宅地震保险制度的实现路径。

我国住宅地震保险的基本框架是：强制“基本保障层”+商业“补充保障层”。基本保障层应本着“低保障，广覆盖”的原则，由政府主导，强制推行，投入必要的公共资源，为社会提供一种普惠的保障，是居民住宅地震保险制度建设的重要内容。而补充保障层则是由保险公司根据商业原则进行经营，国家给予一定的政策支持，如税收优惠、特别财务核算制度等；同时，国家为经营补充保障层的保险公司提供一定的风险分散解决方案，如接受其再保险分出。

基本保障层保险基金归集的基本思路是参照和结合“住房公共维修基金”的模式。各省级人民政府根据本省的具体情况，通过颁布专门法规的方式，要求购买商品房的居民均应按照商品房购房款的一定比例（1%～1.5%）交纳“地震保险基金”。同时，相应地降低住房公共维修基金的交缴标准，以确保基本不增加购房居民的经济负担。然后，根据当地地震风险的实际暴露情况，结合确定的赔偿比例（30%～50%），向居民提供一定期限（5～10年）的住宅地震保险保障。实施时可以采用“新房新办法，老房老办法”的衔接方案，即按照相关规定，对于方案启动前已经购买商品房的居民，可以从其已经交纳的住房公共维修基金中按照确定的比例，直接划拨到住宅地震保险基金账户。这样既能够保证居民住宅地震保险快速、全面的推广，确保覆盖面；又能够确保基金迅速达到一个基本的规模，形成一定的保障能力。这种方案的另外一个好处是能够在一定程度上化解目前社会上对“住房公共维修基金”的不满和批评。

根据住宅地震保险制度的特点，建议由中国保监会具体负责制度的建设、实施、管理和监督。在中国保监会之下成立独立的“中国住宅地震保险基金会”，也可以“挂靠”全国保险保障基金公司，采用“一套人马，两块牌子”的模式。机构为非营利性质，同时确保其公信力和风险隔离。机构的职责是：①负责管理基本保障层的保险基金，在授权的范围内，利用各种金融工具，扩大地震保障能力。②对经营商业补充层的保险公司进行专项监督，并向其提供风险分散渠道，确保其经营的稳定。③通过保险行业协会，协调行业的力量，确保灾后的保险理赔服务能力。④在国家减灾计划的总体框架下，发挥保险行业的特点，推动风险管理意识普及和减灾防灾教育，推动相关制度建设和完善。

关于住宅地震保险基金规模和偿付能力问题，如果采用“住房公共维修基金”的模式，相关资料显示，我国目前积累的住房公共维修基金规模已经超过1000亿元，按照50%划拨，则可以一次性形成500亿元的规模。此外，2007年我国的商品房销售额为30 000亿元，如果按照1%～1.5%缴交，每年可以归集的资金为300亿～450亿元。这样在住宅地震保险制度启动的第一年就有望使基金规模达到800亿～1000亿元，形成基础性的保障能力。在这个基金的基础上，“中国住宅地震保险基金会”应采用“横纵结合”的分层技术，确保稳定经营，扩大保障能力。从方式上看，可以采用共保、再保的模式；再保可以采用比例，或者非比例的模式；可以采用传统的，也可以采用非传统的模式；可以采用保险的模式，还可以采用金融创新的模式。从承担主体上看，可以是保险市场上的保险公司和再保险公司，也可以是资本市场上的其他金融机构和主体，还可以是政府财政机构；可以是国内的主体，也可以是国外的主体。此外，为了应对特大地震情况下可能出现偿付能力不足的问题，政府每年应当通过预算的方式，安排一定的财政资金，支持发行“住宅地震保险债券”，以形成一个常态的应急资本储备。同时，国家还可以授权“中国住宅地震保险基金会”在特殊时期根据需要发行“特别住宅地震保险债券”，以解决特别情况下的赔偿资金不足问题。

路线图二：农村农民住房地震保险制度的实现路径。

近年来我国农民收入持续提高，但总体来看，多数地区仍然处于较低水平，保险意识和支付能力都不高，自然灾害风险保障普遍不足，地震等巨灾发生时，往往造成农民财产的严重损失，威胁社会稳定，对和谐社会建设构成不利影响。因此，我们认为，至少在起步阶段，农房地震保险制度建设的基本思路是坚持以财政直接投入为主，通过政府的主导和支持，依托保险行业的力量，迅速建立起低保额、广覆盖的农民住房地震风险保障体系。

产品解决方案——综合型产品和单独型产品都是可以考虑的选择，即开发综合型农村巨灾保险产品或单独农村地震保险产品。

当前，部分省政府积极开展政策性农房保险，对于因自然灾害或意外事故导致的农房坍塌，提供保险赔付，但地震所造成的损失均属于除外责任。在推广农房地震保险的过程中，可以采取综合险的产品研发思路，即在现有的政策性农房保险产品中，加入地震风险保障的内容，发生巨灾时，在限额范围内统一赔付。也可以采取单列的产品研发思路，即单独开发地震保险产品，不承担其他巨灾所造成的损失责任。在实际操作中，不同地区可根据对当地地震风险、财政承受能力、农民投保意识和支付能力等方面的综合考虑，设计不同的农房地震保险产品。

模式解决方案——农村住宅地震保险模式的选择，建议积极借鉴当前的政策性农房保险模式。目前，我国现有的政策性农房保险业务，都采取了政府组织推动，财政资金补助，保险公司商业运作的基本模式，实践证明是科学有效、符合我国农村实际的。在建立农房地震保险保障体系中，应当坚持这种基本模式。在实际操作中，各地推进政策性农房保险的具体做法各有不同，其中，"福建模式"和"浙江模式"最为典型，为我们建设农村住房地震保险保障体系建设提供了有益的实践。一是财政全额出资、全辖统保模式。福建省最为典型，在运作过程中，省民政厅与中国人民财产保险股份公司签订农房统保协议，政府全额出资投保政策性农房险，年保费3500万元，其中省级政府和市县政府各承担50%。二是财政部分出资、农户自愿参保模式。浙江省最为典型，在运作过程中，省政府下发通知，要求在全省开展政策性农房保险工作，并对总体要求、实施办法、政策措施等做出具体规定。在保费支付上采取省、市政府和农户共同出资方式，财政支付大部分保费，农户保费支出不超过总保费的三分之一。

赔付能力解决方案——在农房保险体系建设过程中，必须通过多种方式建立完善赔付能力保障机制。现有的政策性农房保险主要面向非地震自然灾害造成的房屋坍塌，在大面积范围内，损失程度通常远远小于地震。在"5·12"汶川大地震中，超过150多万户房屋倒塌，如果统保农房地震保险，假定按每户保险金额5000元粗略计算，保险公司将面临超过75亿元的赔付，如考虑大量未倒塌但必须拆除的房屋，那么赔付金额将可能达到数百亿元，这远远超过了商业保险公司的承受能力。因此，必须建立起单独面向农房的地震或巨灾保险基金，妥善做好地震保险分保安排。在此基础上，还有几种赔付能力保障机制可供参考：一是在大多数省份开展农房地震保险的基础上，在全国范围内统一运用各省的农房地震保险基金。我国幅员辽阔，这种做法有助于在更广阔的空间内分散风险。二是各级财政积极介入，建立起分层赔付机制，政府承担较高层次的赔付责任。三是允许保险公司在国内外市场发行地震巨灾债券。四是打通农房与城市住宅地震保险，统一使用有限兜底与回调机制，充分保证赔付能力。

【参考文献】

[1]王和．建立我国巨灾保险制度的思考[J]．中国金融，2005(7).

[2]王和．中国地震保险方案研究[J]．保险研究，2008(6).

[3]王和．中国地震保险制度建设路线图[J]．中国金融，2008(13).

[4]王和．我国家庭财产保险问题研究[J]．保险研究，2008(3).

[5]王和．序[M]//我国地震保险制度研究．中国财产保险重大灾因分析报告．北京：中国财政经济出版社，2009.

[6]史培军．三论灾害研究的理论与实践[J]．自然灾害学报,2002(3).

[7]陈颙,史培军．自然灾害[M]．北京:北京师范大学出版社,2007.

[8]王静爱,史培军,王平,等．中国自然灾害时空格局[M].北京:科学出版社,2006.

[9]周国强,董保华．我国综合减灾组织管理体系和运行机制探讨[J].防灾科技学院学报,2009.

[10]杨术,张晓磊．构建突发事件的公共财政应对机制[J].攀登,2007(1)

[11]王维舟．突发事件与公共财政[J].理论与现代化,2004(2).

[12]陈宏．刍议国际地震保险投保率[J].山西地震,2005(1).

[13]王红帅．关于住宅专用基金问题的法律探析[J]．河南商业高等专科学校学报,2006(9).

[14]张兰．政策性农房保险浙江探秘[N].金融时报,2008.

[15]郑伟．地震保险:国际经验与中国思路[J].保险研究,2008(6).

[16]瑞士再保险公司．2000年的自然灾害与人为灾祸[J].Sigma,2001(2).

[17]朱建钢,杨晓梅,黎大虎．地震保险净费率之厘定的工程学方法研究[J].四川地震,1995(3).

[18]MIKESELL JOHN. State Lottery Sales and Economic Activity [J]. National Tax J,1994, 47: 165 - 171.

[19]PRICE DONALD, E SHAWN NOVAK. The Income Redistribution Effects of Texas State Lottery Games[J]. Public Fi - nance Rev,2000, 28(1): 82 - 92.

[20]GARRETTT THOMAS A. An Int Comparison and Analysis of Lotteries and The Distribution of Lottery Expenditures[J]. Int Rev Appl Eco, 2001, 15(2): 213 - 227.

[21]OSTER EMILY. Dreaming Big. Why Do People Play the Powerball? [D]. Harvard University Senior Honors Thesis, 2002.

洪水灾害风险管理体制创新研究

魏华林　洪文婷

【摘要】洪水灾害是导致经济损失最为严重的一种自然灾害。美国是世界上洪水灾害风险管理体制最为健全的国家之一，其对洪水灾害风险的管理日臻成熟，实现了由遏制洪水向控制洪水，由控制洪水向管理洪水，由管理洪水向洪水资源化三个阶段的转变。然而，全球气候变暖，巨灾性洪水灾害频发，使得美国洪水灾害风险管理体制中转移巨灾风险设计方面的制度欠缺与转移一般洪水灾害风险设计中未曾解决的逆选择问题暴露出来。中国洪灾风险的管理虽颇有成效，却仍属灾害救助式的被动应对。当前，我国急需创建"安全设防、救灾救济、应急管理与风险转移"相结合的新型洪水灾害风险综合管理体制，在灾前、灾中、灾后的各个环节，将政府、保险市场与资本市场相结合，将"危机管理"与"风险转移"相结合，将一般洪水风险的管理与巨灾风险的管理相结合，实现对洪水灾害风险的全方位、多层次管理。

【关键词】洪水灾害风险管理；体制创新；多层次风险转移

Abstract: Flood disasters are the most serious economic loss caused natural disasters, and the United States owns one of the most sound flood risk management system, and the mature flood risk management has achieved three stages of change, that is from flood contain to flood control, from flood control to flood management, and from flood management to flood resources. However, the lack of design in transferring catastrophe risk and the problem of seriously adverse selection are exposed in the background of global warming and catastrophic flood comes. Although the flood risk management in China is fairly effective, but it is still a passive response to disaster relief and crisis. At present, China needs a new integrated flood risk management system including

---

［作者简介］魏华林，教授，博士生导师，武汉大学经济与管理学院保险经济研究所所长；洪文婷，武汉大学经济与管理学院保险与精算学系博士研究生。

本文是教育部哲学社会科学研究重大课题攻关项目"巨灾风险管理制度创新研究"（09JZD0028）、武汉大学"211 工程"三期重点学科建设项目"开放条件下的中国金融安全与金融发展研究"的阶段性研究成果。

"safe fortification, disaster relief, emergency management and risk transfer", while combine all aspects of the government, the insurance market and capital market, integrate "crisis management" and "risk transfer", and manage usual flood risk and catastrophic flood risk together in the process of pre - disaster, disaster, post - disaster to realize the full range and multi - level management of flood risk.

Key words: flood risk management; institutional innovation; multi - level risk transfer

一、引言

2011年1月29日,中央一号文件《关于加快水利改革发展的决定》正式颁布(简称"一号文件"),这是62年来中央首个关于水利的综合性政策文件,它第一次将水利提升到关系经济安全、生态安全、国家安全的战略高度。几乎同一时间,美国众议院金融服务委员会下设的保险、住房和社区机构分委会主席、伊利诺伊州共和党议员朱迪比格特向国会提交《洪水保险改革法2011》草案(H. R. 1309),试图通过改革促进美国国家洪水保险计划的财务健全性和经营稳定性,改善并巩固现有的洪水灾害风险管理体系。新年伊始,东西方两个大国不约而同地将政治工作的重点投向"水"的领域,再一次揭示了在全球气候变暖环境下洪水灾害风险形势的严峻性以及加强洪灾风险管理的紧迫性。

洪水灾害是导致经济损失最为严重的一种自然灾害,世界范围内约1/3的自然灾害经济损失是由洪水灾害导致的。随着全球气候变暖,水文循环加速,社会财富集中,洪水灾害的发生次数越来越多,发生强度越来越大,导致的经济损失越来越严重。19世纪50年代全球范围内共发生洪水灾害81起,导致经济损失17.79亿美元,到19世纪90年代洪水灾害发生795起,导致经济损失2075.21亿美元。进入21世纪后,洪水灾害发生次数有增无减,所致损失越来越大,仅最初5年就发生洪灾771次之多,导致直接经济损失785.03亿美元(见图1)。

全球气候变暖对洪水灾害的影响是世界性的,地球上没有哪个国家可以完全免于遭受被洪水淹没的风险。只是有些国家某一时期洪灾发生次数多一些,洪灾损失大一些而已。根据1990—2010年引发经济损失最严重的洪灾排名来看,中美两国的洪灾损失都十分严重,都呈现出"两高一低"的特点。然而,中国洪灾特点是"直接经济损失高,死亡人口数量高,保险补偿比例相对低",与之相比,美国则是"直接经济损失高,保险补偿比例相对高,死亡人口数量低"(见表1)。究其原因,大洪灾导致的损失情况不同,与两国的洪水灾害风险管理体制有着莫大的联系。

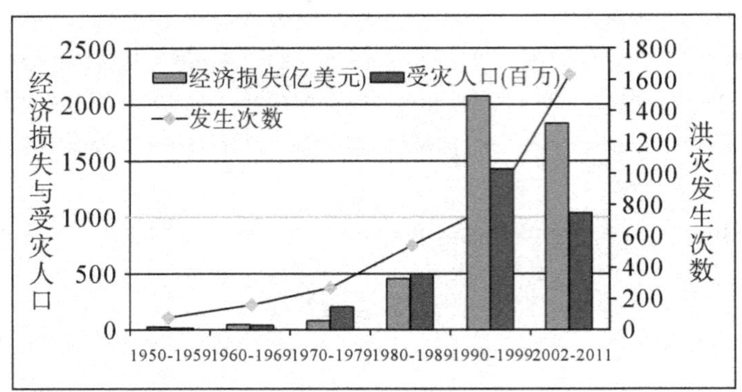

图 1　全球 1950—2011 年重大洪灾损失统计

注：根据数据的可得性，最后十年数据为 2002—2011. 5. 7 日统计数据。

表 1　1990—2010 年十大洪水灾害（按经济损失排名）

时间	影响地区	经济损失（百万美元）	保险损失（百万美元）	死亡人口
1998. 5—9	中国	30 700	1000	4159
1996. 6—8	中国	24 000	445	3048
1993. 6—8	美国	21 000	1270	48
2002. 8	欧洲	16 500	3400	39
1995. 7—8	朝鲜	15 000	—	68
1991. 5—9	中国	13 600	410	2628
1993. 6—9	中国	11 000	—	3300
2008. 6	美国	10 000	500	24
2010. 7—9	巴基斯坦	9500	100	1760
1994. 11	意大利	9300	65	68

注：经济损失和保险损失都是原始值。

数据来源：Munich Re, Geo Risks Research, NatCatSERVICE, March 2011.

二、中国洪水灾害风险管理体制的现状评估

中国历来就是洪灾多发的国家。据统计，从西汉到清末，即从公元前 206 年到公元

1911 年的 2116 年间，共发生洪水灾害 1011 次，平均大约 2 年发生一次。另据来自国家三部委①的研究资料，1900—1949 年期间，全国平均每年有 163 个县受灾；不同年份灾害轻重差异很大，轻度灾年的受灾县域近 100 个，重度灾年的受灾县域在 250 个以上。兴水利、除水害，历来是治国安邦的大事。新中国成立以后特别是改革开放以来，我国水利改革发展取得显著成就。但与经济社会发展的要求相比，水利投入强度明显不够，建设进度明显滞后，保障水平明显偏低。1950—1998 年期间，每年都有不同程度的洪水灾害发生，累计造成 25.9 万人死亡，年均死亡人数达到 5300 人；累计倒塌房屋 1.1 亿间，年均损失 220 万间。受灾农作物年均达到 913 万公顷，成灾农作物年均达到 510 万公顷，分别占耕地面积的 10% 和 5% 左右；年均直接经济损失高达数百亿元。近 20 年来，中国遭受的洪灾损失越来越严重，影响了旅游、交通、电力、农业、股市等各经济领域的稳定运行，其导致的经济损失年均超过 1000 亿元，约占全国国内生产总值的 1% ~3%（见图 2）。

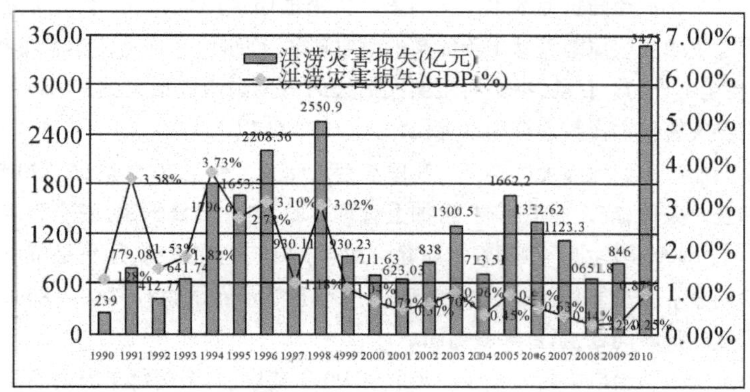

图 2　1990—2010 年洪灾经济损失及其占当年 GDP 的比值

资料来源：国家防汛抗旱总指挥部，中华人民共和国水利部．中国水旱公报［M］．北京：中国水利水电出版社，2010.

从人与水的关系来看，我国防洪大体上已经经历了两个历史阶段：一是人适应水的阶段，以人类被动适应自然为主要特征。在人类发展的初始阶段，生产力水平低，改造自然的能力有限，人类怕水，把水看成神。在这一阶段，人类“择丘陵而处之”，以躲避洪水灾害。二是水适应人的阶段，以人类主动改造自然为主要特征。随着生产力水平的提高和人口的增加，人类改造自然的意愿和能力在增强。特别是人口增加后，人类对土地的需求不断增长，迫切需要对水进行控制，通过建设水利工程来改造河川、调蓄洪水等以保障经济社会的安全。从整体上看，我国目前仍处于防洪的第二个阶段。

随着认识水平的提高，以人与自然和谐相处为标志的防洪理念演变的第三阶段即将

① 国家三部委是指科技部、国家计委与国家经贸委。

到来。1998 年洪水之后,水利部国家防汛抗旱总指挥部办公室用了 5 年的时间反思和总结以往治水方略和实践的得失,在借鉴国外经验的基础上,经反复论证,于 2003 年提出了"由控制洪水向洪水综合管理转变"的防洪方略。所谓洪水综合管理主要包括三个方面:一是建设与社会经济发展水平相适应的标准适度、结构合理的防洪工程体系;二是科学引导和管理人的开发和防洪行为;三是开展洪水资源利用,缓解水资源短缺和水生态恶化的问题。

然而,我国洪水灾害风险管理的实践远远落后于理论研究。如今,在实践中,防洪理念还未实现由控制洪水向管理洪水、由重工程措施向工程措施和非工程措施并重、由重防洪向防洪抗旱并举的转变;洪水管理制度还不健全;市场化洪灾损失补偿机制还未建立;防洪减灾社会化保障体系亟待完善。我国洪水灾害风险管理实践中存在的问题,主要体现在以下五个方面:

一是部分中小河流防洪标准偏低。与大江大河的防洪建设相比,中小河流和山洪灾害防治仍然是洪水灾害风险管理工程体系的薄弱环节,许多中小河流防洪标准仅 3 ~5 年一遇,有的甚至不设防。目前,中小河流洪灾损失约占全国水灾损失的 80%,中小河流洪水灾害和山洪灾害伤亡人数占全国水灾伤亡人数的 2/3 以上。

二是小型病险水库除险加固率低。我国小型水库大多建于 20 世纪 50 ~70 年代,限于当时经济和技术条件,建设标准不高,再加上管理薄弱,老化失修严重,安全隐患突出。到 2012 年新一轮 5400 多座小Ⅰ型病险水库除险加固规划实施完成后,还只是解决了小Ⅰ型水库的病险问题。据初步统计,全国 6.5 万多座小Ⅱ型水库中约有 70% ~80% 的水库还存在不同程度的病险问题,亟待除险加固。

三是山洪灾害防治措施投入偏少。20 世纪 90 年代以前,全国每年因山洪灾害导致的死亡人数约占洪涝灾害死亡总人数的 2/3,新世纪以来已上升到 80% 左右。尤其是 2010 年,全国因山洪灾害造成 3887 人死亡和失踪,占洪涝灾害死亡和失踪总人数的 92%。经过多年持续建设,山洪灾害防治区尚未开展全面、深入的普查和排查,基层群测群防体系还不完善,尚未建立覆盖到县乡村组户的组织体系和"纵向到底、横向到边"的预案体系。

四是局部地区水情预报能力不足。我国洪水预报系统建设项目现已基本建成,并且我国水文情报预报的水平在发展中国家中处于领先地位,在大江大河的洪水预报技术上甚至可与发达国家媲美,但在中小河流的洪水预警与预报中还存在一定的差距,特别是在边远山区,暴雨、山洪、滑坡、泥石流等灾害呈现多发频发趋势,由于监测和预警能力偏低,信息发布不够及时,预案体系不够完善,群众防灾意识不强,往往造成人员伤亡和经济损失。

五是灾害损失补偿机制不够完善。洪灾损失补偿的问题尤为突出,洪水灾害是导致经济损失最为严重的一种自然灾害,解决好洪灾损失的补偿问题是洪水灾害风险管理的关键问题。目前我国洪水灾害的损失补偿方式包括国家财政提供的政府救助、社会公众或机构提供的社会捐赠和商业保险公司提供的保险补偿三种,其中政府救助占到补偿总额的绝大多数。然而，即使将所有的国家救灾专款用于洪灾损失救助，也仅能覆盖洪灾损失的4.66%，相对于灾民的损失补偿需要，可谓杯水车薪。因此，中国有90%以上的洪灾损失存在补偿缺口。在洪水灾害面前，保险损失补偿的功能没有得到充分发挥，保险补偿额度低，一方面是由于现有的洪水保险品种少，保障范围小；另一方面也与受灾群众投保意识弱有关。

2010年，在强降雨的冲刷下，我国洪水灾害风险管理的隐患再一次暴露出来。全国有258座县城及城市市区进水受淹，437条河流的洪水超过警戒水位，111条河流的洪水超过特大洪水的历史记录，数以千计的水库告急，为数不少的堤防险象环生，一些中、小河流的堤防出现决口，洪水漫溢。发生在长江上游地区的洪水超过了十几年前的1998年特大洪水。洪涝灾害共导致2.1亿人受灾，3222人遇难，1003人失踪，227万间房屋倒塌，2.7亿亩农作物受灾，直接经济损失3475亿元。从一定意义上说，2010年的洪水灾害，持续时间之久、发生区域之广、险情出现之多、受灾损失之重，达到了新世纪以来洪水灾害损失的极致，洪涝灾害频繁仍然是中华民族的心腹大患。新中国成立以后特别是改革开放以来，党和国家始终把兴修水利作为治国安邦的大事来抓，水利改革发展取得了辉煌的成就，为经济社会发展、人民安居乐业作出了突出的贡献。但与经济社会发展的要求相比，水利投入强度明显不够，建设进度明显滞后，水利保障水平明显偏低，加快水利建设刻不容缓。为此，党中央、国务院从党和国家事业发展全局出发，制定出台了《关于加快水利改革发展的决定》，这是新中国成立以来中央出台的第一个水利综合性政策文件，是指导当前和今后一个时期水利改革和发展的纲领性文件。2011年中央一号文件提出了水利改革发展的总目标，力争通过5~10年的努力，从根本上扭转水利建设明显滞后的局面，基本建成4大体系，首当其冲的就是基本建成防洪抗旱减灾体系，争取在“十二五”期间继续实施大江大河治理的同时，基本完成重点中小河流重要河段治理，让全国小型病险水库全部摘除“病帽”，全面完成山洪灾害易发区域的预警预报系统建设。

然而，加强水利建设只是洪灾风险管理的初级阶段。国际经验表明，防洪减灾体系应该是综合性的、多层次的，不仅包括安全设防等工程设施的建设，也包括救灾救济、应急管理和风险转移等非工程措施手段的运用。

三、洪水灾害风险管理体制的世界经验：以美国为例

洪水灾害是美国最为严重的一种自然灾害，年均经济损失达到31.75亿美元。美国国土总面积的7%（约合3885万公顷）受到洪水威胁，1/6的城市处在百年一遇的洪泛平原内，2万个社区易受洪灾的威胁，多年来河流沿岸洪灾的治理一直受到公共政策制定者的关注。1803年美国从拿破仑手中购得路易斯安那地区以后，便开始寻求政府参与治理洪灾。作为一个法治国家，1850年美国就制定了《沼泽地和淹没区法》，规定密西西比河沿岸数万平方公里的沼泽地交由州政府管理。目前，美国联邦政府颁布的有关水法规达

1000 多条①,既包括全国性法案,又包括地方性法案。从联邦到州、从州到地方政府,已经形成了一套层次分明、内容完整的法律、法规体系,从工程的规划、设计、管理、投资,到灾害的防御、抢险救灾的组织、灾后的恢复和重建都有法律规定,法令法规内容详尽,可操作性强。

(一)洪水灾害风险管理体制的沿革

1.“堤防万能”防洪策略:遏制洪水

1803 年以前的美国,私人在各自的土地上修建堤防来抵御洪水;1803 年后,美国人才开始寻求政府参与治理洪水,兴建水库和大坝来控制洪水是最初的防洪思路。由于洪水频繁冲毁两岸堤防,国会于 1850 年授权美国陆军工程师团进行勘察,同年设立了勘察小组。1861 年,勘察小组负责人哈姆弗瑞斯上尉和艾伯特中校提交了勘察报告,并在报告中首次提出“堤防万能”的防洪策略(levees only),反对使用水库蓄洪、裁弯取直、滞洪区作为防洪的有效手段,认为应根据最大洪水流量设计并修建相应高度的坚固堤防,使得在任何情况下,洪水都可以被“遏制”在密西西比河两岸的“钢铁”大堤之内。到 20 世纪初期,密西西比河两岸已经形成了完善的堤防体系。由于过分相信“堤防万能”的洪水策略,在 20 世纪以前,密西西比河上游尚无以防洪为目的的水库。由于历史的局限性,哈姆弗瑞斯上尉和艾伯特中校没有认识到堤防并非万能的,堤防只能“遏制”其设计标准以内的洪水,一旦更高等级的大洪水发生,不但会溢出堤防之外,还会摧毁堤防,引发更为严重的经济损失。

2. 相对综合的工程防洪策略:控制洪水

1927 年,密西西比河下游发生了几乎是美国历史上最严重的洪水,大约 2 万平方英里(约合 518 万公顷)土地变成一片汪洋,70 万人背井离乡,200 余人丧生,倒塌或损坏的建筑物多达 13.5 万座。密西西比河管理委员会依据“堤防万能”的策略建设防洪大堤已经花费了 2.4 亿美元,严峻的洪灾损失形势暴露出“堤防万能”防洪策略的局限性,特大洪水促使政府和公众进行深刻的反思,开始从一个全新的视角对洪水灾害进行深入系统的研究。1928 年,《密西西比河下游防洪法》(简称《1928 年防洪法》)出台,该法授权修建水库大坝、整治河道、设置滞洪区、开辟泄洪道控制洪水,结束了过去推行的“堤防万能”策略,标志着以堤防、水库、蓄滞洪区、分洪道、河道整治、水土保持等措施相结合的相对综合的以“控制洪水”为目标的工程防洪策略开始形成。与此同时,美国政府对防洪政策的认识也发生了重大转变:1928 年之后把“控制”洪水确立为国家政策问题及联邦政府责任,而在 1927 年以前认为防洪主要是地方政府的责任。

1928 年,美国国会批准用于防洪工程建设的总经费为 70 亿美元。经过 20 多年的发展,美国共修建堤防约 40 000 千米,水库 500 座左右。其中,密西西比河干流及其支流上

① 截止到 2000 年,美国联邦政府颁布的有关水法有 1135 条。

共修建了防洪标准为 50 ~ 500 年一遇的堤防 228 段，防洪标准为 30 ~ 50 年一遇的堤防 1305 段；艾奥瓦河和得梅因河建有 3 座水库，其设计防洪标准为 100 年一遇；密苏里河干流上共建有 6 座水库群，总库容为 937.90 亿立方米；迈阿密河流域建有 5 座滞洪水库、8 处河道整治工程和一些堤防；坎伯兰河上段干支流共建有 3 座多目标水库；田纳西河干流上建有 9 座多目标水库。防洪工程通过与支流水库及下游现有堤防联合运用，对下游地区的防洪起到了重大的作用。根据陆军工程师团对密西西比河防洪工程规划及已建工程所产生的效益进行的复核和分析①，防洪工程效益随着时间增长而增大。到 1961 年为止，防洪工程的成本收益比为 5.8 : 1，1966 年为 7.85 : 1，1985 年提高到 18.9 : 1；20 年间，平均效益增加了 10 倍，达 40 亿美元，而年平均投资只增加了 3 倍，为 2.1 亿美元。

与利用单一的堤防防洪以遏制洪水的策略相比，采用相对综合的工程措施来控制洪水的策略具有进步意义，但是历史证明，工程防洪策略也具有局限性，防洪效益与防洪工程投入并非无限地成正比，很多防洪工程措施的建设对自然资源和环境质量甚至产生了负面影响。

3. 工程措施与非工程措施相结合的防洪策略：管理洪水

尽管数十亿美元投入防洪工程的建设，但由于持续性的、广泛的洪泛区开发，洪水损失仍然增长迅速。1935—1936 年，俄亥俄河流域与新英格兰地区均发生了大洪水，加之很多防洪工程措施的建设对自然资源和环境质量造成了不利的影响，在这种背景下，美国政府开始重视非工程防洪措施的建设，核心是加强对洪泛区的管理，并辅之以洪水预警预报工作。1936 年 3 月，在海洋和大气管理局（NOAA）的基础上成立了联邦—州洪水预报中心。预报中心与美国水文局共同合作，进行水情预报和警戒服务。预警预报方面，美国国家气象局设有 13 个河流洪水预报中心，确保全国可获得预报和警报信息的地区高达 90% 以上，较大河流的洪水预见期达到 2 至 3 个星期。水文观测站在美国比较密集，共有 10 000多个水文站，其中 4000 多个报汛站，有 7000 多个卫星观测系统，400 多个洪水自动测报系统，250 个雷达站覆盖着美国本土。一台雷达的覆盖半径为 230 公里，5 ~ 6 分钟完成三维空间扫描，利用雷达波所测到的降雨强度推算降雨量及其降雨过程，可精确获得 4 ~ 4.5 平方公里范围内的短历时降雨资料，随时校正预报洪水的参数，预报结果准确度高。

尽管投入了大量的人力物力财力用于加强防洪工程措施的建设、发展洪水预警预报等非工程措施技术，但是美国的洪水灾害损失仍然居高不下。在 20 世纪初期，年均洪水经济损失只有 0.21 亿美元，在 30 年代则达到了 1.04 亿美元。面对这一困境，20 世纪 40 年代，美国以地理学家吉尔伯特·怀特为代表的有识之士提出了协调人与洪水关系的思想，标志着在考虑社会、经济、环境等制约因素的基础上，管理洪水而非控制洪水，减轻而

① 总效益包括以下各项：减少淹没损失、改善航运、减少防洪堤的退建、减少抗洪救灾费用、减少岸边设施（如码头）损失等，淹没损失是按照 1928 年以来如不建防洪工程的历次洪水损失来计算的。

非消除洪水影响的防洪观念的形成。这种防洪策略虽然还没有明确考虑洪水资源的利用,但是放弃了单纯依赖工程控制洪水的观念,客观上为洪水资源特性的发挥提供了条件。

1955 年加利福尼亚州及美国东北部发生的台风和洪水促成 1956 年《联邦洪水保险法》的通过。但由于保险行业内的意见分歧及对保险措施的有效性有所疑虑,保险基金的积累方案未获批准。1965 年飓风“贝齐”的袭击,使联邦救灾援助费用增加了 4.5 倍,由于人们对灾害损失的关注与日俱增,加之联邦灾害救济费用的急剧增长,而地方政府难以有效地管理洪泛区,促使美国于 1968 年颁布了《全国洪水保险法》,并据此制定了《国家洪水保险计划》,建立了国家洪水保险基金,规定保险赔偿最高限额为 25 亿美元,国会授权住宅与城市建设部组建了联邦保险管理局(简称 FIA),负责管理国家洪水保险计划。联邦保险管理局与国家洪水保险协会(120 多家商业保险公司的联合体)建立了合作关系,商业保险公司负责保单的销售与灾后定损;联邦紧急事务管理署(FEMA)负责赔偿超出保费收入的损失,制定保单费率、保障范围以及参保限额和资格要求。以此为依据,联邦政府开始涉足土地利用规划工作,国家洪水保险计划负责人称之为“国内第一部建设性的土地利用法”。至此,美国已经形成了一个涵盖防洪工程、预警预报和洪水保险的较为系统的洪水灾害风险管理体系(见图 3)。

其中,洪水保险与洪泛区管理构成了美国国家防洪政策和防洪安全保障体系的核心部分。美国的国家洪水保险计划一开始就存在两方面的隐患:一是计划是自愿性的,由于参加洪水保险短期内要增加居民的经济负担,许多社区对其不感兴趣;二是缺少可供各社区使用的洪水保险费率图。在国家洪水保险计划实施的头一年,美国 2 万个易发洪灾的社区中符合参加国家洪水保险计划资格的只有 4 个,总共只办理了 20 件保险业务。美国国会遂于 1969 年修改了洪水保险法,制订了应急计划,允许社区在详细的洪水保险费率图被绘制出来之前,以部分投保的形式参加应急计划。此后,保险计划仍进展缓慢。

1972 年艾格尼丝飓风证明了自愿的洪水保险计划是无效的,整个宾夕法尼亚州只购买了 683 份保单,受灾最严重的威尔克斯—巴里社区,仅有 2 份生效的保单,而另一个受灾严重的社区哈里斯堡没有生效的保单。最后联邦保险局支付的索赔损失仅为 500 万美元,相对总损失 30 亿来说,保险严重缺位,洪水保险购买率低的原因包括:居民不知道洪水保险计划(NFIP)的存在;相对房屋综合险等一揽子险种来说,洪水保险“性价比”太低;居民存在侥幸心理,认为洪灾这种低概率事件不会发生在自己身上,等等。在此背景下,1973 年国会通过了《洪水灾害保护法》,规定在洪水易发区内,凡是向联邦政府管制的贷款机构进行抵押借贷或寻求联邦援助的居民必须购买洪水保险。将洪水保险计划与联邦贷款机构紧密联系在一起,这是扩大洪水保险的供给以及洪水保险计划国家影响力的最重要的规定。

强制性保险计划实施之初,激起了大量的矛盾和反对。国会不得不对该法的某些条款进行修改。1976 年放宽了抵押贷款的禁令,1977 年又通过了《洪水保险计划修正案》,

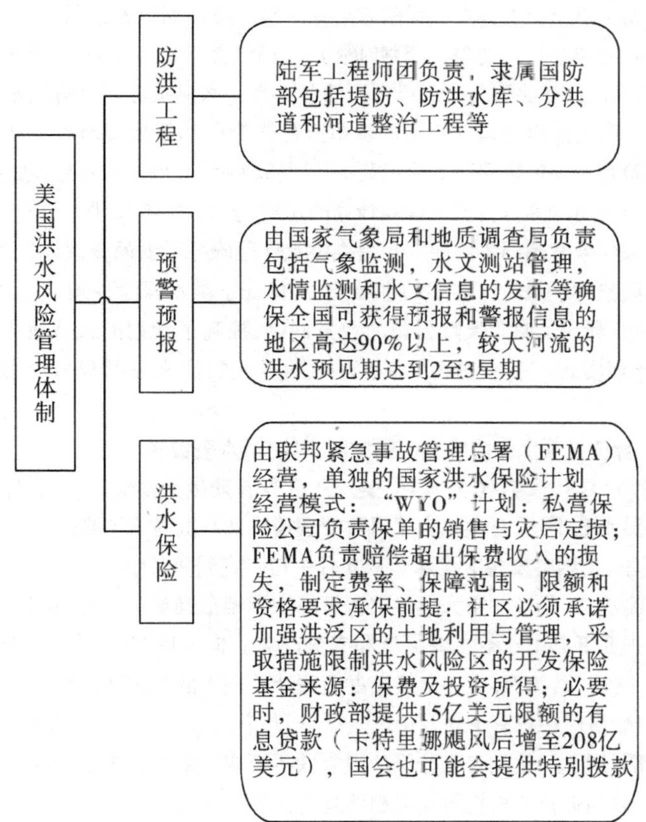

图 3　美国洪水灾害风险管理体制的构成

取消了禁止由联邦管制的信贷机构向位于洪水风险区内但未参加保险计划的社区的资产所有者提供贷款的条款，但要求信贷机构告知借贷人，他将无权享受联邦的灾害救济和援助，因此在开发洪泛区时应自行采取相应的防洪保护措施。尽管存在争议，仍有 85% 的洪水风险区参加了国家洪水保险计划。联邦政府确信，国家洪水保险计划将通过大幅度减少灾害救济费来节省联邦政府和私营机构的开支。联邦水资源委员会估计，如果所有的洪泛区都开展土地利用管理，区内居民都参加了保险，则政府每年可节省约 10 亿美元。

自从《洪水灾害保护法》实施以来，国家洪水保险计划进展顺利。到 1979 年年底，在 16 732个社区中共有 180 万份保险单生效，投保财产达 730 亿美元，这一年，国家洪水保险计划向 66 175 个申请者支付了 4. 275 亿美元，总统灾害基金以不同形式提供了 2. 295 亿美元的救济资金，联邦小企业管理局和农民家庭管理局向灾区发放的救灾贷款达 18 亿美元，洪水保险计划投入的救灾经费约占总投入的 1/6。

1979 年，联邦保险管理局（FIA）转归联邦紧急事务管理署统一领导。1981 年，联邦保险管理局开始谋求重新发挥商业保险公司在洪水保险计划中的作用。经过与几家大的保险公司和保险业协会代表的艰苦谈判,提出了一个“自行签单计划”(write your own program,简称 WYO)。商业保险公司仅以自己的名义为洪水保险计划出售洪水保险,但不承担赔付的风险。商业保险公司将售出的保单全部转给联邦保险管理局,按保单数量获取佣金。联邦保险管理局负责保险基金的统一管理和使用。1983 年 8 月,联邦保险管理局向商业保险公司发出参加自行签单计划计划的邀请,至 1986 年 10 月, 已有 200 多家商业保险公司与联邦保险管理局签约向社会提供洪水保险服务。新的管理模式既体现了联邦保险管理局在国家洪水保险计划中的主导地位,保证了洪水保险计划的经费可以在全国范围调用,又充分利用了商业保险公司的业务网络,提高了计划的运营效率。从 1985 年起,洪水保险计划实现了自负盈亏,不必再用纳税人的钱来补贴保险赔款支出和运营费用。

4. 洪泛区管理与洪水保险为核心的防洪策略:洪水资源化

从 20 世纪 60 年代末到 90 年代初,美国几乎没有发生大洪灾。然而,好景不长,1993 年美国中西部洪水的爆发,对洪水灾害风险管理策略又一次提出了拷问。

1993 年夏季,美国突发特大洪水。从 6 月中旬一直到 9 月中旬,整个密西西比河上游及密苏里河泛滥成灾,是各次重大自然灾害事件中影响范围最广、历时最长的。不断的强降雨导致美国中西部共 150 条主要河流和支流泛滥。据灾后统计,洪水保险计划理赔的总金额达 2. 93 亿美元,然而,这一金额只占到估计总损失的 2% 和联邦救灾款的 14%,洪水损坏的 10 万幢房屋中只有 1. 6 万份理赔保单,九个州仅有 9. 9 万份保单有效。1993 年中西部水灾表明,屋主仍然没有充分服从强制购买要求。此次洪灾为 1994 年国家洪水灾害改革法出台,以加强贷款机构服从强制性规定提供了推动力。

经过这场大水,人们对洪水的认识进一步加深,意识到洪水无法被完全控制,在从“控制洪水”转向“管理洪水”的基础上,开始研究“洪水资源化”。洪水资源化的提出意在把生活与防洪减灾、除害与兴利有效地结合起来,实现“给洪水出路,让洪水为我所用”的治水策略,在汛期有意识地利用田间、蓄滞洪区、湿地和河道蓄滞洪水,把洪水转化为地下水。从 1993 年起,美国在人烟稀少、资产密度较低的高风险区没有对水毁堤防进行加固或重建,而是让洪水迂回滞留于曾经被堤防保护的土地中,结果既利用了洪水的生态环境功能,也减轻了其他重要地区的防洪压力。1995 年出台的全国洪泛区综合管理计划,将恢复洪水高风险区的生态环境功能作为未来 30 年洪泛区管理的四大目标之一。洪泛区管理和洪水保险则是“洪水资源化”的核心内容与具体体现。

到 2003 年年底,美国全国已有 2 万个社区参加了国家洪水保险计划,社区参保率达 90% 以上,大约有 440 万张有效洪水保险单,可以提供洪灾损失的财务保障,当年度签单保费收入达 21 亿美元,与 1978 年相比,年保费收入增长近 20 倍。然而,在 440 万份保单承保的财产中,1% 的财产为重复损失财产,它们导致了 25% ~30% 的索赔损失。针对重复财产损失严重的问题,2004 年参议员吉姆邦宁、众议员格贝罗伊特和厄尔布鲁曼诺联名提出了2004年《洪水保险改革法》,对洪水保险计划再一次进行改革,并对1968年洪水保险法的一些条款进行修改。到2004年年底,在超过20 300个社区中,约有470万张有效洪水保险单可以为屋主提供洪水灾害损失的财务保障。据统计,因为社区实施了洪水保险计划的洪泛区管理条例,每年避免了大约12亿美元的洪灾损失。此外,按照国家洪水保险计划规定的标准建造的建筑物要比不遵守该标准的建筑物遭受的损失减少77%。并且,洪水保险的赔付使救灾支出减少了1/3。

美国洪水灾害风险管理的目标经历了"三个转变",即由遏制洪水向控制洪水转变,由控制洪水向管理洪水转变,由管理洪水向洪水资源化转变。相应地,洪水灾害风险管理的策略也经历了"三个过渡",即由单一的"堤防万能"策略过渡到相对综合的工程防洪策略,由相对综合的工程防洪策略过渡到工程措施与非工程措施相结合的防洪策略,在此基础上,又进一步过渡到洪泛区管理和洪水保险为核心的防洪策略。

(二)洪水灾害风险管理体制面临的挑战

然而,随着全球气候变暖,极端天气事件频发,人类财富越来越集中,洪水灾害的巨灾特性越来越明显,对洪水保险乃至整个洪水灾害风险管理体制都产生了巨大的冲击,曾经一度作为模范广为效仿的美国洪水灾害风险管理范式在新形势下面临着前所未有的困境与挑战,美国洪灾风险管理的核心环节——美国国家洪水保险计划由于财政上的入不敷出,正面临计划终止的危险。2005年美国的"卡特里娜"飓风导致的巨大破坏性,不但凸显出美国洪水灾害风险管理体制在应对巨灾风险方面的制度欠缺,也将其日常运作中的隐患暴露出来。在洪水保险计划的历史上,2005年飓风造成的索赔数目和洪灾损失都是空前的。迄今为止,联邦紧急事务管理署(FEMA)处理了241 000件索赔,并且支付了大约163亿美元的赔偿金。据联邦紧急事务管理署预计,2005年飓风所造成的总赔付额最终将在219亿美元左右。为了保护洪水保险计划的完整性和确保联邦紧急事务管理署有足够的财力来履行自己的承诺,在2005年飓风之后,国会三次通过并由总统签署法案,将洪水保险计划的借款限额增加到207.75亿美元。到2010年8月,洪水保险计划已经向美国财政部借款188亿美元,来赔付卡特里娜飓风所致的损失以及支付借款的利息。2005年"卡特里娜"飓风引发的巨额洪水保险索赔,打乱了洪水保险计划近40年的良好运行记录。在此之前,总统平均每4年对洪水保险计划进行一次授权,将该计划延期。在2005年以后,洪水保险计划改为每年需要得到临时的授权,使得在总统正式授权洪水保险计划之前,洪泛区的财产无法获得洪水保单的保障,也意味着如果下一年度未得到临时授权,洪水保险计划随时可能终止运行。为了延长国家洪水保险计划的授权,通过改革来促进国家洪水保险计划的财务健全性和稳定性,减少纳税者的负担,2011年年初,美国国会众议院金融服务委员会下设的保险、住房和社区机构分委会主席、伊利诺伊州共和党议员朱迪比格特提出了《洪水保险改革法2011》草案(H. R. 1309)。草案的内容涉及强制购买要求、保障条件改革、保险费率改革、洪水风险图绘制、私营化倡议、减灾援助等方面。目前,经过两次听证会的讨论，草案已于2011年4月6日和5月12日分别经保险、住房和社区机构分委会和金融服务委员会通过。按照美国国会的立法程序，这一议案将被提交众议院和参议院逐级审议，倘若得到逐级批准后，最终将由总统签署成为法案；相反，倘若草案最终未获通过，那么美国的国家洪水保险计划将面临终止的危险，美国的洪水灾害风险管理体制又将面临重大调整。

美国洪水灾害风险管理体制的困境之一表现在管理机制之间出现了冲突。以防洪堤为例，它不仅耗费了数百亿美元的建设成本，而且恶化了其他地区的洪水损失，毁坏或威胁了宝贵的生态系统。2005年卡特里娜飓风引发新奥尔良城外防洪堤溃破，再一次警醒世人防洪工程并非万能的，其本身也面临着倒塌、决口的危险，它对意图保护地区的安全实际上也构成了威胁，甚至会大幅度地加重水灾损失。

美国洪水灾害风险管理体制更大的困境在于，运行了近40年的美国国家洪水保险计划在巨灾冲击下几近破产。2005年以后，美国当局不断反思其在洪水保险计划的设计与实施中的问题与隐患，其中有两方面的问题比较突出。

1. 逆选择严重

从成立之初起，洪水保险计划的参保率一直不高，而且洪水保单主要集中在高风险地区。即使在洪水风险较高的地区，也仅有49%的家庭持有洪水保单，其中还包含大量的“祖父财产”(grandfathered properties)和“重复损失财产”(repetitive loss properties)，两者占到保单总量的25%。“祖父财产”由于建筑年代比较久远，房屋质量比较差，其采用的补贴费率只占到实际风险保费的35%～40%。重复损失财产具有脆弱性强和修复成本高的特点，虽然这些财产总数仅占全部有效保单总件数的1%，但是由它们引发的索赔占到了全年总赔款的25%～30%。尽管洪水保险计划将以上两类财产纳入保障范围的初衷是为了扩大洪水保险的覆盖率，然而这种行为已经侵蚀了精算费率的有效性，并对洪水保险计划的财务稳定性产生了恶性影响。

在高风险区以外的地区，洪水保单覆盖率显著下降，位于非特别洪水灾害区的住宅中仅有1%购买了洪水保险。从1968—1973年，购买洪水保险是自愿的。然而，洪水保险计划的参与率很低，很多洪灾受害者并没有通过购买洪水保险来获得损失补偿。在1973—1976年，国会通过法律要求居住在特别洪水灾害地区的财产所有者购买洪水保险，否则将无法从联邦管制下的贷款机构处获得抵押贷款，使该计划具有强制性。1976年后抵押贷款的禁令被取消，洪水保险的参保率一直不高。另外，在大灾害发生后，人们购买洪水保险的意识虽然会有所加强，但是随着人们对毁灭性灾难记忆的逐渐磨灭，保单持有率又会随之下降。从美国洪水有效保单增长速度和前一年洪水灾害损失数量的关系上可以看出这一点，即前一年损失数量增多，则当年有效保单数量增长速度加快；如果前一年损失数量减少，则当年有效保单数量增长速度放缓甚至停止增长(见图4)。

2. 巨灾风险无法转移

美国国家洪水保险计划的运行机制与大多数商业保险公司的经营机制不同，政府承

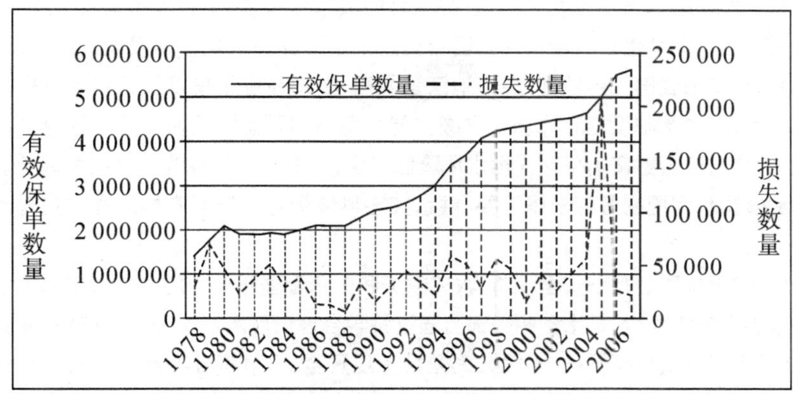

图4　前一年损失数量与有效保单数量增长的关系

数据来源:美国联邦紧急事务管理署(FEMA)网站 http://www.fema.gov/business/nfip/statistics/pcstat.shtm,2011－02－01.

担所有出售保单的风险,商业保险公司只负责保单的销售与灾后定损,并从所出售的保单中提取1/3的佣金和损失中提取3.3%的费用作为定损补偿。一般来说,商业保险公司在经营自然灾害风险时通过将部分保费转投再保险,既可以在事前分散巨灾风险,扩大保险公司的偿付能力和承保能力,也可以在巨灾发生后通过再保险市场摊回巨灾损失赔款。但是,美国的国家洪水保险计划在设计之初就缺乏再保险安排,也未曾做出通过资本市场转移巨灾风险的预案。一旦像2005年这样的大飓风再次发生,所有的保险理赔损失将无法通过再保险市场和资本市场获得补偿,而只能自行承担,势必对包括洪水保险在内的整个洪水灾害风险管理体制造成沉重的打击。虽然在2005年飓风之后,洪水保险计划已经向美国财政部借款188亿美元,来赔付卡特里娜飓风所致的损失以及支付借款的利息,但即使每年能收取20亿美元保费,也无法偿还债务,因为保费首先要用来弥补当年的损失和费用。随着洪水保险计划遭遇财务困境的形势愈加严峻,社会各界积极地为洪水保险计划建言献策。一种代表性的观点认为,应该加强商业保险公司和市场在洪水保险计划中的作用,允许国家洪水保险计划通过再保险和资本市场方式来管理计划运行的财务风险。为此,美国众议院共和党人在提出的《洪水保险改革法2011》草案(H.R.1309)中,要求联邦紧急事务管理署进行国家洪水保险计划的商业化研究,并在18个月内向国会递交研究报告。

四、未来洪水灾害风险管理的体制构建

经验表明,当一个国家或区域的人均国内生产总值突破1000美元之后,就会进入一个加速发展的阶段。在这一阶段中,由于旧的平衡不断被打破,而新的秩序尚不健全,因

此往往呈现“危机”频发的局面,不仅各种人为的灾难性事故、事件会频繁发生,而且突发性自然灾害的危害性也显著增长。我国目前正处于这样一个危机多发期。同时,受气候变化影响,近年来我国气候异常,局部地区强暴雨、极端高温干旱以及超强台风等事件突发多发并发,水利基础设施和综合防灾减灾能力薄弱问题愈加凸显。随着社会经济的快速发展,人口与社会财富不断地向洪水风险区集中,在中国已经成为一种新的趋势。洪水风险的综合防范问题变得越来越重要,洪水灾害风险管理的制度安排问题也变得越来越迫切。

目前,我国采取的是以安全设防、救灾救济和应急管理相结合的洪水灾害风险管理体制。一旦洪水灾害发生,各水利相关部门通过科学合理调度水利工程,紧急转移安置受灾群众,加强灾区雨量预警预报,下拨灾民救助专项资金,力争将各项财产损失和群众伤亡减到最低。这是一种典型的“危机管理模式”。从灾害系统论角度看,洪水灾害过程错综复杂,沿用传统的“危机管理”模式无法对洪水风险进行有效的防范。从风险的可保性理论看,洪水灾害容易引发巨灾损失,政府救助、社会捐赠和传统保险市场无法对巨灾损失进行充分的补偿。当前,我国急需建立“安全设防、救灾救济、应急管理与风险转移”相结合的洪水灾害风险综合管理体制,在灾前、灾中、灾后的各个环节,将政府、保险市场与资本市场相结合,将“危机管理”与“风险转移”相结合,将一般洪灾风险的管理与巨灾风险的管理相结合,实现对洪水灾害风险的全方位、多层次管理(见图5)。具体措施如下:

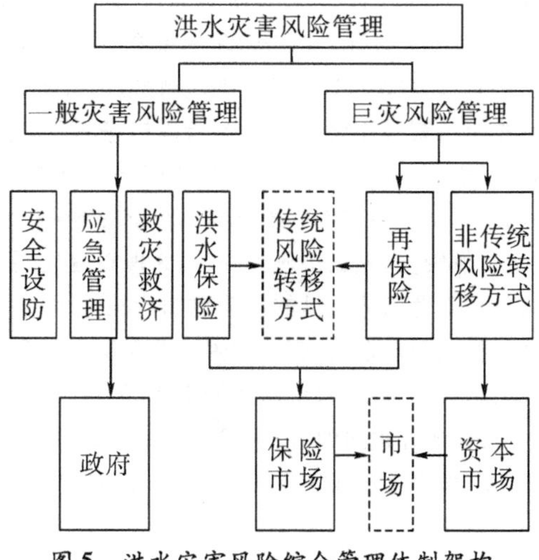

图5　洪水灾害风险综合管理体制架构

(一)构建灾害风险综合管理体制

综合灾害风险管理的“综合”是指短期、中期和长期风险的综合,灾害前、灾害中和灾害后的综合,风险预防、抵御和救助的综合。具体操作上,就是安全设防、救灾救济、应急管理和风险转移四大措施的综合,四大措施各司其职缺一不可。

安全设防方面,在加固既有防洪工程设施的基础上,加快中小河流治理和小型水库除险加固,加强重点蓄滞洪区建设,修订完善城市防洪规划,加强城市防洪排涝工程建设和整体防洪排涝能力,加强海堤达标建设,提高沿海地区抗御台风和风暴潮能力。救灾救济方面,完善各类防汛救灾预案和防汛救灾物资储备制度,健全防汛救灾信息报送和发布制度,加强防汛抢险队伍和抗洪服务组织建设,发挥政府抗洪抢险和救助减灾主力军作用。应急管理方面,完善监测网络,强化应急机动监测能力建设,进一步完善优化洪水预报,加强技术研究,提高预报精度,延长预见期,加快预警系统和设施建设,完善预警信息发布机制,加强山洪灾害的监测预警工作和台风监测预报,努力提高台风防御工作的针对性。风险转移方面,建立洪水保险为基础的市场化多层次风险转移体系,开发长期洪水保单,发展洪水再保险,运用巨灾债券、"侧挂车"和行业损失担保等资本市场新技术实现对洪水风险的多层次转移,既要应对一般年份的常规洪水灾害,也要设计出一套特殊年份应对巨灾的风险转移制度。

洪水灾害综合管理体制的建立健全发展,需要对四大措施统筹兼顾,不能过度夸大某个措施的作用,挤出其他措施的经济效益。例如,安全设防要考虑到"度",在进行安全设防投入前,要对经济效益和可行性进行分析。山区丘陵地区的中小河流保护面积小,洪水涨落幅度大,要达到较高的防洪标准,需要大量的投入,从经济效益上看,可能不合理;其次,即使经济上可行,有些地方河流保护面扩大后,形成"洪水归槽",将更多的洪水输送到下游,造成下游防洪标准相对降低,防洪压力增大。因此,山区及中小河流的治理,要想通过修建水利工程彻底消除水患是不现实的。另外,政府要把握好在救灾救济方面的"量",避免造成"撒马利亚人困境"①(the Samaritan's dilemma),虽然政府对受灾者进行救济安排是必要的,但应该只有在发生了被确认为重大灾害的事件后,针对贫困群体或承受了特大灾害损失的社会成员提供必要的、适当的、部分的救济,其形式可能是无偿援助,也可能是低息贷款,以免受灾群众对政府救助产生过度依赖的心理。

(二)建立多层次的风险转移体系

1. 开发长期洪水保险保单

国际经验表明,洪水保险是转移洪水风险的最佳方式。洪水保险的开展,最大的问题就是如何提高保单覆盖面或者说提高人们的投保率。投保率低是由以下两个原因导致

① the Samaritan's dilemma 是由诺贝尔奖获得者 James Buchanan 提出的,其基本观点是:政府(作为好的撒马利亚人)希望在大灾后给受灾的人群以帮助,但这种灾后补偿行为在灾害的风险管理方面却存在潜在的负面影响。事实上,这种做法鼓励了那些认为在灾难后能够得到政府保护而在事前选择将风险予以自留的人,从而造成保险投保率不高等一系列问题,见 Buchaman(1975)。

的:一是人们的风险意识淡薄,大多数人认为洪水风险离自己比较遥远,或者在近几年不会发生大的洪水灾害事件,从而缺乏购买动机;二是人们不愿意为发生与否存在不确定性的风险事件支出高额的保费。长期的洪水保险保单可以很好地解决以上两个问题。长期洪水保险保单在一段固定的时间范围内(5 年、10 年或 20 年)以固定的费率提供保险,如果屋主在保单到期前搬离,那么保单将以同样的费率自动转给新的屋主。长期洪水保险保单中的"长期"是相对于"一年期"保单而言的,"长期"既可以是 3 年、5 年,也可以是 10 年、20 年,根据当地洪水发生频率的高低,"长期"洪水保险的年限有所变化。具体而言,应根据洪水风险图中当地洪水发生频率的高低来设定长期洪水保险的年限。如果当地洪水发生频率为 100 年一次至 50 年一次之间,则长期洪水保险的年限也相对较长,为 50 年期保单;如果当地洪水发生频率为 50 年一次至 10 年一次之间,则长期洪水保险的年限也相应减少,为 20 年期保单,依此类推。相对于 1 年期的洪水保险,人们更愿意接受长期保险。以 20 年期的长期洪水保险为例,人们从心理上认为,在 20 年内发生洪水灾害的概率比在 1 年内发生洪水灾害的概率大得多,事实上也是如此;从经济性上看,20 年期保单的保费也远远低于 1 年期保单的保费连续缴纳 20 年的总额。

我国开展长期洪水保险应遵循"政府扶持、市场运作,保障基本、责任共担,突出重点、区域有别,试点先行、逐步完善"的原则。

次序上,在洪水风险高的区域和城市先行试点,逐步在全国推行。由于我国尚未制成全国范围的洪水风险图,在风险图制作出来前,可以采用历史洪灾数据作为长期洪水保单年限设定的依据。受到气候特征和地貌特征两个因素的影响,我国的洪水灾害大都发生在东部沿海及珠江、长江、淮河、黄河、海滦河、辽河和松花江七大流域(见图 6)。根据中国水灾年表 1840—1992 年的统计,从总量上看,长江流域(包括长江上游和长江中下游)发生的洪水次数最多、最频繁,洪灾发生频率为 2 年一次;其次是黄河流域,洪灾发生频率为 3 年一次;松花江流域发生的洪水次数最少,洪灾发生频率为 6 年一次(见表 2)。我国可以在七大流域优先开展长期洪水保险试点,以不同流域洪水发生的频率为基础,根据各流域风险的实际情况厘定保险费率,在长江流域开展 2 年期的洪水保险,在黄河、淮河、珠江、海滦河、辽河流域开展 5 年期的洪水保险,在松花江流域开展 10 年期的洪水保险。待洪水风险图制成后,再依据全国各地洪水风险的大小,作更细致的划分,开发出不同年限的长期洪水保单。

方式上,采取政府与市场合作的方式,政府负责全国大江大河流域洪水风险图的制作与洪水风险区域等级的划分,授权一家或几家实力强、运营状况好、风险管理水平高的大型商业保险公司负责保单的销售与损失理赔,保费的制定采取精算费率,国家给予一定的保费补贴,政府颁布法律将长期保单的销售与住房抵押贷款捆绑在一起,这样既可以迅速扩大投保率,也可以避免出现财产所有者在获得贷款后就取消保单,或者在一些年份没有经历洪水灾害的情况下就停止购买洪水保险的局面。

具体运作上,具有销售长期洪水保单资质的商业保险公司与银行贷款部门合作,银行负责保单的销售，并按比例提取佣金，保险公司负责保单的理赔，承担洪水风险；同时，保险公司有权通过再保险分散部分洪水累积风险。

表 2　中国七大流域洪灾发生频率统计

流域 等级	珠江		长江		淮河		黄河		海河		辽河		松花江	
	次数（次）	频率（%）	次数（次）	频率（%）	次数（次）	频率（%）	次数（次）	频率（%）	次数（次）	频率（%）	次数（次）	频率（%）	次数（次）	频率（%）
合计	32	5	77	2	39	4	50	3	33	5	31	5	25	6
一般洪水	23	7	43	4	25	6	27	6	23	7	21	7	17	9
大洪水	6	26	27	6	10	15	14	11	8	19	9	17	5	31
特大洪水	3	51	7	22	4	38	9	17	2	77	1	153	3	51

注：水灾等级根据受灾范围、灾害程度和洪峰流量大小（控制站）综合评定，同时以灾害的频率加以控制，一般是特大水灾频率 5% 以下；大水灾 5% ~10%；一般水灾 10% ~20%。

资料来源：根据中国水灾年表（1840—1992 年）统计。

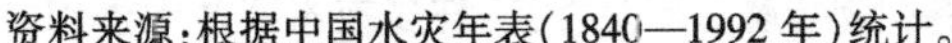

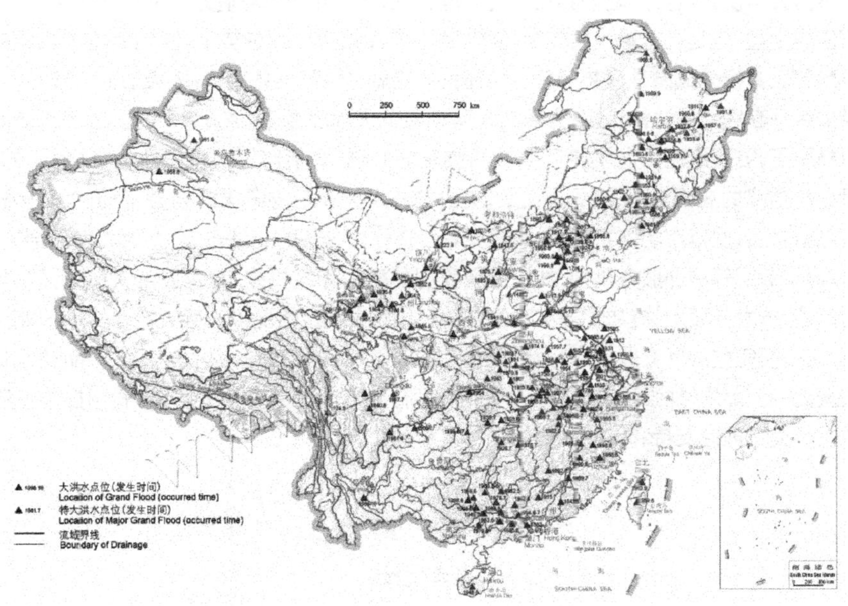

图 6　中国较大洪水和特大洪水事件点位图

2. 发展洪水再保险

根据国外的经验，自然灾害保险的再保险一般由政府和商业再保险公司提供。我国洪水保险可采用事故超赔再保险的形式，将较高层次的风险转移给政府，这一政府再保险项目可以由中国再保险集团公司代为办理,同时也可以向国内外的再保险公司寻求商业再保险服务;或者由政府成立洪水再保险公司,专门负责长期洪水保险的再保险业务,并将洪水风险进一步在国际市场上分散。目前,由中国财产再保险股份有限公司下设自然灾害风险管理部门,负责长期洪水保险的再保业务是较为现实的选择,该部门的职责应包括设计洪水灾害再保险方案,执行洪水灾害保险的核保、费率厘定,管理再保险合约事宜,提取洪灾损失准备金,并相机在资本市场上寻求巨灾风险分散的机会以应对洪灾损失特别严重的年份等。

3. 运用巨灾风险转移新技术

巨灾风险证券化①是目前国际上重要的巨灾风险融资工具,从长远来看,这类工具也应该成为我国巨灾风险管理体制建设的重要内容。目前国际上应用最多的巨灾风险证券就是巨灾债券,通过发行巨灾债券,保险公司可以将部分巨灾风险转移给债券投资者。但是巨灾风险证券化交易成本高,发行要求严格,需要依靠外部中介人,如投资银行等,手续烦琐,而且我国目前尚不具备发行巨灾债券的条件。虽然"侧挂车"和行业损失担保在操作成本和灵活性上更具有优势,但是也存在着流动性低、起步晚等不足,尚有许多技术问题未得到解决,而且目前我国发行巨灾风险证券在制度环境、市场环境和技术环境方面都存在极大的障碍。尽管困难重重,但是在全球气候变暖、极端洪水事件频发的大趋势下,利用资本市场转移洪水导致的巨灾损失风险是大势所趋。当前我们应做好以下准备工作:政策层面上,政府应当尽早出台一套完善的法律法规,为巨灾风险证券的发展提供制度保障,并且,在目前分业监管的格局下,需要研究巨灾风险证券协调监管的问题,明晰监管的责任边界,避免"多头监管、无效监管"的局面出现;市场层面上,应当加快发展和完善我国的金融市场,发展多样化的金融衍生品,规范市场交易规则,为投资者创造一个公平的交易环境,并大力发展会计、审计、律师事务所等中介服务机构,加快发展我国的资信评级机构,为发展巨灾风险证券创造有利条件;技术层面上,应加快搜集我国各地历年巨灾发生情况以及巨灾损失分布等相关资料,建立一套完整的巨灾数据库,为巨灾模型的运算、巨灾损失的评估和巨灾产品的定价提供数据支持。此外,加强巨灾风险证券的理论研究,培养相关专业人才,为我国巨灾风险证券的发行提供理论支持和人才队伍也是必不可少的。

【参考文献】

[1]EM - DAT. Emergency disasters data base [DB/OL]. http://www. em - dat. net.

[2]吴定富. 中国风险管理报告[M]. 北京:法律出版社,2010:84 - 86.

① 巨灾风险证券包括巨灾债券、巨灾期权、巨灾互换、行业损失担保和"侧挂车"等一系列巨灾保险衍生工具。

[3]鄂竟平．论控制洪水向洪水管理转变[J]．中国水利,2004(8):15.

[4] SARAH E GERGEL, MARK D DIXON, MONICA G TURNER. Consequences of Human - Altered Floods: Levees, Floods and Floodplain Forests along the Wisconsin River [J]. Ecological Applications, 2002,12(6):1755 - 1770.

[5]FRED B POWER, E WARREN SHOWS. A Status Report on the National Flood Insurance Program - Mid 1978[J]. The Journal of Risk and Insurance, 1979, 46(2):61 - 76.

[6] ORICE WILLIAMS BROWN. NATIONAL FLOOD INSURANCE PROGRAM: Continued Actions Needed to Address Financial and Operational Issues[DB]. Government Accountability Office, 2010 - 9 - 22.

[7]Carolyn Kousky, Howard Kunreuther. Improving Flood Insurance and Flood Risk Management: Insights from St. Louis, Missouri[DB]. RFF Discussion Paper, 2009 - 03.

[8]谢世清,曲秋颖．保险连接证券的最新发展动态分析[J]．保险研究,2010(7):84 - 88.

巨灾、巨灾保险与中国模式

许飞琼

【摘要】灾害是伴随人类社会发展而不断发展的异常现象，巨灾更以其巨大的破坏力及惨烈后果而给人类社会带来严重的威胁。巨灾不可避免，巨灾损失也不可避免，因此，必须正视巨灾发生及其发展规律，对巨灾损失除建立正常的补偿机制，还有必要建立专门的巨灾保险制度。中国的巨灾保险制度应当根据巨灾种类及相关国情要素体现出自己的特点。

【关键词】巨灾；巨灾保险；中国模式

Abstract: Disaster is an abnormal phenomenon, which always changes accompanying with the continuous development of human society. And catastrophe that usually results in cut - throat consequences brings serious threat to human - beings with its huge power of destructive. As a natural phenomenon, the cost of disaster is inevitable as well as the disaster itself. Therefore, we must face up to catastrophe and do deep research on it. There is necessary to establish a special catastrophe insurance system in order to reduce economic losses of catastrophe, as an effective supplementary of normal compensation mechanism. Such a catastrophe insurance system should be established basing on the special situation and specific type of catastrophe in China.

Key word: catastrophe; catastrophe insurance; Chinese model

“3·11”日本东海岸特大地震及连带引发的海啸与核事故灾变，是进入21世纪以来继2004年印度洋海啸、2008年中国汶川大地震等巨灾之后，再次向全人类敲响的巨灾风险警钟。虽然“2012世界末日”的传说不可能变成现实，但了解巨灾发生的一般规律并寻求合理的损失补偿途径，却是人类自身实现永续发展的基础。本文旨在展示全球巨灾风险的危害性及一般规律，并对巨灾保险机制进行相应的探究。

［作者简介］许正琼，中国人民大学财政金融学院副教授、保险学系系主任。

一、巨灾与巨灾损失的一般规律

所谓巨灾，是指造成重大的人员伤亡与物质财富损失的巨大灾难。在中外历史上，巨型灾难往往带来毁灭性的后果，轻则造成受灾地区的毁灭性打击，重则导致一国或地区从此一蹶不振。不过，历史上的巨灾记录并不是经常发生的，即使是被称之为“多灾之国”的中国，也只有“三岁一饥”、“六岁一衰”、“十二岁一荒”的说法，有史可查的巨灾为数并不很多。然而，进入20世纪90年代以来，随着全球气候变化日益显著，巨灾不仅保留了不可避免与地域性等特征，而且放大了频次增加与损失巨大等特点。

(1)巨灾不可避免，且地域性特征明显。天体运行有常，自然界动静交替，均非人力可以控制，自然灾害更是不可避免。从地震、洪水、海啸，到飓风、泥石流、冰雪、干旱等各种自然灾害，均极易形成巨灾的风险来源，并具有明显的地域性特征。从巨灾发生的地域性特征来看，它主要表现在以下方面：欧洲是巨灾稀少的地区，虽然也有自然灾害发生，但无论是灾种的分布还是灾损的后果，都是世界上灾情偏轻的地区；非洲地区也发生巨灾，但灾种主要限于严重的旱灾；南美洲的巨灾种类也比较少，地震与海洋灾害偶尔发生；亚洲和北美洲，巨灾种类比较多，其中亚洲地区更是巨灾种类多、发生频率高、影响地区广，属于世界上灾情最严重的地区。据瑞士再保险《Sigma》统计，2008年、2009年全球共发生巨灾599起，其中亚洲为254起，占42.4%，北美108起，占18.03%，两洲共占全球巨灾的60.43%。从中国来看，巨灾的地域性也比较明显。例如，地震主要分布在西南、西北与华北地区，洪水主要分布在七大江河流域特别是江淮一带，暴风主要分布在华东、华南一带，泥石流及滑坡主要在西南一带，等等。巨灾的这种地域性，表明了防减巨灾损失更是巨灾频发国家或地区的重大使命。

(2)巨灾频次增长迅速且损失巨大。瑞士再保险《Sigma》杂志发表的研究结果表明，进入21世纪来，自然巨灾发生的起数年均为133起，是20年前的两倍。与此同时，巨灾造成的直接经济损失也在显著增加。1970—1988年间，全球的巨灾损失由不到40亿美元上升至230多亿美元，2005年曾达到1000亿美元；2007年与2008年，因巨灾造成的财产损失分别达706亿美元和2690亿美元（其中汶川地震1240亿美元），死亡人数分别达到21 553人和240 460人；2009年与2010年，因巨灾导致财产损失分别达630亿美元和2220亿美元，死亡人数也分别达到15 000人和304 000人。进入2011年后，仅3月11日的日本特大地震，截至5月13日，就造成近2.5万人死亡或失踪，财产损失方面，日本央行估计占到日本名义国内生产总值的3%~5%。

(3)巨灾后果受制于多种因素。从中外的灾难经历来看，巨灾虽然不可避免，但巨灾所导致的损害后果却因受到多种因素的影响而会轻重不一。换言之，同样的灾难发生在不同地区或者发生在同一地区的不同时期，损害后果也会不同。同样的地震、洪水、海啸或飓风灾难，发生在过去与现在，其后果不同；发生在人口疏密度不同的地区，其后果不同;发生在发达地区与落后地区,其后果不同。一般而言,巨灾发生在欧美发达国家,其后果主要是经济损失;巨灾发生在亚洲一些不发达国家,其后果却是人员的大量伤亡;如果发生在亚洲一些发展中的国家,其后果是经济与人员均损失,但经济损失没有欧美发达国家大,人员伤亡比不发达国家要少。例如,1995 年日本阪神地震,其震级不如中国的唐山地震,但因前者比唐山地震晚 20 年,且经济发达、财富集中,其导致的直接经济损失高达 1000 亿美元;不过,经济发达地区,其抵御灾难的能力也很强,导致的人员死亡相对会少,灾后恢复也会很快。如拥有 150 多万人口的日本阪神地区在阪神地震中仅 5466 人死亡,受伤 3 万多人;"3・11"日本地震尽管导致 1.5 万多人的死亡,近 1 万人的失踪,但这是日本近百年来最大的一次地震,且伴随着巨大的海啸灾难;而中国的唐山地震死亡人数却达 242 419人、重伤 164 851 人,2004 年的印尼海啸死亡约 23 万人,2010 年海地地震死亡 22 万多人,伤残近 20 万人。与唐山地震、海地地震相比,"5・12"汶川地震与"3・11"日本地震的经济损失又要高几十倍、上百倍,但因汶川地震属于不太发达的农村,其伤亡人数虽比唐山地震要少得多,却比 1995 年日本阪神地震还要高十几倍,比震级更高的 3・11 日本地震也要高 3 倍多,经济损失却比后者要小 2/3 倍。

表 1　全球巨灾损失简表

年份	2007		2008		2009			
项目	死亡人数(人)	占比%	死亡人数(人)	占比%	死亡人数(人)	占比%	经济损失(亿美元)	占比%
全球总计	21 553	100.0	240 460	100.0	15 000		620.2	100.0
北美洲	983	4.6	1230	0.5			200.9	32.39
欧洲	1088	5.0	506	0.2			201.1	32.43
亚洲	13 748	63.8	235 276	97.9	9400	62.7	167.4	26.99
南美洲	1216	5.6	534	0.2			5.6	0.90
大洋洲/澳大利亚	303	1.4	4	0.0			20.5	3.31
非洲	2215	10.3	1543	0.6			4.8	0.77
海洋、航天	2000	9.3	1367	0.6			20.0	3.22

资料来源:瑞士再保险公司,《Sigma》,2008(1),2009(2),2010(1);表中数据含人为巨灾。

表 1 也说明,在 2007 年至 2009 年间,亚洲巨灾遇难者人数分别占全球的 63.8%、97.9%和 62.7%;而经济损失,2009 年欧美国家占到全球损失约 65%。可见,人口的疏密、经济发展水平的高低,以及防灾减灾的措施与效果,决定着巨灾的直接损害后果。

二、巨灾损失补偿机制及其功能

由于巨灾不可避免,巨灾损失也就在所难免。在国际上,发达国家虽然也常常遭遇巨灾威胁,但因巨灾损失补偿机制健全,灾后重建往往较为顺利、有序,通常不构成对国家财政与个人生计的重大冲击,而发展中国家却往往因巨灾而酿成巨大的灾难性后果,有的国家或地区甚至因巨灾而一蹶不振。因此,有必要认真研究针对巨灾的补偿机制。一般而言,巨灾损失的补偿主要包括灾民生活救济、灾后重建及其他补偿三个部分,而补偿的途径不外乎政府补偿、商业保险补偿、社会捐赠及自我补偿等方式。

(1)政府补偿,即政府通过财政预算拨款用于救济灾民和灾后重建,它反映了政府对灾害补偿的财政规模及运用途径,体现着政府灾后补偿的责任与义务。例如,“5·12”汶川地震,截至2011年4月,中国政府共投入恢复重建资金10 205亿元,其中,中央财政安排灾后恢复重建基金3026亿元;据新加坡《联合早报》网站报道,新西兰政府将在未来几年耗资约85亿新西兰元(约合人民币437亿元),重建被2011年2月地震摧毁的城市克赖斯特彻奇;“3·11”日本地震,日本政府于4月22日在首份灾后紧急预算当中批准投入4万亿日元(4850亿美元)用于灾后重建,之后还可能追加投入,其中包括1.6万亿日元基建相关支出,预计支出总额将可能超出10万亿日元,等等。

(2)商业保险补偿,即保险公司按照自愿成交、等价交换的原则开展灾害保险业务,通过保险手段组织灾害保险基金,当合同约定事故发生后,对受损的保险客户进行经济补偿。发达国家对巨灾损失的补偿均以商业保险补偿为主体进行,许多发展中国家也随着商业保险的迅速发展,正在朝着这一方向发展。瑞士再保险《Sigma》发布的统计数据显示,在直接经济损失方面,2007年、2008年、2009年,全球因灾导致的巨灾损失分别达706亿美元、2690亿美元和620亿美元,其中通过保险得到补偿部分分别为39.04%和19.52%(如果扣除几乎没有保险补偿的汶川地震损失,2008年,全球的保险补偿为灾害损失的36.21%)和42.36%;在保险补偿中,欧美对经济损失补偿力度更大,如2009年,北美经济损失的保险补偿达62.99%,欧洲达38.27%,而亚洲只有14.55%;在保险补偿总额中,北美和欧洲的份额在2007年至2009年,分别达到了全球保险补偿总额的76.9%、87.1%和77.5%,其他洲总共分别只有23.1%、12.9%和22.5%(见表2)。再如,在2010年,自然灾害和人为事故造成2180亿美元的经济损失,其中保险补偿了430亿美元(其中,自然巨灾补偿400亿美元);在430亿美元的保险补偿中,北美为150亿美元,占了34.88%。上述指标说明,较之发达的欧美国家,亚、非、拉地区的发展中国家的灾害损失更严重,灾后获得的补偿也非常低,因其不可能从本不宽裕的政府财政支出中获得较多的补偿额,而又不能从保险中得到补偿,从而在灾害尤其是巨灾发生后的处境会异常艰难。

表 2　全球灾害经济损失及保险补偿情况简表　　单位:亿美元

年份	2007		2008		2009				
项目	保险损失	占比%	保险损失	占比%	经济损失	占比%	保险损失	占比%	占经济损失%
全球总计	275.64	100.0	525.04	100.0	620.2	100.0	262.7	100.0	42.36
北美洲	87.67	31.8	398.81	76.0	200.9	32.39	126.55	48.2	62.99
欧洲	124.31	45.1	58.06	11.1	201.1	32.43	76.97	29.3	38.27
亚洲	35.33	12.8	30.14	5.7	167.4	26.99	24.36	9.3	14.55
南美洲	2.28	0.8	3.60	0.7	5.6	0.90	0.50	0.2	8.93
大洋洲/澳大利亚	12.83	4.7	22.72	4.3	20.5	3.31	12.97	4.9	63.27
非洲	0.46	0.2	4.26	0.8	4.8	0.77	1.80	0.7	37.50
海洋、航天	12.76	4.6	7.45	1.4	20.0	3.22	19.55	7.4	97.75

注 :(1)资料来源:瑞士再保险《Sigma》,2008(2)、2009(2)、2010(1);

(2)表中的经济损失及保险补偿包括自然巨灾与人为巨灾损失,其中2007—2009年的自然巨灾保险损失与人为巨灾保险损失分别为233亿美元和42.64亿美元、447亿美元和78.04亿美元、222.7亿美元和40亿美元。

值得指出的是,在政府财政补偿能力一定的情况下,各国的巨灾损失补偿率是由受自然灾害的实际影响和灾害的投保程度来确定的。

表 3　2009 年全球保费收入情况表

	保费总额(百万美元)	全球市场份额(%)	保费收入占GDP%	人均保费(美元)
美洲	1 349 495	33.19	6.91	1470.2
欧洲	1 610 620	39.61	7.58	1861.5
亚洲	989 451	24.33	6.08	243.1
非洲	49 287	1.21	3.26	48.8
大洋洲	67 241	1.65	6.24	1862.9
全球	4 066 095	100.00	6.98	595.1
其中:工业化国家	3 532 716	86.88	8.01	3404.9
中国	163 047	4.01	3.4	121.2

注:资料来源于瑞士再保险《Sigma》,2010(2)

由表3可知,欧美国家的保险程度较之其他洲的保险而言要高出许多。例如,从保费收入占市场份额来看,2009年,欧美国家占到全球市场的72.8%,人均保费收入达1666美元。其中,工业化国家上述指标则更高,分别达到86.88%和3404.9美元。而亚洲国家占全球保险市场份额只有24.33%,人均保费只有243.1美元,中国则连亚洲国家的平均水平都没有达到,上述两指标分别只有4.01%和121.2美元。一方面灾害损失严重,一方面没有投保或投保不足,这对在灾害尤其是巨灾面前非常脆弱的个人与企业而言,就只有倾向于政府的救灾补偿或其他诸如社会捐赠来弥补了。

(3)社会捐助,即灾害发生时,社会各界出于人道主义,自愿对灾区或受灾成员给予无偿的款物帮助。它是有别于政府补偿与商业保险补偿的又一种社会性灾害补偿。从现实情况来看,社会捐助既有政府组织的,也有民间团体如慈善、红十字会、残疾人基金会等组织的,还有企业、家庭及个人自发进行的。一般而言,大灾发生时,社会捐助的力度较大。例如,美国9·11事件发生后的一周内,美国的民间慈善机构募捐了20亿美元;2005年的卡特里娜飓风之后,美国慈善机构募捐了53亿美元用于灾害损失救助;作为对2004年印度洋海啸援助的延续,美国人2005年又捐助了19.2亿美元善款。再如,据中国民政部统计,1991年的江淮大水灾、1998年长江流域及黑龙江等省的洪灾期间,中国政府就分别接受过全国及海外捐助款物20多亿元和64亿元,几乎相当于政府全年的救灾拨款。2008年南方雪灾,截止到当年2月29日,社会各界捐赠款物总额达22.75亿元;四川汶川强烈地震,截止到2011年4月,累计接受社会捐赠资金和物资797亿元(包括抗震救灾),接受特殊党费93亿元,香港、澳门特区政府分别支持恢复重建100亿港元和55亿澳元,为中国有史以来接收捐款捐物最多的一次;此外,因实施了对口支援,"一省帮一重灾县"的政策,19个援建省市3年共投入825亿元,这其实也是一种捐助。但在一般年份,社会捐助是非常有限的,也是非常分散的。

(4)自我补偿,即通过灾民自身的储蓄及其亲朋好友等的援助来达到灾害损失补偿的目的。灾民自我补偿客观上也是补偿灾害损失的重要途径,但个人行为并非社会行为,它一方面完全取决于个人的经济承受能力和储蓄意识,另一方面则通过参加商业保险或互助合作形态的灾害补偿等形式来实现自我补偿,即实现个人补偿行为向社会补偿行为的转化。

综上可知,在国际上,工业化国家的巨灾损失,40%左右是由商业保险即市场来转嫁,政府仅仅承担灾害应急救助责任。而经济不是很发达且灾害发生频繁、损失严重的亚洲、非洲国家尤其是经济落后国家却基本上不采用保险来转嫁灾害损失,更多的是依靠政府救助。这同时说明,工业化国家的巨灾风险管理机制是成熟的,而包括中国在内的发展中国家及不发达国家根本没有形成现代保险风险管理制度,由于市场与社会补偿的不足,后者的政府不得不扮演施予"父爱"的角色。当然,政府救灾是整个巨灾损失补偿机制中必要且重要的组成部分,这是各国的共同表现。同时,商业保险正被越来越多的人所认同,其补偿能力在迅速增长,客观上正在成为当代社会巨灾补偿机制中的主体组成部分;社会捐助、自我补偿等也在持续发展，它们均在灾害损失补偿中发挥着日益重要的作用。

三、国际巨灾保险模式及其比较

基于巨灾风险的巨大破坏力和正常风险保障机制难以应对，建立相应的巨灾保险机制便成为许多国家的必然选择。从建立有巨灾保险制度的国家来看，巨灾保险模式主要有三种：市场主导模式、政府主导模式和政府、市场协作模式。

（1）市场主导模式。所谓市场主导模式，就是依靠市场机制来进行巨灾保险的交易。政府不对巨灾保险的提供进行任何强制性的规定，不进行经营管理，也不承担任何保险责任和提供再保险方面的支持。商业保险公司作为保障主体，依靠精算结果制定费率和免赔，并凭借再保险市场和资本市场进行风险的转移和分散。市场主导模式的典型代表是德国和英国。这两个国家都有很发达的保险市场和再保险市场，可以承担灾害发生后导致的巨大风险。例如，据统计，1980 年，德国的商业保险保费收入为 359.9 亿欧元，2000 年上升为 1318.2 亿欧元，2007 年与 2009 年，保费收入分别达到 1645.1 亿欧元和 1710.5 亿欧元。德国政府之所以能够放手巨灾保险的管理，主要得益于实力雄厚的保险机构以及发达的保险与再保险体系。目前，德国共有商业保险公司 647 家，其中不乏安联保险、慕尼黑再保险等全球保险业巨头。根据历史经验数据，德国保险公司的赔付数额一般占到灾害损失的 20% 左右。从赔付总额来看，保险公司在近年来德国和欧洲历次巨灾中的赔付数额都相当庞大。如 2007 年 1 月份基里尔飓风登陆德国后南下横扫欧洲大陆，给保险业带来 46 亿欧元赔付，其中仅在德国就达到 10 亿欧元的赔付。再如英国，其洪水保险是比较成功的市场主导典范。在洪水保险中，英国政府不参与承担风险，私营保险业自愿地将洪水风险纳入标准家庭及小企业财产保单的责任范围之内，业主可以自愿在市场上选择保险公司投保，保险公司通过再保险进一步分散风险。例如，2007 年夏季，英国洪水损失达 72 亿美元，但保险补偿了 48 亿美元，占损失的 67%。

由市场主导提供灾害保险，一方面可以分担政府救灾的责任，减轻财政负担；另一方面可以充分利用商业保险公司营销网络和技术优势，在保险产品的费率制定、保单销售以及客户服务方面都能为客户提供优质的服务，避免了财政补偿的低效性缺陷。不过，由于保险公司是一个商业主体，以利益最大化为经营目标，其在厘定费率和免赔额方面必然会尽量控制风险，这就可能导致商业保险公司基于灾害损失的严重趋势怠于进入或压缩灾害保险市场，或者即便进入也会制定较高费率，抑制潜在客户的投保积极性，不利于灾害保险市场的持续发展。

（2）政府主导模式。政府主导模式即政府筹集资金并采取强制性或半强制直接提供巨灾保险。在政府主导模式下，政府通过颁布法律强制居民购买保险，或者通过费率补贴等与利益挂钩的形式鼓励或半强制购买巨灾保险，而且一般在同一地区采取统一费率的做法。此外，巨灾保险的再保险也是由政府全力承担。例如，美国的巨灾保险是典型的政府主导型。美国政府为了推进针对地震、洪水等高发生率的巨灾保险在国内的实施,采取了政府为主导的非营利性的巨灾保险计划。这类巨灾保险,政府作为保险人,承担所有的巨灾保险的风险和赔偿责任。保险公司只是作为巨灾保险的销售代理人,协助政府销售巨灾保险保单、理赔和垫付赔款。同时,在美国联邦政府的支持和促使下,将巨灾保险与资本市场结合起来,通过发行与巨灾相关的金融衍生品来为巨灾保险市场融资,以解决巨灾发生时的偿付能力不足的问题。众所周知,洪水是美国最严重的自然灾害,每年有960万个家庭和3900亿美元的财产受到洪水威胁。早在1968年,美国国会就通过了《国家洪水保险法》,并于次年制定了《国家洪水保险计划》,作为世界上最早建立国家强制性洪水保险制度的国家,美国的洪水损失通过保险可以得到较大的补偿。1992年安德鲁飓风带来的洪水总损失300亿美元,保险补偿165亿美元,占损失的55%;2005年发生的卡特里娜飓风带来的洪水损失1500亿美元,保险补偿占其50%。

政府主导型的巨灾保险模式,其具有的优势是:政府作为巨灾保险的供给者,可以在全国范围内强制推行巨灾保险,有效地提高保险密度,加强保障力度;政府为购买巨灾保险的投保人提供补贴,增加消费者的购买积极性;政府还可以从宏观调控的角度规范巨灾保险的产品品种和保单费率,便于对整个市场的规范管理。然而,这种政府主导模式也不可避免地存在一些缺陷,如政府过多地对巨灾保险的提供进行补贴,会在一定程度上增加政府的财政压力;政府不具有商业保险公司在销售网络和技术上的优势,必然会在制定费率和承包销售以及售后服务方面存在一定的缺陷,会对保险产品的持续发展带来一定的影响;政府制定规范化的保单,会导致保险产品过于单一,不能与特定的区域和特定的客户对巨灾保险的需求完全契合,等等。

(3)政府、市场协作模式。在这种模式下,巨灾保险的提供由政府和市场共同参与进行。即商业保险公司依照经营商业保险的原则对巨灾保险进行市场化运作,政府不参与保单的承保和销售工作,只作为巨灾保险机制的引导者和协作者,通过立法对巨灾保险进行规范,并向商业保险公司提供一定的政策支持和制度保障,且最后对巨大灾害风险进行分担。世界范围内,实行该保险模式的代表性国家有新西兰、土耳其和日本等国的巨灾保险,其中地震保险即为政府、市场协作型的通常模式。例如,新西兰是世界上第一个将地震险作为主险种列入法定保险的国家,其地震保险制度被誉为全球现行运作最成功的灾害保险制度之一,其主要特点是国家以法律形式建立符合本国国情的多渠道巨灾风险分散体系,走政府行为与市场行为相结合的道路来尽可能分散巨灾风险:一旦地震巨灾发生,新西兰地震委员会负责法定保险的损失赔偿,保险公司依据保险合同负责超出法定保险责任部分的损失赔偿,而保险协会将启动应急计划。土耳其是个地震发生频繁的国家,其96%的国土位于地震带,98%的人口居住在风险大小不一的地震区。尽管土耳其的保险市场还不是很发达(2008年的保费收入占GDP的比重只有1.24%,低于发达国家的平均水平8.81%和发展中国家的平均水平2.72%。同时,其人均保费只有126美元,远低于发达国家的3655美元,但是高于发展中国家89美元。这种低保险密度和地震灾害高发性之间的不匹配,使得土耳其政府的公共财政承担了过重的救助负担),但因1999年土耳其西部发生了强烈地震,政府便于2000年9月颁布《强制地震保险法》,在全国范围内推行地震保险。该法强制性地要求居民购买一定免赔额的财产保险,以此激励普通居民做好防灾减灾的工作,并同时依法建立巨灾保险基金,为整个地震灾害保险市场提供资金方面的保障。除此之外,政府还鼓励居民建造统一的房屋,便于制定统一的费率;同时废除了承诺为居民重建家园的法律,调动起全民购买地震保险的积极性。作为世界上著名的地震多发国日本,早在1966年就建立起了具有特色的地震灾害保险体系。1964年发生新潟大地震后,1966年日本出台了《地震保险法》并建立日本地震再保险株式会社(JERC)。日本的地震保险是以资助受灾灾民的安定生活为目的,以政府的再保险为前提的高公共性的保险。具体来说,日本商业保险公司收到的地震险保费,将全部注入日本地震再保险株式会社,后者再将其中的超额部分分给日本政府,由日本政府承担超额风险。根据日本地震保险制度,如果日本商业保险公司因地震导致的赔付金额在1150亿日元以下,这部分由商业保险公司承担100%赔付责任;如果在1150亿日元至19 250亿日元之间,则由商业保险公司与政府各承担50%;如果在19 250亿日元以上,则由政府承担95%赔付责任,商业保险公司只承担5%。这就是说,“3·11”大地震带来的严重损失,将主要由日本政府承担保险赔付责任。

从上述各国关于地震保险的实践经验来看,该模式的优点在于政府和商业保险公司可以充分发挥各自的比较优势,相互协作,共同建立和保障巨灾保险市场的有效运行。一方面,商业保险公司利用其销售网络的完善和技术方面的优势,可以制定合理的费率,并在巨灾发生时尽快组织人员就近进行定损理赔,提高了对灾民的风险保障性。另一方面,政府可发挥其强大的财政支持,为商业保险提供政策支持、财政补贴以及风险保障,消除了商业保险公司承保巨灾风险的后顾之忧,并依靠法律有力地推进了灾害保险的实施。

通过前面的分析和阐述,我们可获得如下结论:第一,大多数国家和地区巨灾保险制度的建立是因为巨灾造成严重后果,在巨大的财政压力及保险公司退出巨灾保险市场的情况下,政府采取应对措施而产生的。第二,在巨灾保险制度建设过程中,政府扮演着至关重要的角色,政府一方面通过立法推动巨灾保险制度的建立;另一方面,政府制定相应政策如税收优惠、保费补贴等政策来刺激巨灾保险市场的建立与完善。第三,在政府扮演了重要角色的同时,也充分发挥了私营保险公司的作用,并重视社会救助力量。从美日的巨灾保险制度来看,完全由国家自建一套巨灾保险制度并不现实,而通过私营保险公司在全国各地建立的保险销售网络代售或进行其他诸如社会救助方式等来合作经营巨灾保险,既发挥了保险人的专长,动员了社会力量,又有利于国家对巨灾保险的管理。

四、中国模式:国家主导加商业化运作

我国是发展中国家,巨灾造成的损失必然会影响到我国的财政收支平衡。如唐山地

震当年的财政赤字达29.62亿元,1991年江淮水灾当年的财政赤字达202.67亿元;1998年的洪灾当年的财政赤字高达1460亿元;2008年的冰雪、地震等频繁发生的大灾早已打破了我国财政收支预算。财政收支平衡被打乱,国民经济经济建设计划就会受到影响。因此,为了保证国民经济在巨灾后能够持续健康发展以及全体国民生活的稳定,根据国际经验,尽快建立巨灾保险制度,将巨灾保险作为化解我国巨灾损失后果的主要方式是政府应当给予高度重视的问题。

笔者认为,中国的巨灾保险宜采取国家主导加商业化运作模式,同时,目前政府可将地震或洪水列为巨灾保险并采取先试验后推广的做法。

中国的巨灾种类繁多,各灾种的损失也相当大,但基于经济能力、经营保险的技术能力、消费者的保险意识等方面的限制,目前不宜将所有的巨灾都纳入保险的范围。洪水是我国的频发灾害,洪水发生的规律、损失的程度等比较易预测,且洪水受害者众多,过去历年政府投入的洪水救灾救济及恢复重建费用占财政支出比例也比较大,对其实施保险计划,具有必要性和可行性。地震是我国多发灾种,但并不是每年形成巨灾,往往是几十年一遇。然而,地震巨灾一旦发生,其损失却是毁灭性的,1976年的唐山地震、2008年的汶川地震及2010年的玉树地震就说明了这一点。因此,从不影响财政年度平衡的角度,对其进行保险计划也是必要的和可行的。对于上述两灾种,在保险不发达的中国,目前宜先在一些地区进行试运作,待两巨灾保险运行成功后,再推广到更大的区域甚至全国。

以地震保险为例,可以通过下述思路进行:第一,借鉴国际经验,建立符合中国国情的地震保险模式。由于对于地震这样的巨灾造成的损失,国内的保险公司与再保险公司均无能力进行承保与分保,因此,笔者认为,中国的地震保险模式目前宜实施由国家主导加商业化运作的方式,用公式表示即为地震保险基金+保险费+其他。一方面政府应该摒弃过去单一的灾后财政救济补偿方式,有计划地将每年的地震救灾款转化为地震保险基金。地震保险基金的预算,可以根据地震发生的概率、损失率及过去几十年国家在发生突发性地震灾害时拨付的救灾款的数额来计算,每年提取并专款专用。另一方面,在建立地震保险基金的基础上,可以特别委托一家或相关保险公司专营地震保险。受托专营地震保险的保险公司,利用已有的人力和技术,通过商业保险的方式向投保人或被保险人收取一定的地震保险费,补充国家拨付的地震保险基金。上述两部分基金,逐年滚存,在闲置年份可以交由专门的投资机构进行投资运用,并通过法律保证其一定百分比的投资赢利,赢利收入并入地震保险基金;在地震发生年份,则用来进行地震损失补偿。此外,平常年份如果有社会各界对地震灾害损失进行捐款,则捐款部分也可以纳入地震保险基金。对于地震保险基金投资机构及经营地震保险业务的保险公司,政府必须依据法律对其实行严格监督管理,以避免财政拨付的地震保险基金流失或保险服务不到位。第二,目前宜将地震保险在一定区域地进行试承保。基于中国的经济实力、经营地震保险的技术能力、消费者的地震保险意识等方面的限制,目前不宜将所有震级的地震、所有城乡的地震灾害都纳入保险范围,宜先在一些地震带区域进行试运作,先易后难,待试验地区的地震保险运行成功后,再逐步推广到更大的区域甚至全国。第三,地震保险宜实行强制实施。强制性是建立切实有效的地震巨灾保障体系的基础和保证。如对于地震保险试验区域的单位或个人,实行法律强制投保;或凡属于地震保险的保险标的如房屋,无论是单位或个人,均必须将其进行足额投保。第四,建立科学的地震风险评估体系与风险分散体系。建立地震风险尤其是重大突发性地震灾害的风险评估体系,在提高被保险人地震风险防范能力与最大限度地减轻重大地震损失的同时,保险对象、保险限额、保险费率和保险时期等地震保险项目的确定也有了具体的科学依据。同时,因地震灾害尤其是重大突发性地震灾害发生时,其后果往往是毁灭性的,这必将直接威胁到地震保险人自身的生存与发展,因而需要一个健全的社会化风险分散体系将地震巨大风险损失在保险同业中或全社会进行分散,以达到地震保险人稳健经营业务的同时,使被保险人由于其损失赔偿风险获得了除原保险外的多层级保障。

总之,巨灾的不可避免性和巨灾损失的必然性,决定了巨灾损失补偿是人类社会应对巨灾风险的一个重要的命题。在当代社会,巨灾损失的严重性与扩大化,决定了任何单一的灾害补偿形式都不可能真正解决巨灾的补偿问题,而是客观上需要一种混合型的灾害补偿机制,即由多种巨灾补偿方式共同构成社会化的巨灾补偿机制;同时,社会经济的持续发展和市场经济体制的客观要求,均表明大力发展巨灾保险并将其作为整个社会巨灾补偿机制中的主体成为必要。

【参考文献】

[1]郑功成,等. 多难兴邦——新中国60年抗灾史诗[M]. 长沙:湖南人民出版社,2009.

[2]瑞士再保险. Sigma[J]. 2002(1-2)—2010(1-2).

[3]乔继红,等. 日本央行行长:震后重建首要任务是恢复供应链[EB/OL]. 新华网,2011-04-14.

[4]郑功成,等. 多难兴邦——新中国60年抗灾史诗[M]. 长沙:湖南人民出版社,2009.

[5]叶建平,等. 中国政府今年投入近千亿元重建汶川地震灾区[EB/OL]. 新华网,2010-03-05.

[6]佚名. 新西兰政府计划耗资85亿新西兰元重建地震灾区[EB/OL]. http://world. people. com. cn/GB/14379430. html,2011-04-13.

[7]佚名. 综合观察:近期世界主要经济体宏观经济形势盘点(下)[EB/OL]. http://futures. hexun. com/2011-04-27/129087964. html,2011-04-27.

[8]世华财讯. 日本首个额外救灾预算预计为243亿美元[J/OL]. http://content. caixun. com/NE/02/i9/NE02i95g. shtm ,2011-03-30.

[9]美国印第安纳大学慈善事业研究中心.2006年度美国捐赠报告[M].美国捐赠基金会,2006.

[10]温家宝在汶川地震灾后恢复重建座谈会上的讲话[EB/OL]. http://news.sina.com.cn/c/2011-05-10/010622433388.shtml.

[11]谢世清.伙伴协作:巨灾保险制度中我国政府的理性模式选择[J].现代财经,2009(6).

[12]郇公弟.德国巨灾保险成功商业化运作[N].中华工商时报,2008-03-31.

[13]许飞琼.巨灾损失、补偿机制、巨灾保险[J].群言,2008(6).

[14]张承惠,等.土耳其和法国巨灾保险制度对我国的启示[J].亚非纵横,2010(2).

我们需要什么样的巨灾保险

——基于公共财政的角度

冯俏彬

【摘要】关于巨灾保险的讨论由来已久，相关文献已如汗牛充栋。但是，在我国这样一个自然灾害频发、财政救灾支出极其巨大的国家里，为什么具有重大意义的巨灾保险方案反而一再折戟？本文从公共财政的角度——公共产品的受益范围和公私合作理论——对现有巨灾保险方案进行了评析，认为由保险部门主导提出的巨灾保险方案忽视了当下公共财政理财需要讲求绩效和具体方式的特点。本文在此基础上，就一个财政部门可能接受的巨灾保险方案的雏形谈了自己的看法。

【关键词】巨灾保险；公共产品；公私合作

Abstract: It's a long time to discuss catastrophe insurance and related articles are an immense number of books. But why so significant catastrophe insurance scheme has been put off repeatedly in our country where natural disasters are so common and fiscal relief spendings are extremely vast. This paper, from the perspective of public finance - - the benefits range of public product and Public private partnership theory - - to analysis the existing catastrophe insurance plan. We believe that the catastrophe insurance scheme leaded by insurance department ignores that current financial management pays great attention to the performance and some specific ways. Based on this, the paper proposed a catastrophe insurance scheme that may accepted by financial department.

Key words: Catastrophe insurance; Public product; Public private partnership

在我国这样一个灾害尤其是重大自然灾害频发的国家，关于巨灾保险的讨论则由来已久。资料显示，我国关于巨灾保险制度的讨论主要始于1998年长江全流域洪水灾害，那次洪水涉及湖北、江西、湖南、安徽、浙江、福建、江苏、河南、广西、广东、四川、云南等省，死亡1800多人，倒塌房屋430多万间，受灾人口超过1亿人，受灾农作物1000多万公顷，

[作者简介]冯俏彬，女，经济学博士，教授，博士生导师，第三届黄达—蒙代尔经济学奖获得者。

经济损失2484亿元。在这一次全国上下齐心、竭尽全力的救灾中,保险业共赔付30亿元,仅占整个损失金额的1.2%。畸低的保险赔付暴露出以"防灾减损"为天职的保险业在面对与国家、民族和人民利益紧密相关的自然灾害领域的无能与乏力,也引起保险业自身的反思。此后,保险部门提出了一个我国巨灾保险制度的报告方案甚至拟定了条款费率。但是,由于"各方面认识没有统一",在一阵喧嚣之后,巨灾保险悄然退出了人们的视野。

对于巨灾保险的再一次关注是在2003年"非典"发生以后。同1998年情形一样,保险业在应对这一席卷全中国的公共卫生事故中同样作用甚微,整个赔付金额仅为0.5亿元,占全部经济损失的0.02%。各方再次热议巨灾保险,但由于"各方面认识仍然不统一",巨灾保险再次被搁置。

2008年1月,我国南方多省发生了持续的低温冰冻天气,交通、供水、供电、供气为之中断,大量旅客滞留,数以亿计的百姓生活受到严重影响,经济损失高达1500亿元。财政奋力救灾,各类应急与救灾资金高达25亿元(中央部分),而同一事故中保险的赔付仅为16亿元,占整个经济损失的1.06%。冰灾刚过,5月12日,四川汶川又发生了震惊世界的特大地震,8万人被地震夺去了生命,数以十万计的民房在地震中毁损,无数企业停产,全国再一次进入了全民救灾的紧急状态。这一次,财政花费更是史无前例,应急与灾后恢复重建达8000亿元左右。但是,与历次重大自然灾害的情形一样,保险业依然参与乏力,资料显示,所有赔付仅为16.6亿元,占全部经济损失的1.96%。

在这几次牵涉国家和民族、涉及多省、数以亿计的人口的重大自然灾害中,作为国企的保险业,积极参与救灾,尽其可能为党和政府分忧,平心而论,态度是端正的,相关举措在现行制度范围内也是尽了力的。但由于制度本身的约束,无论保险业怎样努力,还是因为出力太小且事实上没有起到作用而招来各方恶评,保险业为此承担了巨大的社会压力。

经过几番折腾,"急需一个巨灾保险制度"再次成为全国上上下下的共识。2008年12月修订通过的《防震减灾法》明确提出,"国家发展有财政支持的地震灾害保险事业,鼓励单位和个人参加地震灾害保险"。

对此,保险业界反应积极。2009年,巨灾保险制度被列为当年中国金融业的十大重点研究课题之一,有关部门积极邀请国外专家来华讲学或召开各类研讨会,认真探讨我国巨灾保险制度的技术与框架,2010年6月,中国保监会向国务院提交了巨灾保险制度的有关方案。

但是,同前几次情形一样,方案提交上去以后,很快又没了消息。据媒体报道,这一次仍然是卡在各部门"没有形成统一认识"上。

在建立我国巨灾保险制度已形成高度"制度共识"的情况下,巨灾保险仍然"只闻楼梯响,不见人下来",令人疑窦丛生。所谓的各部门,到底是指哪些部门?这些部门又是在哪些方面形不成统一认识?原因何在?

一、拟议中的巨灾保险制度的主要内容

一般认为,巨灾保险制度主要涉及五个方面:一是模式问题,二是偿付能力问题,三是基金归集问题,四是责任与限额问题,五是定价问题①。根据媒体透露的信息,我们试着对拟议中的巨灾保险方案进行一个大致的推测和粗略勾画。

(1)关于巨灾保险的模式

从世界范围看,巨灾保险共有三种模式,即政府主导型、市场主导型还是政府与市场合作型。在我国,最初讨论巨灾保险时,各方多是将注意力集中于此,不过现在对这个问题已基本形成共识,即我们应当选择政府与市场合作型的巨灾保险模式。不过,与模式相关的还有另一个问题,即是巨灾保险制度层次与内容。是建立一个国家层面的、涵盖主要自然灾害的巨灾保险体系呢,还是分险种、分地区逐步建立?现在比较一致认识似乎是后者。比如,已有意见认为,现在急需要建、而且相关数据技术能够支持的主要是地震巨灾保险②,因此"在地震高发区可先行试点住宅地震保险"。

(2)关于资金的归集

大多数的观点认为,需要由政府出面实施强制性的或带有一定强制性的巨灾保险,以便以最小成本、最少的时间迅速归集资金以形成巨灾保险基金。至于这一基金平常如何管理,则有两种意见:一是建议委托具备相关条件和能力的、大型优质商业保险公司管理和运作巨灾保险基金;二是成立一个专门的机构。

(3)关于偿付能力、责任与限额问题

巨灾一旦发生,相关的损失与赔偿如何在政府与保险公司之间分担,这是巨灾保险制度的核心。从媒体的报道上看,来自保险部门的主流意见是认为巨灾保险是市场失灵的领域,相关风险与损失应当由政府来承担。

(4)关于定价。这取决于巨灾保险模式的选择,如果是要建立类似于地震巨灾保险这样单一灾种的巨灾保险,已有的意见是全国统一费率。

除却以上几个方面,现有的讨论似乎特别关注巨灾保险的立法问题。巨灾保险需要立法,这一点各方认识一致。但在法律的诸多具体内容上,比如,政府与保险公司的责任与资金比例、巨灾保险资金的归集管理和运用,相关机构如何设立等等,语焉不详,不过在用法律手段强制推行巨灾保险这一点上,意见则很一致。

---

① 巨灾保制度险建制面临五大挑战,http://www.sbl365.com/zl/V/2011-03-21/367259.htm

② 比如王和认为"鉴于住宅地震保险的相关研究较为成熟,可以先行考虑在地震高发区试点开展住宅地震保险",魏迎宁也表示"鉴于住宅地震保险的相关研究较为成熟,可以在地震高发区先行考虑试点住宅地震保险"。

二、对现有巨灾保险方案的简要评析

可以看出，现在这个由保险部门主导提出来的巨灾保险方案还比较粗糙，在诸多核心问题上没有提出明确说法，的确不足以在“有关部门”之间形成统一认识，而所谓的有关部门，除了气象、灾害、民政、农业、气象、水力、测绘、统计以外，更多是指财政部门。

在我看来，财政部门之所以一方面花费着巨额的资金进行着一次次的艰苦救灾，另一方面对保险部门提出来的这个巨灾保险方案又很不热心，并不是认为没有必要建立巨灾保险制度，而是目前保险部门提出的巨灾风险赔偿责任主要由财政承担（有一说是“财政百分之百承担”）的主旨恰恰成为财政不能承受之重。除此之外，以上巨灾保险方案还有另外几个“难产”点：第一，机构问题。不论是将巨灾保险基金交给有资质的商业保险公司运作管理，还是成立新的专门机构，都极费考量。如果是前者，商业保险公司如何保证将巨灾基金与一般保险业务相区分？发生了亏损怎么办？如果是后者，如何防止其成为一个新的官僚机构？其经营动力何在？业绩如何考核？会不会像此前若干的政策性金融机构那样要么成为财政持续的包袱，要么转向商业化经营？第二，巨灾保险能否强制？从保险业的角度讲，由政府出面强制推行巨灾保险确实具有最大的益处，如时间最短，成本最低等，但是政府的角度来看，则可能成本最高、风险最大。之所以如此，是因为强制收钱最容易成为基层滥用公权和贪腐的渊薮，最容易成为激化矛盾、点燃群体性事件的导火索，何况巨灾保险面对的本来就是抗风险能力极度脆弱的群体。

灾害特别是巨灾是一种典型的“负”公共产品，本身不具备由市场自发提供的属性，管理巨灾主要应当是政府的职责，政府必须要在其中起到引领、规划、管理、扶持等多方面的作用，并积极寻求与市场的合作。因此，巨灾保险的实质是一种政策性金融活动，是介于财政与金融之间的中间地带，也是政府与市场需要合作的领域。我国巨灾保险制度的缺失，长期而言是由于政府缺位，短期而言则是现在拟定巨灾保险的有关方面即对政府如何与市场合作——广义而言，是政府与私人部门合作，即公私合作的机制、方式缺乏足够的认识，也对复杂的政府间财权与事权关系缺乏理解，以致拿出的方案不能得到财政部门的认同和接受。

对此，必须引入“公私合作”的理论与机制，尊重财政与保险双方的合理诉求，同时结合我国政府间事权的合理配置与分工，在风险共担、合作共赢的思路下寻求一个合理的解决方案。在这方面，不仅国外巨灾保险的经验可资借鉴，而且近年来我国推行政策性农业保险也可以提供有用的启示。

三、简要的理论分析——基于公共财政的角度

巨灾是一种“负”的公共产品，政府应当提供与之相关的防灾、减灾、应急和灾后恢复

等公共产品(服务),这一点确定无疑。但是,在市场经济条件下,“政府怎样提供公共产品”却是一个远比“政府应该提供公共产品”更为复杂精细的系统工程。其中至少涉及两个方面,一是各级政府之间的关系,二是政府与市场如何合作提供公共产品。在财政学原理中,处理政府间财政关系的准则之一是公共产品的受益范围理论,处理政府与市场合作提供公共产品的则是公私合作(PPP)理论。

1. 公共产品的受益范围决定公共产品的提供主体

按公共经济学的基本原理,政府应当提供那些因为存在市场失灵,因而市场不能提供和不能足额提供的公共产品。至于公共产品的内涵,却是包罗万象,大到国防、环境保护,中到各类社会保障 、教育、卫生,小到路灯、道路标识等等,需要对其进行分类。

一般地,按公共产品效益的外溢范围和程度,可以分为全国性的公共产品和地区性的公共产品(全球性公共产品),如国防、环境保护即为全国性的公共产品,一个特定区域内的道路、水利设施等为地区性的公共产品,路灯、消防、等则为社区性公共产品。

对公共产品进行以上分类有两个重大作用,一是确定谁应为消费这类公共产品付费①,二是确定应由哪一级的政府负责提供该公共产品。在当今世界上,除了极少数的国家属于单体政府以外(如新加坡),大多数国家均为多级政府。世界范围内看,比较普遍的是三级政府,如美国有联邦、州和地方政府三级,日本有中央、都府道县和市町村三级,法国有中央、省和地方政府三级。我国的情形比较特殊,共有中央、省、市、县、乡五级政府。

一般地,中央政府负责提供全国性的公共产品,其他各级政府则具体负责本区域范围内的地区性公共产品,另有那些涉及几个行政区的“公共产品”,则要么由中央政府提供,要么通过设立区域性组织来提供。

另外,我国自然灾害强烈的地域性基本坐实了公共产品受益范围理论在巨灾保险制度中的适用性。从图1可以看出,在我国这样一个地域广大、自然地理气象状况差异极大的国家里,北旱南涝、东南部多台风海啸,西部多地震、泥石流等地质灾害,各地居民面临的自然灾害风险无论是强度还是种类都有很大差异,而这势必将对“谁为灾害付费?”产生重要影响。

2. 公共产品提供中的公私合作机制(public private partnership,PPP)

所谓的公私合作是指在公共产品的生产和提供中,公共部门和私人实体共同行使权力、共同承担责任、共同承担风险、共同分享收益的一种合作方式。

公私部门合作的核心理念是按照风险分配原则——即风险要分配给最适合处理该风险的一方——进行公共部门和私人部门之间的风险分配,以达成资金最佳使用价值的标准。欧文对这一原则进行了具体解释,即风险要分配给:①最适合对风险因子进行反馈以此降低该风险发生时产生的影响的一方;②分配给最适合预测风险是否发生的一方;③以

① 表面上看,公共产品由政府支付费用,究其实质,仍来源于政府以税收形式向受益者收取的费用,即“税收是公共产品的价格”。

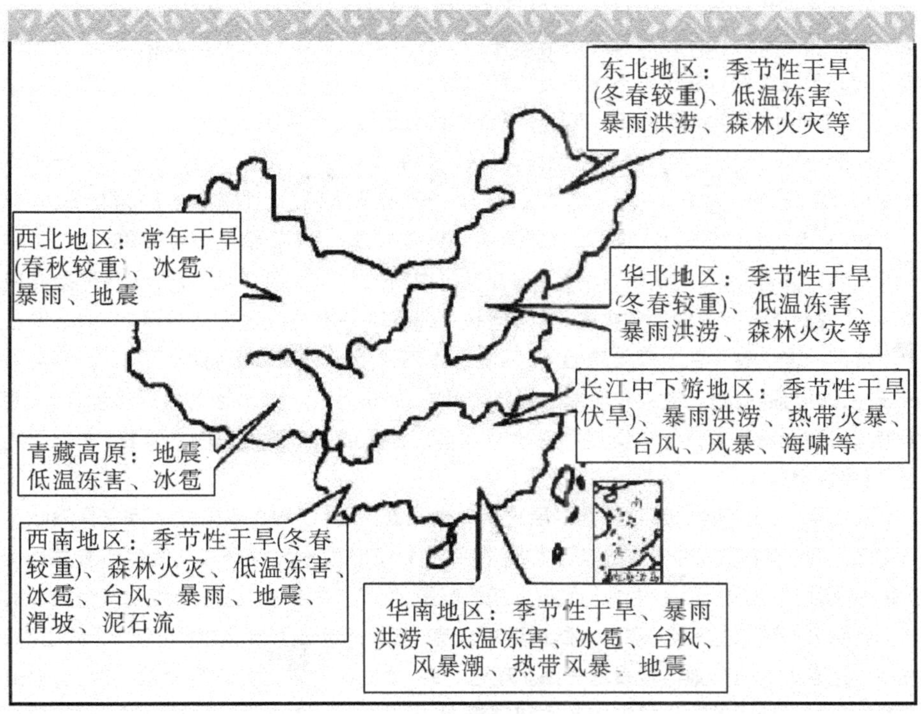

图 1　各地区自然灾害分布种类示意图

最小代价来吸收已发生风险的成本的一方。具体而言，公共部门即政府通常要承担法律风险、政策变化风险、政府对项目标准或数量方面所要求的改变、一些历史遗留的风险以及潜在风险，而涉及产品的设计、运营和具体管理方面的风险，都可转由私人部门来承担。

公私合作的另一面是政府、市场主体各自优势的结合和相互利用。政府的优势在于拥有法律的制定权可以在更大的范围内动用资源，甚至在一定范围内创建一个市场，等等；市场的优势则在于通常拥有某一个领域内的专业知识与信息，在于直接面对数以万计的消费者，在于分散灵活地处理一桩桩的个案……因此，公私合作的实质政府与市场在基于各自优势的基础上，在特定的公共产品领域内结成的平等合作、互利共赢的关系，任何只获取收益而不承担风险的想法都将导致这种合作关系的破裂和终止。

四、建立一种分地区、综合性的巨灾保险制度

基于公共产品受益范围理论与我国灾害地域性的现实，在当代公私合作理论的方向性指导下，同时借鉴国外巨灾保险和我国政策性农业保险的经验，就可以为我们思考、提

出一种既适合我国国情、又具备现实可行性的巨灾保险制度提供一种的新视角。

我们无意对巨灾保险制度进行从法律到机构以到至具体业务方面的设想,仅提出与流行的关于巨灾保险的讨论不相同的几点意见:

1. 以省为主,建立集成多个灾种于一体的综合性巨灾保险制度

如前,目前比较主流的意见是,我国巨灾保险制度应当分灾种、分地区建立。进一步地,由于汶川地震、玉树地震刚刚过去,留给各方面特别是四川、青海等地干部群众的印象还很鲜明,因此巨灾保险应首先以地震保险为突破口,以后再视情况分步骤将洪水、干旱等渐次纳入。对此,我们认为,这并不符合当前中国的实际情况。第一,我国各地差异极大,一些省面临着严重的地震灾害威胁,但另一些省则基本没有这方面的风险,如果要在全国范围内建立统一的地震保险制度,那些基本不遭受地震风险威胁的地区对此不会有积极性,即使强制推行,效果只会差强人意。另外,如果是一个全国性的地震保险制度,相关管理与资金责任就只能落实到中央政府身上,而这,正如实践所证明的那样,在当下之中国,有极大的难度。

我们认为,可考虑将巨灾保险的层次从中央降低到省,以省为主来推动巨灾保险制度的建立。即,各个省根据本省的实际情况,将那些易于对本地区生产和人民生活造成重大伤害的灾种(包括地震)一并纳入保险责任的范围,形成一种以省为主的、集成多个灾种的综合性巨灾保险。这一点,在已有的讨论中已有体现,如林光彬提出“分省建设”的思路,另外也还有人提出分地区建设的思路。理论上讲,分地区肯定比分省更有规模效应,但是考虑到我国区域间的协调机制的产生和顺畅运转远非一日之功可以达成(这一点在历次关于政府间财权事权的讨论和财政体制改革的讨论中都清楚可见),而以省为主则具备现实可行性。当然,其间肯定会涉及资金规模不大、抗风险能力不强的问题。这一点,我们将在下文述及。

在分省模式下,巨灾保险诸多具体问题,如保障水平、费率、政府补贴的金额与方式等,均可在省内得到相对统一、合理的解决。

2. 保险标的应定位于农村和城镇的居民住宅

作为一种政策性保险,保险的标的应当是那些最易于遭到灾害袭击、最没有承受能力、对灾区的基本生产和群众的基本生活影响最大的方面。

从近几次重大自然灾害的情况看,影响最大的主要是三类:一是农作物,二是农业生产资料,三是农村、城镇居民的住房。对于第一、二类,现有的农业保险已基本可覆盖,即使有的省还没有将农机具、农业设备列入可保目录,也只需增加而已,技术上没有困难。对于第三类,则是在现有保险体系中空白且经历次灾害证明确实必须解决的问题。因此,我们认为,巨灾保险的保险标的应当明确为因遭受灾害影响的居民住宅提供保险。

第一,农村居民住房。近年来已有多省进行试点农房保险的试点。从试点的实际情况看,与农业保险由中央支持,省级统筹的情况不同,农房保险总的来说 还处于省级支持,地县统筹的地步,更为细碎和零散。我们建议,可将农房保险提高到与现有农业保险同样

的程度,中央财政支持,省级统筹。

第二,城镇居民住房。比较而言,城市居民住房的情况远比农村居民住房复杂。目前,已有的一个看来比较主流的意见是,政府可强制性推行城市居民住房保险,具体可仿照"住房维修公共基金"的做法,由居民在购房时一并交纳相关的保险,且"新房新办法、老房老办法"。对此,我们认为必须要谨慎。一方面,已有的住房维修公共基金由于强制收取、管理混乱已成为社会高度关注的领域,并一再引发冲突。如果再强制收取一个保险金,而且这个保险还要每年收取,难度可想而知。我们认为,还是必须基于政策性保险的角度,政府致力于提供一种"买得起"的保险,通过保费补贴、税收减免等方法创造一种低费率标准的居民住宅保险,由房主自愿权衡购买。这当中可能会出现保险部门的同志关心的覆盖率是否过小的问题。从农业保险的例子看,即使在没有强制的情况下,地方政府通过宣传、行政动员和其他一些管理方法,事实上还是解决了这个问题的。城市居民住房可以此为借鉴。

世界银行曾对中国政府提出过一份建立巨灾保险的建议书,该方案中提到,巨灾保险还应针对风险承受力弱的中小企业,我们完全同意。不过,将中小企业纳入财政支持的政策性保险的范围,至少从目前看,还不具备相关的管理能力,以后则可视情况纳入。

3. 中央政府(财政)的责任①

同农业保险一样,中央政府有责任支持巨灾保险制度在各省的建立。这种责任体现在几个方面:一是将建设巨灾保险作为一项政策目标和任务,对各省提出建议和要求。二是给予资金支持,同农业保险一样,中央政府可通过保费补贴的方式,调动地方政府的积极性。三是协助各省巨灾保险分散风险,一方面可创造出一个由各省巨灾保险机构共同组成的"内部市场",通过一系列的分保与再保设计,平滑各省巨灾保险的风险和资金责任,这种分散因为基于经济利益导向而更多是一种市场行为和自主选择行为,而具有更大的可接受度;另一方面,积极向国际保险市场上进行分保和再保,在更大范围内分散风险。四是在适当的时候也可支持巨灾保险的证券化进程。五是在各省巨灾保险、全国巨灾保险资金出现超赔以后,承担固定比例的最后责任。六是提供税费方面的支持与优惠。

4. 保险公司的责任

在以省为主的巨灾保险中,保险公司总的来说是经办人的角色,利用自己的专业优势积极介入,具体形式多种多样,如招投标、特约、合同、联办等,具体的工作职责定位于销售

---

① 瑞士再全球合作部主席李伟思近日表达了同样的意思,他说,表示,要通过更为多元化的方法来筹集赈灾资金。"政府的首要任务应是通过适当立法确保保险市场能发挥作用,这将有助于个人和公司化解很大一部分灾害损失。随后,政府应考虑通过预先融资解决方案来建立准备金,进行应急融资以及实施主权保险解决方案。在这些方案都已付诸实施后,政府才应通过预算手段、债务融资或捐助等进行灾后融资,以弥补剩余损失。" http://www.cs.com.cn/bxtd/02/201102/t20110209_2768586.html

巨灾保险、查勘、定险、理赔，同时积极参与相关的防灾减灾工作。保险责任方面，基本原则是风险共担，即在一定范围内（比如所收取或累积的保费总和）承担赔付责任，具体形式取决于与省政府之间的谈判，目前农业保险中的浙江、北京等地的分层设计机制均可供参考。

总之，巨灾保险要具备可行性，必须同时考虑中央与地方、政府与保险公司之间的双重关系，积极寻求一种优势互补、风险共担、利益共享的机制，既体现“政府主导、市场运作”的机制，也体现“因地制宜、梯度推进”的指导思路。

【参考文献】

[1]佚名．访谈实录：如何建立我国的巨灾保险体系［EB/OL］．http://money. business. sohu. com.

[2]林光彬．建立有中国特色的巨灾保险制度初步研究[J]．中央财经大学学报，2010(8).

[3]粟歆．谁来为灾难买单：关于巨灾保险研究的文献综述[J]．成人高教学刊，2010(3).

[4]谢洋．我国地震保险框架构建的制度分析——基于构建中国地震保险基金委员会的视角[J]．金融与经济，2009(9).

[5]王和．我国地震保险制度建设路线图[J]．中国金融，2008(13).

[6]李冲，朱平安，王慧彦．我国建立巨灾保险制度探析[J]．自然灾害学报，2010(4).

[7]卓志，吴婷．中国地震巨灾保险制度的模式选择与设计[J]．中国软科学，2011(1).

[8]李洪，程锋，全小庆，等．保险资金在我国应急管理体系中的作用及地位重塑[J]．宏观经济研究，2010(10).

[9]张旭升．中国巨灾风险暴露与巨灾保险赔付不对称实证[J]．求索，2010(3).

[10]谢世清．对建立我国巨灾保险制度的思考[J]．中国金融，2008(15).

[11]王虎林．对建立中国巨灾保险制度的思考[J]．西南金融，2008(12).

[12]吴祥佑，徐玫．多层次可持续巨灾保险体系的构建[J]．经济体制改革，2008(5).

[13]米建华，龙艳．发达国家巨灾保险研究——基于英、美、日三国的经验[J]．安徽农业科学，2007，35(21).

[14]张雪梅．国外巨灾保险发展模式的比较及其借鉴[J]．财经科学，2008(7).

[15]陈华，赵俊燕．巨灾保险体系构建研究：一个国际比较的视角[J]．金融理论与实践，2008(9).

[16]杨宝华．政府在巨灾保险体系中的角色定位与作用机制[J]．上海保险，2008(2).

巨灾风险管理供给及其主体研究
——基于公共物品与比较的角度

卓志　王化楠

【摘要】本文在对公共物品概念梳理的基础上首先分析了巨灾风险管理的公共物品属性,进而从理论和现实两方面对巨灾风险管理供给主体及其优劣进行了比较,最后分析了中国巨灾风险管理的属性并对供给主体的选择和职能提出了建议。

【关键词】巨灾风险管理;公共物品;供给主体

Abstract: Based on the conception summarizing of the public goods, the paper analyzed the property of the public goods in the field of catastrophe risk management at the first place. Then it focused on the comparison study of the catastrophe risk management in terms of supplying subject and its advantage and disadvantage from theoretical and practical view respectively. Finally, the paper put forward some suggestion on the selection and function of the supplying subject after the analyzing of the property of Chinese catastrophe risk management.

Key words: catastrophe risk management; public goods; supplying subject

1　巨灾风险管理与公共物品

1.1　概念的界定

对于巨灾的理解,不同国家和机构在定量、定性方面都没有一个统一的认识和规范。比如美国保险服务所(Insurance Service Office, ISO)将巨灾定义为损失金额超过2500万美元,影响到1000个以上的被保险人的灾害。而慕尼黑再保险公司认为如果自然灾害发生

[作者简介]卓志,博士后,ASA,教授、博士生导师,西南财经大学校党委常委、副校长,中国保险学会副会长,中国精算师协会正会员;王化楠,西南财经大学保险学院2010级博士研究生。

本文是教育部哲学社会科学研究重大课题攻关项目"巨灾风险管理制度创新研究"(编号:09JZD0028)的阶段性研究成果。

后，受灾地区无法依靠自己的力量来帮助自己，而必须依靠区域间或国际援助，那么这场自然灾害就被定义为重大自然巨灾。

基于本文的研究内容并参考相关文献，笔者对巨灾、巨灾风险管理的界定如下：巨灾指由于自然灾害造成广阔地域的巨额经济损失和人员伤亡；巨灾事件发生的可能性称为巨灾风险。而巨灾风险管理则是一种整合性的风险管理，强调利益相关者之间的合作；以巨灾风险管理主体的创新和融合为基础；涵盖灾前预警防灾，灾中救援减灾与灾后恢复重建三个时间阶段；通过风险规避、风险控制和风险融资的方法，应对巨灾风险的潜在损失。

巨灾风险管理包括众多方面，笔者在本文中将其具体分为巨灾风险管理制度和巨灾风险管理措施两个层次，其中巨灾风险管理措施是指应对巨灾风险的具体方法、工具，包括但不限于巨灾保险、巨灾救济、巨灾基金。而巨灾风险管理制度是指界定、协调诸多可能的巨灾风险管理主体，支持、整合诸多巨灾风险管理措施的法律、法规、组织建构等。

1.2 公共物品是一个构建的概念

在理论上率先对公共物品做出严格定义的是美国经济学家萨缪尔森（Samuelson，1954）。他认为，所谓的纯公共物品，是指每个人消费这样的物品均不会导致别人对该产品消费的减少。公共物品与私人物品可以通过非竞争性和非排他性这两个指标来判别。一种物品如果两者都不具备，则是纯粹的私人物品，两者兼具的是纯公共物品。

马斯格雷夫（Musgrave，1959）认为物品可以分为纯公共物品、纯私人物品、混合物品和优效物品。其中公共物品和优效物品的区别在于供给者是否尊重消费者的意愿与偏好。优效物品是指政府对该物品的消费水平不满时，可以在违背消费者个人意愿的情况下对消费经行干预。而这里的混合物品是指该物品具有私人物品与公共物品的双重特性，也被称之为准公共物品。

布坎南（Buchanan，James，1965）根据物品的不可分程度和不可分的范围对物品进行了分类，提出了俱乐部物品的概念。他认为这类物品的消费包含着某些公共性，分享团体多于一个人或一家人，但小于一个无限的数目。这种介于纯私人物品和纯公共物品之间的产品或服务就是俱乐部物品。显然，俱乐部物品既和私人产品相区别又不完全等同于公共物品，它具有可排他性，并在成员内部具有一定限度的非竞争性。

马摩罗（Marmolo，1999）认为不存在某个客观标准可以将物品必然地区分为公共物品和私人物品，但是人们可以根据社会文化、法律惯例与传统道德等主观认识，判断物品的消费者间的效用依赖性大小，选择物品的供给方式。

总而言之，公共物品是一个构建的概念，物品的特征（比如需求者之间的效用依赖性）很大程度上决定了其公共物品属性，而技术进步可以改变物品的特征，进而改变物品的公共物品属性，供给机制与主体只是在给定的技术条件和物品特征下，在现有的政治经济制度约束内，利益相关者之间通过合作追求利益最大化作出的制度选择。

1.3 巨灾风险管理的公共物品属性

任何一种物品的生产、消费等均与物品之外的风俗、文化、意识、法律、组织有关。巨灾风险管理中除了巨灾保险、巨灾基金等这些有形的、带给人们直接效用的措施部分,还包括将这些有形部分有机地组织、协调为一个体系的制度部分。巨灾风险管理制度决定着巨灾风险管理实施中成本如何分摊、资金如何筹集、责任如何分担等。它的作用体现在节约交易费用、提高供给效率,以及解决利益冲突。严格来讲,只有巨灾风险管理制度才是具有公共物品属性的,其在成本方面只有固定成本,可变成本很低或为零。因此增加新的巨灾管理对象不会对成本产生影响,换言之就是没有使用上的竞争性,也不具备排他的必要,完全符合萨缪尔森提出的公共物品的定义,而巨灾风险管理措施则不是纯公共物品。

准公共品是具有消费的竞争性但无排他性,或者具有消费的排他性但无竞争性的物品。准公共物品按照定义可以分为两类:第一类准公共品是具有消费的非竞争性和排他性的物品,如医疗、保险、教育等;第二类准公共品是具有消费的竞争性和非排他性的物品,如垃圾处理和养老院等社会福利服务。

因此笔者认为巨灾风险管理不是纯公共物品,它具有准公共物品属性,是在私人物品和公共物品上更加接近公共物品的一种产品和服务。

2 巨灾风险管理供给主体及其优劣的理论比较

为了进一步分析适合我国国情的巨灾风险管理供给主体与方式,首先有必要对基于公共物品供给理论所提出的两种供给主体做出研究和比较,以便于我们发现各种供给主体的优势和缺陷,更为重要的是确定每种主体行为的优势边界,因为过度的干预或是不作为都会降低整个巨灾风险管理的效率。

2.1 政府供给

政府供给准公共物品的最根本依据是市场失灵,即市场提供准公共物品时,由于非竞争性或非排他性的存在,会出现产品定价、收费上的困难,以及逆向选择和道德风险等为问题。这些在经典经济学理论中都有详尽的论述,这里不再赘言。

政府提供巨灾风险管理与市场提供相比具有几个显著的优势:

(1)节约成本。政府提供巨灾风险管理可以利用长远、全局性的规划来建立整个体系,在很多基础性工作,如管理机构的设置巨灾风险的识别和评价等方面比其他组织提供都具有规模效应,降低了由于重复生产、信息不对称这些市场自愿提供时的弊病所产生的交易成本。

(2)公共物品政府提供能够较好地解决低收入者消费公共物品的公正性。巨灾事件一般会对人的健康、财富产生巨大的影响和破坏，政府主导的巨灾管理体系一般来说更加注重巨灾风险管理的可负担性，所提供的巨灾保险费率通常不是精算费率，或是提供一定的保费补贴，对于易受灾地区建筑标准的提高或是整体搬迁也愿意提供费用补助，总体说来具有较强的收入再分配作用。另外，政府基于其普遍性，通过公共选择的政治过程，可以较客观地表达公众的偏好，从而能够实现公共物品供给的相对有效性和全局性。

(3)政府掌握公共财政资源和拥有合法的强制力。因而政府在提供公共物品时，可通过税收使作为群众的消费者支付生产的成本；而当发生消费拥挤时，政府可利用法定的强制力设置排他措施，因此政府的参与保证了公共物品供给的相对有效性。这一点在巨灾风险管理上尤为重要，即便是保险市场与资本市场非常发达的欧美国家，在应对巨灾风险时保险公司也时常处于严重亏损甚至破产的地步，不得不由政府作为初始基金的主要建立者和损失的重要分担者。我国保险业的实力与欧美国家保险业还有较大差距，而我国又是一个灾难频发的国家，在建立巨灾风险管理体系时，政府的资金投入是关系到体系成功与否的重要因素。

需要明确的是，虽然政府在供给准公共物品时有诸多优势，但其对市场的替代也是有限度的。首先，政府提供的只是具有竞争性和非排他性的准公共物品，因为理性消费者在面对这类物品时有很强的偏好隐藏倾向，供给者无法有效地对物品进行定价和收费，只有政府才有能力、有意愿提供。其次，具有显著外部性的准公共物品由于供给者不能完全获得投入的回报，所以供给水平是不足的，存在帕累托改进的余地，需要政府来提供。

2.2 市场供给

与政府供给相比，巨灾风险管理市场供给的最大优势在于可以显著提高效率。

首先，准公共物品供给的质量和多样性明显提高。市场供给使得私人部门在逐利动机驱使下设法降低成本、提高质量，并且尽可能地以满足不同水平的公共物品需求来获取更大的利益。经营保险业务本身就是保险公司的专长，具有一整套从风险评估到承保、保单管理、核赔管理的专业流程，涉及巨灾保险的具体事务，无疑交给保险公司是最有效率的。

其次，市场与政府相比，具有渗透的广泛性和生产的灵活性，因而可以更加准确地了解到某种公共物品的现状、变化，并及时做出反应。保险公司在具体开展巨灾保险业务过程中的风险识别和评估是对政府在全国范围内的风险估测的完善和补充，使得保险费率日趋准确、公平。同时巨灾保险费率的高低本身反过来也提示政府哪些地区存在着较高的巨灾风险，在开发建设上要予以关注。

最后，私人部门向社会供给公共物品，通常通过收费的形式取得回报和补偿，价格可以向人们显示它们的风险状况，有助于人们根据各自的风险成本做出理性的决策。然而，政府救助则扭曲了这种信号，因为政府救助使得人们只承担灾害所带来的部分成本，而另外一部分则由纳税人承担。这样，就会刺激人们的“冒险”行为，进而导致社会资源的不合理分配。政府只是在必要时才给予一定的补助,这显然会降低政府对准公共物品的投入,减轻政府的财政负担。

即便市场供给方式看起来如此美好,但却依然面临着一些制约其发展的困境。

(1)可保性的争论:Houston(1964)认为可保风险一般具有以下特征:损失是客观和意外的;风险具有同质性,并且在时间和空间上独立;风险单位数量众多;必须有准备金。而对于巨灾风险来说,它的损失在空间上过于集中,投保人的逆向选择会使保险人的业务中高风险比例大大提高,一次损失就会使众多保险公司难以承受。如果用积累准备金的方式减小破产概率,那保险公司就不得不使大量资产处于冻结状态,极大地限制了其承保能力和业务发展。

(2)承保意愿不足:(张庆洪, 葛良骥, 凌春海,2008)保险公司通常都有"模糊厌恶"的特征, 即厌恶不精确性。由于巨灾事件缺乏历史数据, 因此保险人很难像从事其他业务那样通过大量历史数据对风险进行精确的定价。模糊厌恶使得保险人更多地选择规避巨灾风险。

(3)承保周期的影响:即便可保性的问题随着资本市场的完善,科学技术的发展得到了解决,但是财产保险市场上的承保周期依然是市场提供巨灾风险管理的巨大障碍。Winter(1988, 1989)和 Gron (1994)提出的承保力约束理论认为,如果保险人资本遭受负面冲击而急剧减少,承保供给萎缩,造成承保价格和利润率的上升。同时资本减少意味着保险公司的偿付风险加大, 提高保险费率更加谨慎的经营是一种本能反应。考虑到巨灾风险管理的准公共物品属性,它的供给是要稳定地改善社会的整体福利,供给上的波动性会降低整个巨灾风险管理的效率,与其建立的初衷不符。

3 巨灾风险管理供给主体的现实比较

3.1 英美两国洪水保险体系介绍

现实中的巨灾风险管理要比理论设想复杂得多,所以不存在纯粹的单一供给主体,都是市场与政府不同程度的混合。但是根据对巨灾风险的承担程度,我们还是可以做出以下划分:

(1)政府承担大部分巨灾风险:美国国家洪水保险计划。

政府与市场的定位:美国联邦政府在洪水保险计划中的介入程度较高,联邦政府部门不仅负责洪水保险计划的管理,而且还制定并实施相关法规、条例,促进风险控制措施的实施和洪水保险的购买。一般而言,洪水保险计划都是"自支持"的。保险市场只是负责处理申请、签发保单、收取保费、签发批单、进行必要的理赔,并不承担巨灾损失风险。

实践效果:Gao(2005)研究发现,洪水保险计划每付出 3 美元的洪水保险索赔,就可节约 1 美元的灾害补助支出。洪水保险计划所实施的洪区管理政策和减灾措施,每年可减少洪水损失约10亿美元。同时该计划的运行费用和洪水保险索赔不是由纳税人支付的，而是通过出售洪水保险单筹集的保险金来维持的，所以并不存在纳税人之间的交叉补贴。

建立背景：美国政府认为洪水风险属于巨灾的范畴，商业保险难以同时提供可以接受的价格水平并获得合理的利润，所以需要联邦政府的介入，并通过《1968年全国洪水保险法》制定了洪水保险计划。美国的这种以政府承担风险为特征之一的洪水保险体制与凯恩斯主义在美国的一度盛行及美国的政治体制不无关系。

(2)市场承担大部分巨灾风险：英国洪水保险体系。

政府与市场的定位：英国的洪水保险以市场化为基础。政府承诺建立有效的防洪工程体系，使保险损失控制在可以承受的范围之内，政府不接受保险业转移巨灾风险；保险业保证向位于任何洪水风险区域的居民和小型企业提供财产洪水保险，以便在出现洪水损失的情况下给予补偿。

实践效果：英国的洪水保险体系实践证明是成功的。英国存在洪水风险的财产比例约10%，而家庭财产保险的市场渗透率基本保持在75%～95%之间，保证了洪水风险在较大范围分散、投保保费的较低水平和洪水保险的持续提供。为了减轻洪水保险的压力，英国政府采取多项措施应对洪灾。英国政府估计全国有2000亿英镑的财产受到洪灾威胁，如果不作为，每年洪灾损失将高达35亿英镑，采取防洪措施后，每年洪灾损失达8亿英镑，这意味着政府的防洪投资收益每年回报高达675%。

建立背景：英国有世界上最古老的保险市场，积累了丰富的承保经验，各种保险专业技术和管理手段十分发达，承保力量雄厚，拥有欧洲最大、全球第二大保险市场，这为洪水市场保险机制能够在英国有效运行提供了必要保证。而英国是亚当·斯密的故乡，从传统上就认为市场体制是有效的，保守的习性和传统的影响使得通过市场主体管理洪水风险似乎成为一种必然。

3.2 评价

(1)正如前面提到的，巨灾风险管理是一个实践性很强的问题，并不存在理论上最优的供给主体，而是需要结合具体的风险和国家政治经济传统。

(2)虽然两种体系下政府的定位有所不同，但都积极从事工程防灾措施的建设，提供巨灾风险的基础统计信息和科学研究等公共物品，而且都会在发生特大灾害后提供必要的、适当的和部分的灾后救济。也就是说，政府都在合理的范围和程度上供给了巨灾风险管理中的公共物品部分。

(3)市场主体在巨灾风险管理中的定位需要尊重其自身的意愿与能力。英国保险市场只有政府根据其制定的具体标准和计划改进防洪设施，并及时提供有关风险水平和改建项目的准确信息，才会继续为家庭和小企业提供洪水保障。政府不能用强制性命令要求保险人供给洪水保障。而考虑到美国的保险市场和资本市场不能以消费者可以负担的价格承担提供保障，美国政府才主动承担了巨灾风险，并没有通过压制商业保险费率或大范围提供长期补贴等损害市场利益的方式来解决。即市场主体都是以自愿、自利为出发点,以市场机制供给了巨灾风险管理中的一般商品部分。

4 中国巨灾风险管理属性与供给主体的职能建议

4.1 中国巨灾风险管理属性

中国是世界上自然灾害类型多、发生频繁、灾害损失严重的少数国家之一,随着全球自然环境的恶化和我国经济社会的持续快速发展,巨灾发生的次数和损失规模呈持续上升态势。面对这种情况,我国目前的巨灾风险管理体系现状是:保险市场,资本市场都还处于发展的初级阶段,基本没有参与到巨灾风险管理当中。政府独自承担着灾前预防、灾中救援与灾后重建的所有任务。客观来说,这样的巨灾风险管理体系是比较落后和低效率的。而且在当前中国的国情下,即便提供的风险管理水平是很低的,政府作为巨灾风险管理唯一供给主体的模式也会给财政巨大的负担。

汶川地震后,我国出现了所谓的"对口支援",即东部地区一个发达省份对应支援重建一个受灾区域。目前来看重建的效果是显著的,灾区迅速恢复了生产生活,基础设施和居住条件甚至超过了灾前水平。但是对于这种模式,笔者认为也有需要思考的地方:第一,在巨灾风险管理供给上,政府又向本该属于市场的领域迈进了一大步,中国的巨灾风险管理有成为由政府单一提供的公共物品的倾向。而理论和实践都已证明了这种单一主体的局限性。第二,Kaplow (1991) 、Lewis 和 Nickerson (1989)、Coate (1995)等人的研究表明,如果人们预期到政府在灾后会进行救助,那么这将会减少巨灾保险的需求。政府需要在灾后重建中发挥作用,但目前所承担的重建范围和重建水平值得商榷。中央政府的全面承担必然导致地方政府在易受灾地区管理上对巨灾风险的忽视,易受灾地区民众对于巨灾保险等其他巨灾风险管理措施的接受程度也会大大降低,造成所谓的重复损失问题严重。第三,从另一个角度看,这种模式本身就反映出了当前中国其他巨灾风险管理措施的缺位,短期内作为过渡性措施尚可,如形成长期制度,则会对我国构建一个科学、成功的巨灾风险管理体系形成障碍。

可以说,当前中国的巨灾风险管理实践与公共物品理论下巨灾风险管理的属性之间还存在着一定的矛盾。巨灾风险管理分为巨灾风险管理制度和巨灾风险管理措施,目前中国的巨灾管理措施中巨灾保险、巨灾基金等是完全空缺的。这种缺位理论界通常从巨灾保险的供给需求两方面来解释,即保险市场、资本市场的不成熟,消费者的风险意识淡薄等。但是笔者认为这些并不是最重要的因素,巨灾风险管理制度这种纯公共物品是巨灾风险管理措施的根基,各种巨灾风险管理措施的产生和发展绝对离不开各种制度的支持。正是它的缺位造成了当前巨灾风险管理现状的不足。也正因如此,各级政府在我国巨灾风险管理的构建中理应发挥主导作用。

4.2 多元化主体供给巨灾风险管理是当前中国的必然选择

考虑到中国的这些基本情况，结合前文的分析，笔者认为我国的巨灾风险管理的主体应该是各级人民政府、保险市场、证券市场以及各种功能的非营利性组织。我国的巨灾风险管理的首要原则就是多方参与、有机融合，在各自的优势边界内发挥作用。其次是政府搭台，市场唱戏。政府干预巨灾保险市场的目的是进一步增强金融市场的发展效率，但是不应该挤出和替代金融市场。最后，把保险协会、保险学会、世界银行等组织纳入巨灾风险管理的决策和施行过程中，发挥这些组织的监督和智囊作用。

1. 政府职能定位

总体上政府在巨灾风险管理上需要做好一件事，即提供巨灾风险管理这种准公共物品中，具有纯公共物品属性，其他主体无法提供的部分：①为巨灾风险管理体系搭建平台。②为各方参与者各尽所能提供支持和帮助。第一点就是指通过立法、机构设立等方式，构建起一个全国范围内的巨灾风险管理架构。目前我国没有制定出专门针对巨灾风险管理的专门法律，相应的专属管理、执行机构也不存在。这样的基础上建立的巨灾风险管理制度犹如无根之木，无源之水，势必会发生各项制度无法落实、管理混乱、各自为政的情形而不能持久。综观国际上的各个巨灾管理计划，都是以完善的法律和机构设置为前提的。第二点是指政府要善于做“幕后英雄”，尽量少用行政命令直接要求参与者的行为，多用激励、辅助等手段间接引导其他主体。具体可以从以下三方面来看：

(1)风险识别方面：准公共物品供给的数量和质量一方面需要尽可能满足大众的需求，另一方面也要考虑供给主体的实际能力。这就要求政府在规划设计时在准确的风险估测基础上，对于承保责任、承保的地域范围、最小免赔额这些方面做出一个选择。

(2)风险防范方面：准公共物品市场供给的一个重要制约因素就是道德风险太高，市场失灵无法解决。政府可以通过行政手段责成地方政府在防灾减灾方面有所作为，通过激励手段使个人在防灾减灾上做出努力。比如规定地方政府建立起与中央巨灾基金相呼应的地方巨灾基金，在巨灾发生后也要承担一定比例的损失，这种措施可以缓解地方政府对易受灾地区的过度开发，促使地方政府严格执行国家规定的建筑质量标准；最后，大规模的、持续的公众风险意识教育也是政府推动、各方配合效果最为理想。

(3)风险融资方面：巨灾风险管理这样的准公共物品，制约市场和自愿供给的另一个重要因素就是巨额的前期投入和损失发生前后的融资安排。考虑到我国保险业还处于初级发展阶段，承担巨灾风险的能力非常有限。不能盲目借鉴国外经验，完全通过保险公司出资和摊派的方式为巨灾基金融资，同时资本市场的不完善也不允许我们在短时间内通过发行巨灾债券来融资。所以国家的直接注资、损失分担、紧急贷款应该成为我国巨灾风险管理体系的重要资金来源。其次，政府在面对较高的巨灾精算费率与可负担性矛盾时，对投保人进行一定的保费补贴也是必要的，因为这样既是对投保的一种鼓励，也避免了对保险公司采取费率压制造成的长期供给不足问题。最后，为了让巨灾基金更快地积累，减少对国家财政的依赖,允许基金税前累计损失准备金也是对巨灾承保能力的间接支持。

2. 市场职能定位

相对于政府的职能界定,市场职能定位要更为清晰,一句话就是尊重市场经济规律,尊重市场主体意愿,发挥市场主体优势。市场只承担愿意承担的、有限的巨灾风险,并且从政府那里得到相应补偿。通俗地说就是能做好什么就做什么,愿意做多少就做多少,不要强求。那么市场又在哪些方面具有比较优势呢?

(1)风险识别:政府在提供全国范围内的风险估测方面的优势其他主体无可比拟,但是到具体巨灾保险层面上,面对众多投保人千差万别的风险状况,政府在人力、物力,以及经验、技术上都不及保险公司、公估公司专业。市场在保险承保、损失估测、损失赔偿上都可以发挥自身的优势。

(2)风险防范:如果说政府在风险防范上更多使用行政手段的话,那么市场的经济手段就是一个很好的补充。风险防范在巨灾风险管理体系中有重要意义,因为巨灾保险的精算费率之所以不具备可负担性,原因就是损失金额和损失发生的不确定性太高。而损失发生的不确定性这一点在短期内受制于科学技术的发展,不会有重大改善。但是损失金额可以通过对建筑标准和防护措施的提升来显著降低。长期来看就降低了精算费率,提高了可保性,扩大了整个风险管理体系的承保能力。

(3)风险融资:巨灾风险管理体系的建立并不是对现有承保能力的摒弃,相反需要利用现有的承保能力,并在此基础上对其进行扩大。在这个问题首先需要明确,市场不是不能提供巨灾保险,而是不能在可负担的价格上提供。其次,巨灾保险的供给和巨灾损失的补偿是可以分开的。也就是说完全可以利用现有的市场承保能力,包括原保险公司和再保险公司为巨灾风险的化解直接或间接融资。

3. 非营利组织职能定位

非营利组织的专业性和非营利性是对政府和市场职能进行完善的先决条件,它可以去做一些政府和市场没有动力去做的事,或是想做但做不好的事。

(1)提供专业的研究和建议:我国巨灾风险管理体系的建立才刚刚开始,迫切需要相关的理论研究作为发展的指导,而保险学会、保险协会、科研院所、国际组织等都可以为我国的巨灾风险管理提供智囊支持,这些组织的专业研究会使我国的巨灾风险管理体系建设一开始就站在较高的理论和实践层面上,借鉴和吸收世界其他成功的管理经验,设计出适合中国国情的巨灾管理体系。

(2)对政府行为和市场行为的监督:政府由于在管理巨灾风险方面缺少经验,时常出于好意去过度干预市场行为,造成对市场长期的伤害。而市场由于逐利的本性,在具体操作巨灾保险方面可能会出现一些违规现象,伤及国家和保户利益。这些都需要非营利组织去监督、反映,保证整个巨灾风险管理体系的稳定运行。

(3)巨灾风险防范对于巨灾风险管理意义重大,而非营利组织可以利用贴近大众的优势,为工程防护措施和巨灾风险意识的宣传做出贡献。

【参考文献】

[1]卓志．风险管理理论研究[M].北京:中国金融出版社,2007.

[2]刘诗白．市场经济与公共产品[J]．经济学家, 2007(4).

[3]周自强．准公共物品的政府供给与市场供给比较分析[J].河南金融管理干部学院学报,2005(6).

[4]滕世华．公共治理视野中的公共物品供给[J].中国行政管理,2004(7).

[5]吴洪．承保周期理论研究述评[J].保险职业学院学报,2010(2).

[6]孙军军．非政府组织与公共物品的供给[J].前沿,2008(1).

[7]何小伟,高进．巨灾保险市场为什么失灵?——一个研究综述[J].保险职业学院学报,2010(2).

[8]徐美芳．国外巨灾融资新趋势:防损、合作和效率[J].上海经济研究,2009(3).

[9]曾立新．美国巨灾风险融资和政府干预研究[M].北京:对外经济贸易大学出版社,2008.

[10]熊海帆．巨灾风险管理问题研究综述[J].西南民族大学学报:人文社科版,2009(02).

[11]丁元昊．地震灾害与风险感知——基于保险学的角度[J].成都行政学院学报,2008(4).

[12]国务院发展研究中心金融所课题组．土耳其和法国巨灾保险制度对比及启示[J].中国发展观察,2010(1).

[13]保罗·斯洛维奇．风险的感知[M].赵延东,林士垚,冯欣,等,译.北京:北京出版社, 2007.

[14]杨宝华．政府在巨灾保险体系中的角色定位与作用机制[J].上海保险,2008(2).

[15]陈华,赵俊燕．巨灾保险体系构建研究:一个国际比较的视角[J].保险研究,2008(9).

[16]张庆洪, 葛良骥, 凌春海,巨灾保险市场失灵原因及巨灾的公共管理模式分析[J].保险研究,2008(5).

[17]张宗军．基于公共性基础上的巨灾保险制度研究[J].保险研究,2008(7).

[18]何小伟．政府干预巨灾保险市场的研究述评[J].保险研究,2009(12).

[19]赵宝廷．公共品双层供给理论与实证研究[M].上海:上海三联书店,2009.

[20]何小伟．政府干预巨灾保险市场的研究述评[J].保险研究,2009(12).

[21]GREENWALD BRUCE, STIGLITZ JOSEPH. Asymmetric Information and the New Theory of the Firm: Financial Constraints and Risk Behavior[J]. American Economic Review: Pa-

pers and Proceedings,1990(1).

[22]KLEINDORFER, P1, KUNREUTHER, H1. Challenges Facing the Insurance Industry in Managing Catastrophe Risk The Financing of Catastrophe Risk[M]. Chicago:Univ1 of Chicago Press, 2000:149 -1891.

[23]KUNREUTHER H1. Mitigating Disaster Losses through Insurance[J]. Journal of Risk and Uncertainty, 1996,12(2) , 171 -1871.

[24]MARMOLO E A. A Constitutional Theory of Public Goods[J]. Journal of Economic Behavior &Organization,1999(1).

[25]David B. Houston Risk, Insurance, and Sampling[J]. The Journal of Risk and Insurance, 1964,31(4):511 -538.

发挥再保险在构建巨灾风险商业化保障体系中的作用

方春银　向飞　官兵

【摘要】自20世纪50年代以来，由于人口增长，生活水平提高，人口和财产在灾害易发地区的集中度越来越高以及气候等环境条件的改变，全球重大自然灾害呈现出加重的态势。作为一种社会化的风险转移分散机制，保险是综合性巨灾风险管理战略的有机组成组分，但商业保险的巨灾损失承担能力有限。对此，本文认为，应该构建多支柱、多层次、可持续的巨灾风险商业化保障体系。其中，在农业天气与气候巨灾保险、居民住房地震保险方面，政府应提供必要的保证和资助。在构建巨灾风险商业化保障体系的过程中，应充分发挥再保险的搭建技术信息桥梁、交换巨灾风险、提高资本效率、提升风险管理能力等重要作用。

【关键词】巨灾风险管理体系；分散机制；再保险

Abstract: The overall losses on great natural disasters since 1950s show a dramatic increase. The reasons for this trend are: population growth; improvement of living standards; population density and value concentration in disaster vulnerable regions; changes of environmental conditions et al. As one of a set of catastrophe risk management strategy, insurance industry provides financial protection against losses from natural disasters, but the capacity of the industry is comparatively limited. This essay suggests it would be desirable to establish a sustainable system of multi - pillar and multi - layer catastrophe risk protection with commercial operation, where government guarantee and financing is necessary, especially for agriculture insurance against the bad weather & climate, residential house against earthquake. In the system, the reinsurance should play an important role in building the bridge of technical communication, swapping catastrophe risk, improving capital efficiency and the ability of catastrophe risk management.

Key words: catastrophe risk management system; spreading mechanism; reinsurance

---

［作者简介］方春银，经济学博士后，中再集团战略发展部总经理；官兵，经济学博士后，中再集团战略发展部业务经理；向飞，中再集团博士后工作站在站博士后。

一、保险业的巨灾损失承担能力有限

自20世纪50年代以来，由于人口增长、生活水平提高、人口和财产在灾害易发地区的集中度越来越高以及气候等环境条件的改变，无论从发生次数（见图1）还是从导致的经济损失程度（见图2）来看，全球重大自然灾害都呈现出加重的态势。

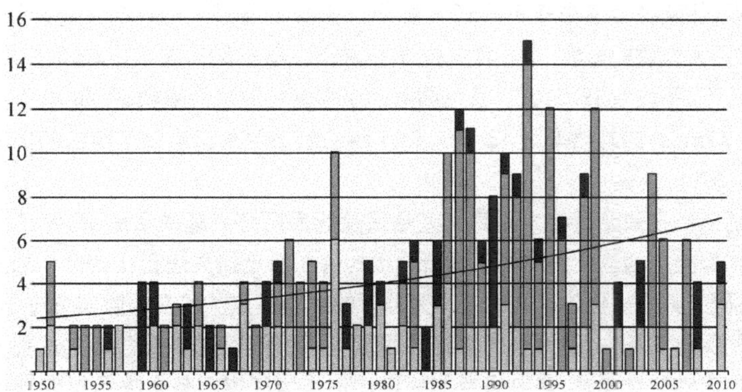

图1　1950—2010年全球巨灾的发生次数

注：红色表示地震等地球物理类灾害；绿色表示风暴等气象类灾害；蓝色表示洪水等水文类灾害；黄色表示干旱等气候类灾害。

资料来源：MUNICH RE. Geo Risks Research[J]. NatCatSERVICE,2011(1).

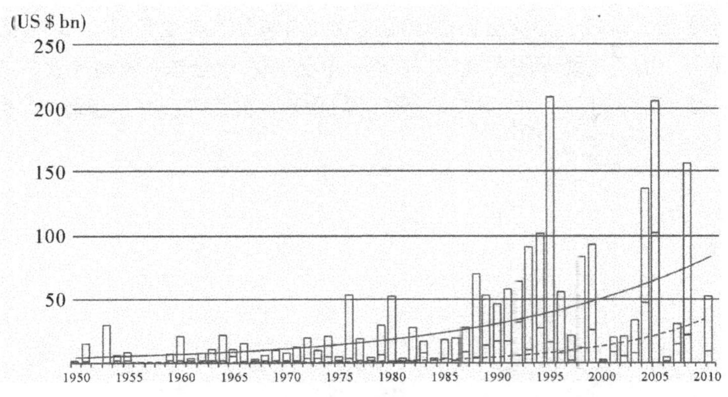

图2　1950—2010年全球重大自然灾害导致的经济损失和保险损失

注：横轴底端至绿色部分顶端表示按2010年价格计的经济损失；横轴底端至蓝色部分顶端表示按2010年价格计的保险损失。

资料来源：MUNICH RE. Geo Risks Research[J]. NatCatSERVICE,2011(1).

保险作为一种社会化的风险转移分散机制，灾前通过在大量被保险人之间合理分担保险费，预先建立起保险基金，灾后对少数遭受损失的被保险人给予补偿，少数人的重负担也因此变为多数人的轻负担。可以说，将保险机制恰当合理地运用到灾害风险管理中可以有效发挥其安定心理、稳定经济、激励减灾的独特而重要的作用。正因为如此，保险被许多国家或地区视为综合性巨灾风险管理战略的有机组成组分。

但是，就经济损失补偿而言，商业保险的偿付能力是有限的。从中国2008年灾害保险补偿情况看，保险补偿率在0.3%～3%之间。从西格玛(SIGMA)统计分析看，2006年以来，剔除汶川大地震的影响，世界巨灾损失平均补偿率在30%左右。2008年，在考虑汶川大地震情况下，平均为19.51%。发达国家的个别事件的赔偿率较高，如2005年美国卡特里娜飓风(Katrina)的补偿率为52.8%，2011年的新西兰和日本大地震的补偿率预计分别为80%和15%。

保险业的巨灾损失赔付能力测算一直是保险业界所感兴趣的话题，已有的研究基本上都采用了将保险业的盈余资本同巨灾所导致的潜在保险损失进行比较分析的思路。换句话说，这些研究都是以保险公司的破产为分析的逻辑终点。但在保险实务中，尤其是在发展中国家的保险实务中，保险公司的经营管理者不可能以这样的思维方式去承担巨灾风险。其更加现实的选择是，提取保费的一定比例作为巨灾准备金去承担未来可能的巨灾赔付。

为了分析上的简便，本文作如下假定：①已发生的损失为100年一遇，这个假设确保公司具有较高保险经营安全边际系数；②巨灾准备金来自承保盈余和一定的投资收益，合计为保费的3.5%；③原保险费和再保险费分别根据SIGMA 2010/2(非寿险17 350亿美元)和IAIS 2010世界再保险市场报告(非寿险再保险费约1100亿美元)数据推算；④(再)保险费年均增长4%；⑤自然灾害包括地震、洪水、风暴及其次生灾害。那么，根据慕尼黑再保险公司公布的巨灾统计信息，本文对1950年至2009年全球巨灾所导致的经济损失情况进行了分析(见表1)，并模拟测算了全球(再)保险业的巨灾损失承担能力(见表2)。

表1　1950—2009年全球巨灾所导致的经济损失情况 单位:亿美元

社会总经济损失	1990年以来 19年间 巨灾个数	平均年度损失	通胀倍数2X	通胀倍数3X
超过200亿美元	5	242.00	484.00	726.00
超过400亿美元	12	1037.50	2075.00	3112.50
合计	17	1279.50	2559.00	3838.50
社会总经济损失	1950年以来 59年间 巨灾个数	平均年度损失	通胀倍数2X	通胀倍数3X
超过200亿美元	12	237.50	475.00	712.50
超过400亿美元	16	870.31	1740.62	2610.93
合计	28	1107.81	2215.62	3323.43

表2　全球(再)保险业的巨灾损失承担能力测算　单位:亿美元

	59年态势			19年态势		
100年1遇(未来)	频率	3.69年	合计	频率	1.58年	合计
再保险巨灾准备金累计	16	123.00	123.00	12	50.00	50.00
直接保险巨灾准备金累计		2316.00	2316.00		951.00	951.00
每年巨灾事故承担能力		2316.00			951.00	
100年1遇(未来)	频率	4.92年	合计	频率	3.80年	合计
再保险巨灾准备金累计	12	168.00	168.00	5	126.00	126.00
直接保险巨灾准备金累计		3166.00	3166.00		2390.00	2390.00
每年巨灾事故承担能力		3166.00			2390.00	

通过将表1和表2结合起来进行比较分析,在不考虑保险公司分红、单个公司赔偿差异性、巨灾损失趋势突变等前提下,可以得出如下基本结论:以2010年为分界线,若按之前的50年巨灾损失态势(表1),在世界范围内,保险业的未来赔偿能力(表2)可以满足现有保障水平的自然灾害损失赔偿需要;若按最近20年的态势(表1),则保险业未来承担能力(表2)就非常有限了,在损失频率为12起时,累计赔偿能力仅是无通货膨胀情况下需求的91%,2倍通胀情况下的46%和3倍通胀情况下的31%,而2011年3月日本大地震单起事件造成的社会经济损失据目前估计已经超过了3000亿美元,更足以说明未来保险偿付能力的有限性。

为应对巨灾,人们在关注保险解决方案的同时,开始将目光转向巨灾债券。20 世纪 90 年代中期逐步兴起的以巨灾债券为代表的资本市场工具为保险市场的巨灾损失赔付能力提供了新来源。如图 3 所示,截止到 2011 年第一季度,全球巨灾债券市场的存量风险资本也仅约 120 亿美元。换句话说,即使将巨灾债券的赔付能力考虑进来,也并不能改变保险业巨灾损失承担能力有限的局面。

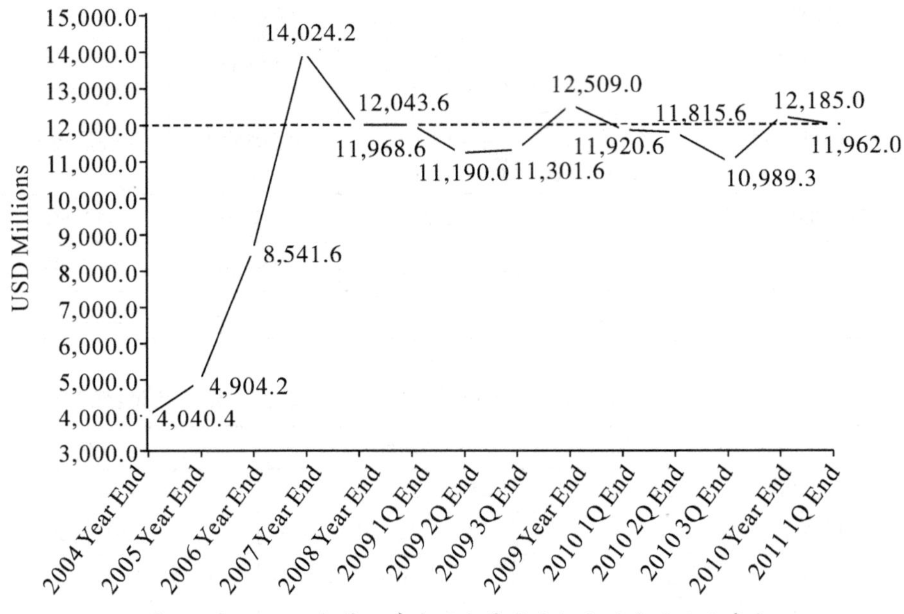

图 3 截至 2011 年第一季度巨灾债券市场上的存量风险资本

资料来源: Guy Carpenter & Company, LLC. GC Securities Proprietary Database, March 31, 2011.

上述分析的背后还有一个默认的情景假设,即全球(再)保险业界组成了一个“共同体”:所有的巨灾风险都参加了再保险,所有的保险公司都按保费规模比例参与了分摊。

然而,现实中并不存在这样的一个“共同体”运作模式。不仅如此,全球保险费在地域分布上差异悬殊,自然灾害的结果也不一样,获得保险赔偿程度也不一样(见表 3)。因此,就某一个地区而言,保险业的巨灾损失承担能力就更为有限了,更不用说个别公司了。

表 3　世界保险费收入、巨灾经济损失与赔偿地区结构分析

2009 年保费占比	1980—2010 年自然灾害		
	社会经济损失占比	保险赔偿占比	
北美	30. 46%	38. 00%	66. 00%
欧洲	39. 61%	16. 00%	20. 00%
亚洲	24. 33%	38. 00%	9. 00%
非洲	1. 21%	1. 00%	<1. 00%
拉美	2. 73%	4. 00%	<2. 00%
澳洲	1. 65%	3. 00%	3. 00%
合计	100. 00%	100. 00%	100. 00%

数据来源：2009 年保费数据来自 Swiss Re. World Insurance in 2009：Premiums Dipped，But Industry Capital Improved. Sigma，2010，No. 2；1980—2010 年自然灾害数据根据 Munich Re. Geo Risks Research. NatCatSERVICE，January 2011 测算。

二、构建多支柱、多层次、可持续的巨灾风险商业化保障体系

基于对保险业的巨灾损失承担能力有限性的认识，本文认为，最佳解决方案应该是构建多支柱、多层次、可持续的巨灾风险商业化保障体系①。

如图 4 所示，地震、台风、水灾、干旱及次生灾害等多种巨灾风险因素作用于种植业、养殖业、农房、居民住宅财产、企业财产、工程等多种财产标的。巨灾风险商业化保障体系需要针对不同财产属性和受体构建对应的管理模式，即多支柱性和多层次性。

所谓多支柱，是指巨灾风险商业化保障的类别体系，本文主张分成农业和农房保险、非农住宅财产保险、企业财产保险和工程保险等三个组成部分。

所谓多层次，其内涵包括两个方面：

一方面是从巨灾风险保险的性质角度来看，巨灾风险商业化保障体系既包括提供基本保障的政策性巨灾风险保险，也包括提供补充保障的商业性巨灾风险保险，以及纯商业性巨灾风险保险。所谓补充性保障，是以政策性保障或政府参与为基础；所谓纯商业性保障，是指没有政府参与的商业保险项目。

另一个方面是从巨灾风险保险的巨灾风险分散机制角度来说，商业性巨灾风险保险的多层次巨灾风险分散机制只包括共同保险、再保险、资本市场，而政策性巨灾风险保险的多层次巨灾风险分散机制既包括行业共保、再保险、资本市场，也包括政府担保。

① 它与政府直接提供的救助保障体系共同构成完整的巨灾风险保障体系。

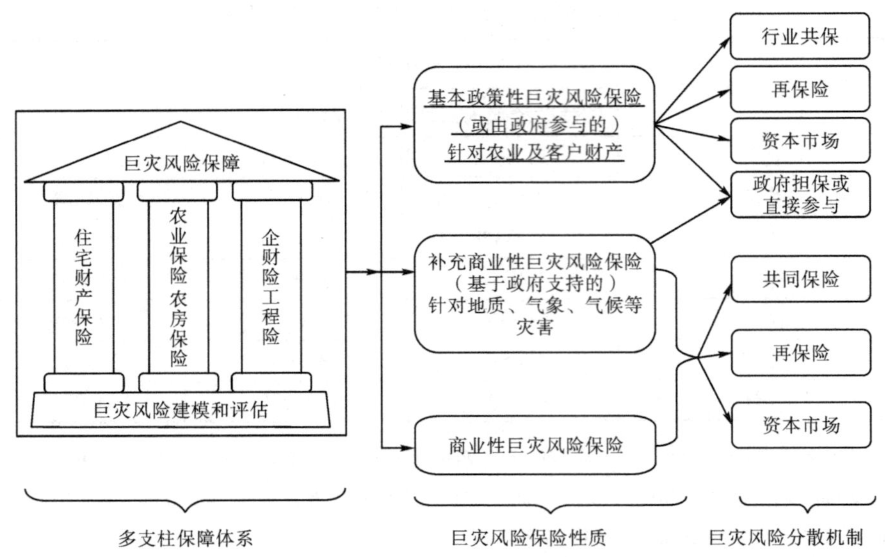

图4　多支柱、多层次的巨灾风险商业化保障体系

从世界范围来看，许多国家或地区出于保障民生的考虑，都建立有政策性巨灾风险保险制度，为居民住宅财产和农作物提供基本的巨灾风险保障；在此前提下，政府还允许商业保险公司为居民住宅财产提供补充商业性巨灾风险保险；对于企业财产、工程项目财产方面的巨灾风险保障则由商业保险市场提供。

以新西兰地震保险为例，根据法律规定，住宅地震保险由地震损害赔偿委员会（Earthquake Commission, EQC）负责。

地震损害赔偿委员会的职能包括：①管理居民财产（包括房屋、家具和土地）因列明的自然灾害而遭受的损失保险，包括索赔管理。②通过保险公司收取保险费并管理自然灾害基金（包括资本金和准备金，目前累计达56亿新西兰元）以及部长协议同意的灾害基金投资项目。目前，该基金的70%投资于新西兰政府债券，余下30%投资于离岸股权。③引导并资助自然灾害及减灾研究。④向新西兰居民提供关于如何进行自然灾害防护和通过保险方式获得风险保障等信息。

地震损害赔偿委员会保险的保障标的包括住房、家具和住房所属土地，保障的风险包括地震、火山喷发、滑坡、热液活动、海啸，以及所有这些灾害引起的火灾。但由于风暴和水灾引起的居民住房所属土地的损失，保险单也提供附加保险。

所有的住宅财产拥有者，只有在购买了商业保险之后才会自动获得地震损害赔偿委员会保险，没有购买商业保险的不能获得地震损害赔偿委员会保险。住房保险的最高保障为10万新西兰元，家具为2万新西兰元。商业保险在此基础上提供额外保险。

建筑物和家具的保险费率为0.05%，并且通过保险公司收取，然后划转至地震损害赔偿委员会(附加的土地保险免费),商业保险公司收取少量佣金。年度最高保险费是 67.5 新西兰元。

包括再保险和政府担保在内的自然灾害基金的财务结构见图 5,其政府参与、市场运作的特点十分显著。

(再保险与投资资产组合)	亿新西兰元
(政府担保) 一起惠灵顿巨灾或等同规模	81
新西兰政府债券	60
离岸权益投资	44.5
再保险安排	40
离岸权益投资	15
现金	2.5

图 5　新西兰地震损害赔偿委员会地震保险基金的财务结构

资料来源:Earthquake Commission. Briefing for the Minister in Charge of the Earthquake Commission. Chairman and Board of the Commission, November 2008.

纵览全球巨灾风险保险制度的形成及其发展过程,其共同特点有:一是政府不仅担当制度形成的推手,而且还以关键担保人或风险承担人参与其中;二是立法作保证,做到保险机制的运用有法可依;三是极尽可能运用商业模式经营或管理巨灾风险;四是再保险发挥价格调控和风险管理人作用;五是借助资本市场发挥补充保障和价格发现职能。

中国政府近些年来不遗余力地推进并完善巨灾风险商业化保障体系。2011 年,温家宝在《政府工作报告》中首次提出“健全政策性农业保险制度,建立农业再保险和巨灾风险分散机制”。

从 2005 年起,中国一些省市开始试点农村住房保险。至今全国共有 17 个省市开展了农房保险。农房保险基本涵盖了火灾、台风、暴雨、洪水、泥石流等绝大部分自然灾害和意外事故导致的房屋倒塌或毁损,有的省份还将地震风险纳入保障责任范围。自 2007 年中央财政实施农业保险保费补贴以来,中国在农业保险方面取得了令人瞩目的成绩。2010 年,全国农业保险保费收入135.68亿元,全年农业保险支付赔款100.69亿元,农业保险覆盖农户1.4亿户次,共有约2100万户次的受灾农户得到保险补偿。

总结中国农业保险的发展经验,对比国际上巨灾风险保险制度的特点,可以发现,“政府引导、政策支持、市场运作”是共同的指向。

未来中国在构建多支柱、多层次的巨灾风险商业化保障体系方面,除了应继续推进农业保险和农房保险工作之外,还要加快商业巨灾风险保险市场的发展和尽快构建居民住宅财产政策性巨灾风险保险制度。

对于发展商业性巨灾风险保险市场,保险公司应多开展市场需求调研,在做好巨灾风险分散预案的前提下,设计开发适销对路的巨灾风险保险产品;政府部门和保险业应加强宣传引导,提高经济主体的风险和保险意识;政府部门还可以出台一些促进巨灾风险保险市场发展的政策,比如税收优惠政策和巨灾准备金制度等。

对于构建居民住宅财产政策性巨灾风险保险制度,应着力把握住三点:一是充分总结已有的农房保险成功经验。起步阶段可以考虑由各地根据本省面临的实际风险状况,选择风险保障责任,确定保险金额,借鉴新西兰地震保险经验,在省级范围内统筹建立政策性保障与商业性保障协调发展的保障制度。待到时机成熟后,中央政府可以推动建立全国性的、涵盖多种风险保障责任的综合性巨灾风险保险制度,在中央政府一级统筹巨灾风险保险基金。二是积极发挥商业保险公司在承保、报灾、查勘、理赔等方面的作用。三是合理构建巨灾风险分散机制。可以借鉴日本家庭住宅财产地震保险制度的经验,考虑将巨灾损失按一定标准分为三个相互衔接的层次,分别为低层损失、中层损失和高层损失,对于不同层次的损失采取不同的风险分担比例,从而构建由保险公司、再保险公司和政府共同承担的巨灾风险分散机制。

三、发挥再保险在构建巨灾风险商业化保障体系中的作用

再保险是一种最典型的巨灾风险分散方式。甚至可以说,推动以技术为驱动力的现代再保险发展的一个重要因素便是巨灾风险。总体来说,在构建巨灾风险商业化保障体系中,再保险具有搭建技术信息桥梁、交换巨灾风险、提高资本效率、提升风险管理能力等重要作用。

(一)搭建技术信息桥梁

地震(海啸)、台风等巨灾风险具有跨地区甚至跨国界性,单一巨灾具有大面积特点,而从属地法人监管与经营管理看,保险公司的经营单位多集中于某一国或地区之内。如图6所示,2010年10月的“鲶鱼”台风,产生于亚太台风海盆。这个海盆辐射的国家和地区就包括菲律宾、印度尼西亚、我国的台湾地区和大陆。因此,对于单个保险公司而言,测算巨灾引起的潜在保险损失是很困难的,但通过再保险桥梁作用,就可以比较容易地获得所需的有关损失参数。从更加宏观的角度来看,通过再保险形成了一个巨灾风险共同体,使得本地不可保或本国不可

保的风险转化为全球范围内的可保风险，有利于实现巨灾风险在更大地理空间内的分散。

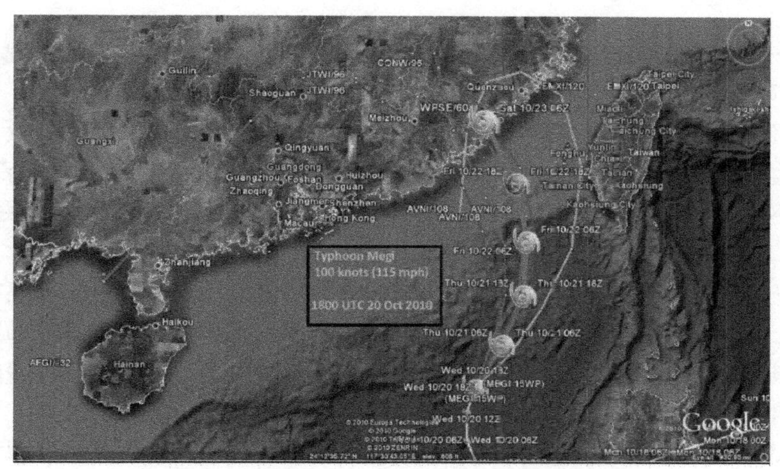

图 6　2010 年 10 月“鲶鱼”台风的路径

（二）交换巨灾风险

虽然不同地区、不同国家的地震（海啸）、飓风（或台风）和干旱等自然灾害的发生时间和损害程度不一，但借助再保险可以实现单灾害事件或多灾害事件合同的互换。如图 7 所示，通过不同地区巨灾风险的互换，再保险公司可以将自身积累的某个地区的风险在更大范围内实现组合管理，提高了风险分散能力，也相应地提高了该地区的巨灾风险整体承担能力。

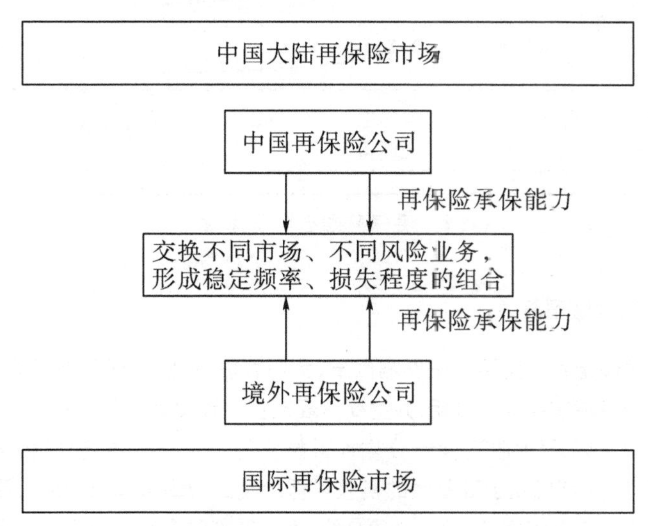

图 7　再保险公司之间的巨灾风险交换

(三)提高资本效率

由于再保险能够进行跨地域、多风险因素的交换和风险稀释,它不仅可以实现单个再保险公司自身的资本效率的提升,也提升了分出公司的资本效率。

举例言之,A 公司法定净资产是 10 亿元,法定偿付能力为 100%。其中原保险责任是 16 亿元,对应的法定资本金是 4 亿元。当 A 公司将原保险责任的 10 亿元分给再保险人 B 时,在不考虑手续费的情况下,A 节约的资本约为 2.5 亿元,或者说法定偿付能力由 100% 提升至 133% 以上。

这一点我们还可以从新西兰地震损害赔偿委员会 2008 年报告中的一段描述得到印证:“在未作再保险安排的时候,委员会负责管理的自然灾害基金为了赔偿潜在的巨灾损失,经过测算,大约需要 107.5 亿新西兰元,但在进行了 25 亿新西兰元的再保险保障安排之后,自然灾害基金仅需要维持 69 亿新西兰元的规模。”

此外,通过再保险,把不同风险进行重新打包、组合,形成新的风险组合,也大大地提高了资本效率。如图 8 所示,上方具有不稳定性的风险组合线,通过再保险的作用,达到了下方具有较稳定性的风险组合线。

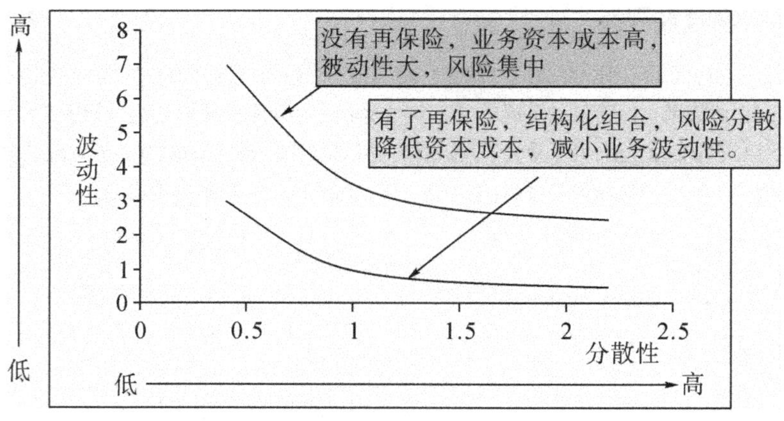

图 8　再保险组合与资本效率

(四)提升风险管理能力

分析巨灾风险定价模型及价格影响因子,我们可以发现,再保险在提升社会、行业风险管理能力方面发挥着巨大的作用,并主要体现在主动和被动两个方面。

从主动方面来说,再保险行业十分重视科技应用、抗灾材料的改进和研发能力的提升。举例来说,1993 年成立于百慕大的复兴再保险集团(Renaissance Re),目前已成为全球最大的巨灾再保险公司之一,承保全球自然、人为灾难财产风险再保险和保险业务。集团旗下的天气预测咨询公司借助气象研究方面的优势，充分利用微波卫星遥感技术获得快捷、高效的灾害数据资料，为农业保险、期货指数交易提供完整、准确的数据参考。再如慕尼黑再保险公司的巨灾数据库常为国际组织、政府机构所参考使用；瑞再 Sigma 数据库对业内的经营产生巨大的导向作用。

从被动方面来看，保险行业对巨灾风险价格敏感。分析巨灾风险定价模型，影响巨灾风险价格的因子主要包括自然灾害风险因素的发生频率和强度、财产标的的易损性和相关特征、保单条件等。再保险可以利用巨灾风险模型去评估巨灾风险价格，并借助价格传导机制来推动原保险人或被保险人关注风险管理、提高风险管理能力。

【参考文献】

[1]LAI T. Evaluation of Residential Earthquake Risk[J]. 2011 AIR Beijing Catastrophe Modeling Seminar,2011(5).

[2]TOWERS WATSON. Insurance Industry Impact and Risk Management Lessons[J]. Insights,2011(4).

[3]CUMMINS J D, NEIL DOHERTY, ANITA LO. Can Insurers Pay for the “big one”? Measuring the Capacity of the Insurance Market to Respond to Catastrophic Losses[J]. Journal of Banking & Finance, 2002, 26: 557 -583.

[4]GENERAL ACCOUNTING OFFICE. Insurer' s Ability to Pay Catastrophe Claims[J]. GAO/GGD -00 -57R,2000(2).

[5]KING R O. Financing Recovery from Large - Scale Natural Disasters. CRS Report for Congress, 2009(2).

[6]SWISS RE. World Insurance in 2009: Premiums Dipped, But Industry Capital Improved [R]. Sigma, 2010.

[8]李朝智,廖敏. 震灾震醒市民保险意识:如何给生命财产系上“保险绳”? [N]. 南国早报,2008 -05 -20.

[9]CUMMINS, J D. Reinsurance for Natural and Man - made Catastrophes in the United States: Current State of the Market and Regulatory Reforms[J]. Risk Management and Insurance Review, 2007,10(2):179 -220.

巨灾风险管理的模式选择与政府边界分析

郭祥

【摘要】本文从公共经济学的角度对巨灾风险管理中市场与政府的职能进行研究。论文归纳总结国外的巨灾风险管理模式,探讨我国应采取的巨灾风险管理模式,并分析我国政府的角色定位与职能。通过研究认为我国目前应采取政府介入的巨灾风险管理模式,并在巨灾风险管理市场发展与工具使用逐渐完善的基础上分阶段退出直接保险市场,完成对我国巨灾风险管理市场的发展引导。

【关键词】巨灾风险;风险管理模式;政府干预

Abstract: This paper studied functions of market and government in catastrophe risk management from the perspective of public economics. Summarizing catastrophe risk management modes abroad, it put forward which kind of catastrophe risk management China should take, and analyzed the role and functions of our government. Studies suggest that government intervention should be taken in the current catastrophe risk management mode, and gradually phased out direct insurance market with market and catastrophe risk management tools development to complete market guidance.

Key words: catastrophe risk; risk management mode; government intervention

一、问题提出

随着世界范围内的灾害的发生日趋频繁,巨灾风险管理的相关研究日渐深入与广泛,出现巨灾衍生金融工具定价、巨灾风险分散效应研究、巨灾风险证券化及风险基金的建立等多个研究方向。其中巨灾风险管理模式选择与发展作为一个重要的研究方向,不仅在国家层面成为引导一国巨灾风险管理发展的方向与实施框架,而且也决定着政府在其中应承担的责任及权力边界。现阶段存在多种巨灾风险管理模式,后发国家建立巨灾风险

[作者简介]郭祥,对外经济贸易大学保险学院博士研究生。

管理体系时面临不同模式的选择与改进问题。我国现阶段巨灾风险管理模式亟待完善，对于不同模式的选择与针对我国现状的改进成为重要的研究方向。

政府在巨灾风险管理中的边界问题是市场与政府职能在巨灾风险管理领域的细化。新古典经济学以来，资源配置的方式存在着两种不同观点：一种观点是源自亚当·斯密的理性经济人分析范式，认为市场本身能有效配置社会资源，最终导致有效率的制度安排。另一种观点针对市场机制在资源配置的过程中存在的较大局限性——既可能引起资源配置缺乏效率，也可能在资源配置过程中导致社会显失公平，主张用政府干预的计划机制代替市场机制，最终实现资源有效配置。

随着经济学深入发展，诸如市场失灵与政府失灵的证据都被发现，更多地出现上述两种观点的调和：市场与政府在资源配置时不仅存在资源配置成本差异，而且都可能出现失灵现象，市场与政府出于互相修正的需要出现了融合和互补。基于上述公共经济学的分析，政府参与巨灾风险管理存在相应的理论基础，但是在对于参与过程中政府职能究竟如何发挥，即如何确定权力干预边界应成为政府参与巨灾风险的一个考虑。

二、文献综述

Gersen 和 Jacob Ezra(2001)以美国巨灾灾害为背景，从政治经济学的角度分析个体行为、立法决策以及利益群体之间的相互作用，强调了个体行为的重要性。

评价巨灾经济损失的补偿效果，一般需要考虑两个基本的标准：公平与效率。主张公平和效用主义的“公平派”的代表 Calabresi(1970)提出政府是社会中有效的保险主体。巨灾风险管理理论中的效率派 Priest(1996)则认为以政府为主导的巨灾管理体系会造成效率净损失，建议对巨灾风险采取市场化管理，完全取消政府灾后救济。

Kunreather 与 Linnerooth(2000)认为保险市场或政府都不能独立承担巨灾风险管理的任务，政府与市场加强合作是解决巨灾风险管理的最好办法。Gollier(2002)则将可保性的研究拓展到了整个经济中，为巨灾风险向资本市场和公共部门的转移提供了理论基础。Grance、Kleindorfer 与 Murrary(2003)从微观角度对巨灾保险市场的供求和监管影响作了深入分析，研究采用了一个恰当反映巨灾保险供给需求关系的模型，并利用这个模型分析了影响巨灾需求的相关因素。Richard(2005)认为政府可以通过税收、财政补贴等方式降低巨灾风险，同时民间融资可以降低巨灾风险。

与非巨灾保险业务不同，巨灾保险很容易受到其他风险转移方式的侵蚀。人们总是倾向于低估巨灾发生概率，等待政府、社会组织和他人的救济与援助，不愿意自己购买巨灾保险。Browne 与 Hoyt(2000)在分析美国洪水保险购买力一直处于低水平的原因时，除发生概率与保险价格相对较高因素之外，还特别强调了美国民众的慈善风险救助。

实际上，政府转移巨灾风险的作用也是有限的。Freedom(2001)在提交世界银行的关于发展中国家自然灾害处理报告中提出，由于缺乏足额巨灾准备金，发展中国家难以采用发达国家的解决方案。发达国家可以通过税收进行风险分散的做法在发展中国家会造成更大的经济压力，而以贷款方式缓解内部危机的成本较高，极易形成巨额外债风险。

在对自然灾害管理进行研究的基础上，国内也有不少学者对市场与政府在巨灾损失分担机制中的地位进行了探讨。孙祁祥、郑伟(2004)探讨了中国巨灾风险与巨灾风险管理现状，中国和世界发达国家在巨灾风险管理方面本质上的不同，再保险在巨灾风险管理和社会经济发展方面能发挥的作用，以及中国在巨灾风险管理方面应当如何改进的问题。

谢家智(2004)通过对自然灾害补偿机制的分析，主张在我国建立起政府引导型的自然灾害补偿模式。

周志刚(2005)探讨了巨灾风险的可保性及其扩展，指出了巨灾市场失灵的原因及国家干预对巨灾风险分散的积极作用，结合保险、再保险和资本市场在巨灾风险分散中各自的作用，提出国家管理巨灾风险的有效机制——政府与市场的合作，并对我国国家住宅地震保险系统进行设计。

刘新立(2006)从巨灾风险管理的视角，对美国的洪水保险计划和日本的地震风险保险制度进行了详细阐述，指出商业保险形式缺乏完全解决巨灾风险的能力，国家参与巨灾风险管理可以降低成本。

曾立新(2006)在对美国巨灾政府保险项目比较研究的基础上，对我国巨灾风险管理机制构建提出了有针对性的建议。

杨宝华(2006)提出了设立政策性保险经营机构、由政府充当最后保险人、设立专门的巨灾风险管理机构三种政府支持巨灾风险管理的方式，但没有对几种方式进行比较分析确定其优劣，缺乏具体构建方法的相关研究。

姚庆海(2007)提出巨灾损失整体性补偿的思想，指出应该理清保险补偿机制和政府补偿机制之间错综复杂的关系，综合发挥各种补偿主体的作用，对巨灾造成的损失进行补偿。

王安(2008)分别介绍了巨灾风险基金四种不同的管理模式，分析了私人保险、再保险市场失灵的状况下政府参与巨灾风险管理所起到的作用，并针对我国国情，提出了我国构建巨灾风险基金的具体框架。

综合国内外的研究结果可以看出，对于一国巨灾风险管理的选择与政府应发挥的作用成为一个重要的研究方向。我国诸多学者赞同建立政府与市场相结合的巨灾风险管理模式，但对于这种模式的选择原因与政府在该模式下的权力界限涉及较少，这成为本文的研究方向。

三、国外巨灾风险管理模式及政府边界比较分析

目前世界范围内对巨灾风险的应对方式仍然以巨灾保险为主，但多种巨灾风险应对措施也处于不断发展过程中。国外对于巨灾保险风险管理采取了不同的做法，政府在其

中所起的作用也存在不同，目前世界各国对巨灾风险管理实施的管理制度如表1所示。

表1　部分国家巨灾风险管理模式与政府职能

国家	巨灾风险管理制度	主要内容
法国	自然巨灾保险制度	建立国家性政策再保险公司，对各个保险公司的巨灾风险进行风险分散。
	农业巨灾基金	由政府拨款和农险保单附加税累积募集成立。
土耳其	巨灾保险联合体	由政府、保险公司和世界银行共同建立，作为直接保险人专门承保地震造成的损失。政府作为再保险人或担保人，负责巨灾保险基金运作机制的设计、运行和监管等事宜，主导开发强制性地震保险条款。
日本	地震保险制度	政府对家庭财产采取强制性保险，对企业财产不承担保险责任。家庭财产地震保险是由保险公司和政府共同发起的再保险体系，超出再保险公司与直接承保限额的部分由国家承担最终赔偿责任。
新西兰	地震保险综合体系	以法律形式建立多渠道巨灾风险分散体系，由国家财政全资设立了地震委员会，并设立自然灾害基金。地震委员会负责法定保险损失赔偿，保险公司依据保险合同负责超出法定保险责任部分的损失赔偿，保险协会制定巨灾应急计划。
美国	水灾保险计划	政府建立国家洪水保险基金，通过购买水灾保险减少由于洪灾导致的损失，促进州和社区对土地使用的控制并引导开发建设避开易发水灾区域，降低联邦政府对灾害援助和水灾控制的支出。
	飓风巨灾基金	政府建立飓风巨灾基金，由州管理委员会独立运作。不受该州保险局和保险公司的影响。所有经营居民财产保险业务的保险公司都必须参加巨灾基金，超过免赔额的部分才会获得飓风巨灾基金支持。
	加州地震保险制度	美国加州建立的地震保险制度是由政府筹集资金建立，加州地震局为主要管理机构。保险补偿基金来源于资本金、保费收入、对会员保险公司的摊派、贷款、再保险以及投资收入等。加州政府只提供联邦免税与税前提取巨灾损失准备金。

续表1

国家	巨灾风险管理制度	主要内容
英国	洪水保险体制	英国的洪水保险以市场化为基础,政府不参与承担风险,商业保险公司将巨灾风险纳入标准家庭财产和企业财产保险单的责任范围,实行自愿投保方式,保险公司一般通过再保险进一步分散巨灾风险。政府没有过多介入市场力所能及的范围。此外,政府积极从事工程性的灾害防御工作,尽量减少灾害发生的频率及灾害损失,使得洪水风险具有一定可保性。

通过对上述各国巨灾风险管理的列示,结合国家在其中发挥的作用,可以将巨灾风险管理模式分为以下三种:

第一种为政府直接介入巨灾保险市场,固定地充当保险人。此模式下的政府作为直接的巨灾风险市场主体参与风险识别、分析与应对,提供巨灾保险产品。这是政府机构的市场化参与,即因单一保险公司或集团无法覆盖巨灾的巨大风险而由政府财政参与市场。并且呈现明显的自然垄断性质。如法国的自然巨灾保险制度、土耳其的巨灾保险联合体、新西兰的地震保险基金等。由于政府介入程度较高,财政支持与保险计划制度设计较为合理,上述保险制度大多较好地发挥了巨灾风险管理功能。上述模式下政府的责任相当明确,政府定位于社会范围内的风险分散,通过政府的直接参与实现社会资源的最优分配增进整个社会的福利,有利于提高巨灾保险计划的实施效率。

第二种为政府间接介入巨灾保险市场,在必要时充当再保险人。代表制度如美国国家洪水保险计划、佛罗里达州巨灾飓风基金以及日本的地震保险制度等。这些巨灾保险制度的特点是市场充当灾害补偿的主体和最终目标,政府在灾后保险市场出现不完整时,通过提供临时性的剩余保险市场以解决巨灾保险供给不足的问题。

第三种为政府不介入巨灾保险市场,而是通过实施防灾减损措施、推进巨灾证券化市场与衍生品市场建立、促进巨灾保障基金等方式间接推动巨灾风险管理市场发展。传统的防灾减损措施包括颁布实施抗震防洪建筑标准、加固基础设施政策资金支持、制定科学土地使用规则等提高基础设施和建筑物的防灾抗灾水平。新型措施是通过政策降低巨灾风险管理市场的发展成本,如通过强制购买再保险、紧急贷款支持、税收优惠等政策间接推动促进巨灾保障基金有效运行。通过政策支持建立巨灾风险证券市场与衍生品市场,将巨灾风险损失通过资本市场在更大范围内分散。政府虽然不直接介入市场运行,却积极创造巨灾市场有效运作的条件与良好经营环境促进其发展。“政府对经济发展的干预,并不是企图强制改变市场经济的发展方向,而是旨在最大限度发挥市场经济成长的潜力”,英国洪水保险体制是这种模式下的成功典型。

四、我国的巨灾风险管理模式及政府边界选择

(一)我国巨灾风险管理模式选择的原因

上述模式本质上并不存在优劣之分,不同国家应有针对性地选择适合本国的巨灾风险管理模式。我国目前采用政府主导下财政救灾为主的巨灾风险管理模式,主要是基于以下原因:

第一,我国保险市场不够成熟,巨灾风险损失时空集中性和标的损失强相关性导致巨灾风险不符合商业保险的可保性。如果实施完全由保险市场提供巨灾保险将导致保险供给不足,保险需求得不到满足。因此在保险市场不成熟前提下巨灾风险无法通过市场承担,相对来说,现阶段我国政府配置巨灾资源具有更高的效率。

第二,在古典经济理论中,政府的风险态度是中性的,政府是处理风险最为有效的经济体,不需要支付超过平均损失的费用就可以转移风险。因此,存在政府实施风险管理的技术解释,政府主导方式可以降低巨灾风险管理成本。

第三,巨灾风险造成的损失具有较大的负外部性,巨灾风险造成了维护公共秩序、广泛分担损失与灾后恢复的引致需求,巨灾风险具有公共风险的特性并涉及公共安全问题,属于公共危机的范畴,相应地巨灾保险也具有公共物品的特性,政府可以将之转化为公共物品进行管理,所以具有公共风险管理性质的巨灾风险管理是我国政府的基本职能。不管是上世纪的洪水灾害还是汶川地震,政府具有而且也只有政府具有在巨灾损失发生时协调各方面关系的能力,这种“举国模式”是现阶段我国的主要巨灾风险管理模式。

(二)我国巨灾风险管理模式的转换路径

目前我国巨灾风险管理模式尚未完全成型,政府在市场尚未发挥作用之前成为管理主体,应该看到我国的巨灾风险管理模式还不完善,存在诸多问题:由于缺乏完善的长效机制,财政资金应对自然灾害的压力越来越大。以国家为主导、财政救灾为主的巨灾风险管理模式因其强调系统整体的公平性而牺牲了市场发展与个体偏好,缺乏调动市场个体参与风险应对的积极性,整体上难以实现较高的补偿效率;受灾地方政府往往夸大受害损失程度以获取更多灾害补偿资金,却难以保证其真正用于受损恢复。在政府救助和巨灾灾后重建工程中暴露出的腐败问题就是明证。在政府补偿机制无法达到充分效率的情况下,市场机制可以借助多种方式实现风险在资本市场的分摊,在更大范围内综合应用整体性补偿机制,克服单纯保险市场补偿机制对巨灾的无效性,提高巨灾的可保性。

目前政府应逐渐引导巨灾风险管理市场化进程,逐渐改变我国长期受计划经济影响下的统一行政管理方式,需要注重协调运用市场和行政手段,要适时发挥市场在巨灾风险管理中的主导地位,调动市场经济资源共同应对巨灾风险,在宏观上提供巨灾风险管理的

相关政策和公共服务,减少直接的市场参与,实现向公共服务型政府职能的转变。不论在理论上还是实践中,市场是相对有效的资源配置方式,而政府的干预在市场失灵时是必要的,只是干预的程度要从矫正市场失灵出发以降低对保险市场机制的挤出效应。综合市场与政府的特点,采取政府与市场相结合的巨灾风险管理模式比较适合我国的实际情况,政府更多地间接充当再保险人,在市场逐渐成熟的基础上最终退出再保险市场,通过辅助措施保证巨灾风险市场的自主发展。

(三)我国政府在巨灾风险管理中的边界

鉴于巨灾风险的高度集中性和损失的巨额性,我国目前还不具备诸如英国依靠市场机制分散巨灾风险的条件,上述巨灾风险模式选择的原因与存在的问题引出我国政府究竟应该在何种程度上进行干预、在哪些方向与领域进行干预的思考:在巨灾风险管理中,政府应该如何引导巨灾风险市场的发展,机构设置、政策制定与责任分担?现阶段政府管理权限很大,对于保险行业的巨灾风险产品开发激励不足,而一味放弃补偿责任又难以满足现时巨灾风险管理的需求。针对我国政府在巨灾风险管理中的角色定位,政府的职能边界应体现在以下方面:

一是在防灾防损措施的基础上,实现巨灾风险的可保性和风险损失的可支付性。借鉴国外强制保险的做法,通过立法明确巨灾风险管理责任与制度安排,建立巨灾强制保险制度推动社会巨灾风险补偿机制的建设。细化巨灾保险的承保主体及险种、损失分布与费率厘定、保险基金来源及分摊方法、补贴与税收优惠、巨灾再保险等内容,并尽力扩大保险人承保业务数量,满足巨灾保险分散风险的要求。

二是专业性机构的建立与运作。国外的中央再保险公司(法国)、新西兰地震委员会(新西兰)都是政府主导成立的专业性巨灾风险管理机构。我国的国家减灾委员会是应对自然灾害的主要管理机构,应增强其巨灾风险管理功能或者成立专业性的巨灾风险管理机构,并实施以下职能:设计自然灾害再保险方案,研究自然灾害事故的频率、损害、预测与控制,以及一些自然灾害业务的政府机构沟通,负责灾害基金管理,制定应急措施与巨灾全民教育。

三是巨灾风险基金的建立与运作。政府应探索我国巨灾风险基金的设立与运行机制。从风险损失直接承担者到间接承担者,最终实现管理者与协调者的转变。借鉴美国佛罗里达州的飓风巨灾基金的成功经验,基金由国内各保险公司的赞助和国家财政支持,并提供国内保险公司的再保险需求,同时国内保险公司必须参加。基金不以营利为目的,独立运作。当基金积累存在支付危机时可以借助于国际再保险集团与资本市场弥补亏损,既减少了财政压力,也充分调动了市场主体的巨灾风险管理积极性。

四是建立多层次的巨灾风险分担机制,明确各主体的责任。建立国家与企业、政府与保险公司合作办理巨灾保险的模式,实行合作分担巨灾风险机制,借助公共部门的政策规划,引入保险业者的资金,形成国家与企业平等互惠、共同参与责任分担的共保经营方式,借鉴国际经验科学划分风险损失分担比例,根据我国巨灾历史经验数据及各方负担能力,对于不同层次的损失采取不同的风险分担比例,最终实现风险在个人、保险公司、再保险公司、资本市场和政府之间的转移。

五是巨灾风险市场工具的规划与运用。在建立强制巨灾再保险机制后,政府应该继续推动巨灾风险在更大范围内的分散,相对于证券市场,我国保险市场的发展仍然缓慢,传统巨灾再保险必须借助资本市场进行风险的进一步转移。政府应在这一过程中起到重要作用。在巨灾保险制度理算出合理保险费率的基础上,将汇集的再保险基金通过巨灾证券化的诸多工具转移到国内外的资本市场;或通过发行政府巨灾债券,联合商业保险机构等市场主体的形式,将风险损失在国内外市场更大范围内进行转移。

五、结论

现阶段我国巨灾的风险管理机制尚不完善,在国家主导的防灾减损过程中市场参与程度很低。虽然巨灾风险管理需要政府调整相应资源进行补充,但是市场终究要承担起巨灾风险管理的主要角色。政府目前的工作重点是实施基于市场运作的巨灾风险管理模式转变,从制度上、技术上实现巨灾风险的可保性,制定有利于巨灾风险证券化的机制设计,逐渐转变现有模式为市场主导、政府外围辅助的模式,实现更经济、更有效地巨灾风险管理,这无论对提高巨灾风险管理资源的利用效率,还是降低政府财政压力、腐败行为都具有重要的现实意义。

【参考文献】

[1]GERSEN,JACOB EZRA. Strategy and Cognition: Regulation Catastrophic Risk[M]. Chicago:Chicago University Press, 2001,(9):42 -49.

[2]KUNREUTHER, HOWARD. Insurance as a Cornerstone for Public - Private Sector Partnerships[J]. Natural Hazards Review,2000(1):126 -136.

[3]D RICHARD CUTLER. A Simple Model to Predict Loss Ratios in the Domestic Stock Property - Liability Insurance Industry. Quarterly Journal of Business and Economic 2005(44): 129 -139.

[4]BROWNE MARK J, ROBERT E. The Demand for Flood Insurance: Empirical Evidence [J]. Journal of Risk and Uncertainty,2000,20(3):291 -306.

[5]孙祁祥,郑伟.中国巨灾风险管理:再保险的角色[J].财贸经济,2004(9): 3 -10.

[6]谢家智.我国自然灾害损失补偿机制研究[J].自然灾害学报,2004(4): 28 -32.

[7]周志刚. 风险可保性理论与巨灾风险的国家管理 [D]. 上海:复旦大学,2005.

[8]刘新立. 风险管理[M]. 北京:北京大学出版社,2006:335 -357.

[9]曾立新. 巨灾风险融资机制与政府干预研究[D]. 北京:对外经济贸易大学,2006.

[10]杨宝华. 关于建立国家财政支持的巨灾风险保险体系的几点思考[J]. 上海保险,2006(9):56 -58.

[11]姚庆海. 巨灾损失补偿机制研究:兼论政府和市场在巨灾风险管理中的作用[M]. 北京:中国财政经济出版社,2007: 240 -265.

[12]王安. 巨灾风险基金的国际经验与中国的选择[J]. 西部金融,2008(10): 40 -41.

[13]陆丁. 看得见的手——市场经济中的政府职能[M]上海:上海人民出版社,1993:114.

[14]栾存存. 巨灾风险的保险研究与应对策略综述[J]. 经济学动态,2003(8):80 -83.

巨灾频发背景下的我国政府保险文化建设探析

刘紫云

【摘要】国内灾难频发和社会福利刚性致使政府财政负担日益加重,产品出口创汇导致人民币升值,压力剧增逼迫政府要进行产业结构调整,房地产投资造成环境污染与18亿亩耕地底线难保使得政府必须为民众寻求新的投资出路,上述因素共同发力加剧了政府保险文化建设研究的紧迫性。

市场经济体制在中国已经实行三十余年了,但政府管理市场经济体制下的公共风险与私人风险能力明显不足,缺失商业保险文化。政府可以从举办政府工作人员保险知识培训班、加强对企业、民众保险意识的普及、建立科学完善的灾难救助机制、设计购买保险的激励机制等方面入手来完善政府保险文化建设。

【关键词】政府保险文化;风险;保险

Abstract: Much disaster and social welfare rigidity result in government's fiscal burden . Product export makes appreciation of RMB, which forces the government to industrial reconstructuring ; real estate investing makes pollution and break the baseline that protect 1. 8 billion Mu arable land, which forces the government to find new investing mode for people , above factors urgent the government insurance culture construction Market economy system has been carried out for 30 years in China, but the people obviously lack the capability to control public & private risk and commercial insurance culture in such a government - managing system. The government can hold training classes of insurance knowledge to enhance the insurance consciousness popularization to firm and people , to establish a scientific and perfect disaster - succoring system , to design a inspiriting mechanism to buy insurance and etc, which can perfect the government insurance culture construction.

Key word: government insurance culture risk; insurance

[作者简介]刘紫云,女,教授、硕士生导师,江西财经大学金融发展与风险防范研究中心专职研究员,金融与统计学院保险系主任,中国保险学会理事,江西省保险学会常务理事。

温家宝在十一届人大三次会议的政府报告中高屋建瓴地指出:“国家发展、民族振兴,不仅需要强大的经济力量,更需要强大的文化力量。文化是一个民族的精神和灵魂,是一个民族真正有力量的决定性因素,……没有先进文化的发展,没有全民族文明素质的提高,就不可能真正实现现代化……”①温家宝的讲话把文化建设提高到民族精神和灵魂高度来认识,揭示了文化建设与民族文明素质和民族发展的辩证关系,昭示今后我国各个领域的文化建设将得到进一步加强,这其中当然包括我国政府保险文化建设的加强。

一、政府保险文化建设的紧迫性

1. 灾害事故频繁发生

近年受全球地质构造和气候等因素影响,我国重大灾难频频发生(见表1)。

表1 2008年以来中国发生的特大灾难风险管理情况表

时间	事件	直接经济损失金额(亿元)	各级政府共投入救灾资金(亿元)	捐助(亿元)	保险赔款(亿元)
2008.1.10	南方雪灾	1516.5②	27.5③	26.35④	50⑤
2008.5.12	汶川地震	8451⑥	644.1⑦	613⑧	16.6⑨
2009.11.9	北方雪灾	69.6⑩	0.2⑪	不详	不详

① 十一届人大三次会议政府报告。

② 《民政部通报2008年雪灾损失和救灾情况》,2009-11-12 14:37,中国新闻网。

③ 同上,根据数据汇总而来。

④ 同上,根据数据汇总而来。

⑤ 来源:经济导报2009-11-16 11:26:35

⑥ 《汶川大地震直接损失8451亿》,刊发时间:2008-09-05 08:21:54,新京报。

⑦ 罗沙、韩洁,新华网,2008-08-15 09:06:43。

⑧ 根据baike.baidu.com/view/1587662.htm提供数据汇总。

⑨ 《汶川地震保险理赔工作基本完成》,来源:上海金融报,www.cnpension.net,2009-05-12 16:20:00。

⑩ 《北方地区雪灾已造成32人死亡》,信息来源:新华社,2009-11-16 8:45:46。

⑪ 《北方雪灾已造成21人死亡》,时间:2009-11-14 12:59:30,来源:解放牛网-新闻晚报。

续表 1

年份	事件	直接经济损失金额（亿元）	各级政府共投入救灾资金（亿元）	捐助（亿元）	保险赔款（亿元）
2010.4.13	玉树地震	6400①	113.②	106.57③	预付 0.025④
2010.8.7	舟曲泥石流	31.16⑤	数据待定	数据待定	估损 0.09⑥

特别是2008年爆发的汶川大地震与2010年爆发的玉树地震与舟曲泥石流，造成了我国重大经济损失。加上我国经济长期高速增长（主要是房地产业及其相关行业的高速增长对经济的拉动作用而促成的）对生态环境的破坏，使得巨灾造成的经济损失额度也越来越大（见表2）。

表 2　　2008 年以来我国因巨灾造成经济损失表

时间	因灾直接经济损失（亿元）	GDP（亿元）		经济损失占 GDP 比重%	
		全部	第一产业	全部	第一产业
2008	11 752⑦	300 670⑧	34 000	4	34.5
2009	2523.7	未统计	未统计	未统计	未统计
2010.1—2010.8.6	2751.6⑨	缺数据	缺数据	缺数据	缺数据

有资料估计：2010 年加上玉树地震、舟曲泥石流灾害，预估全年灾损会超过 2008 年。

表 1 第六栏数据说明 2008 年农业人口创造的 GDP 的三分之一被灾难吞噬，换言之，

① 《玉树地震遇难人数升至 2187 人 经济损失预计达 8000 亿元》，来源：新华社 www.mengcheng.com.cn20

② 根据《青海玉树地震灾区已投入各类救灾资金 23.63 亿元》，中央政府门户网站 www.gov.cn 2010 年 05 月 31 日，来源：新华社与《青海政府统筹玉树地震百亿捐款引争议》，来源：21 世纪经济报道 2010－08－03 07:38 整理而来

③ 《青海政府统筹玉树地震百亿捐款引争议》，来源：21 世纪经济报道 2010－08－03 07:38。

④ 《保险业为青海玉树地震灾害支付的预付赔款已达 250 万元》，来源：中国金融网，2010 年 04 月 19 日 08:29

⑤ 《甘肃舟曲灾区物资调运仍存在困难》，来源：每日甘肃网 2010－08－19 15:56。本文地址：http://gansu.gansudaily.com.cn/system/2010/08/19/011660617.shtml

⑥ 《舟由泥石流灾害 保险业已接报案 76 件》2010 年 08 月 13 日 11:10，来源：中国保险报。

⑦ 2008—2009 年数据来自《雪灾直接经济损失 44.6 亿元 》，经济导报，2009－11－16 11:26:35

⑧ 数据来自国家 2009 统计年鉴。

⑨ 《“卡特里娜”损失 1440 亿，663 亿保险损失》，资料来源：sigma22007ch.pdf

每三个农民一年辛辛苦苦创造的财富就有一个被灾难抵消了。

当下，又因天旱造成的仅洪湖水产养殖业一项直接经济损失就达5.3亿元之多，70%以上的养殖户绝收，近10万亩围网养殖鱼、蟹、虾死亡。另“国家防汛抗旱总指挥部办公室统计显示：截至2011年5月29日，全国耕地受旱面积1.044亿亩。长江中下游地区湖北、湖南、江西、安徽、江苏5省旱情较为严重。湖北、湖南、江西、安徽、江苏5省耕地受旱面积为4535万亩，占全国受旱面积的43.4%。5省有329万人因旱饮水困难，分别占全国的50.6%和24%。中央财政先后下达抗旱补助资金达19.6亿元。截至5月29日，旱区5省共投入抗旱劳力649万人，启动机电井30多万眼、机动抗旱设备138万台套。据专家分析，今年……可能出现旱涝并重情势，夏季长江上游地区降雨正常偏多，局部地区可能有洪涝发生”①。

2. 产业结构调整压力

目前中国经济形势总体是：“就业压力迫使国内GDP要保持一定增速，GDP增速（从支出法考量）必须要求出口扩大，出口扩大导致外汇储备增多，外汇储备增加使得人民币升值压力加剧，人民币升值压力导致我国出口创汇实实在在“是为他人作嫁衣裳”，而且我国出口创汇（出口商品附加值含量低）通常是以牺牲国内矿藏资源与生态环境为代价，“中国经济尚未实现转型，资源消耗和投资拉动仍然是保增长扩内需的主导因素，……”②西方一些发达国家的出口模式由产品输出发展到资本输出再升级为文化输出（包括技术与学历文凭），其矿藏资源保护与生态环境改善进入了良性循环圈，而且获得高附加值。

2008年爆发的全球金融危机使我国政府痛下决心：“改变经济增长方式，调整产业结构，淘汰落后产能”。落后产能理当淘汰，但什么样的产业可以得到加强呢？其标准是什么呢？当然是能耗低、环境污染少、附加值高、技术含量高又能兼顾高就业率的产业。保险行业符合这个标准。保险是一个劳动密集型行业（截至2010年一季度，全国共有保险营销员292.815万人③加上保险公司正式员工59.934万人④）；保险是专营“可保风险管理”的文化服务产品，不会产生环境污染；其保障型产品附加值高，应该大力提倡。

此外，政府在私人风险管理方面的引导也显得比较乏力。例如，民众要么在股市投机，要么在银行保值，自觉使用保险的保障功能的消费者很少。个人患了重大疾病依赖公费医疗或社会医疗保险，看病难看病贵导致有些人没有得到基本医疗就与世长辞。在西方一些风险管理做得比较好的国家，政府高度重视保险业发展，充分利用商业保险化解私人风险。

---

① 《防总：湖南湖北等5省干旱较严重》，http://www.sina.com.cn，2011年05月30日03:41 人民网－人民日报

② 胡志平：《奥巴马敢于疯狂印钞用输入性通胀来与中国经济做货币较量》www.chinavalue.net/MiniBlog

③ 数据来源：《保险营销员有望获得更多关爱》，中国保险报2010.7.14

④ 数据来源：国家2009统计年鉴。

3. 社会福利刚性逼迫

我国三十余年的改革取得了丰硕成果,也导致了社会两极分化严重。“世界银行报告显示,美国是5%的人口掌握了60%的财富,而中国则是1%的家庭掌握了全国41.4%的财富①”。为解决社会两极分化问题,中央加快了我国社会保障体系改革的步伐。温总理在十一届全国人大三次会议政府工作报告中明确指出:“加快完善覆盖城乡居民的社会保障体系。扎实推进新型农村社会养老保险试点,……加快解决未参保集体企业退休人员基本养老保障等遗留问题。将全国130万‘老工伤’人员全部纳入工伤保险范围。积极推进农民工参加社会保险。加强城乡低保工作,切实做到动态管理、应保尽保。加强残疾人社会保障和服务体系建设,……各级政府要进一步增加社会保障投入,中央财政拟安排3185亿元。……我们要加快构建更加完善的社会保障安全网,使人民生活有基本保障、无后顾之忧。”②如果中央2010年真的安排3185亿元用于社会保障支出,则这个数额是2008年中央财政用于社会保障支出的9.25倍(见表3)。

表3　　我国财政收支与社会保障及就业支出一览表③　　单位:亿元

年份	财政收入		社会保障及就业支出			社保占财政收入之比%		
	中央	地方	中央	地方	总增长%		中央	地方
2000	13 395.23		213.03			1.6		
2004	14 503.10	11 893.37	3116.08		—	11.8		
2005	16 548.53	15 100.76	3698.86		18.7	11.7		
2006	20 456.62	18 303.58	4361.78		17.9	13.8		
2007	27 749.16	23 572.62	342.63	5104.53	24.9	10.6	1.23	21.65
2008	32 680.56	28 649.79	344.28	6460.01	23.9	11.1	1.05	22.55
2010			*3185				*925	

注:2004、2005、2006年只有社会保障支出;2010年数据为预计数据。

政府想通过提高社会保障来缩小贫富差别显然不行,“福利刚性”将会使政府背上更加沉重的财政负担以及产生诸多负面效应。况且即使政府给予民众“从摇篮到坟墓”的社会保障,如果他们想获得比其他人更有尊严、更有价值、更出人头地的生活,完全依赖社会保障是不现实的。因为社会保障水平的整体提高对所有社会成员的待遇是相同的,况且

① vivaFreedom,《中国1%家庭掌握41.4%　财富两极分化最严重》,来源:新华网,2010-05-23 09:18:09

② 温家宝在十一届人大三次会议作政府报告。

③ 根据国家统计年鉴数据编制。

它是按工资一定比进行核算,使用不当反而会加大社会成员的生活差距。商业保险可以破解"福利刚性"。

4. 民众对投资的偏颇理解

目前民众对投资的理解比较狭隘,认定资金支出获得高于本金的收入是投资,不能接受资金的付出减少损失也是投资,这就是保险的储蓄投资型产品比保障型产品好卖的深层原因。

中国民众要么没钱,有钱必投资,且期望投资没有风险或风险很小收益较高,这与风险收益原则相悖,似乎不可能。然而"天上掉馅饼的好事"在我国现行投资机制中还多处存在。如我国保险业风险高于银行业,但收益低于银行业,风险与收益不匹配,而在美国金融行业收益依次排序是证券业高于保险业,保险业高于银行业,严格遵循高风险高收益原则。再如,我国股市建立初期,入市者个个赚得"盆满钵满";相当一段时期炒房炒地者个个发财。

不可否认近二十年房产热销促进我国 GDP 高速发展并显著改善民众居住条件。但是"一成富人买走五成房……中国的房地产需求投机比重太大,平均数超过 50%,深圳投机性需求可以达到80%至90%"①的现状反映出我国房产行业存在重大制度缺陷;而且房地产业及其相关产业的畸形发展给我国生态环境带来的负面效应不可小视。政府应该对前些年实施的"退耕还林"成本记忆犹新,然而"退耕还林容易,退房还地、还田、还生态环境难",甚至不可恢复原状。现在,政府对房地产业应该"卸磨杀驴"了,否则我国 18 亿耕地底线难保。

政府要堵住民众炒房投资路径,就必须为民众开辟其他投资路径,保险具有的风险保障功能与投资理财功能应该受到政府重视。

二、中国政府现行的救灾机制评析

(一)中国政府救灾机制的优劣

每当巨灾来临,我国中央政府总是走在最前面,承担风险第一责任人角色,大量的财政拨款用于救灾仍显杯水车薪,但却让政府财政背上了沉重的负担(见表4)。

表 4　　中美重大灾难风险处理比较表

时间	事件	直接经济损失(亿元)	各级政府共投入救灾资金(亿元)		捐助(亿元)		保险赔款(亿元)	
		金额	金额	占比%	金额	占比%	金额	占比%
2005. 8. 25	卡特里娜飓风	1440	623	43	不详	不详	663	46

① 邢飞,《一成富人买走五成房 学者力挺房产税打击炒房》,北京晨报,2010-5-13。

续表4

年份	事件	直接经济损失(亿元)	各级政府共投入救灾资金(亿元)		捐助(亿元)		保险赔款(亿元)	
2008.1.10	南方雪灾	1516.5①	27.5②	1.8	25.35③	1.7	50④	3.3
2008.5.12	汶川地震	8451⑤	644.1⑥	7.6	513⑦	7.3	16.6⑧	0.2
2010.4.13	玉树地震	6400⑨	113.⑩	1.8	106.57⑪	1.7	预付0.025⑫	-

上表说明:第一,汶川地震灾损恢复率(各种补偿与灾损之比)为15.1%,与美国的卡特里娜飓风灾损恢复率的89%相比非常低,美国佛罗里达州仅仅通过飓风保险补偿与政府救助获得了的重建资金,可以立马再造一个新奥尔良,而我国灾后重建压力巨大。第二,国内处理重大风险一是靠政府救灾,二是靠社会捐赈。目前,灾后企业捐赈特别是央企捐赈行为受到质疑。有人提出"要坚决制止国企办慈善基金会,里面问题很大,……要求央企捐赠'纳入公司预算'、'提交董事会讨论'、'制作可行性报告'、'在国资委备案'等,……'说到底,国企捐款不叫慈善,只能叫企业社会责任。因为它们捐出去的钱是全民的钱,并非慷自己之慨。'"⑬

---

① 《民政部通报2008年雪灾损失和救灾情况》,2009-11-12 14:37,中国新闻网。

② 同上,根据数据汇总而来。

③ 同上,根据数据汇总而来。

④ 来源:经济导报,2009-11-16 11:26:35。

⑤ 《汶川大地震直接损失8451亿》,刊发时间:2008-09-05 08:21:54,新京报。

⑥ 《各级财政部门已累计投入抗震救灾资金644.1亿元》,2008年08月14日18:52:01,来源:新华网。

⑦ 根据baike.baidu.com/view/1587662.htm提供数据汇总。

⑧ 《汶川地震保险理赔工作基本完成》,来源:上海金融报,www.cnpension.net,2009-05-12 16:20:00。

⑨ 《玉树地震遇难人数升至2187人 经济损失预计达8000亿元》,来源:新华社,www.mengcheng.com.cn20。

⑩ 根据《青海玉树地震灾区已投入各类救灾资金23.63亿元》,中央政府门户网站www.gov.cn 2010年05月31日,来源:新华社与《青海政府统筹玉树地震百亿捐款引争议》,华商网:http://news,hsw.cn,来源:21世纪经济报道,2010-08-03 07:38整理而来

⑪ 《青海政府统筹玉树地震百亿捐款引争议》,华商网:http://news,hsw.cn,来源:21世纪经济报道2010-08-03 07:38

⑫ 《保险业为青海玉树地震灾害支付的预付赔款已达250万元》,www.cnfol.com,2010年04月19日08:29,来源:中国金融网。

⑬ 陈小莹《国资委质疑央企在慈善捐赠中流程的合法性》http://finace.QQ.com,2009年11月25日23:5221。

我国汶川地震灾后重建压力巨大，由于没有建立巨灾保险基金，于是，中央政府下令全国19个省在10年内每年拿出地方财政的1%来支援灾区，此举体现了社会主义大家庭的温暖与中央政府的绝对号召力，但四川省政府坐在比其他19个省政府更加豪华的办公室里办公①，对其他地方政府来说是否公平？虽然在网上有了“成都回应诈捐事件”文章，宣称豪华政府办公楼已经拍卖变现报道，但负面效应已经产生。

在保险业发达国家，当灾难袭来，首先由区域内灾民及其参保的商业保险公司承担救灾责任，然后依次是地方政府和慈善机构，最后才由中央财政救助，自觉形成了灾难救助体系。这一救灾机制对省与省之间、灾民与非灾民之间都是一个公平的应对灾难机制。因此，构建科学的中国灾难及巨灾救助机制成为我国政府当务之急，急需保险机构参与灾难救助机制，分担政府救灾压力。

由于我国保险知识普及不到位，民企、民众投保率极低，以至于每次巨灾发生，保险公司都发挥不了救灾作用。从某种程度上看，我国现行的救灾机制实际上限制了保险社会风险管理功能的发挥，限制了人们适应市场经济体制的风险管理理念的培养；而且每次救助金额极不稳定且有限，这是政府保险文化缺失的体现，也是政府必须建立政府保险文化的责任。

（二）我国政府保险文化缺失的表现

1. 政府自身以及对企业、民众保险意识普及乏力

2006年6月15日，政府为支持我国保险业发展颁布了《国务院关于保险业改革发展的若干意见》（简称《保险国十条》），其第十条强调，“各地区、各部门要……努力做到学保险、懂保险、用保险，……为保险业改革发展创造良好环境”，但是政府部门及工作人员学保险、懂保险并没有蔚然成风，更不可能有效地宣传保险。至今我国企业、民众保险意识仍然缺失，导致有较好税收优惠政策支持的科技保险普及也困难重重。《保险国十条》提出的“将保险教育纳入中小学课程”怀胎5年未见分娩，此举要在青少年教育规律上有所突破，因而进程较慢可以理解。但是，在大学教育中设置32~36节保险教育课程，普及民众保险知识应该是轻而易举的事情。此外，国家重大理论研究机制对保险研究也不充分，例如，前些年社科基金研究项目中尚有一些保险研究课题，近两年在其课题指南中找不到直接的保险研究课题，课题申报者只能去打擦边球。众所周知，“实践发展到一定程度一定要上升为理论，理论又反过来指导实践”是行业发展的认识论规律，保险行业的理论与实践不能互动当然发展缓慢。这是政府对保险的认知不足，“学保险、懂保险、用保险”并没有落实在行动上。

① 《成都市政府在地震三天后搬入新办公大楼（图）》，www.360doc.com/relevant

2. 政府巨灾救助机制有待进一步健全

由于我国民众对投资的理解有偏,所以保险参保率一直很低。巨灾一旦发生,只能由政府充当巨灾救助第一责任人。我国现行巨灾救助机制主要由政府加上捐助企业组成,救助金额不稳定且有限,灾损恢复率极低,即使是灾后救助力度最大的2008年汶川大地震灾损恢复率也仅为15.1%,灾后重建动用了19个省市的地方财政的1%,虽然"三年任务两年基本完成",但无法解决民企因灾破产、灾民因灾致贫等问题。2005年美国发生的卡特里娜飓风灾损恢复率为89%,从资金层面看,这意味着美国可以立马再造一个新奥尔良。由于我国政府保险意识及保险知识普及不到位,民企、民众投保率低,以至于每次巨灾发生,保险公司发挥不了救灾作用。从某种程度上看,我国现行的救灾机制实际上是限制了保险社会风险管理功能的发挥。

3. 政府推出的保险税收优惠政策需进一步改进

近年来,政府为贯彻落实《保险国十条》确实采取了一些积极行动,"雷声不大雨点太小"的做派有一定改善。为促进保险业发展,政府对保险公司或购买保险的企业提供了适当的税收优惠政策,然而企业并不领情。究其因在于:不论是国企还是民企,购买保险会因此增加其当期成本而影响其产品竞争力与利润。就国企负责人而言,他不能从购买企业财产保险中获得绩效考核晋级因而没有动力,对于民企负责人来讲购买企财险会减少其即期利润,影响企业当下做大做强。

目前,政府的保险税收优惠政策已经延伸到个人购买养老保险,但还局限在延迟纳税优惠政策上。有人乐观测算,上海试点个人养老保险最大延税金额可能是每月500~600元,以上海现有约400万在岗职工中有10%人数投保,上海每年由此新增保费将超过20亿元。预测是乐观的,但是,如果股市、房市、银行存款有更好的投资收益且购买个人养老保险并非强制性险种,个人养老保险延迟纳税优惠政策是否还有吸引力?此举能否推动保险业发展?

三、完善我国政府保险文化建设的构想

近两年,政府对保险的重视与支持力度明显有所加大,科技保险与个人养老保险延迟纳税试点的推出就是佐证。但是"十年育树百年育人",意识的养成、知识的传播、人才的培养要一代甚至几代人来完成,习惯了计划经济执政方式的政府也需要较长时间来完成。笔者建议从以下几方面来完善我国政府保险文化建设:

1. 举办保险知识培训强化政府保险文化建设

如果政府缺乏保险意识,就制定不出符合保险业运作规律的政策和法规,也就培育不出促进保险业健康、持久发展的外部宽松环境。

我国政府工作人员素质高,有固定工作场所,可以利用每周固定学习时间抽出1~2小时进行政府工作人员保险知识培训活动,普及保险知识,把《保险国十条》要求的各地

区、各部门的学保险、懂保险、用保险落到实处。政府工作人员了解保险、认可保险后,他们在制定政策、进行政府规划时就会想保险、用保险,就会自觉的建立科学地风险救助机制。据报道,大连市保监局在提高地方政府保险文化建设方面做出了有益尝试,推行了保险教育进党校活动(在党校课程中增加保险内容),这是很有特色和成效显著的创意。

外国保险业发达的原因是政府拥有健康的保险文化和民众具有较强的保险意识。政府充分利用了保险的保障功能来有效地补偿和分散自然灾害与意外事故造成的损失,利用保险的资金融通功能能够满足民众投资需求。

2. 政府必须加强对企业、民众保险意识的普及

加强对企业、民众保险意识普及也是政府保险文化建设的一个组成部分。在我国,党和政府的号召力是极强的,领导干部的影响力是极大的。有党和政府的示范作用,企业、民众保险意识就会跟随改变。

政府对于企业保险知识的普及可以采取"以会代训"方式进行。具体说来,就是以企业的职能管理机关牵头,每季或每半年召集一次行业工作会议,企业主管负责人参加,在布置工作会议之前或之后请保险专家(保险公司同志或大专院校保险教师)进行保险专题讲座,以达到普及保险知识的目的。

对于民众保险知识的普及,由于我国有 13 亿人,分布广泛,年龄区分度大,难以集中普及。因此,从现在起可以重点抓大中专院校学生的保险知识培养。建议在国民教育体制中把《保险学原理》课程摆到会计学、统计学这类公共基础课程同等重要的位置,规定凡进入各类大中专学校学习的学生都要学习 32 ~ 36 学时的保险基础知识。持续操作,受过保险教育的学生会自然而然地向其他民众普及保险知识。

3. 政府应该建立科学完善的灾难救助机制

政府的风险管控意识直接关系到市场经济体制下政府对灾难发生采用何种救助体系。国际上比较完善的巨灾风险救助机制通常包括 7 个主体,区域灾民、地方政府和商业保险公司、再保险、证券市场与国际再保险市场,最后才是中央财政救助,从而减轻了中央财政救灾压力。

我国汶川灾难救助模式虽然得到国际社会的高度赞誉,但它并非完美的救灾机制,它是政府不得已而采取的应急救灾措施,背后会产生多种负面效应。如果企业、民众投保了相应商业险种,灾难发生时,保险公司就必须及时对民企、灾民履行赔偿义务,帮助其恢复生产,重建家园。民企不会因灾倒闭,民众不会因灾致贫。事实上,保险公司具有识别、衡量和分析风险的专业知识,而且积累了大量风险损失资料,可以为全社会风险管理提供有力的数据支持,甚至在有些方面还可以起到预警作用,并且可以积极配合政府的相关职能部门做好防灾防损工作,实现对风险的预防、控制和管理。所以,政府应该建立包括保险公司在内的科学完善的灾难救助机制。

4. 政府可以设计购买保险的激励机制

建议政府将购买企财险作为国企负责人绩效考核晋级的辅助参数。在国企负责人的

工作业绩大致相同前提下,购买了企业财险的国企负责人优先晋级;对于民企负责人购买企业财险者,政府可以给其个人适度现金奖励。

对于个人购买养老保险者,其税收优惠政策可以分为两个层次:第一层是一定额度内的保险费可以完全免税,第二层是超过某一额度的保险费使用延迟纳税优惠政策,激发民众购买商业保险,加强私人风险防范能力。具体操作是:每个在岗职工个人养老保险最大缴费金额为每月500元,其中200元完全免税,另300元延期纳税。享受免税、延期纳税的个人养老保险是强制的,在岗人员必须购买。这样就可以保证无论股市、房市、银行存款投资收益如何,保险公司均能稳定获得保费收入,促进保险业发展。此外,政府应该允许免税、延迟纳税的保险品种扩大到意外伤害、健康险。目前我国意外伤害、健康险属于保障型险种,不属于免税范畴,但它是保险公司的效益性险种。消费者购买此类险种减免的税收,政府可以从保险公司的营业税、所得税收取(这是一个"按下葫芦起了瓢"的跷跷板游戏),税收总额无甚变化,只是将纳税人由保险消费者换成了保险公司而已。允许购买意外伤害保险、健康险只是给消费者多了一个选择,不会对政府税收造成负面影响。而且保险公司也能稳定获得保费收入,又能促进商业人身保险发展;既可以增强资金的流动性,又可以促进绿色GDP发展。

综上所述,保险是具有多重功能的利国利民的朝阳行业,政府应该深刻认识保险内涵,加强政府保险文化建设,促进保险业乃至国民经济可持续发展。

【参考文献】

[1]佚名. 保险业为青海玉树地震灾害支付的预付赔款已达250万元[EB/OL]. [2010-04-19]. www.cnfol.com.

[2]佚名. 保险营销员有望获得更多关爱[N]. 中国保险报,2010-07-14.

[3]佚名. 北方地区雪灾已造成32人死亡[N]. 新华社,2009-11-16 8:45:46.

[4]佚名. 北方雪灾已造成21人死亡[N]. 新闻晚报,2009-11-14.

[5]佚名. 甘肃舟曲灾区物资调运仍存在困难[EB/OL]. [2010-08-19]. http://gansu.gansudaily.com.cn/system/2010/08/19/011660617.shtml.

[6]胡志平. 奥巴马敢于疯狂印钞用输入性通胀来与中国经济做货币较量[EB/OL]. www.chinavalue.net/MiniBlog.

[7]佚名. "卡特里娜"损失1440亿,663亿保险损失[EB/OL]. sigma2_2007_ch.pdf.

[8]佚名. 青海玉树地震灾区已投入各类救灾资金23.63亿元[EB/OL]. www.gov.cn.

[9]佚名. 青海政府统筹玉树地震百亿捐款引争议[EB/OL]. 21世纪经济报道,2010-08-03.

[10]vivaFreedom. 中国1%家庭掌握41.4%财富两极分化最严重[EB/OL].[2010-05-23].新华网.

[11]佚名.汶川大地震直接损失8451亿[N].新京报,2008-09-05.

[12]佚名.汶川地震保险理赔工作基本完成[EB/OL]. www.cnpension.net.

[13]邢飞.一成富人买走五成房 学者力挺房产税打击炒房[N].北京晨报,2010-05-13

[14]佚名.玉树地震遇难人数升至2187人,经济损失预计达8000亿元[EB/OL]. www.mengcheng.com.cn,2010-04-23.

[15]佚名.舟曲泥石流灾害,保险业已接报案76件[N].中国保险报,2010-08-13.

第二部分

理论探索与政策建议

风险感知、个人抉择与公共政策

——基于巨灾风险管理制度完善与创新的视角

卓志

【摘要】长期以来，我国巨灾风险管理多侧重于巨灾风险发生后，运用工程技术抢险与财政救济补偿的应急管理，对巨灾风险发生前后的风险感知、风险感知与巨灾风险管理关系等问题的研究十分薄弱。风险感知是现代巨灾风险管理中承上启下的链接性环节，不仅是个人选择风险管理策略的基础，更是政府制定公共策略的重要条件，在巨灾风险管理整体化的框架与体系中不可或缺。本文利用行为经济学与实验心理学的分析方法并结合风险管理学的相关理论，在对风险感知及其相关理论的认识后，探讨了风险感知与巨灾风险管理的关系，揭示了风险感知在个人与政府巨灾风险管理中的地位和作用；进一步总结分析了巨灾风险感知中存在的有限理性难题以及影响因素；最后从完善和创新巨灾风险管理制度与体系的高度，多维度提出了加强巨灾风险感知与提高巨灾风险感知水平的战略思考与政策建议。

【关键词】风险感知；巨灾风险管理；有限理性；公共政策

Abstract: Catastrophe risk management focuses on Emergency Management after catastrophe risk happens by using engineering technology and financial assistance in China, while the study of risk perception before and after the catastrophe risk happens, and the relation between risk perception and catastrophe risk management is limited for a long time. Risk perception is the connecting link in the modern catastrophe risk management. It plays a very important role in the framework and system of catastrophe risk management by the reason that it is not only the basis of the personal risk management strategy choice, but also the vital conditions of government public policy making. Through the relevant theory about behavior economics and experimental psychol-

---

[作者简介]卓志，博士后，ASA，教授、博士生导师，西南财经大学校党委常委、副校长，中国保险学会副会长，中国精算师协会正会员。

本文是教育部哲学社会科学研究重大课题攻关项目“巨灾风险管理制度创新研究”（编号：09JZD0028）的阶段性研究成果。

ogy, this paper discusses the relation between risk perception and catastrophe risk management, after introducing risk perception from theory point. It also reveals the role of risk perception in the catastrophe risk management of personal and government. In further analysis, authors summarize the bounded rationality puzzle and its influencing factors in perception of catastrophe risk. Finally, this article proposes some strategic thinking and policy advice about strengthening the catastrophe risk perception and improving the level of catastrophic risk perception in multi - dimensional.

Key words: risk perception; catastrophe risk management; bounded rationality; public policies

引言

人们为了保护自己免受小概率与高损失巨灾风险事件的不利影响,一方面,会选择通过不同的策略实施巨灾风险管理;另一方面,巨灾风险的特点决定其管理决策过程易受人们主观情绪、心理因素以及社会、组织等因素的影响,致使主观风险认知与客观事实之间存在差距,主体的行为决策与最优目标出现不同程度的背离,巨灾风险的有效分散与损失转移难于实现。

为提高巨灾风险管理决策的可靠性,缩小主客观认知的偏差,人们对巨灾风险管理抉择前,对巨灾风险事件及潜在的巨灾风险进行主观的识别和认知,加工和处理可获的信息,尽量使风险客体所映射出的风险信息生成符合主体需要的信息,并最终抽象出有关巨灾风险的一些主观性的观点和认识结论,对提高巨灾风险管理水平和决策的科学性具有十分重要的学术价值和实践意义。鉴于此,本文借助认知心理学、实验心理学与行为经济学等领域的思想和分析方法,基于整合性巨灾风险管理制度建设与创新的角度,对风险感知及其在巨灾风险管理过程中的地位作用进行分析,研究巨灾风险模式下的最优个人风险管理抉择与政府的公共管理策略,希望以此为我国巨灾风险管理制度创新研究提供一个新的切入点和思考方向。

一、风险感知与巨灾风险管理

(一)风险感知内涵

1. 风险感知的定义

对于风险感知(perception of risk)的研究最早出现在认知心理学领域。早期的心理学家主要是从主客观环境的心理映射角度来对风险感知进行界定。Burneett(1976)认为,风险感知是感知主体在物理环境刺激下收集信息,并对这些信息进行处理,在大脑中形成心理环境,从而根据它来指导、评价主体的外在行为;Slovic(1987)也认为,风险是一个客观的损失结果,而风险感知则是依赖直觉的风险判断来估计各种有危险事物的风险事件发生条件等的主观风险信息感受与整合的过程。但是,在决策论与行为心理学发展壮大以后,开始有部分学者从行为决策分析以及影响风险感知的主体行为角度来对风险感知做出新的描述:Sitkin 和 Pablo(1992)将风险感知定义为决策者评估情境所包含的风险,包括决策者如何描述情境、对风险的可控制性和概率估计以及对估计的信心度所进行分析的行为决策过程;Short(1984)以及 Brun(1984)等认为,风险感知是研究分析人们对风险的认识和接受程度心理决策和行为反应过程,但是这一过程源于社会和文化因素,并受到相关群体如家人、朋友、同事和组织意图等的影响。从学者们的界定可知,风险感知是现实市场中的个体和群体对已经发生的风险事件以及即将发生的潜在风险这一客观物理环境,在有限理性的行为决策模式中,通过主观的心理感受和大脑的反射性认识来对客观风险的发生概率以及损失大小等风险要件进行感知和判断的决策过程,这一过程既是风险识别与风险评估的重要组成部分,又是风险决策的前提条件。

2. 风险感知的特点

尽管风险感知是一种主观的知觉,但它始终是基于各种客观因素以及风险事件发生的客观条件等对风险信息进行主观感受和整合的过程。风险感知具有相对稳定和可测量性,这是风险认知测量的前提条件;但同时,风险感知毕竟是一种主观的认识过程,不同主体基于对风险的不同理解以及不同的认知能力,在对风险的感知上存在较大的个体差异,因此,风险感知具有稳定性与变异性共存的特征。风险感知的稳定性表现在它的可测量性方面:Slovic 等人(1987)率先提出风险感知是可以量化和预测的观点,并通过构建"忧虑性"(perceived dread)和"未知风险"(unknown risk)两个维度的指标,提出心理测量学范式的方法来定量地分析风险感知过程。其后,经过 Grunhouse(1988)、Brun(1992)、Benson(1996)等学者的研究与发展,开始形成了一些基本的风险感知测量模式,包括使用多指标的风险感知体系和其他测量范式,并发展了依靠风险特征评价维度如可控与不可控的维度、熟悉与陌生的维度、未知与已知的维度,来有效测量主体感知风险信息所共同依赖的因素,进而测量风险的感知水平;风险感知的变异性体现在风险对于不同的主体意味着不同的东西,从心理学上看,风险感知是人脑对直接作用于感觉器官的各种风险事件的个别属性和局部的属性的反应,是直接作用于感觉器官的心理和生理行为,可以对客观事物的整体属性进行反应并对感觉信息进行组织和解释的过程,因此容易受到不同的性别、知识结构、情绪、文化等个体因素影响,变现出变异性的特征。

(二)风险感知外延

1. 个体风险感知与群体风险感知

风险感知既是个体行为同时又具有群体效应,风险感知的主体包括个体和群体两个方面。从个体上看,风险感知是个体对风险事件的思考和反应,个体的风险感知过程受到思维决策模式、风险偏好、认知能力高低以及主观情绪等多种因素的影响。根据 Simon (1956)提出的“有限理性”观点，个体在风险感知过程中由于在信息充裕程度、认知水平以及环境方面存在着各种限制，个体不可能是完全理性的，只能是有限理性，个体通过风险偏好对自身的风险水平进行判断并结合自己的思维决策过程形成有别于他人的风险感知过程，其大致可以划分为分析型和启发型：分析型的风险感知是在搜集整理以及分析各种风险暴露程度以后，整合各种备选风险决策方案并从中进行选择的决策模式(Mckeeney, 1987)；而启发型的风险感知则是通过一种标准化的架构效应以及理性与实际的偏差的风险衡量，更多地借助常识和直觉以及专家意见来进行甄别和比较的决策模式。从群体上看，风险感知过程更加复杂，从表现上看，群体风险感知可以汇聚更多的风险信息，群体的智慧也可以带来多样化的备选方案进而从而给决策群体以更大的选择空间并提高决策的可行性。但事实上，群体风险感知更容易受到成员之间信息沟通以及群体领导者意志导向等多种非个体因素影响：一方面，较小的风险事件由于受到群体涟漪效应以及从众心理影响，风险之间的交互感染和传播可能会导致较大的群体波动增加风险感知的难度；另一方面，过分片面追求群体利益的高度，可能损害个体利益致使个体群体的行为产生抵触情绪，风险决策的制定者为更好地兼顾和协调，往往制定出过度保守的谨慎决策和过度激进的冒险策略，风险的感知结果容易出现两极化倾向(Kahneman 和 Tversky, 1996)。

2. 自然风险感知与社会风险感知

Svensson(1989)认为，风险感知是人类主体与风险客体所体现出来的外在特征进行主观性思维规定的认知过程，是一种客体属性主体化的结果。因此，风险感知客体可以被认为是风险主体主观思维意识所作用与反应的对象。一方面，根据客体的风险来源的差异性，可以将风险客体划分为：①完全自然原因引发的风险，比如地震、洪水；②人为因素引发的自然风险，诸如核污染；③人为原因引发的社会风险，比如“非典”。不同的风险客体所表现出的特征以及呈现在主体思维意识中所表现出的潜在风险大小以及损失程度具有很大的不同，总体上看社会风险客体给主体带来的忧患意识要大于自然风险(Kahneman 和 Tversky, 2000)。另一方面，根据风险所孕育以及发生的流程所体现出的不同特征，风险感知的客体又呈现出较大的差异性，以自然性风险尤其是巨灾风险为例，巨灾风险再发生过程中会经历孕灾期、潜伏期、预兆期、爆发期、持续期以及衰减期和平息期等不同的发展阶段，主体在不同阶段对巨灾风险的认知、判断、评价和决策等都是不同的，主体在孕灾期和潜伏期以及预兆期所感知到的是即将发生的巨灾风险，感知程度也许并不强烈，但是对于爆发期以及持续期的巨灾风险，感知程度则非常强烈，容易产生恐慌以及忧患情绪。

3. 一般风险感知与巨灾风险感知

相对于巨灾风险，虽然一般风险也存在损失的不确定和收益的波动性，但是由于一般风险的发生频率较高而且历史数据以及风险管理经验较为丰富，主体可以通过损失情况探寻一般风险的发生规律并有针对性地采取各种预防和规避策略以减少或者转移风险的预期损失，因此主体对一般风险感知的理性程度较高。在一般风险感知过程中，主体能够感知到的风险种类,可以利用到的风险信息以及信息交流模式都较为丰富,所以可以较大程度地通过成本与收益比较进行自我分析并做出相关的风险决策。而作为小概率大损失的风险事件,巨灾发生的概率相对较低,相关的损失数据以及风险管理经验较少,一旦巨灾风险事件发生,将会给主体带来巨大的心理冲击,理性的思维模式在面临突发性的超越以往认知范围的巨灾风险事件时出现认知偏离在所难免:一方面,主体可能会由于以往经验的不足,对单个样本重复结果出现的可能性保持怀疑并存侥幸心理,在对未来巨灾风险事件的感知过程中直接使用判断捷思法或者简单策略法来进行决策(Slovic,1974),进而出现严重的认知偏见并做出错误的风险决策过程。另一方面,主体可能对风险信息的效度非常敏感,面对巨灾事件发生后的各种铺天盖地的风险信息,会在自身的主观判断以及各种信息源中进行艰难的决策,当主体不能做出权衡时往往选择听取专家的意见(Hammerton,1973),而专家为保持自身的权威,在面临巨灾风险时会变得非常小心谨慎,所做出的决策相对比较保守。

(三)巨灾风险感知是巨灾风险管理的重要内容

巨灾风险管理是各个参与主体在对已经发生的巨灾事件以及感知到的潜在巨灾风险进行识别与估测、感知和评价的基础上,为最大程度地规避巨灾风险或者减少巨灾风险发生的损失暴露程度,通过不同的风险管理技术的优化组合转移分散巨灾风险,以期以最小的成本达到最大的安全保障的过程。巨灾风险感知是巨灾风险管理的重要内容。首先,从自然科学角度来看,巨灾风险感知对巨灾风险评估有着非常大的影响。巨灾风险评估是指在巨灾风险发生之前通过工程或者物理学的方法收集风险客体的相关信息,研究分析主体所面临的潜在巨灾威胁、主体的风险承受能力和风险暴露弱点,巨灾风险可能造成的最大损失程度,以及对这些因素进行综合量化分析与评估的过程。人作为巨灾风险评估的主体,其对巨灾风险的感知决定着其对巨灾威胁的认知程度,主体风险承受能力以及对极值损失的估计等一系列因素的分析和评估,只有通过有效的风险感知才能最大程度上对风险损失进行评估和量化,进而选择合理的风险规避策略。其次,从心理学的角度来看,巨灾风险感知,即巨灾风险发生之前或者发生过程中通过组织行为以及心理认识,对巨灾风险进行主观认知和感受的链接过程,也是人们对外界环境和事物的刺激所产生一系列的主观情绪变化、个人认知等心理过程。从某种意义上看,风险策略更多地体现为一种整体性的决策思维,风险策略自然也受到风险感知的影响,因此,风险感知过程是决定人们对巨灾事件作出的判断正确与否,以及是否接受巨灾保险的一个关键性阶段。最后,从经济学和社会学的角度来看,巨灾风险感知对巨灾风险管理战略的选择具有重大影响。巨灾风险管理战略,即在识别与感知到巨灾风险以后,站在一个系统性的高度通过成本与收益的比较并且权衡各方利益关系所作出的控制以及规避巨灾风险的策略。风险感知作为巨灾风险管理流程中承上启下的链接性环节,不仅仅直接影响到主体对风险的认知态度以及风险策略的选择,更重要的是影响到政府公共管理策略的制定以及风险预警制度的建立。

二、风险感知与巨灾风险管理策略

(一)风险感知与个体巨灾风险管理策略的选择

1. 风险感知条件下主体风险管理策略选择的影响因素

面对巨灾风险,不同的个体由于认知能力以及风险偏好存在较大的差异,对于巨灾风险的感知结果也存在较大的不同,应该就不同主体进行差异性的描述。由于巨灾风险管理过程相对比较复杂,在巨灾风险的管理过程中,受到多种影响因素的制约,其中最为主要的是受到保险公司经营策略和政府作用以及自身经历的影响:

(1)就巨灾保险来看,行为主体之所以要购买巨灾保险,是因为巨灾作为一种不确定事件,具有小概率的特点,人在一生当中会遇到太多不确定性的事件,如果不区分重要性、紧急性而一一加以考虑,那么人们将耗费生命的大部分精力,因此为了保护自己免受小概率事件影响,会选择通过购买保险的方式将风险进行转移;但是巨灾又具有高损失的特点,小概率与高损失性又使得巨灾风险与传统风险存在较大的差异,其决策过程容易受到多种因素的影响,这些都与风险感知过程密切相关。

(2)从政府作用上看,行为主体选择何种风险管理策略还要取决于政府的公共政策意志,如果政府在灾害管理过程中过分倚重财政投入,或者政府对所有的巨灾事件大包大揽,这样行为主体的主观能动效果将会得到削减,行为人不会主动去选择各种有效的风险管理策略,而是被动地等待政府的救援,我们将在下一小节中进行介绍。

(3)个人经历,这里所描述的个人经历不仅仅包含个人自己的亲身经历,而且还包括行为主体从亲人或者朋友那所被动接受到的经验等。“前事不忘,后事之师”,这些经历都将在主体的风险管理决策过程中起到一定的影响作用,直接或者间接影响行为主体对风险的感知以及风险管理策略的影响。

2. 主体巨灾风险管理策略选择的决策过程

通过上文的因素分析,有必要将这些因素都加以考虑,研究分析不同主体对巨灾风险管理的感知行为以及决策过程,参照地震风险管理,本文的具体分析过程如下:

从图1中我们可以看到,行为主体会根据自己以往的经历,进行初始风险感知和风险再感知,进而进行风险管理策略的抉择。

(1)在情形1中,虽然行为主体经历过大地震,但非常幸运,没有受到任何生命财产损失。早在1913年,Thorndike就提出了一个如今众所周知的事实,那就是有奖赏的行为会趋向于反复发生,而没有奖赏的行为发生的频率则会逐渐减少(Thorndike,1913)。发生特大地震的情况并不多,而没有购买保险且幸运躲过特大地震的灾区家庭无疑获得了奖赏。同时,由于心理学上期望确定性的作用,灾区人民会倾向于认为,自己的居住地在100年

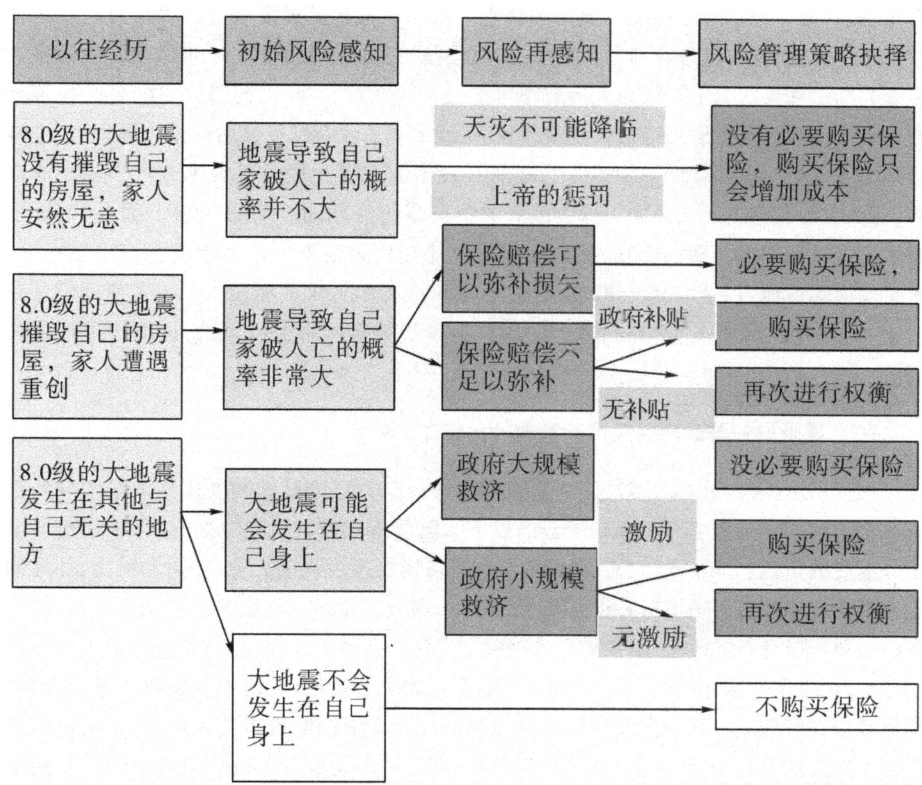

图 1　风险感知模式下的巨灾风险管理决策(以地震风险为例)

内再次发生大地震的概率非常小。上述两个原因综合在一起,行为主体会选择不购买保险。

(2)在情形 2 中,行为主体以往经历过大地震,且在大地震中遭受了重大的损失。主体如果得到了保险公司的全部赔偿,而会对保险产生比较好的印象,在下次抉择过程中会非常重视保险的效用;但是,如果没有得到保险公司的赔偿或者说得到的赔偿与期望存在较大差距,主体会对保险产生不好的印象,但是并不能就此判断主体不会主动选择购买保险,他们还会再次进行权衡,在非完全保险赔付的条件下保险公司是否会提供一定的优惠,政府是否会对商业性的巨灾保险产品给予一定的补偿。如果保险公司以普通商业保险的形式或者以财产保险附加的形式推广巨灾保险产品,免赔额度以及责任限额应该怎么样划定,如果保险公司以主险的形式单独推行巨灾保险产品,那么怎么样提供购买力,这一过程又怎么与政府的行为相互协调,这些问题如果得不到有效解决,将直接导致当前巨灾保险市场运行效率低下。

(3)在情形 3 中,行为主体并没有亲身经历过大地震,只是通过新闻报道或者朋友的介绍,或多或少地了解一些关于地震的信息。这也是最常见最复杂的一种情况。在这种情形下,主体的巨灾风险管理行为抉择,在很大程度上取决于他们对巨灾风险发生概率的主观判断。如果行为主体认为大地震很可能会发生在自己身上,同时政府的公共政策是在地震发生后对受灾居民进行大规模的救济,那么有了政府这张最后的安全网,行为主体会认为没有必要购买保险。但是如果政府只在地震灾害发生后对灾民进行小规模的救济,行为主体可能就会选择购买保险或者收集更多的信息,进行再次权衡。另外,由于乐观主义偏见和侥幸心理的存在,行为主体很可能会认为地震灾害不会发生在自己身上。虽然明明知道地震一旦发生,导致的后果将是不堪设想的,但是乐观主义偏见使他们总是愿意相信,在相同情况下,自己碰上的风险会少于其他人碰上的风险,进而选择不购买保险。

(二)风险感知与政府巨灾风险管理公共策略的制定

根据历史经验和国际比较,无论是政府主导的巨灾风险管理制度还是市场主导的巨灾风险管理抑或是政府与市场相结合的巨灾风险管理制度,政府在这一体系中都扮演了十分重要的角色。但是任何公共政策的制定都需要投入大量的人力、物力和财力,如果制定出的政策不能良好地实行并得到预期的效果,那么必然造成社会资源的浪费。然而,公共政策要获得良好的效果,不仅需要政策制定者科学系统的工作,更离不开普通大众的积极参与,如果不能很好地考虑到大众的风险感知和决策过程,将很可能导致政策的失败。如果政府在巨灾风险管理当中的目标是尽可能唤醒人们的防灾减灾意识,减少巨灾损失对国民经济的影响,希望人们都可以公平的获得巨灾风险保障。政府需就要综合权衡不同的个体差异以及灾害发生过程中公共管理策略的效率与成本问题,进而做出最优的公共管理策略。

1. 政府风险管理过程中需要感知的因素

从风险感知的主体分析中已经发现,政府作为一个最大的主体群体应该代表绝大多数个体的经济以及社会利益,政府在风险管理过程中所面临的约束条件以及需要权衡的利弊相对比个体肯定要多得多,具体来看,政府在制定巨灾风险管理策略时需要权衡的感知因素可以大致分为以下几种:

(1)国民的整体风险意识。中央或者联邦政府在制定国家层面的巨灾风险管理策略时,首先需要分析国民的整体风险意识以及风险偏好。很显然不同年龄、不同地域、不同宗教信仰以及不同民族风俗的居民具有差异性的风险意识,政府有必要进行综合考虑。

(2)国民的文化水平。文化水平在风险感知过程中所体现的不仅仅是一个人的修养问题,而且更重要的是对风险的认知能力以及行为决策的思维模式。政府如果要提高居民个人的防灾减灾意识,很有必要大力普及各种灾害知识并且努力提高国民的文化水平。

(3)风险的潜在规模。政府需要准确了解和宏观把握国家或者地区的地质地理结构、主要自然灾害分布状况、过去的灾害损失情况等基本风险信息。对于潜在的可能会发生的巨灾事件，政府部门应该有所认识并且应该采取一定的应对策略。

(4)政府的财政实力。从某种意义上看，政府的巨灾风险管理以及公共策略作为社会管理职能中的一部分，随着经济的发展，社会公共事务的增加，呈现出不断增长的趋势。但是这一职能的发挥需要大量的财政投入，政府选择什么样的灾害管理以及救济策略也都要取决于自身的经济实力。

(5)保险的市场规模。单独依靠政府以及居民个人的力量来转移分散巨灾风险难免独木难支，不仅成本较高而且效率低下。保险作为一种市场化分散巨灾风险的主要方式具有自身独特的优势，政府在制定公共策略时也不能忽视保险的作用。

2. 风险感知下的政府巨灾风险管理过程

政府决策部门通过评估历史的巨灾事件以及潜在的巨灾风险的发生概率以及损失规模，从国家发展的宏观战略角度对整个国家的风险承受能力以及国民的风险意识形态进行感知，并根据巨灾事件的发生时序制定不同的风险管理策略：

(1)灾前的防灾减灾规划。影响主体行为决策的关键在于灾前对风险的认知程度以及风险决策偏好，故如果政府直接将过多地将资源分配给灾后救济，这必将导致预防以及预警工作的不足。从以往的公共政策制定过程上看，政府过多地将有限的救灾资源投入到灾后的救济以及财政补偿过程中而忽视了灾前的预警以及教育工作，因此在以后的政府制定过程中应该多注重灾害知识的普及以及防灾公共演习等宣传教育制度的构建。

(2)灾中的应急响应策略。风险感知过程中的一个重要思想是信息的交流与沟通，而政府与公众之间的信息沟通在灾中的应急响应策略中主要表现为政府需要即时向社会公众告知最新的灾害风险动态信息，以及政府正在实施的减灾及救援策略，这样才能让公众知晓并且积极配合政府的各种响应机制以及紧急预案的实施。

(3)灾后的损失补偿方案。政府的损失方式多种多样，有通过财政的直接救济、优惠贷款，以及保费补贴。从未来的发展趋势上看，政府应该逐渐减少直接的巨灾救济制度。这一方面是因为过多的救济会增加财政负担，而且运行过程中存在较高的行政成本；另一方面，政府的救济还具有挤出效应，公众因为知晓存在较高的政府救济而会主动放弃保险等风险管理策略，进而不利用商业性巨灾保险制度的推广和实施。

三、风险感知与巨灾风险管理困境

上述的分析过程假设主体在风险行为决策中具有完全理性的特点，能够无成本地获取自身所需要的所有信息，而且必定会在风险与不确定性的条件下选择预期效用最大化的行为抉择方案。随着人们对风险与效用以及行为决策认知水平的提高，以 Simon(1959)和 Cyert(1963)为代表的有限理性学派，以 Neter 和 Williams(1971)为代表的显示偏好学派，以及 Slovic 和 Fischhoff(1978)为代表的表达偏好学派均认为，行为主体只能是有限理性的，个体的有限认知能力以及群体对个体的规范突破与感染，在对外部信息进行识别、

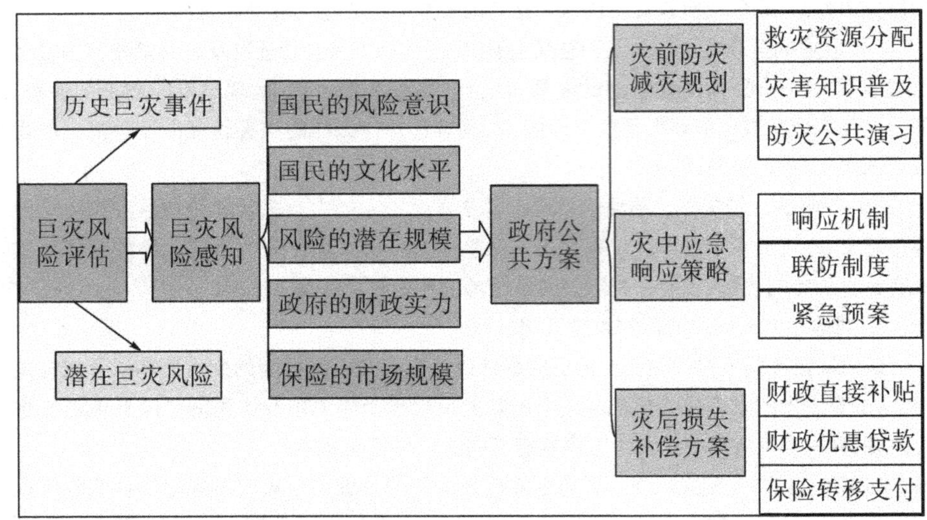

图2　风险感知中的政府公共决策

编辑、评价等认知活动中系统都存在行为决策偏离，并将直接影响风险的感知过程。

（一）巨灾风险感知过程中的有限理性难题

1. 预测偏误

巨灾风险感知过程中的预测偏误主要表现在以下三个方面：第一，小数法则。Tversky和Kahneman（1971）通过心理学实验发现，人们容易在概率抉择过程中低估小样本数据所存在的不可靠性以及它们之间的内在误差。一般的统计研究人员会采用正式的统计学抽样原则以及样本检验程序来进行自己的判断，但是对于巨灾损失风险这样的极端自然灾害事件，由于数据本身的可得性就比较少，人们在决策过程中普遍存在侥幸心理，行为决策主体往往根据最初而且最稳定的几个数据点所呈现出的趋势来预测自然灾害可能的发生状况，得到较为保守的概率估计值，如果实际结果偏离预测结果则将这种误差归结为数据的可得性偏离，由此导致巨灾损失数据的估计值与实际损失结果产生预测误差。第二，Bakan（1960）通过调查研究发现，随机性规律在人们的决策过程中并不完全适用。一般情况下，人们常常观察到最近的概率结果就会去主动臆想距离最近概率结果的可能预期值。换句话说，人们往往关注距离随机事件最近的结果，而且会根据这种结果进行反向思维，这种行为类似于赌徒式的博弈，因此也在心理学上称为“赌徒的谬误”。Gambler's fallacy Kanci（1962）的研究发现证实了这一结果，如果某个地区在第N年发生了巨灾，那么当地居民大部分情况下会臆断第N+1年发生巨灾的概率非常小。第三，后验概率。行为经济学家Slovic和Lichtenstein（1974）认为，贝叶斯准则存在一个致命的弱点，贝叶斯准则从先验概率（prior probability）到后验概率（posterior probability）的决策方法与人们的信心决策过程并非完全一致,依照先验概率设定的初始概率估算值很有可能是没有意义的。Alan G. Safety 与 James K. Rilling (2003)进一步解释造成先验概率无效的重要原因在于启发式偏差(heuristic bias),普通人由于能力和时间的有限性不可能对过去信息进行充分的加工处理,先验概率的论证基础并不可靠。在现实的巨灾保险市场中,由于受各种因素的影响,巨灾保险的投保人总是偏向于赋予近期的信息较大的权重而容易忽视相对早期的信息,从而影响个人对风险的主观判断。

2. 认知偏差

巨灾风险感知过程中的认知偏差也主要表现在以下三个方面:第一,可获得性差异。Tversky 和 Kahneman 早在 1974 年的一项心理学研究中就发现了人们在缺乏做出明智判断所必需的信息时,可能使用的若干具有普遍性的推理规律,即捷思法。他们提出了"可获得性捷思法"的概念。如果某种事件易于想象或回忆,那么使用这种捷思法的人就会判断该事件可能性很大或经常发生。Kleindorfer 和 Kunreuther(1999)的研究发现,人们对是否投保的决策过程比较简单,如果居住在灾害易发地区的人们没有经历过特定的灾难,或者如果其朋友、邻居等也没有过类似经历,那么他们很可能会认为"巨灾风险不会发生在他们身上",对巨灾的风险感知较小,进而也就不会去主动购买保险或者采取防灾措施。第二,模糊性厌恶。当行为人面对客观存在的不确定性和客观上是确定的但是由于人们自身的主观认知能力的局限性而导致的主观不确定性时,行为人总是偏向于前者,喜欢接受客观的不确定性,如果人们有过决策失误的经历,他们将更加模糊厌恶。在面临大量信息不确定条件下的巨灾保险中,Kip Smith 和 John Dickhaut 等人(2002)认为,个体对收益和损失的评价与信念相关,而信念是模糊的,风险的发生结果具有很大的不确定性,当消费者和保险人无法达到互利的风险转移方式时,出于信息不充分的考虑就存在不确定性的模糊风险,投保人几乎不考虑自身的固有风险属性而盲目进行赌博式的投保,这种在没有任何信息判断条件下的盲目投保行为不仅仅违背最优的个人决策行为。第三,盲目过分自信。Fischhoff Slovic Lichtenstein(1977)通过心理实验证明了采用捷思法做判断的人通常对自己做出的判断表现得过于自信。这种无端自信的心理依据在于人们意识不到他们判断的前提假设本身就是不充分的。这种过分自信在专家群体中表现得更加突出。巨灾政策的制定和实施过程中,大部分情况下需要借助专家的意见,但是专家对于超越本身知识领域之外的决策分析往往是主观性的判断,他们为了维护自己的声誉或者学术界的威望对于一般性的质疑大都弃之不理,有关风险决策的分歧在权威专家的主观意志的压力之下而销声匿迹。

3. 信息偏见

巨灾风险感知过程中的信息偏见主要是:第一,信息的锚定与调节。Alpert 和 Raiffa (1968)年提出信息处理过程中的锚定与调节的捷思法,他们认为,人们在对不确定事件进行估计时,往往先以一个自然起始点作为基础进行初步判断,即"锚定",然后再根据额外信息对该判断进行适当的"调节"。对于即将发展的巨灾事件,人们试图通过为预测可能的结果设定一个置信区间来对这种不确定性加以调节；但是由于信息锚定与不充分的调节，人们往往会设置一个较窄的置信度水平，以至于罕见的巨灾损失事件发生的频率常常超过人们的预期。第二，信号涟漪效应。Kahneman(1982)研究发现，每一条关于灾害的信息都有可能包含有实际的、推论的，以及价值相关的信息，信息中所呈现的符号特征在引发潜在接受者注意的时候，在解码过程中存在信号的放大，这也被称为"涟漪效应"。一个很小的风险事件通过媒介的传导可能会产生很大的涟漪，而且更多的利益相关者将会被牵涉进入这个过程中。巨灾风险信号的释放，将会引发人们的恐惧心理，"从众心理"以及"羊群效应"，大量的信息将激发人们对于巨灾的恐惧，夸大人们对特定失误的想象，投保人可能不再相信保险公司的宣传以及所谓的专家建议。

(二)影响巨灾风险感知有限理性的因素

1. 风险感知的客观环境

风险感知的客观环境包括：第一，风险的类别。不同的环境风险类型具有不同的性质，因而必然导致风险认知呈现差异性的特征。Wiegman 和 Gutteling(1995)提出，风险主体对于人为风险与自然风险的感知水平存在明显差异，人为原因造成的灾害(尤其是一些科技灾难事件)比自然原因的灾害(地震、火山等)破坏性更严重。另外，Renn(2004)也提出，个体倾向于认为自然灾害是"上帝的行为"，是预先确定的，超出人类的控制，只能被动接受；而对于科技风险则认为事故是决策或行为的结果，其可控程度远远高于自然灾害，因此可以积极主动地加以控制。第二，风险的性质。Weiner(1993)认为，在人类的风险感知过程中，人们对概率小而死亡率大的事件风险估计过高，而对概率大而死亡率小的事件风险估计过低；对迅即发生、一次性破坏大的风险估计过高，对长期的、潜伏性的风险估计过低。这也就不难看出为何风险主体对巨灾风险存在感知困难，因为小概率大损失往往又具有潜伏周期长的特点，比如 8 级以上的地震或者 10 级以上的飓风，人们很难做出准确的判断。第三，风险的可控性。Lichtenstein (1971)提出这样的观点，处在风险情景中的，个体对风险的可控程度影响他们对风险的认知。当个体可以控制他们的行为或事物互动的结果时，个体是属于收益取向的，即重视可能的好处更胜于避免可能的损失；而当个体无法控制结果时，个体是属于损失取向的，即重视可能的损失更胜于可能的好处。巨灾风险往往超于风险主体的可控程度，因此高估巨灾风险并由此而产生的恐惧心态也就不难发现。

2. 风险感知的主观态度

风险的主观态度主要体现在：第一，风险主体的特征。风险感知的行为过程与个人的风险行为主体特征密切相关，Brody(1984)、Spiner(1993)、Diete(1993)等人认为，风险感知主体的性别、年龄、职业、收入、教育水平、灾害知识储备、历史经验等个体因素会导致不同的风险认知特点。一般情况下，女性的巨灾认知程度和响应水平与能力不如男性；随着年龄的变化，风险主体的风险感知能力先逐渐增强后又逐渐减弱，呈现倒 V 字形的特征；而具有正当职业，受教育水平越高，专业知识越丰富或有类似巨灾经验的主体更能客观而有效地感知到自身的风险状况。第二,风险主体的价值理念。Douglas 和 Wildavsky(1982)率先提出风险主体的价值理念的差异性概念,Dake (1991)在此基础上完成了风险主体价值的定量研究。他认为,不同的族群以及社会文化背景差异较大的主体会表现出不同的风险价值理念。对于宿命主义者对于巨灾风险通常采取逆来顺受的态度,认为巨灾是一种预先注定的上帝对人类的惩罚,没有必要防御,也无须购买保险;而等级主义者则认为感知风险是专家的事情,防灾减灾也是政府的职责,个人不需要努力,等等,这些都将影响到风险感知的主体判断。第三,风险主体的情绪。Finucane(2000)提出,人的感情被认为是影响风险感知的重要因素。人类对巨灾风险具有天生的恐惧心理,通过不同的情感映射会直接左右投保人的分先感知能力。具有积极态度的人群面对风险时会趋向于感觉到相对较低的巨灾风险,而具有消极态度的人群在面对风险时会感觉到相对较高的巨灾风险,Izard(2003)通过实验研究发现,在情绪因子中的大部分都是消极的,在这种情绪的影响下,即使是一些轻微的一般性风险,在这些消极情绪的人群的直观判断中也有可能会臆断为巨灾风险。情绪是人群态度和风险感知的重要因素,但是如何测量情绪的量,将其定量化是一个十分复杂的问题。

3. 风险信息的传播路径:媒体与介质

Wiegman 和 Guttelin(1995)指出,大范围的风险感知依赖于情景因素。对于以前没有发生过巨灾的投保个体,个体对巨灾环境风险知识很少是直接经验,绝大部分来自于信息的传播与沟通,其中风险的传播路径以及媒体媒介的宣传最为重要。在风险的感知过程中,普通群众对于风险的认识水平很大程度上受到大众传播媒体所披露出的风险信息的内容,以及受到信息发布者的影响力和传递方式的影响。一方面,新闻媒体站在不同的立场,记者们的专业素养存在差异,某些情况下迫于截稿的时间压力以及抢先报道的竞争需要,可能会在对风险信息的理解上出现偏误,报道出风格迥异的风险性信息,进而会对受众的风险感知带来迷惑;另一方面,不同的风险传播介质所体现出的准确性以及时效性也不尽相同,网络、电视以及广播具有时效性高的特点,但是详细程度以及权威性不如专业性的刊物或者权威性的专家访谈节目,而报纸或者期刊虽然内容全面而且时效性也不差,但是没有动态的图片展示,这样给人们所带来的心理上的冲击力不如电视和网络视频,直观感以及生动性也大不如后者。

四、风险感知与巨灾风险管理主张

(一)政府如何有效提高自身以及公众的风险感知水平

1. 有效的信息沟通

政府公共政策要获得良好的效果,不仅需要政策制定者科学系统的工作,更离不开普通大众的积极参与。因此,在政策制定的过程中,需要及时向大众专导政府的公共决策方向，比如政府的防灾减灾资源的分布、政府的各类公共灾害应急预案的响应机制、政府对于巨灾保险的损失补偿以及灾害救济的比例和大小等，这些都依赖于政府与公众之间的有效风险沟通。风险沟通的首要任务是建立起政府与公共的互信机制，确保政府可以代表绝大多数公众的基本利益，这也要求政府必须言行一致，保持政策的连续性和一致性，这样才能取得公众的信任。其次风险沟通要及时，确保时效性。风险沟通应该是及时的，这意味着在风险的早期政府就应当提醒公众风险的存在，以使公众能够采取任何有效的措施避免伤害、消除焦虑或使损害最小化。

2. 正确的舆论导向

从某种程度上说，为信息提供被解读的透明环境和风险信息本身一样重要。风险感知的成功与否依赖于风险受害者对信息源所抱有的信心。因此，这就需要政府加强监管，营造一个透明的信息环境，将信息损耗降低到最小。政府应该确保风险主体的知情权，进行正确的舆论导向。一旦发生巨灾事件，政府应该第一时间向普通群众介绍最新最完备的灾害信息，并及时公布应对巨灾公共部门所采取的救灾减灾的措施，这样才能体现政府的责任感，赢得公众的信任，正确地感知到自身以及周围的风险状况，才能引导公众配合政府的行动，共同采取措施应对危机。

3. 健全的灾害演练制度

公众对巨灾风险的科学认知程度以及巨灾风险相关知识的丰富程度是决定风险感知能力的重要因素，灾害演练制度作为巨灾风险管理体系中的重要环节对全面提高灾害的紧急救援能力、灾民的生活救助水平以及系统规范灾害的管理程序的方向发展等方面都具有十分突出的作用，因此需要建立定期或者不定期的灾害演练制度。通过开展灾害演练，不仅仅可以开展广泛的灾害救助知识培训，而且可以丰富灾害管理经验，对于提高风险的感知能力以及灾害管理水平，增强全社会的灾害意识，丰富公众的灾害救助经验等方面都具有积极的意义。

4. 综合化的巨灾信息平台

信息作为巨灾风险管理中的重要因素，其丰富与准确程度直接影响主体对风险的判断和感知过程的准确性，及时而准确的信息是所有巨灾风险管理体系中最宝贵的资源。但是信息又具有多元性以及发散性的特点，大量的信息充斥着主体的思维，如何协调各种信息并保持信息的及时有效更新，这就需要构建综合化的巨灾信息平台。综合信息平台应该包括自然地理地质构造、实时以及历史的灾情分布、国内以及国际的灾害运行规律、灾害资源的调度以及分布，可以在这一综合信息平台上实现信息的快速采集，处理传输应用和共享。

（二）保险制度怎么样应对有限理性的风险感知主体

选择向低损失高概率的事件投保，而拒绝购买低概率高损失的巨灾事件，是人类的天性所导致。面对巨灾保险，在没有任何优惠或者补贴的条件下，人们放弃选择保险来保护自己免受低概率高损失险的巨灾损失伤害,而将大部分精力放在那些可以控制的常规风险中,这是经验性的事实。如何促使人们对低概率巨灾事件投保呢?有没有一种恰当的方法可以有效推销巨灾保险产品?一种可能性的思路是通过强制实施的方式,将低概率高损失的巨灾保险产品以合理的方式通过附加费用的形式附加在高概率低损失的一般性保险产品中,或者在一个区域内强制推进巨灾保险。

1. 政府推行

政府作为公共决策的主体,其立场与视角和普通的公众有着明显的不同:个体感知到的只是自身的风险状况,而政府作为一个宏观的管理主体,必须有效地感知整个国家和地区的风险状况,当考虑到跨个体、跨地区以及跨时段的自然灾害时,个体风险的累加效应致使巨灾发生概率提高,因此公众的决策与政府的决策存在时间与空间上的冲突。如果通过强制保险的方式实施巨灾保险,政府全面的风险感知信息,可以确保保险的覆盖范围、灾害以及损失评估等方面的信息具有公平性,个体单独决策过程中的保险费率差异性问题、信息成本问题,以及经验偏好问题都将得到解决。从我国实际情况看,受制于保险市场的发展程度以及传统经济政策导向的影响,我国的政府主体在巨灾风险事件中所承担的财政责任比例远远高于主要发达国家,国家救助在相当长一段时间内仍是突发事件受害者生活的主要恢复机制。因此由政府选择一些基础较好的地区试点推行区域性的强制保险制度,可以减少实时中的阻力。

2. 保险公司运作

尽管强制巨灾保险制度都有着政策性的色彩,但是这并不意味着巨灾保险业务应该脱离商业保险的基本原则。政府如果完全进行主导和运作,可能会引发较大的"慈善风险"和权力寻租行为,并且增加政府的财政压力。保险公司的功能性质、保险业在风险管理中的作用和保险业的社会责任以及国际经验等,决定了保险可以在巨灾强制保险中应当并可以发挥更重大的作用。事实上,为了保证巨灾保险市场的运作效率,增强巨灾保险市场的可持续发展能力,不少国家在实施强制巨灾保险制度的过程中都尽可能地坚持商业保险的一些基本原则,增强巨灾保险制度的可持续发展能力。比如,基本上所有的国家都会在巨灾保单中设置免赔额条款和共同保险条款,以减少投保人的道德风险。另外,一些国家还根据保险标的的风险状况不同进行区别定价,以防止逆选择,并激励投保人尽可能地降低风险。

(三)个体和群体如何完善自身的风险认知能力

1. 正确认知自我

主体认知能力的提高是一个正确认识自我的过程,是一个多维度、多层次的心理系统和综合化的学习过程。一方面,个体通过观察、分析外部活动及情景、社会比较等途径对自己及自己与周围环境关系的认识,可以通过心理调节及意识分析得到自身对风险的容忍程度以及面临风险的抉择偏好,这就要求个人要善于学习和总结,能够通过对比分析正确对自身的风险意识进行定位;另一方面,个体更应该认知到自身在群里中的地位和所扮演的角色,尽量在决策过程中保持个体利益与群体利益的一致性,尤其是要将自己融入到国家的综合性灾害管理过程中,作为社会的一员积极参与巨灾风险管理。

2. 敢于自省

心理学认为,发现自己原来所存在的问题是认知过程中的最大障碍,个体在心理抉择中很容易产生盲目的自信或者极度悲观的情绪(Fischhoff,Slovic 和 Lichtenstein,1979)导致了普通大众对风险的判断不够准确,有时候甚至可能与真实的情况大相径庭。这就要求个体在巨灾风险感知过程中,要善于通过自我反思、自我检查了解自己过去对于巨灾风险的错误认识以及自己在面临巨灾风险时所做出的错误决策,并且在未来的风险决策行为过程中尽量回避以往的错误。

3. 重视经历与经验共享

在灾害的决策过程中,过去的灾害经历将对个体的巨灾风险管理决策产生影响。这是因为通过过去经历的分析可以从中找到灾害发生的概率并以此做出风险推断。因此,个体如果要通过概率化的方式正确地表达灾害损失,就需要重视既往的灾害经历并善于分析和总结过去风险感知过程中的对与错。同时,个体精力有限,不可能穷尽所有的知识和信息,不同的个体对巨灾的感知以及应对都存在很大的差异,这就要求个体多与不同的个体和群体进行交流,学习他人应对巨灾风险时的正确策略,总结他们过去的管理漏洞以及错误认识,通过交流与共享来提高自己的认知能力。

【参考文献】

[1]BURNEETT K P. Behavioural Geography and Philosophy Ofmind [A]. Golledge R G, Rushton G. Spatial Choice and SpatialBehavior [C]. Colum2 bus: Ohio State University Press, 1976:23 -50.

[2]P. SLOVIC. Perception of Risk[J]. Science,1987,236(4799):280 -285.

[3]AMY L PABLO, SIM B SITKIN. Acquisition Decision - Making Processes:The Central Role of Risk[J]. Journal of Management,1996,22(5):723 -746.

[4]JAMES F SHORT. The Social Fabric at Risk:Toward the Social Transformation of Risk Analysis[J]. American Socialoqical Review,1984,49(6).

[5]BRUN W. Cognitive Components in Risk Percep Tion: Natural Versusmanmade Risks[J]. Journal of Behavioral DecisionMaking, 1992(5):117 -132.

[6]谢晓非,徐联仓. 风险认知研究概况及理论框架[J]. 心理学动态, 1995, 3(2): 17 -22.

[7]保罗·斯洛维奇. 风险感知[M]. 北京:北京出版社,2007,12.

[8]KAHNEMAN D, TVERSKY A. Choices, Values, and Frames. Cambridge[M]. Cambridge:Cambridge University Press, 2000. 17 -43.

[9]M HAMMERTON. A case of radical probability estimation[J]. Journal of Experimental Psychology, Vol101(2), Dec 1973, PP252 -254.

[10]宋奇．行为决策理论综述[J].首都经贸大学学报,2010(4).

[11]谢晓非,等．认知与决策领域的中国研究现况分析[J].心理科学进展,2003(11).

[12]P KLEINDORFER, H KUNREUTHER. Challenges Facing the Insurance Industry in Managing Catastrophic Risk. The Financing of Catastrophe Risk[M]. Chicago: University of Chicago Press, 1999.

[13]KIP SMITH, JOHN DICKHAUT, KEVIN MCCABE, JOSEV. PARDO. Neuronal substrates for choice under ambiguity, risk, gains, and losses. Manegement science, 2002, 48(6).

[14]P SLOVIC, B FISCHHOFF, S. LICHTENSTEIN. Behavioral Decision Theory[J]. Annual Review of Psychology, 28:1 -39.

[15]KAHNEMAN D, SHELL J. Predicting utility. In R M Hogarth(ed) Insights in decision making[M]. Chicago: University of Chicago Press, 1990.

[16]OENE WIEGMAN, JAN M GUTTELING, BERNARD CADET. Perception of nuclear energy and coal France and the Netherland[J]. Risk analysis, 1995, 15(4).

[17]ORTWIN RENN. Perception of Risks[J]. Toxicology letters, 2004, 149(1).

[18]WEINER RF. Comment on Sheila Jasanoff's guest editorial[J]. Risk Analysis, 1993, 13: 495 -496.

[19]LICHTENSTEIN S, SLOVIC P. Reversals of preference between bids and choices in gambling decisions[J]. Journal of Experimental Psychology, 1971, 89:46 -55.

[20]Mary Douglas, Aaron Wildavsky. Risk and culture: an essay on the selection technical and environmental. [M]. California: University of California press, 1983.

[21]K DAKE. Myths of Nature: Culture and the Social Construction of Risk[J]. Social Issues, 1992, 48(4).

[22]ML FINUCANE, A ALHAKAMA, PAUL SLOVIC, STEVEN M. JOHNSON. The Effect Heuristic in Judgements of Risks and Benefits[J]. Journal of Behavioral Decision Making, 2000(1).

[23]OENE WIEGMAN, JAN M GUTTELING. Risk Appraisal and Risk Communication: Some Empirical Data From The Netherlands Reviewed[J]. Basic and Applied Social Psychology, 1995, 16(1).

[24]谢晓非,王晓田．成就动机与机会威胁—认知．心理学报,2002,34(2):192 -199.

[25]P SLOVIC, B FISCHHOFF S. Lichtenstein. Rating the risk[J]. Enviroment, 1979, 21(3).

灾害风险、福利损失与最优救助决策

田玲　高俊

【摘要】本文在假定政府为灾害救助主体的基础上,将灾害风险冲击引入消费者—政府随机决策模型,理论推演得到最优救助的决策机制,并通过数值模拟剖析了各因素对最优救助决策及其实施效果所产生的影响。研究结果表明:最优救助决策是权衡福利效应和财政预算平衡的结果,并受刻画实际经济体特征的各参数影响;具体救助规模由灾害预期损失、投资效率及消费者风险偏好等因素决定;灾害发生频率虽不影响最优救助决策的敲定,但会对整个社会福利产生消极影响。本文的一个理论贡献在于展示了如何设计最优灾害救助规模,以与实际的社会环境和经济环境动态挂钩。

【关键词】灾害风险;消费者风险偏好;投资效率;最优救助决策

Abstract: We construct a stochastic decision equation incorporating catastrophe risk, balanced the power between welfare effect of policy and budget constraint, and then give an optimal - decision model of disaster relief by theory deduction. The main finding of this paper is that, numerical value of optimal relief decision is determined by the parameters which represent the welfare costs resulted in catastrophe risk. It can be reduced by the increasing of capital stock and investment efficiency, and aggravated by consumer's preference of risks. Frequent disaster affect the social welfare negatively despite it has little influence on the optimal disaster relief. The conclusion is greatly helpful for the operation of China's disaster relief in the future.

Key words: disaster risks; consumer's preference of risks; investment efficiency; the optimal disaster relief of government

[作者简介]田玲,女,教授,博士生导师,武汉大学经济与管理学院金融与保险系副主任,民政部灾害评估与风险防范重点实验室副主任。高俊,女,武汉大学经济与管理学院金融与保险系博士,现为清华大学中国保险与风险管理中心博士后。

一、引言

中国是世界上受灾害破坏最严重的少数国家之一。尤其是在近五年,中国几乎遭遇了各种类型的自然灾害,如洪水、强台风、夏旱伏旱、冰雹、森林大火、低温雨雪冰冻、地震、特大泥石流等,给中国的社会发展和经济增长形成了极大的阻力。然而,到目前为止,中国的巨灾风险保障机制尚未完全建立,无法实现巨灾风险的有效分散。作为灾害救助的主导部门,政府的救助方式和救助程度仍停留在原有体制基础上,缺乏针对救助标准和救助额度的理论指导。随着社会经济的发展和人们生活水平的提高,自然灾害造成的福利损失越来越大,恪守旧的灾害救助标准显然与救助需求日益增长的现实不符。因此,2006年中国颁布了《国家自然灾害救助应急预案》,明确提出了"根据财力增长、物价变动、居民生活水平实际状况等因素逐步提高救灾资金补助标准,建立救灾资金自然增长机制",为动态调整灾害救助标准和完善灾害救助体系迈出了重要的一步。

不过,提高灾害救助标准也是有利有弊的。从收益方面来看,提高灾害救助有助于重建工作的加速和受灾民众福利效用的增加;而从成本方面来看,提高灾害救助标准必然会以增加社会税收负担、挤占其他方面资源为代价。而这种代价被视为政府展开灾害救助工作的机会成本。由此看来,合适的灾害救助标准应是基于已制定的救灾资金自然增长机制,将政府救灾的机会成本纳入考虑范畴,在提高社会福利水平和满足财政约束之间进行权衡的产物。本文的主要研究目的正在于此,即尝试从消费者终生效用最大化的角度,结合政府财政平衡机制,对政府的最优救助决策进行深入分析。

关于自然灾害方面的研究较多,但鲜有重点分析政府救助行为尤其是灾后政府救助行为的。Pindyk 和 Wang(2009)在 Barro(2006)的基础上,就巨灾风险和政府政策的相关问题取得了较具代表性的成果。不过,其研究的重点在于政府的灾前防范行为,并不关注政府灾后救助行为的社会福利效应。本文认为,虽然灾前防范在应对灾害方面在长期具有重要的意义,但就已发生的灾害而言,更为重要的是如何有效降低灾害造成的福利损失。

国内对灾害经济的研究侧重于灾害损失后果等方面,涉及相应政府救助行为的分析尚不深入。在灾害损失后果的研究方面,早期研究直接对应于灾害统计的需要,将自然灾害损失分为人员伤亡损失、经济财产损失和灾害救援损失(赵阿兴、马宗晋,1993),探讨我国自然灾害对经济增长的影响以及灾害损失变化趋势和减灾效益评估等问题(胡鞍刚,1991;李吉顺,1991)。近年来,许多学者以单灾种的直接经济损失为主展开研究,也有少数以计量方法为主讨论间接损失的研究(刘希林、赵源,2008)。总的来看,以上这些研究基本都是站在实证研究的角度对灾害的经济损失问题进行的讨论和评估。因为这些研究都暗含一个习惯,即评估或预测出灾害的直接或间接经济损失是研究的最终目的,所以没有对损失补偿、处理等问题进行更进一步的讨论。显然,这一研究习惯严重限制了研究结果的应用性。

在灾害救助的研究方面,我国主要偏重于对灾害救助“质”的研究,探讨灾害救助的渠道、方式,以及救助资金的管理和配置,强调科学的支出结构(孙婧,2006);虽然也有研究从“量”的角度展开探索,但主要强调在现有分配标准下对灾害救助支出的预测(赵黎明、王忠,2010),且数量不多。鉴于此,本文将对灾害损失后果与灾害救助的研究进行有机融合,突出救助成本与救助福利收益之间的权衡比较,从社会福利角度来给中国自然灾害救助的最优拨付标准提供理论依据和量化指标。相信我们的研究会给国家开展灾害救助工作和建立巨灾风险保障体系提供有价值的参考依据。

本文剩余部分的安排如下:第二部分在考虑灾害风险损失的基础上,通过消费者随机决策模型,重点分析了面临灾害风险时消费者的最优选择和灾害福利损失;第三部分在第二部分所构建模型的基础上,结合政府预算平衡机制,探讨最优救助决策的内在机理和影响因素;第四部分通过对前面模型的模拟运算,分析灾害发生的福利损失程度、最优救助决策的规模特征及相应效果;最后是对本文的研究结果做简要归纳,并提出相应的政策建议。

二、面临灾害风险时消费者的最优选择

为具体描述上述问题,本文假设经济系统内存在消费者、厂商和政府三个部门,灾害救助任务由政府承担。本部分的基本思路为:灾害的发生将会减少社会资本存量,在其他条件不变的情况下,社会资本存量降低将会使厂商生产的最终产品减少,从而使消费者的可支配收入和消费选择空间减少。社会财富和经济产出减少的可能性又会由于消费者对灾害的风险偏好而使其福利损失进一步扩大。面对这样的风险,消费者将会采取跨期选择以平滑消费,分散和转移灾害损失,以达到最大化个人效用和最小化福利损失的目的。

(一)灾害风险、政府救助与资本变化

灾害对资本的影响不仅指对现存资本的直接冲击,还包括对未来资本产出的间接破坏。本文资本运动方程将这种影响包含其中,记为 $dK(t) = \kappa I(t)dt + \sigma K(t)dW(t) - (1-z)K(t)dJ(t)$。该方程将资本存量变化分解为三部分:① 投资,$\kappa I(t)dt$ 为投资所形成的资本,$\kappa(0<\kappa<1)$ 为资本形成率,表示每单位的投资(I)可转换为资本的比例,反映了投资的成本情况。② 自身随机变化,$\sigma K(t)dW(t)$ 反映了资本自身的随机变化情况,是指除灾害以外的外部随机冲击对资本存量的影响,$W(t)$ 为标准布朗运动。③ 灾害冲击,根据灾害自身特征,本文采用 Rietz(1988) 关于巨灾的经典描述,认为 t 时间内灾害发生的频率 $J(t)$ 服从参数为 λ 的跳跃泊松过程。灾害损失独立于该泊松过程,灾害发生后的资本留存比例 z 服从参数为 α 的指数分布,承灾体的抗灾性越高,资本留存参数 α 就越大。我们认为这种假设符合我国灾害发生频率的基本特征和灾害导致损失的状况。所以,用(1 -

$z)K(t)\mathrm{d}J(t)$ 表示 $\mathrm{d}t$ 时间内灾害导致的损失。

与此同时,政府的灾害救助对资本存量的恢复和促进作用也不容忽视。本文假设一个单位资本损失政府给予 g 单位损失补偿($0 < g < 1$),即灾害救助的比例。考虑资本形成的成本,假设灾害救助的成本与投资成本相同,则政府对单位资本损失进行救助所增加的资本存量为 κg。考虑了灾害救助的灾害净损失为 $(1-z)(1-\kappa g)K(t)\mathrm{d}J(t)$。

综合上面的考虑,体现灾害冲击影响并包含灾害救助的资本运动方程可表示如下:

$$\mathrm{d}K(t) = \kappa I(t)\mathrm{d}t + \sigma K(t)\mathrm{d}W(t) - (1-z)(1-\kappa g)K(t)\mathrm{d}J(t) \tag{1}$$

(二)消费者偏好与终生效用值函数

假设经济体系中的消费者是无穷寿命的,本文结合 Duffie 与 Epstein(1992)连续时间处理的做法,初始财富(资本)为 K 的消费者的终身效用贴现到现在的值函数 $V(K)$ 为,

$$V(K) = \max_{C_t} E_t\left[\int_t^{\infty} f(C_s, V_s)\mathrm{d}s\right] \tag{2}$$

其中,$f(C,V)$ 为消费者的即期效用函数。鉴于消费者偏好可能对形成未来随机效用的确定性等价的影响,基于 Epstein 和 Zin(1989,1991)的研究成果,我们假定即时效用函数 $f(C,V)$ 是跨期迭代的,即

$$f(C,V) = \frac{\rho}{1-\psi^{-1}} \frac{C^{1-\psi^{-1}} - [(1-\gamma)V]^{\omega}}{[(1-\gamma)V]^{\omega-1}} \tag{3}$$

其中,$\rho > 0$ 为度量消费者时间偏好的主观贴现率,ψ 为跨期替代弹性,γ 为针对灾害损失风险的相对风险厌恶程度,γ 越大表示越厌恶风险,且大于1。$\omega = (1-\psi^{-1})/(1-\gamma)$。实际上,跨期替代弹性与相对风险偏好之间具有 $\gamma = \psi^{-1}$ 的关系,(3)式可简化为:

$$f(C,V) = \frac{\rho}{1-\gamma}C^{1-\gamma} - \rho V \tag{4}$$

假设政府用于灾害救助的资金来源于一项针对灾害风险的专项税收,类似于收入税。至此,对于消费者而言,其收入(Y)被用于消费(C)、投资(I)以及缴纳税收(τY)三个部分。收入分配函数可被记为

$$Y = I + C + \tau Y \tag{5}$$

(三)生产、税收、灾害救助与预算平衡

假设生产函数为 $Y = AK$ (6)

其中,Y 为产出;K 为包括物质资本、人力资本、知识资本在内的广义资本,A 为综合效率因素,表示资本的边际产出。

如前所述,政府进行灾害救助所用的资金来源于专项税收,其救灾资金的来源税收。为便于分析,本文假设政府以税率 τ 对消费者的收入征税。要实现灾前筹资与灾后救助的收支平衡,政府需要满足如下预算约束条件:

$$\int_{t}^{\infty} e^{-rs}\tau AK(s)\mathrm{d}s = E_t\int_{t}^{\infty} e^{-rs}g(1-z)K(s)\mathrm{d}J(s) \tag{7}$$

根据(7)式可得税率τ为：

$$\tau = \lambda g/[A(1+\alpha)] \tag{8}$$

从(8)式我们可以发现,专项税税率τ的高低不仅与灾害救助比例g有关,也与资本留存参数α和灾害发生概率参数λ有关,其中,τ与g和λ正相关,与α负相关。这意味着,如果灾害发生可能性加大(λ增加),或政府提高灾害救助标准(g增加),所需要的专项救助资金就得增加,在消费者收入水平不变的情况下,专项税的税率τ需要上调;如果资本留存参数α变大,则说明对救助资金的需求变小,专项税税率也可适当调低。

（四）消费者最优决策

对于直面灾害损失风险的个体而言,灾害风险造成的福利损失有两种:一种是灾害冲击所带来的直接损失,另一种是出于对风险厌恶而产生的引致损失。前者与灾害冲击大小紧密相关,后者则由消费者对灾害的认知及损失应对能力共同决定。为应对灾害损失风险,消费者将会进行跨期的消费选择,平滑其消费,最大化其一生的效用,最小化灾害福利损失。因此,消费者的目标函数可表示为:

$$V(K) = \max_{C} E\left[\int_{0}^{\infty} f(C_t,V_t)\mathrm{d}t\right] \tag{9}$$

根据 *Bellman* 原理和(9)式可得相应的 *HJB* 方程为:

$$0 = \max_{C}\left\{\kappa IV'(K) + \frac{1}{2}\sigma^2K^2V''(K) + f(C,V) + \lambda E[V([z+(1-z)\kappa g]K) - V(K)]\right\} \tag{10}$$

(10)式的一阶条件$\kappa V'\partial I/\partial C + \partial f(C,V)/\partial C = 0$代表了消费者的跨期消费选择。消费者为了平滑消费,需要在当期消费和未来消费(即投资I)之间进行权衡,当前消费的增加需要用牺牲未来一定的消费来换取。(10)式中的$\partial f(C,V)/\partial C$表示当前消费的边际效用收益。$\partial I/\partial C$为当前消费每增加一单位而导致的投资减少量。如前所述,投资是资本运动方程中的重要组成部分。联系(1)式,如果投资减少$\partial I/\partial C$单位,资本存量的增量也会相应地减少$\kappa\partial I/\partial C$。同时,在(9)式中,单位资本存量的变化会带来消费者的终身效用变化V'。综合起来可以发现,当前增加单位消费而产生的边际福利损失量为$\kappa V'\partial I/\partial C$。消费者实现其终身效用的最大化,应要求边际效用收益与边际福利损失正好相抵,即$\kappa V'\partial I/\partial C + \partial f(C,V)/\partial C = 0$。至此,结合(4)式可得决定当前消费量的欧拉方程:

$$C = (\kappa V'/\rho)^{-1/\gamma} \tag{11}$$

(11)式描述了消费者的最优消费组合,表明最优的消费水平由资本形成率(κ)、消费者主观贴现率(ρ)、相对风险厌恶系数(γ)以及终生效用值函数的导数(V')共同决定。我们将这一结论代入(10)式中可得到:

$$0 = \kappa[AK - \frac{\lambda g}{\alpha + 1}AK - (\kappa V'/\rho)^{-1/\gamma}]V'(K) + \frac{1}{2}\sigma^2 K^2 V''(K) + \frac{\rho(\kappa V'/\rho)^{-\frac{1-\gamma}{\gamma}}}{1-\gamma} - \rho V$$

$$0 = + \lambda E[V([\kappa g + z(1-\kappa g)]K) - V(K)] \tag{12}$$

在(12)式中,由于生产函数、收入分配函数以及投资资本形成函数均为一次齐次的,结合(3)式我们可猜想方程(12)的解为 $V(K) = BK^{1-\gamma}$,其中,B 为待定。经计算可得

$$B = \rho\kappa^{\gamma-1}\gamma^{\gamma}(1-\gamma)^{-1}[\kappa A(\gamma-1) - \frac{1}{2}\sigma^2\gamma(\gamma-1) + \rho + \lambda - \kappa A(\gamma-1)\tau - \lambda G]^{-\gamma} \tag{13}$$

其中,

$$G = E\{[\kappa g + z(1-\kappa g)]^{1-\gamma}\} = \int_0^1 [\kappa g + z(1-\kappa g)]^{1-\gamma}\alpha z^{\alpha-1}\mathrm{d}z \tag{14}$$

从(14)式可知,G 反映了期初有灾害发生与未发生两种状态下消费者终生效用的关系,即反映了灾害发生的福利损失①。我们可利用 G 的这一特性来探讨政府实施灾害救助的必要性问题。同时,我们还可以通过比较不同的 G 来考察实施灾害救助的福利效果。假定没有灾害救助时(即 $g = 0$)的福利损失为 G_0,则

$$G_0 = \int_0^1 \alpha z^{\alpha-\gamma}\mathrm{d}z \tag{15}$$

这样,G_0 与 G 的比值实施灾害救助所体现出的福利损失差距,我们将之记为 $\theta = G_0/G(\theta > 0)$。$\theta > 1$ 就意味着 $G_0 > G$,这说明实施灾害救助的福利损失小于无灾害救助时的福利损失,灾害救助是值得的;如果 $\theta \leq 1$,就意味着 $G_0 \leq G$,实施灾害救助是不值得的。

三、灾害风险和最优救助决策

实际上,在灾害风险的随机环境中,任何消费者都无法避免由灾害损失所带来的直接福利损失,这是由客观经济环境所导致的。但对于风险厌恶造成的引致福利损失部分,消费者则可以通过跨期分摊进行平滑,而政府的职责在于维护和促进这种平滑。就具体措施而言,通过税收和救助将灾害风险"分散"无疑是政府可采取的最有效的措施。因为对消费者征税会抵消掉消费者的一部分或全部救助带来福利增量,所以政府需要在灾害救助比例和征税税率之间进行权衡。这相当于将社会资源在公共产品和私人产品之间进行最优配置。庇古在对税制的规范性原则讨论中曾谈及该问题,认为政府应遵循"最后一笔钱所得到的边际社会正效用恰好等于为支付这最后一笔钱所必需缴纳的赋税的社会边际负效用"的原则。这意味着,专项税的税率应根据边际福利收益和边际福利损失的均衡点来确定。

---

① 由于消费者的终生效用值函数 V < 0,G > 1 就表示巨灾带来了福利损失。

政府为受灾民众提供灾害救助，使其福利水平得到提高。我们将这种灾害救助比率的边际增量记为 Δg，消费者可得的相应边际福利收益记为 ΔV^{+}，则：

$$\Delta V^{+} = -\gamma\lambda G'\rho\kappa^{\gamma}\gamma^{\gamma}(\gamma - 1)^{-1}\left[\kappa A(\gamma - 1) - \frac{1}{2}\sigma^{2}\gamma(\gamma - 1) + \rho + \lambda - \kappa A(\gamma - 1)\tau - \lambda G\right]^{-\gamma-1}K^{1-\gamma}\Delta g \tag{16}$$

其中，$G' = \partial G/\partial(\kappa g)$。

为计算方便，我们将 $\gamma[\kappa A(\gamma-1) - 0.5\sigma^{2}\gamma(\gamma-1) + \rho + \lambda - \kappa A(\gamma-1)\tau - \lambda G]^{-1}$ 简单记为 H，则(16) 式可简化为

$$\Delta V^{+} = -\lambda\kappa G' \times H \times V \times \Delta g \tag{17}$$

从(17) 式可知，决定灾害救助增加所产生的福利效应由 $-\lambda\kappa G'$、H、V 和 Δg 四个部分共同决定增加比例。又由于 $-\kappa G'$、λ 和 H 均大于0，因此，随着 g 的增加，灾害救助所产生的福利效应会越来越大。

同理，假设专项税税率的边际增量为 $\Delta\tau$，相应产生的边际福利损失为 ΔV^{-}，则

$$\begin{aligned}\Delta V^{-} &= A\kappa^{\gamma}\gamma\rho\kappa^{\gamma-1}\gamma^{\gamma}[\kappa A(\gamma - 1) - 0.5\sigma^{2}\gamma(\gamma - 1) + \rho + \lambda - \kappa A(\gamma - 1)\tau \\ &\quad - \lambda G]^{-\gamma-1}K^{1-\gamma}\Delta\tau \\ &= A\kappa(\gamma - 1) \times H \times V \times \Delta\tau\end{aligned} \tag{18}$$

从(18) 式可知，ΔV^{-} 的大小受 $A\kappa(\gamma - 1)$、H、V 和 $\Delta\tau$ 共同决定，征税给消费者带来的福利损失比例 $\Delta V^{-}/V = A \times \kappa \times (\gamma-1) \times H \times \Delta\tau$。由于 A、κ、$\gamma-1$ 和 H 均大于0，因此，随着税率 τ 的增加，政府税收所导致的福利损失会越来越大。

根据前面提及的最优税制安排原则，最优资源配置需要满足 $\Delta V^{+} = \Delta V^{-}$，结合(17) 式和(18) 式可得，

$$-\lambda\kappa G'HV\Delta g = A\kappa(\gamma - 1)HV\Delta\tau \tag{19}$$

很明显，(19) 式中政府在短时期内可以调整的只有 $\Delta\tau$ 和 Δg。实际上，基于政府预算平衡的考虑，税收变化和和灾害救助变化是一一对应的关系。根据(8) 式更可得到 $\Delta\tau$ 和 Δg 之间的关系，即 $\Delta\tau = \{\lambda/[A(1+\alpha)]\}\Delta g$。将这种关系带入(19) 式可知，最优救助决策应满足

$$G' = (1-\gamma)/(\alpha+1) \tag{20}$$

结合(14) 式和(20) 式可得

$$Q(\alpha,\gamma,\kappa g) = 1 \tag{21}$$

其中，$Q(\alpha,\gamma,\kappa g) = \int_{0}^{1}\alpha(1+\alpha)z^{\alpha-1} \times (1-z) \times [\kappa g + z(1-\kappa g)]^{-\gamma}dz$

由于灾害救助的福利提高和税收的福利损失两者的决定因素中均包含 H，因此，为达到消费者福利水平的最大化，要求考虑投资成本的灾害救助对灾害损失的边际影响 G' 要满足政府的预算平衡机制。而在该机制中，投资效率 κ、灾害风险期望损失比例$1/(\alpha+1)$

以及消费者风险偏好 γ 起着决定性的作用,那么,各影响因素对最优救助决策的具体影响如何呢?就本文的模型而言,我们确实无法显示地解出 G' 的具体形式,也无法获知最优救助决策的具体参数形式以及某个参数变化对最优救助决策的影响程序,但可以通过模拟运算得到最优救助决策与影响参数之间的一些关系特征。

四、模拟结果分析

我们进行模拟运算的主要逻辑是,通过赋予描述经济结构的各参数具体数值,首先模拟运算出没有灾害救助条件下的灾害福利损失 G,根据该模拟结果检验灾害救助的重要性;然后根据前述理论结果模拟出最优的灾害救助程度 g,重点分析最优救助决策的影响因素;再在前述最优救助决策模拟结果的基础上,检验其效果,以进一步探讨灾害救助的合理性。

(一)模拟Ⅰ:无灾害救助时的福利损失(G_0)

根据前述理论分析可知,当政府对灾害损失不进行救助时,灾害带来的福利损失为 G_0,其中,G_0 大于 1 表明灾害降低了消费者的福利水平,G_0 越大说明灾害带来的福利损失也越大。我们令消费者的风险偏好参数 γ 为 2、3、4、5、6,将 α 取值为 0.1 ~ 8.0,模拟结果见图 1。

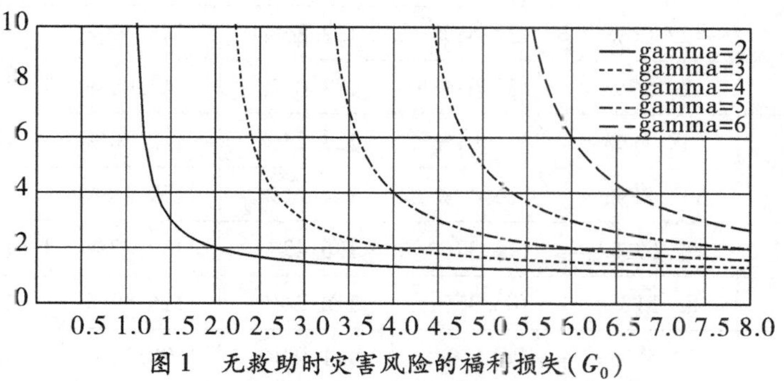

图 1　无救助时灾害风险的福利损失(G_0)

从图 1 可以看到,在选定的参数范围内所模拟的所有灾害风险福利损失 G 均大于 1,这说明灾害风险降低了消费者的福利水平,带来福利损失。前文已提及,这种福利损失由灾害经济损失所导致的直接福利损失和由消费者风险厌恶所导致的引致福利损失两部分组成。从直接福利损失来看,在图 1 中,不论消费者持有何种风险厌恶态度(γ),灾害风险的福利损失均随灾害经济损失的减少(资本残余参数 α 增大)而逐步降低,图 1 中向右下方趋于平坦的曲线反映了福利损失的这一变化;反之,假如灾害经济损失非常大(比如地震发生后),资本残余参数 α 会非常小,此时相应的福利损失就会极大。从引致福利损失来看，消费者对灾害风险越厌恶(γ 值越大)，同等灾害损失时的福利损失就越大，这在图 1 中表现为高风险厌恶的福利损失曲线总位于相对低风险厌恶的福利损失曲线的右上方。将这两方面的福利损失综合起来，可以发现，当灾害损失不大(资本残余 α 较多)时，不同风险厌恶(γ)的消费者的福利损失相差不大；当灾害损失较大时，不同风险厌恶消费者的福利损失就出现了较异。总的来说，风险厌恶值(γ)越高的消费者，同等灾害损失对其造成的福利损失就会越大，且更易达到极值($G\to\infty$)。

(二)模拟Ⅱ:灾害救助的最优规模

根据理论分析和模拟Ⅰ的分析结果，政府有必要采取救助措施以减轻灾害带来的福利损失。结合政府预算平衡和消费者效用最大化的协调机制，我们从理论上得出了最优救助决策的决定方程(21)。虽然从方程(21)中我们无法得到最优救助规模的显示解，为我们确定救助水平造成了一定的难度。但我们可以通过模拟运算的方法得出最优救助决策的近似值，具体模拟结果见表 1 和图 2。

表 1　灾害救助的最优规模

α	γ=2	γ=3	γ=4	γ=5	γ=6
0.1	125.01%	135.76%	141.46%	144.99%	147.40%
0.2	123.53%	134.72%	140.66%	144.34%	146.85%
0.3	122.06%	133.68%	139.86%	143.69%	146.30%
0.4	120.59%	132.64%	139.06%	143.04%	145.75%
0.5	119.13%	131.61%	138.27%	142.40%	145.21%
1.0	111.88%	126.49%	134.31%	139.18%	142.50%
2.0	97.59%	116.37%	126.49%	132.83%	137.12%
3.0	83.51%	106.36%	118.74%	126.49%	131.79%
4.0	69.56%	96.41%	111.04%	120.21%	126.49%
5.0	55.72%	86.52%	103.36%	113.95%	121.21%
6.0	41.96%	76.66%	95.71%	107.70%	115.93%
7.0	28.27%	66.83%	88.08%	101.47%	110.67%
8.0	14.64%	57.02%	80.46%	95.25%	105.42%

(1)资本留存参数 α 的影响：在风险厌恶程度 γ 和资本成本率 κ 不变的情况下，α 与 g 正相关。如表 2 所示，同列的 g 值随 α 的增大而减小。以 $\gamma=2$ 为例，随着 α 的值由 0.1 增

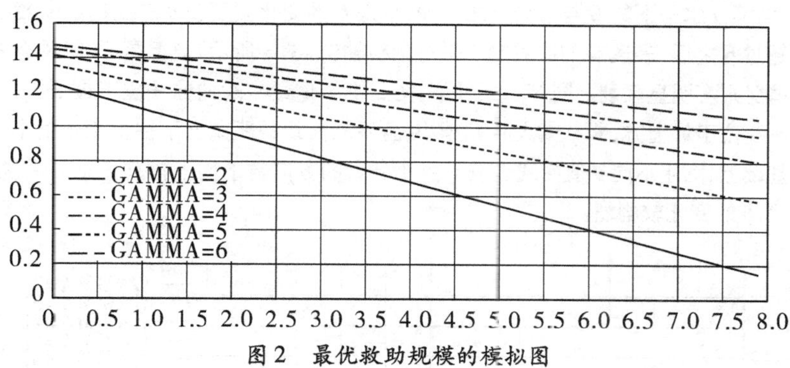

图 2 最优救助规模的模拟图

加至 8.0,最优灾害救助比例 g 由 125% 逐步减少至 14.64%,减少近 90%。这说明,灾后资本留存得越多,即灾害损毁得越少,灾害救助的需求也就相应越小,需要救助的部分不论是比例还是规模都会越小。

(2)风险厌恶程度 γ 的影响:在资本留存参数 α 和资本成本率 κ 不变的情况下,γ 与 g 正相关。在图 2 中,处于同一行(相同 α 值)的 g 均随着 γ 的增大而增大。这说明,消费者对灾害救助的需求或称依赖性随其对灾害风险的风险厌恶程度变化而变化。在其他条件不变的情况下,如果社会加强对灾害科普知识和应急逃生措施的宣传教育,可以在一定程度上降低消费者对灾害风险的厌恶情绪,提高大众对灾害损失的接受程度和自我消化意愿,减轻灾后救助工作的压力。

(3)资本形成率 κ 的影响:在资本留存参数 α 和风险厌恶程度 γ 固定时,资本形成率 κ 与 g 负相关。实现灾害风险基金的预算平衡机制和灾害救助协调的一个重要因素是资本的形成效率或者说投资成本,当资本形成的效率(κ)越高时,在其他条件不变的情况下,单位救助资金(g)可形成的资本量(κg)就越多,给消费者带来的福利增量也就越高。而在福利增量目标一定的情况下,如果资本形成率越高,所需的灾害救助比例就越低。这也从另一方面说明了,加快经济增长方式和增长结构的转变,降低投资成本,提高资本形成的效率,可对灾害救助工作起到减轻任务负担的作用。

(三)模拟Ⅲ:最优救助决的效果

在模拟Ⅱ中我们得出了最优灾害救助规模的近似值,但这种救助规模的效果如何呢?我们依然可以通过模拟运算救助福利乘数的方法观察灾害救助的福利效果。这主要考察两个指标:一个是实施灾害救助后的福利损失 G;另一个是灾害救助效果参数 θ。前者反映的是按表 1 实施灾害救助后的具体福利损失情况;后者则体现了灾害救助相对于无灾害救助的效果,关系着实施灾害救助的必要性。

从表 2 中模拟Ⅱ的结果来看,资本留存参数 α 对灾害救助效果具有正面影响。随着 α

的增大,同等γ水平下的G与θ均随之减少,只是G的变化幅度较θ的变化幅度要小。甚至在α超过6之后,表现G的曲线趋于平行于横轴(如图3所示)。但是,不同风险厌恶程度下的情况则有明显区别。同等α条件下,图3中γ值最小时的曲线位于最下方,γ值最大时的曲线位于最上方,即γ越大时G越小,且不同曲线的距离自下往上逐步缩小。在G变化的基础上,图4不同θ值曲线也按γ由小到大的方向自下而上排列。总的来说,G变化较平稳,θ的变化较剧烈。

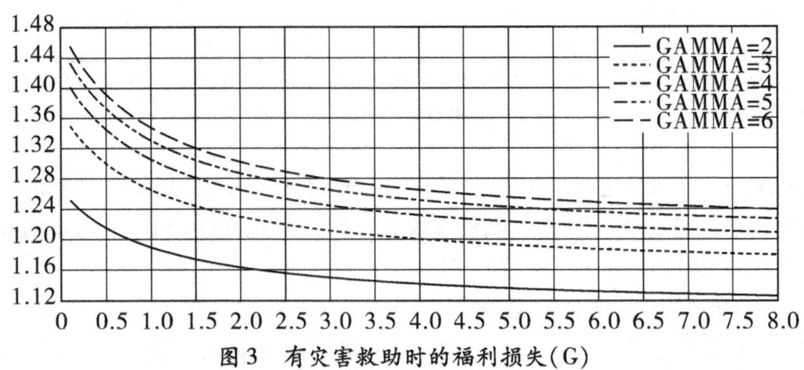

图3　有灾害救助时的福利损失(G)

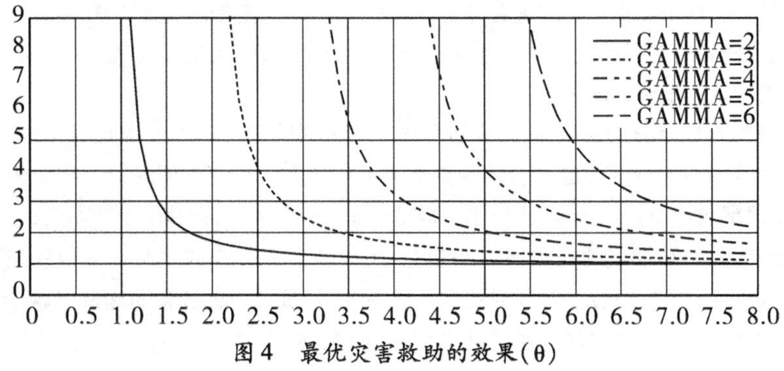

图4　最优灾害救助的效果(θ)

综合上述模拟Ⅱ和模拟Ⅲ的结果,我们可以得出,在模拟的参数设置范围内,灾害救助是值得实施的。具体的救助金额和相对救助程度随资本留存的增加而降低,随消费者风险厌恶程度的增加而增加,随资本形成率的增加而减少。

表2 最优救助决策的效果

α	G					θ				
	γ=2	γ=3	γ=4	γ=5	γ=6	γ=2	γ=3	γ=4	γ=5	γ=6
0.1	1.251	1.349	1.401	1.434	1.456	∞	∞	∞	∞	∞
0.2	1.240	1.334	1.384	1.415	1.436	∞	∞	∞	∞	∞
0.3	1.230	1.321	1.369	1.399	1.419	∞	∞	∞	∞	∞
0.4	1.222	1.309	1.356	1.385	1.404	∞	∞	∞	∞	∞
0.5	1.215	1.300	1.345	1.373	1.392	∞	∞	∞	∞	∞
0.6	1.209	1.291	1.335	1.362	1.381	∞	∞	∞	∞	∞
0.7	1.203	1.283	1.326	1.353	1.371	∞	∞	∞	∞	∞
0.8	1.198	1.277	1.318	1.344	1.362	∞	∞	∞	∞	∞
0.9	1.194	1.270	1.311	1.337	1.354	∞	∞	∞	∞	∞
1.0	1.190	1.265	1.305	1.330	1.347	∞	∞	∞	∞	∞
2.0	1.163	1.229	1.265	1.287	1.302	1.722	∞	∞	∞	∞
3.0	1.150	1.211	1.244	1.265	1.279	1.305	2.479	∞	∞	∞
4.0	1.142	1.200	1.232	1.251	1.265	1.169	1.668	3.250	∞	∞
5.0	1.136	1.193	1.223	1.242	1.255	1.101	1.398	2.045	4.027	∞
6.0	1.132	1.187	1.217	1.236	1.249	1.061	1.264	1.644	2.429	4.808
7.0	1.129	1.183	1.212	1.231	1.243	1.034	1.184	1.444	1.897	2.816
8.0	1.126	1.180	1.209	1.227	1.239	1.143	1.333	1.600	2.000	2.667

五、结论与政策建议

本文在假定政府为灾害救助主体的基础上，将灾害风险冲击引入消费者—政府最优随机决策模型，结合灾害风险及其造成经济损失的特征，着重探讨了最优救助决策的形成机制和影响因素，并进行了相应数值模拟分析。综合理论推演和模拟分析的结果，我们的结论是：

（1）承灾体的抗灾性与最优救助规模正相关。承灾体的抗灾性越低，资本留存参数越小，相应所需的最优救助规模就越大，此时灾害救助主体的资金支出负担会越重。

(2)消费者越厌恶灾害风险,其消费决策就会越谨慎,所要求的灾后损失补偿也会越多,进而导致最优救助决策的规模越大,灾害救助主体所需支出的资金越多。

(3)社会投资效率越高,所需最优救助规模越低,灾害救助主体所需承担的支出任务越小。

(4)恰当的灾害救助规模有助于提高社会福利水平,且随着消费者风险厌恶程度的提高,灾害救助的效果会越好。

因此,为减轻救助支出负担,提升灾害救助的效果,增进整个社会的福利水平,政府可以采取适当措施来提高整个社会的风险承受能力、提高资本投资效率、降低灾害损失。具体而言,我们认为可从如下三方面入手减轻我国政府灾害救助工作的压力:首先,鼓励将灾害风险管理的重点由灾后救助向灾前防御转移,以尽可能多地降低灾害损失。其次,普及灾害科普知识和应对措施,降低风险消费者对灾害风险及其损失的厌恶程度,从而起到减轻救助补贴需要的作用,为灾害风险保障体系的建立提供良好的社会文化氛围,在长期内也有利于成熟灾害风险防范社会的形成。第三,加快经济结构转型步伐,提高资本形成效率。同时,区别对待资本形成效率不同的地区和行业,对其给予不同的救助比例和金额。尤其是对那些投资成本较高的地区,救助规模可以适当放宽;而对于投资较易转化为资本的地区和行业则可适当减少救助。这样不仅使政府的灾害救助更有效率,而且也有利于真正发挥有限灾害救助的“平滑”作用,避免救助不均等的情况发生。

【参考文献】

[1]BARRO, ROBERT J. Rare Disasters and Asset Markets in the Twentieth Century[J]. Quarterly Journal of Economics, 2006,121:823 - 66.

[2]BARRO,ROBERT J, EMI NAKAMURA, JON STEINSSON,JOSE URSUA. Crises and Recoveries in and Empirical Model of Consumption Disasters. working paper,2009.

[3]BARRO,ROBERT J, RARE DISASTERS. Asset Prices, and Welfare Costs[J]. American Economic Review,2009(3).

[4]MARTIN L WEITZMAN. Subjective Expectations and Asset - Return Puzzles [J]. American Economic Review,2007, 97(4).

[5]RIETZ, T A. The Equity risk Premium a Solution [J]. Journal of Monetary Economics, 1988,22(1):117 - 131.

[6]丁大正. Mathematica 5 在大学数学课程中的应用[M]. 北京: 电子工业出版社, 2006.

[7]李心丹,等. 投资者关系管理能提升上市公司价值吗?——基于中国A股上市公司投资者关系管理调查的实证研究[J]. 管理世界, 2007(9).

[8]刘希林,赵源．地貌灾害间接经济损失评估——以泥石流灾害为例[J]．地理科学进展, 2008(03).

[9]孙婧.灾害救助方式的政府决策[J].中国减灾,2006(10):32-33.

[10]谭鹏, 郭磊,王静．基于 Epstein-Zin 效用函数的年金市场抑制研究[J]．科技与管理, 2006(01).

[11]夏瀛, 国志兴,钟兴春.区域灾害救助资金需求比例评价研究[J]．中国减灾, 2010(03).

[12]徐娟:灾害经济学中的减灾投入与成本问题[J]．灾害学, 2006(02).

[13]张显东,梅广清．西方灾害经济学模型述评[J]．灾害学, 1999(01).

[14]赵黎明,王忠．基于 ARIMA 模型的我国自然灾害救助支出研究(1978—2007)[J]．天津大学学报(社会科学版), 2010(03).

[15]周克清.论我国应灾性预算制度的软肋及其完善[J]．中央财经大学学报, 2010(02).

从流域经济学的视角看洪水保险

王和

【摘要】我国是洪水灾害最为严重的国家之一，虽然在洪水灾害风险管理方面取得了一定的成果，但仍存在区域发展不均衡、损失补偿额度低及市场化不足等问题，特别是洪水保险发展面临困境。为此，笔者通过对国内外洪水保险发展现状进行系统分析，从一个全新的视角——流域经济学的视角深入探讨我国洪水保险制度，并提出了“以流域为单位，依托流域管理行政机构，配合流域综合治理总体规划，按照准公共产品管理模式，统筹流域洪水风险管理工作，建立流域洪水保险基金，组织、协调、指导和管理流域的洪水保险工作”的基本思路；最后，给出了我国洪水保险制度建设的具体建议。

【关键词】流域经济学；洪水保险；洪水保险制度

Abstract: Flood is one of the most devastating disasters in China. Although China has made great achievements in terms of flood disaster risk management, problems such as geographic disparity, low compensation rate, weak market mechanism and insufficient flood insurance still constitute great impediments against further development in the field. Hence, through the lens of river basin economics, the paper aims to explicitly discuss China's domestic system of flood insurance, raising the idea that by using river basins as basic units and replying on administrative institutions along the river basins, the policy makers can organize overall development plans of the river basin regions, guide flood risk management according to the standards of public goods, establish river basin flood insurance fund, and manage flood insurance works. In addition, the paper also provides detailed advice for the building of China's flood insurance mechanisms.

Key words: river basin economics; flood insurance; flood insurance mechanisms

---

［作者简介］王和，经济学博士，高级经济师，国务院政府特殊津贴专家，中国保险学会常务理事，国家减灾中心特聘专家，中国人民财产保险股份有限公司副总裁。

一、问题的提出

我国是一个灾害特别是洪水灾害多发的国家。根据统计数据,1990—2010年间我国洪灾的年均损失额高达1202.8亿元,年均死亡人数高达2783人。从各国的洪水风险管理的实践看,工程措施与非工程措施的有机结合是有效的解决之道。新中国成立以来,我国开展了以洪水控制为主要目标的综合治理工作,这种综合治理工作更多地体现在工程措施方面。特别是1998年长江流域大洪水以后,在灾后重建的过程中,政府高度重视整治江湖和兴修水利,特别是大规模实施了平垸行洪、退田还湖、移民建镇等工作,我国主要江河的一般洪水得到控制。但是,在全球气候变暖和我国经济快速发展的大背景下,尤其是前些年我国对环境保护和水土保持缺乏认识和重视不足的情况下,我国的洪水灾害的发生频率仍呈现上升趋势,特别是经济发展、社会财富不断增加和聚集的情况下,洪水导致的损失也呈现上升态势,一些欠发达地区甚至出现了因灾返贫现象。因此,就目前的情况看,我国的洪水风险管理的形势依然不容乐观,洪水风险管理依然是我国当前和今后一段时期社会风险管理中一项十分艰巨和重要的任务。

我国洪水风险管理的主要特点是以防灾和减灾和工程措施为主,救灾则更多的采用"举国体制"模式,即发挥政治优势,发扬"一方有难,八方支持"的互助精神,以政府为主导,以民政为平台,以财政为支撑,以"对口支援"为特点。这种模式的特点和优势在我国一些特大自然灾害的救灾和重建过程中,特别是"汶川大地震"中得到了充分体现,也发挥了很好的作用。但是,如果从现代社会管理的角度看,这种模式将面临着越来越大的挑战。第一是社会公平层面,它不能很好地体现更大范围和更深层次的社会公平,也不符合转移支付的基本诉求;第二是公共财政层面,它不利于公产品与私产品的区别管理,也不利于稳定财政预算;第三是行政管理效率层面,它给行政管理增加了不确定性,同时,还可能产生行政低效和腐败;第四是补偿程度层面,民政救灾的损失补偿程度相对低,且具有较大的不确定性和非自主性,给社会经济的健康和稳定形成较大压力;第五是国民素质层面,它容易滋生国民的依赖心理,不利于国民风险和保险意识养成。

从国外的先进实践看,政府除了充分发挥在洪水风险管理方面的职能外,更多的是引导和建立基于市场制度的洪水风险管理和救灾体制,培育国民的风险意识。同时,它们除了高度重视工程措施外,也非常重视非工程措施建设,包括了相关立法、监测预警机制、应急预案管理、风险区划管理、风险转移和补偿机制。其中,基于市场制度框架下的洪水保险制度无疑是一个非常成功和具有借鉴意义的经验。

目前,我国没有专项的洪水保险,涉及财产的洪水保险主要是以企业财产保险、家庭财产保险、农业保险和工程保险等形式体现。尽管在这些险种均涵盖了洪水风险,但由于洪水风险的巨灾特征,保险公司在承保的过程中均持相对谨慎的态度,尤其是洪水风险高发地区,保险公司往往是通过相对严格的承保政策,以有效控制风险暴露,通常采用的办法是“画线承保”方式，即在保险方案中明确对一定高程水位造成的损失不负赔偿责任，由被保险人自负损失。保险公司的这种态度是由于洪水风险的巨灾特征决定的，同时，也是由于我国缺乏一个专门的巨灾和洪水保险制度环境决定的。

随着我国社会和经济的发展，洪水保险缺失问题显得越来越突出，并引起了国家的高度重视，在2011年颁布的《中共中央、国务院关于加快水利改革发展的决定》中就明确指出：鼓励和支持发展洪水保险。但无论是洪水保险，还是巨灾保险，在我国仍存在着“三重三轻”现象：一是“重风险，轻方案”，即更多的是关注洪水风险特征的研究，而对解决方案，特别是基于我国实际的解决方案研究不够；二是“重政府，轻市场”，即更多的是考虑并推动国家和政府层面的问题，而对市场和行业层面的解决方案重视不够；三是“重传统，轻创新”，即更多的是局限于既有和传统解决思路，而对创新解决方案的关注和研究不够。为此，笔者希望从一个全新的视角——流域经济学的视角去思考我国洪水保险制度的建设问题。

二、基于流域经济学的洪水保险分析

（一）流域与流域管理

流域通常是指由分水线（岭）所包围的河流或湖泊的集水区，包括了地面集水区和地下集水区。每条河流都有自己的流域，一个大流域可以按照水系等级分成数个小流域，小流域又可以分成更小的流域等。在研究流域的过程中，流域面积是一个非常重要的参数，它是指流域地面分水线和出口断面所包围的面积，在水文上又称集。这是河流的重要特征之一，其大小直接影响河流和水量大小及径的形成过程。

流域是以集水区域划分的一种地域，河流是流域的主轴，水是流域的核心，它是由水、土地、生物等自然要素与社会、经济等人文要素组成的环境经济复合系统。因此，对其的管理也应当遵循这些维度展开，即从流域的角度去展开管理。而流域除了具有地理和水文这些自然特征外，从社会学和经济学的角度看，它还具有很强的社会和经济属性。同时，流域系统具有准公共物品属性、跨界外部性、整体性、关联性及地域分异性等特征，存在上下游和不同利益群体之间的利益矛盾与冲突。

（二）流域经济学

长期以来，我国对流域的管理更多的是从环境保护特别水资源保护和利用的角度出发，没有将流域环境和经济结合起来作为一个整体，采用信息经济学、公共选择理论和新制度经济学的理论和方法，并将生态学、系统论、控制论以及资源学的相关理论分析框架纳入，从经济学的视角研究其作用机理及调控措施。从现代社会管理的角度看，运用法律、行政、经济和技术等手段对流域进行综合管理已经成为共识，而且，流域管理必须以经济手段为核心，以市场制度为基础，并紧密结合法律手段、行政手段和教育手段，以更有效地实现流域综合管理目标。

（三）洪水风险的流域特性

洪水风险与其他巨灾风险不同，它除了具有较强的可预测性外，还存在可转移和可替代的特点，这是由流域的整体性和关联性特征决定的。所谓整体性和关联性是指流域是一个整体性极强、关联度很高的区域，流域内不仅是各自然要素间联系极为密切，而且上中下游、干支流、各地区间的相互制约、相互影响极其显著。从负面看，上游地区的过度开垦土地、乱砍滥伐、破坏植被，造成水土流失，势必导致洪水泛滥，威胁中下游地区；同时，中下游污染排放、抬高河床，也会对上游产生影响。从正面看，上游地区的水土保持的综合治理，不仅使自己受惠，还可惠及中下游地区。尤其是在特大洪水灾害的情况下，有选择地开展分洪，能够有效降低整个流域的总体损失，特别是能够保证大中型城市和重点工业基地的安全。另外，上下游之间的信息共享，对洪水预报和监测具有十分重要的价值，并能够使整个流域受惠。所以，可以说由于水的自然流动，引起了流域内地理上的关联性及流域环境资源的联动性，各种自然要素之间、自然要素与社会经济要素之间、流域上下游之间、左右岸之间、干支流之间相互影响、相互制约，形成了一个经济利益的共同体。

根据保险经营的原理，大数法则的基础是一定数量的具有相似特征风险单元的集合，并服从一定的损失规律。从这个角度看，流域的洪水风险特征是符合了保险经营的基本要求，即流域内的各个经济体，就洪水风险而言，具有相似的风险特征，同时，它们服从于流域洪水灾害的损失规律，如重现期。因此，流域不仅是一个经济利益的共同体，而且是基于共同风险要素的利益关联共同体。这种共同和关联特征为基于流域的洪水保险制度建设奠定了坚实的基础。同时，在国家进行洪水风险管理过程中面临着一个突出问题和挑战，就是如何很好地协调流域不同经济体、经济区域之间的利益，包括防洪工程项目建设，也包括了分洪和蓄洪的取舍。以往我们解决这些问题，更多是采用行政的手段，而如果建立基于流域的洪水保险制度，我们就可以通过洪水保险这根纽带，将流域的相关利益者联系起来，利用市场机制，去协调和调整相关各方的利益。

（四）通过洪水保险促进流域风险管理

从流域洪水风险管理和综合治理的角度看，应当充分发挥洪水保险的正外部性特征，促进流域的洪水风险的实际暴露情况的改善，为社会创造福祉。一是将洪水的风险区划管理与洪水保险的区域费率紧密联系起来。一方面是形成合力，推动风险区划工作开展；另一方面是形成有效互动，即通过建立基于风险区划的保险费率体系，推动风险区划作用的发挥。二是将保险标的，如建筑物的抗洪标准作为核保和定价的核心因素，采用差异化费率手段，通过市场化和手段和正向激励，促进流域内建筑物设防水平的不断提升。三是通过保险赔付，实现流域内的相关利益替代和调整，特别是针对蓄洪和分洪地区的保险赔偿,解决局部与全体利益之间的关系。四是通过保险公司在开展洪水保险的推广、销售、理赔等过程中,向社会和投保人宣传和普及洪水风险管理以及保险知识,提高和增强流域居民的风险意识。

三、我国流域洪水保险制度的设想

(一)基本思路

我国流域洪水保险制度的基本思路是:以流域为单位,依托流域管理行政机构,配合流域综合治理总体规划,按照准公共产品管理模式,统筹流域洪水风险管理工作,建立"流域洪水保险基金",组织、协调、指导和管理流域的洪水保险工作。流域洪水保险制度总体按照"以收定支,量力而行"的原则,根据"流域洪水保险基金"的规模,结合流域洪水再保险计划,确定流域洪水保险总体承保能力规模以及区域分配方案,按照承保能力的供给情况,开展洪水保险并动态控制偿付能力管理。

(二)流域洪水保险基金

"流域洪水保险基金"由"基础基金"、"保费基金"和"其他基金"三部分组成。其中,一是"基础基金"按照流域洪水风险暴露情况,以及设计再现期"最大可能损失"的一定比例(如20%)确定。同时,按照流域洪水暴露区域,或流域面积经济总量和人口分布情况,确定流域相关省份的"基金权重",并按照各省"基金权重"分配"流域洪水保险基金"的"基础基金"。根据流域相关省份的财政情况,可以采用实际认购和承诺认购两种方式,对财政相对困难的省份,可以采用"承诺认购"模式,即其承诺在"流域洪水保险基金"需要的时候,无条件履行实际认购责任。二是"保费基金"是由"流域洪水保险基金"按照流域洪水风险情况,以及风险区划情况,确定保险条款和费率,委托商业保险公司在开展业务过程中代理销售保单并收取保费,并按照约定的比例向保险公司支付代理手续费。三是"其他基金"作为"流域洪水保险基金"的重要补充平台,可以通过接受社会捐赠、发行洪水巨灾债券、巨灾彩票、紧急融资等方式筹集资金,作为"流域洪水保险基金"的重要和应急补充。

【参考文献】

[1]吴定富.中国风险管理报告2010[M].北京:法律出版社,2010.
[2]吴焰.中国非寿险市场发展研究报告(2008)[M].北京:中国经济出版社,2009.
[3]王银成.中国财产保险重大灾因分析报告(2008)[M].北京:中国财政经济出版

社,2009.

[4]王和．建立我国巨灾保险制度的思考[J].中国金融,2005,7.

[5]王和．我国家庭财产保险问题研究[J].保险研究,2008,3.

[6]中华人民共和国水利部．中国98大洪水[M].北京:中国水利水电出版社,1999.

[7]国家科委全国重大自然灾害综合研究组．中国重大自然灾害及减灾对策(分论)[M].北京:海洋出版社,1993.

[8]程晓陶．风险分担、利益共享、双向调控、把握适度——三论有中国特色的洪水风险管理[J].水利发展研究,2003,(3).

[9]程晓陶,吴玉成,王艳艳,等．洪水管理新理念与防洪安全保障体系的研究[M].北京:中国水利水电出版社,2004.

[10]周武光．中国水灾风险管理研究[D].北京:北京师范大学,2000.

[11]周武光．中国水灾风险管理研究的进展与展望[J].地学前缘,2001,8(1):201-202.

[12]姚庆海．关于建立和完善我国洪水保险制度的建议[N].中国保险报,2007-12-10.

[13]《水利辉煌50年》编纂委员会．水利辉煌50年[M].北京:中国水利水电出版社,1999.

[14]刘彧．美国国家洪水保险计划的评价及启示[D].北京:对外经济贸易大学,2006.

[15]张琳,邵月琴．我国洪水保险设立模式探讨[J].保险研究,2010(8).

[16]赵苑达．英美两国的洪水保险制度的对比分析与评价[J].管理观察,2009(6).

[17]王静爱,史培军,王平,等．中国自然灾害时空格局[M].北京:科学出版社,2006.

火灾频发暴露我国城市公共安全系统脆弱性

刘铁民

【摘要】为剖析近来我国火灾事故频发的原因,以上海 11·15 火灾事故为典型案例,分析了事件灾害过程和行为特征。结果提示:事件过程所暴露的风险管理疏失、安全基础设施薄弱、应急准备欠缺和应急响应能力不足等现象,凸显我国城市公共安全领域的系统脆弱性。系统脆弱性可能是导致 11·15 火灾事故发生与成灾的主要原因,笔者认为系统脆弱性存在实质是公共安全体系的结构性缺陷,建议应从制度化建设入手,注意克服系统脆弱性,以加强公共安全保障能力,提高社会管理水平。

【关键词】火灾事故;脆弱性;公共安全;制度建设

Abstract: For the past few years, the occurrences of fire accident were very frequent. In order to present the reasons, a detailed analysis was made about the process and behavioral characteristics of disaster events, based on Shanghai"11 · 15" major fire accident. The results showed that: the fault in risk management process, the weak security infrastructure, the lack of emergency preparedness and emergency response capacity, highlight the system vulnerability in the area of urban public safety. System vulnerability might be the main reason of a disaster and "11 · 15"accident, and it was thought that system vulnerability was the structural defects in the public safety system. At last, it was proposed that in order to improve our safeguarding abilities and social management level, we should start with systematic construction, pay attention to overcoming the system vulnerability.

Key words: fire accident; vulnerability; public safety; systematic construction

最近几个月火灾事故频频发生,继"11·5"吉林商业大厦火灾和"11·15"上海静安区高层住宅楼火灾之后,2011 年 1 月 17 日武汉武胜路某公司又发生严重火灾,春节期间火灾警报不绝于耳,沈阳一座五星级饭店毁于一场大火,同类事件反复发生,公共安全形势

[作者简介]刘铁民,中国安全生产科学研究院院长,研究员,博士生导师。

严峻，引起各方面广泛关注。政府管理部门、社会公众及学界对火灾发生的原因与对策已经发表了不少见解。本文以11·15上海静安区高层住宅楼火灾为典型案例，从脆弱性角度对火灾事故的原因、过程和影响做了进一步分析。

一、11·15火灾情景及灾害行为特征分析

火灾发生地是位于上海市中心的静安区胶州路728号的28层公寓楼，楼内有常住居民156户，计440多人，当日下午楼内大概有160人左右。事发时大楼正在进行外墙节能(保温)装修施工，据有关部门调查起火直接原因是电焊工在10楼焊接脚手架承重工字钢时电焊火花点燃了现场的尼龙安全网等施工材料，继而火势迅速蔓延形成“整体燃烧”，最终造成58人死亡、70人受伤，整栋大楼燃烧殆尽。从各方面信息综合分析，火灾过程大体如下：

13:30 电焊工操作时，焊花点燃少量可燃物(尼龙网、聚氨酯材料等)；

13:40 在公寓楼10层北面可见到明显烟火但面积不大；

14:15 火势扩大，大楼北侧浓烟滚滚，但尚未见显著明火，此时上海市应急联动中心接到火警并迅速响应；

14:30 火势迅速向西南方向蔓延，随着火焰升腾，引发阵阵爆裂声，消防官兵赶到现场，少数喷水枪开始火区喷水，但只能到10层以下；

14:40 火势凶猛，大楼整体被浓烟烈火包围；

15:30 火势仍十分凶猛，喷水枪和移动水炮增多但只能到达10层以下，消防队员进入楼内救援并有人员被救出；

16:30 已有多支水枪射向大楼，云梯和相邻楼上的水枪射向大楼顶层；

18:00 火势得到控制，消防队员进入现场全面搜救，伤员送医院救治，大火燃烧了四个多小时后终于熄灭，现场逐渐恢复。

这次火灾过程大致可分为以下几个阶段：事前及火灾初起；火势扩大蔓延及开展现场灭火救援；大火扑灭，现场救援与恢复；最后是火灾事故恢复处理阶段。这四个阶段涉及从火灾之前的预防、应急准备，到事件中的预警、疏散、灭火和救援全响应过程，其中许多环节值得进一步深入探讨和反省。这次火灾有几个特点值得特别关注：

(1)在短时间内即迅速形成大楼整体燃烧，燃烧条件十分充分；

(2)动用强大消防力量(装备和人员)四个小时才扑灭一栋建筑物的大火，扑救十分困难；

(3)楼内人员死亡率达到36%，加受伤人数伤亡率高达80%，伤亡异常惨重；

(4)由于火灾发生的时间、地点和社会环境等原因，事后处理困难、复杂，且成本很高。

11·15火灾事故无论从哪个方面都是一个典型案例，辨识、分析这次灾变过程中所表现出来的脆弱性不仅能从本质上深化对这次事故的认识，而且有助于进一步解析和反省

我国公共安全领域的普遍性矛盾和结构性缺陷。

二、 灾变过程凸显公共安全与应急管理系统的脆弱性

现代安全科学的理论认为:突发事件的破坏性不完全在于灾害的原发强度,还取决于人类社会自身应对各类灾害表现出的抵抗能力和脆弱性,即脆弱性是事故灾难形成的基本原因之一。脆弱性是在灾害发生前即已存在的条件,在灾害发生过程中"涌现",是决定灾难性质、强度与结果的基本要素,同时还具有放大灾害的作用。实际上,无论是何种类型的灾难,其动力学源强都很难预测与控制,唯一可控的要素就是应对灾变的脆弱性,从这个意义上讲,风险常态表现出相对性,而脆弱性对灾变的影响则具有绝对性。

现代社会中发生的事故灾难具有明显复杂性特点,灾害行为和脆弱性几乎涉及从自然到社会的所有领域,而且互相交叉融合,脆弱性存在于公共安全管理的各个层面和突发事件应急准备、响应及恢复的全过程。

就事故灾难类突发事件而言,其脆弱性主要来自风险管理、公共安全基础设施、应急准备水平和应急响应能力四个方面及其累加或耦合形成的综合脆弱性。根据现在对11・15事件所了解到的情况,可以发现在许多重要环节上存在明显的脆弱性。

(一)风险管理疏失

风险管理内容一般包括危害识别、危险性评价和风险控制三个基本程序。上海胶州路教师公寓的外墙装修工程使用大量可燃材料,尤其是施工的同时楼内住满了居民,属于"在用"施工,这与一般"裸楼"施工在风险上有很大区别,一方面是在用建筑物内存有家具等大量可燃物质并由此可能形成后果严重的"轰燃",加之高层楼房火灾发生时所形成的"烟囱效应",火焰与烟气蔓延迅速,使火灾扑救与人员疏散都十分困难;更重要的则是由于存在大量的危险暴露人群,显著增加了事故伤害个人风险与社会风险。裸楼施工对除施工方以外人员伤害的风险几乎为零,而"在用"作业对楼内居民的个人风险值可以达到1/10这样相当高危险的水平,对高层建筑的任何在用施工都应首先进行危害识别与危险评估,由此可考量发生火灾等事故灾难的可能性和严重程度,进而从安全准入和过程控制等方面,事前有针对性地提出和落实应对各类风险控制措施:例如对施工资质与建筑材料、工艺的安全审批准入,以及对施工工程(动火、交叉作业、现场检查等)的安全监管等,如果连这些常识性要求和法律底线规定都没有做到,伤亡事故的风险很难控制。

(二)公共安全基础设施薄弱

各类安全设施是公共安全基础支撑和本质性保证。尤其是在事故发生之后,安全设施的防灾、抗灾能力是其他措施无可替代的。就此而言,其主要脆弱性可能表现在社区与建筑物整体公众保护设施和应急消防救护装备等方面,包括在高层建筑设置紧急避难层;

应急逃生通道保持密闭、便捷、安全、可靠；社区内设置火灾监控报警、警报装置，建筑内设有灭火器、消防栓和喷淋灭火系统；居民楼内和家庭中配有防护逃生用具等防护装备；等等。如这些设施与装备齐全并事先训练有素，一旦发生火灾等突发事件，对救护人员生命就会发挥重要作用。在这次火灾事故中，大火形成整体燃烧后，浓烟通过破碎窗户和无法密闭的门进入应急逃生通道，使大楼唯一的逃生途径无法有效使用。

(三)应急准备欠缺

应急准备是突发事件应急管理的动力与基础，应急准备的质量决定从应急响应到应急恢复全过程的成败。应急准备工作主要包括应预案编制、组织与人力资源、物资与装备配备、持续并可检测性培训、情景演练和周而复始的评审与改进，这六项应急准备任务的核心目标是提高事故预防、设备与人员保护、应急响应和应急恢复四种能力。11·15事件的过程表现和事后的调查分析再一次证明，针对超大型社区或高层建筑而言，应急准备对公众的安全保障尤为重要，超高层建筑物的火灾扑灭及搜救都十分困难，显然，加强其应急准备能力才是最优先的战略选择，如果只完全依赖特殊消防或救生装备去保障高层建筑物内居民的安全，预期的风险值很难减控。应急准备是否充分，从一些日常现象和行为分析即可对某一社区的应急准备水平做出初步考量：事发前社区和家庭是否制定了应急预案；是否组织了针对特殊风险的培训演练，包括如何发出警报与组织疏散；社区是否建有志愿者组织；每个家庭是否配置自救装置等。应急准备工作不仅是有备无患，更重要的是在公众中倡导并形成应急准备文化，提高公众对风险感知的意识和自救互救的能力。第一时间的疏散和采取理智自救行为在危机时刻可以决定每个人的生死存亡。在“11·15”火灾中，施工单位和楼内居民如果事先经过培训和演练，如果能在火灾初起即及时发出警报并做出响应，如果楼内居民能在第一时间就紧急疏散到楼外安全地带，结果将如何？

(四)应急救援能力不足

仅就火灾事故而言，应急救援能力主要表现在四个方面：接警启动速度与质量、现场组织指挥、灭火与抢险救助装备水平、救援队伍综合能力。在目前无法得到更具体评估数据的情况下，一般只能依据火灾发生的过程、救援行动表现和事故灾难的后果来对应急响应能力做基本面的认识，现有的信息提示，应急响应无论是速度还是质量都有许多地方值得认真反省。

当公共安全体系的多个方面都存在明显脆弱性表现并严重影响到能力，即出现所谓系统脆弱性。灾变诱发之后，由于几乎每个重要环节都存在脆弱性而使抵抗力与抗逆力减弱或消失，就可能出现多米诺效应，使灾害的发展连续失控和后果扩大，甚至导致危机。

三、脆弱性直接影响灾变过程与结果

事故灾难发生与演变的一般性规律提示:公共安全脆弱性可存在于事件发展的全过程并直接影响其结果,但在事件发展的不同阶段和不同环境条件下,其影响强度和方式有很大区别。

依据灾变系统动力学的观点,可以把包括火灾在内的重大事故发生演变的过程看做一系统"流",以事故波及范围和直接影响因素条件为系统边界。如在"11·15"这类典型的火灾事故中,火灾发生后燃烧总的累积释放能量与破坏强度的变化为"流位变量",燃烧的形式、烟气蔓延的速率以及火势减弱或扑救的变化为"流率变量"。在明确流位与流率变量前提下,在火灾事故系统中可设立若干个流位与流率系。此外,还应明确能够对火灾破坏强度累积、分布特征具有影响和与事故处置决策有关的辅助变量、增补变量和常量及其相互关系进行描述。应用流位变量及其影响因素实现流率变量基本入树,建立数个因果关系图并形成流图。依据 $LEV_{(t)} = LEV_{(t-\Delta t)} + \Delta t \times RAT_{(t-\Delta t)}$ 表达式,建立流率方程和辅助变量方程就可以实现对火灾的动力学行为做定量分析。

图1所示是重大事故发生与演变一般特征的模拟流图。重大事故一般诱发于隐患故障或失误;处置失当后形成事件,例如在火灾初起阶段的第一响应是否有效可决定灾变发展方向;事件进一步扩展后产生不同危害后果,造成事故;在一些内外因素的作用下,事故规模与强度进一步扩大和激化,甚至失控,则可演变为危机。在这几个主要发展阶段中,每一个阶段都可以被控制后则停止发展(关闭)而恢复到系统的稳定态(正常状态),但每一个阶段由于系统失控也可能扩展到下一个更严重的系统失稳状态,这主要取决于流位变量和流率变量变化以及外部条件对反馈控制的影响。

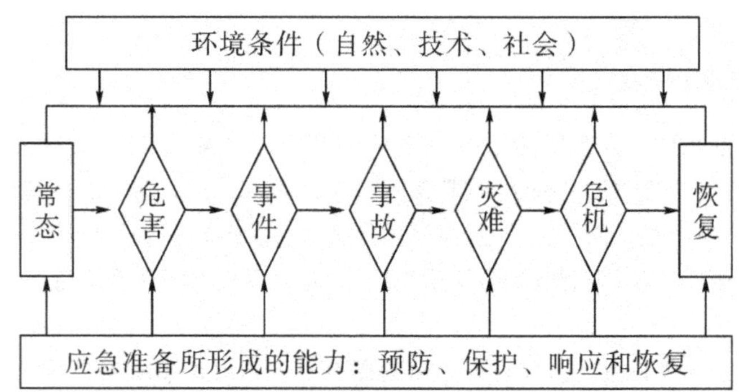

图1 重大事故演变系统流图模型

影响灾变动力学行为有三个基本要素:第一是事件的原发强度;第二是事件当时的环境条件;第三是控制灾变的能力。而后两个因素都与系统中的脆弱性密切相关,脆弱性不但构成事件环境的重要因素，而且对突发事件的应对能力具有直接影响。从 11·15 火灾事故的表现分析，难以忽略脆弱性在这次灾难形成的重要作用，也不可否认脆弱性是该事件事故链的形成进而发展成一个危机的主要动力。

四、系统脆弱性本质上是结构性缺陷

脆弱性是公共安全领域中普遍存在的现象，由于自然、技术和社会等许多原因，在事故灾难的发生与发展中可以表现出不同的形式和强度。如果脆弱性要素分布十分广泛而且在关键要素上又十分显著时，实质上反映了整个公共安全体系出现了结构性缺陷。

城市公共安全是各级政府的重要社会管理职能，也是一个“复杂、开放的巨系统”，用系统论的认识论和方法论来分析公共安全工作的本质和特征，可以指导公共安全体系建设和其他具体实践活动。系统就是由若干相互联系、依赖和制约的要素组成的有序结构并实现共同功能的统一体。无论是要素（体）的缺失，还是联系（系）的紊乱或是行动目标的不一致，都不能形成一个完整高效的体系，而对体系失效乃至崩溃的威胁是来源于结构破坏。

在我国当前经济社会发展水平下，某些重大事故出现实际并非一人一事之过，一个时期内没出现问题也不全为一时一计之功。11·15 事件的过程与结果都提示：造成灾难的原因也不能完全归因于个别人员操作失误和某些个别行业或局部环节上出了问题，更深层次的原因可能表现在体制和机制上，即系统的结构性缺陷，结构性问题应从规律和机制上寻找原因，而调整和完善结构问题的根本途径是制度化建设，从而进一步强化社会管理职能。在 11·15 火灾过后不久，媒体公众曾十分关注在项目管理过程中出现的多层承、分包问题。显然，多层承包作业可使管理能力稀释和安全监管链条脆弱甚至断裂，事故风险增加。这些现象的普遍存在其本质不仅仅是个别单位的管理形式问题，其源头可能就是制度化建设的缺陷。当前，我国煤矿、建筑和化工等行业事故频发这与分层承包这种简单落后的劳动组织方式不无关系，而在工业发达国家类似这样的高风险作业在法律上严禁承包作业，这就从制度上根本杜绝了这一隐患。因此，客观地讲，虽然 11.15 火灾事故发生在上海，发生在一栋建筑物装修过程中，但它所暴露出的问题，绝不是仅限于一个城市或一个行业的特殊、局部现象，可能在我国公共安全领域中具有全局性和普遍性，非常值得反省。1996 年 11 月 20 日，香港嘉利大厦发生火灾，灾害情景与 11·15 事件非常相似，火灾也是发生在一座在用商住两用高层建筑；当时正在大楼装修；同样也是由于电焊操作工失误点燃建筑材料并迅速形成整体燃烧；虽然调动了大量灭火力量，但扑救十分困难；不幸的是也造成了 41 人死和 80 人伤的惨重后果，当时引起了香港市民强烈反响，给当届的香港政府造成巨大压力。但值得关注的是，香港 11·20 火灾事故调查后没有追究任何个人的法律责任，但却把事故原因主要归于当时的公共安全体制与机制，在调查报告中特别指出了一些制度上的缺陷，从而推动了包括消防在内的公共安全领域的制度化建设，包括修订了《消防安全条例》和《建筑物管理条例》，制定多个新的消防安全标准，建立了社区防火安全宣传活动的制度，成立了应对特大事故灾难的特别救援队，这些基础性工作使香港应对重大事故能力明显提高，进入了安全稳定时期。

历史经验证明：重大事故灾难之后，如果把事故原因一律归于“责任”并只注重追究当事人的法律责任和进行局部性调整，充其量是从思想上认识到了问题的严重性，找到了事故的一部分原因，而更重要的是应对大量同类事件中做认真分析和反省，发现其规律，进而由认识上升为知识，知识是认识的凝练和升华，也是制度建设的基础，只有知识再变成为制度，公共安全体系的结构才能不断完善，才能使脆弱性逐渐得以减控，应对事故灾难的能力切实提高。从这个意义上，当前我国公共安全领域最重要和最迫切的任务就是制度化建设。

【参考文献】

[1]陈哲，仇子明，田鹏．上海大火追问[J]．现代职业安全，2010(12):21－25.

[2]刘铁民．脆弱性——突发事件形成与发展主要原因[J]．中国应急管理，2010(5):32－35.

[3]MC ENTIRE，D A. Sustainability or Invulnerable Development：Justification for a Modified Disaster Reduction Concept and Policy Guide[D]. Denver，Colorado：University of Denver，2000.

[4]郭彦廉，萧代基，林彦伶，等．天然灾害脆弱性与社经脆弱性因子之回顾[J]．灾害防救电子报(台湾)，2009，42:1－8.

[5]MC ENTIRE D A. Triggering Agents，Vulnerabilities and Disaster Reduction：Towards a Holistic Paradigm[J]. Disaster Prevention and Management，2001，10(3):189－196.

[6]CUTTER，S L. The Vulnerability of Science and the Science of Vulnerability[J]. Annals of the Association of American Geographers. 2003，93(1):1－12.

[7]童星，张海波．基于中国问题的灾害管理分析框架[J]．中国社会科学，2010(1):132－146.

[8]TONG XING，ZHANG HAIBO. An Analytical Frame work of Disaster Management in the Context of China[J]. Social Sciences in China，2010(1)：132－146.

[9]CHAMBERS R. Vulnerability，Coping and Policy[J]. IDS bulletin，2006，37(4):33－40.

[10]MC ENTIRE，D A. The Status of Emergency Management Theory：Issues，Barriers and Recommendations for Improved Scholarship[C]. 7th Annual FEMA Higher Education Con-

ference, Emmitsburg, Maryland,2004.

[11]彭宗超，钟开斌．非典危机中的民众脆弱性分析[J]．清华大学学报(哲学社会科学版),2003,18(4):25－31.

[12]苏桂武,马宗晋,朱林,等．京津唐地区地震灾害区域宏观脆弱性变化研究[J]．灾害学，2010,25(2):2－12.

[13]SU GUIWU, MA ZONGJIN, ZHU LIN ET AL. Research on Changes of Regional Macroscopic Vulnerability to Earthquake Disasters in Beijing－Tianjin－Tangshan Region[J]. Journal of Catastrophology,2010,25(2):2－12.

[14]王永明，刘铁民．应急管理学理论的发展现状与展望[J]．中国应急管理，2010(6):24－30.

[15]刘铁民．玉树地震灾害再次凸显应急准备重要性[J]．中国安全生产科学技术，2010,6(2):5－7.

[16]LIU Tie－min. The significance of emergency preparedness highlighted by Yushu earthquake once again[J]. Journal of Safety Science and Technology, 2010,6(2): 5－7.

[17]李湖生,刘铁民．从“3·28”王家岭煤矿透水事故抢险救援反思中国事故灾难应急准备体系[J]．中国安全生产科学技术，2010,6(3):5－12.

[18]LI Hu－sheng, LIU Tie－min. Reflection of the Chinese Disaster Emergency Preparedness System Based on the Analysis of the “3.28” Wangjialing Coalmine Flooding Accident Rescue[J]. Journal of Safety Science and Technology, 2010,6(3): 5～12.

[19]刘铁民．中国安全生产若干科学问题[M]．北京:科学出版社,2009.

[20]刘铁民．重大事故动力学演化[J]．中国安全生产科学技术，2006,2(6):3－6.

极端天气气候事件与气象灾害防御

马力

【摘要】本文介绍了极端天气气候事件发展趋势、造成的危害和防治对策，指出近年来极端气候事件有发生频率增加、极端性变强的趋势，因而其造成的灾害也在加重。最后提出了五条气象灾害防御对策：一是建立和完善基层气象灾害防御组织管理体系和机制；二是健全法律法规政策体系，强化气象灾害防御社会管理职能，提高气象灾害风险管理水平；三是加大气象灾害防御的科技投入，开展多学科合作的气象灾害防御科研和技术开发；四是建立气象灾害防御设施多渠道投入的长效机制；五是长期坚持开展气象灾害防御的科普宣传，提高社会公众气象灾害防御意识。

【关键词】极端天气气候事件；气象灾害防御

Abstract: This article introduced trends of extreme weather - climate events, hazards and countermeasures, in recent years, extreme weather events had trend of the frequency increased and extremity stronger, which caused disasters were increasing. In the end, five meteorological disaster countermeasures were put forward. First, meteorological disaster prevention systems and management of mechanisms were established and perfect. Second, perfecting system of laws regulations, policies, and strengthening management of meteorological disaster prevention and improving level of meteorological disaster risk management. Third, increasing investment in meteorological disaster prevention technology, multidisciplinary cooperation of meteorological disaster prevention research and technology were developed. Fourth, long - term mechanism of multi - channeled input for meteorological disaster prevention facilities were established. Fifth, it must long - term adherence to carry out the popularization of meteorological disaster prevention and improve public awareness of meteorological disaster prevention.

Key words: extreme weather - climate events; meteorological disaster prevention

---

[作者简介]马力，气象学博士、研究员，四川省气象局副局长。

1. 极端天气气候事件往往会带来严重危害

1.1 极端天气气候事件的界定

极端天气气候事件是指天气(气候)的状态严重偏离其平均状态,气象学定义为气象要素的方差超出多年平均的2倍。极端天气气候事件在统计意义上属于不易发生的事件,即发生概率小于5%的事件。

在全球气候变化背景下,由于气象要素的平均值和方差都会比多年平均态发生偏离,所以导致极端天气气候事件发生的概率增加,极端性增强(图1为示意图)。

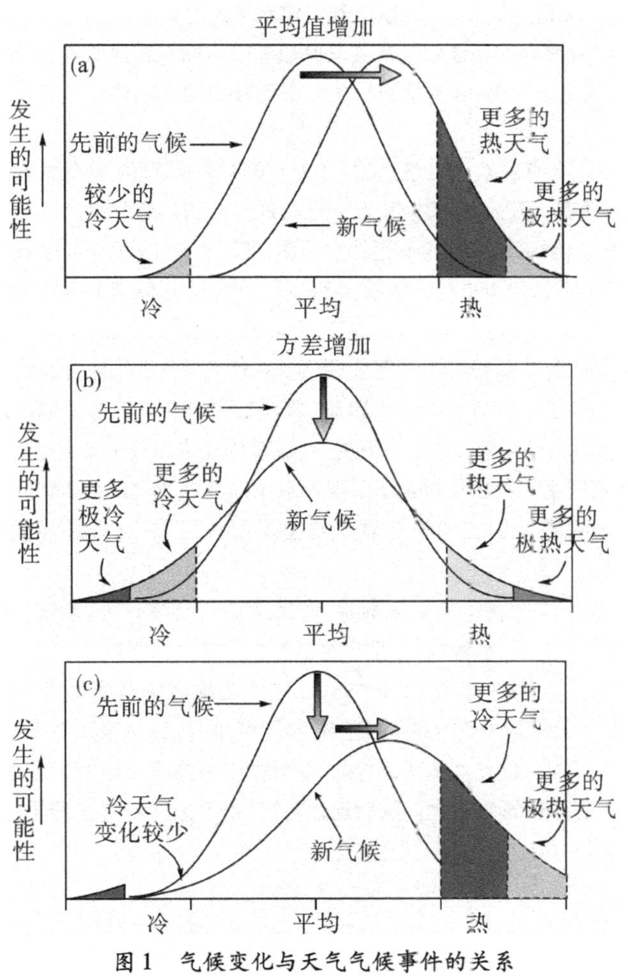

图1 气候变化与天气气候事件的关系

1.2 极端天气气候事件往往会带来严重灾害

在人类活动中,对于经常发生的气象灾害是有一定的应对能力的,因为它们都在人类活动的通常考虑之列,有许多应对经验。而对于不常发生的气象灾害——极端气候事件的应对能力就显得十分不足,往往导致严重的人员伤亡和财产损失。近年来发生的极端气候事件已经造成了严重危害,以下列举几个极端天气气候事件导致严重气象灾害发生的事例。

2005 年 8 月 29 日在美国路易斯安那州和密西西凡州登陆的卡特里娜飓风,最高风速 280km/h,超过 17 级大风(221km/h),是美国 1928 年以来破坏性最大的一次飓风,造成 812 亿美元的财产损失,死亡 1833 人,数以万计的房屋被淹和数十万户家庭断电,造成 100 多万人流离失所。美国总统布什说,恢复到灾前水平需要数年。

2006 年 8 月 10 日在我国浙江苍南县马站镇登陆的超强台风桑美,登陆时中心附近最大风力达 17 级,为百年一遇,是新中国成立以来登陆我国大陆最强的一个台风,灾前转移近 99 万人。

发生在 2003 年 8 月的欧洲热浪,气温突破 130 年来最高值(伦敦最高气温突破 38 摄氏度),欧洲大陆约有 2 万人死于热浪,此外还造成大范围的森林火灾。

2006 年夏季,川渝遭遇了百年不遇特大干旱,四川出现 1951 年以来最严重伏旱。6 月 1 日至 8 月 21 日,重庆、四川平均降水量为 345.9 毫米,是 1951 年以来历史同期最小值,造成重庆全市因旱受灾人口达 2100 万人(相当于重庆三分之二的人口),820.4 万人发生临时饮水困难,农作物受灾面积 132.7 万公顷,绝收 37.5 万公顷,直接经济损失达 90.7 亿元;四川全省 700 多万人出现临时饮水困难,农作物受旱 206.7 万公顷,成灾 116.6 万公顷,绝收 31.1 万公顷,损失粮食 481.4 万吨,造成直接经济损失 125.7 亿元。直到 2007 年 2 月 27 日,长江重庆主城段水位持续下降至零水位以下 0.74 米,为 1892 年有水文记载以来的最低水位,导致城市供水和长江通航发生了很大困难;此外还导致森林火灾十分严重。

2008 年 1 月发生在我国南方百年不遇的大范围冰冻雨雪灾害,影响 19 个省、市、自治区,造成电力、交通中断,供水困难,对生产生活造成了极大的影响。

2011 年春季(3 月 1 日—5 月 31 日),长江中下游地区降水异常偏少,平均降水量为 196.0 毫米,较常年同期偏少 53.0%,为近 60 年同期最少,致使长江中下游大范围严重干旱,江河、湖泊、水库等水位异常偏低,水体面积减少明显持续干旱对长江中下游地区水稻插秧、水产养殖业和水运影响较大。随后迅速转涝,受灾地区带来了严重的经济损失和人员伤亡(见图 2 至图 4)。

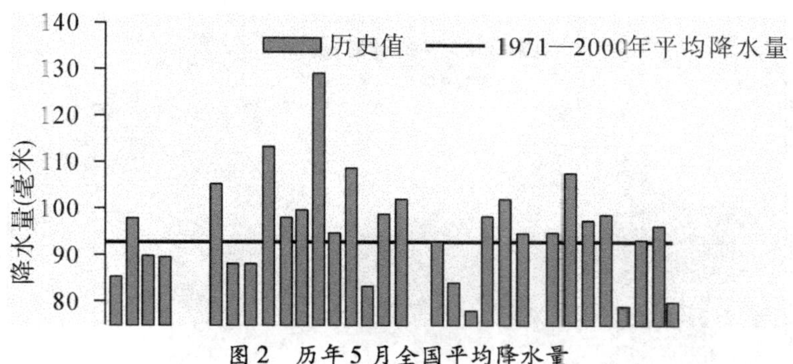

图2　历年5月全国平均降水量

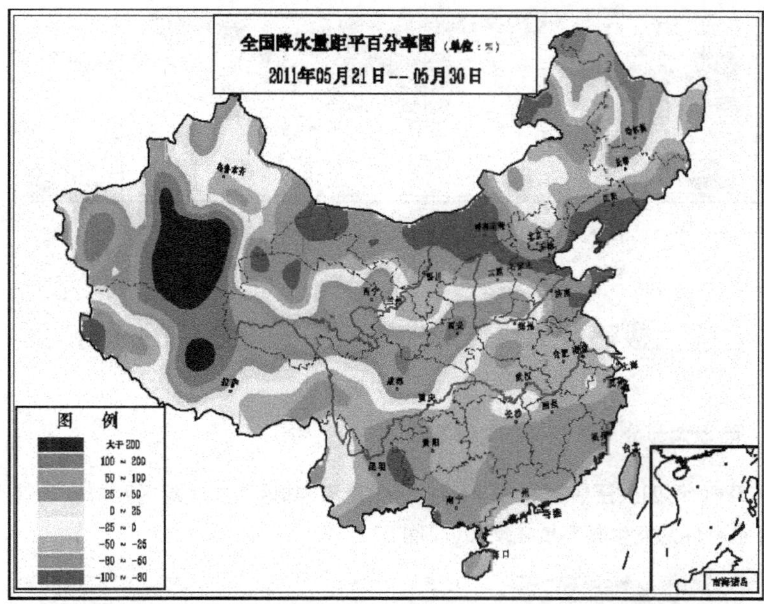

图3　2011年5月以前长江中下游大范围干旱示意图

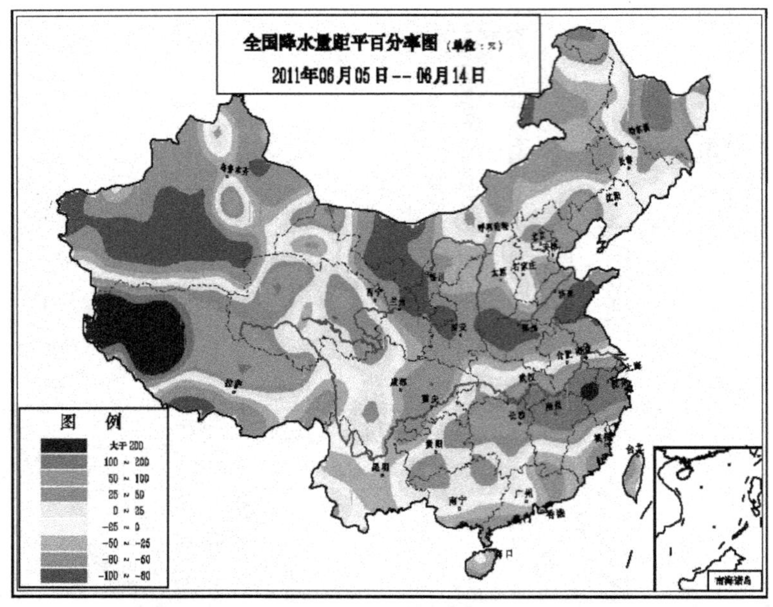

图4　2011 年 6 月以来长江中下游转涝示意图

2　极端天气气候事件有发生频率增加的趋势

2.1　陆地大部分地区强降水比例在增加

根据 IPCC 第四次评估报告(2007)的评估结果,陆地大部分地区强降水比例在增加,我国强降水事件的发生频率也在增加(见图 5)

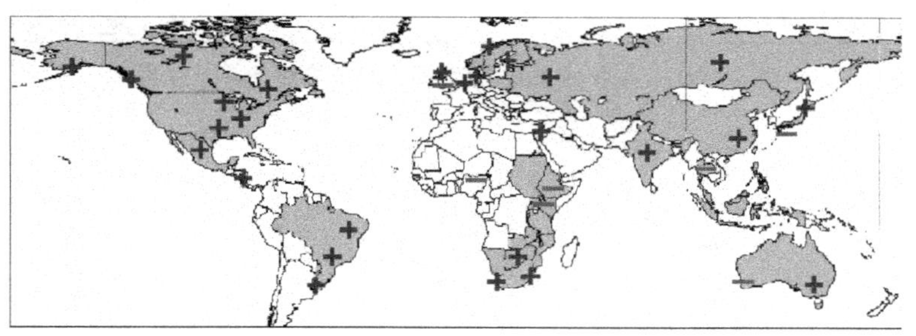

图 5　强降水和极强降水所占比例增加的区域分布示意图(+ :增加; - :减少)

2.2 强台风发生的频率增加

根据 IPCC 第四次评估报告(2007)的评估结果,20 世纪 70 年代以来强台风(风速约 58 米/秒以上,17 级)出现的频率,由 20 世纪 70 年代初的不到 20%,增加到 21 世纪初的 35% 以上,其中在北太平洋、印度洋与西南太平洋增加最为显著,北大西洋增加最小(见图 6)。

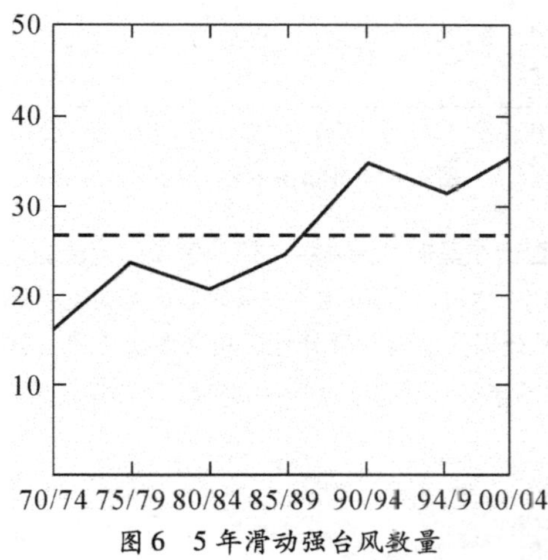

图 6　5 年滑动强台风数量

此外,最近 10 年里,大范围高温热浪等灾害性天气发生的频率也在明显增加,我国干旱有明显加重和频率增加的趋势。

2.3 极端天气事件对经济社会发展多方面都会造成很大影响

极端天气事件会导致洪旱灾害加剧,水资源问题更加严重,农业生产不稳定性增加,重大工程安全运行风险加大,冰川显著退缩,生态环境和人类健康,沿海经济发达地区受到海平面上升威胁,在大城市防汛抗内涝的能力经受考验,我国农村等灾害防御能力薄弱的地区防灾减灾的压力增大等多方面严重后果,使我国乃至全球因气象灾害造成的财产损失逐年增加,在我国每年已经占到 GDP 的 2% ~5%,人员伤亡 3000 人左右,2010 年达到 7844 人。

2.4 四川降水变化诊断结果反映与降水有关的极端天气气候事件发生频率有增加趋势

对近 50 年来四川降水趋势变化研究,得到以下结论:

(1)1961—2008 年近 50 年来四川省的年总降水量呈减少趋势,主要表现在夏秋季。20 世纪 90 年代以来明显偏少,48 年中降水最少的 10 个年份有 5 个出现在 1994 年后。

（见图7）

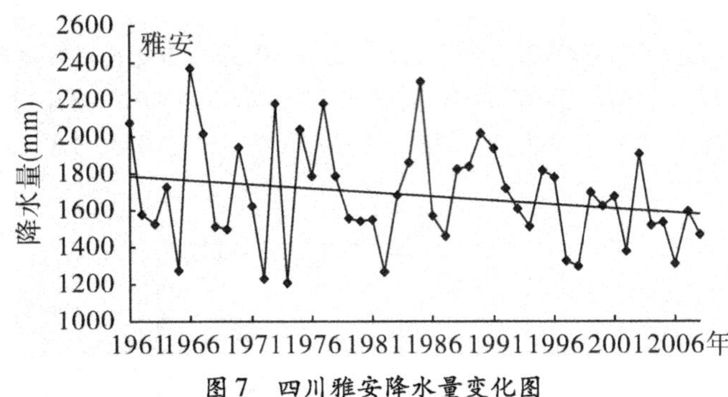

图7　四川雅安降水量变化图

（2）全省年降水从西到东呈现“增→减→增”的区域变化趋势，甘孜州、凉山州大部分地区和盆地东北部的巴中、达州、广安等地区主要表现为增加趋势，每10年增加的年降水量超过20毫米。而阿坝州以及盆地大部分地区均为减少趋势，其中盆地西部、北部地区尤为明显，每10年减少的年降水量超过40～60毫米。（见图8）

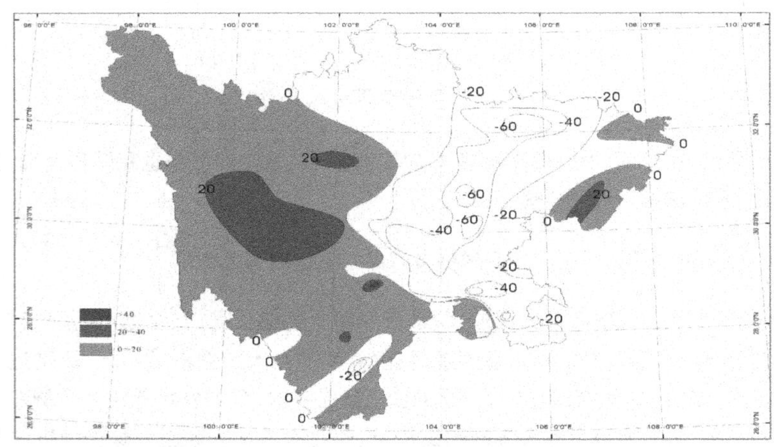

图8　四川省近50年降水量趋势倾向分布图

（3）全省年均暴雨日数从西到东呈现“增—减—增”的总体变化趋势：甘孜州、凉山州南部、攀枝花等地区年均暴雨日数主要呈弱增加趋势，四川盆地西部、中部呈明显减少趋势，每10年减少0.2～0.5天；而盆地东北部地区则呈较强增加趋势，每10年增加0.2～0.4天。

（4）全省暴雨强度的变化趋势：凉山州和攀枝花地区以及盆地东北部的达州、广安、南充和中部的遂宁、资阳等区域明显增强，每10年增强1～8mm/d*，其中达州渠县更是超过

6mm/d,接近 8mm /d。特别是盆地西部雅安、乐山以及盆地中部的遂宁、资阳等地区,虽然暴雨日数是减少的,暴雨强度却是加强的。

(5)全省小雨日数除甘孜州北部部分地区为增加趋势外,四川省绝大部分地区主要呈减少趋势,其中盆地西部、西北部、西南部的减少尤为明显,每 10 年减少 2 天以上,部分地区超过 4 天。

(6)全省无雨日数除甘孜州北部、中部以及阿坝州西部地区是减少趋势外,四川省大部分地区都呈明显增加趋势。盆地西部、西北部、西南部的增加尤为显著,大概每 10 年可增加 4 天以上。

2.5 四川这种降水的趋势性变化对各方造成的影响

初步分析,四川这种降水的趋势性变化对各方会造成如下影响:

(1)降水减少的同时,小雨日数减少和无雨日数的增加,导致四川盆地西部和中部等干旱易发区的干旱发生更加频繁,强度明显增强,工程性缺水的矛盾更加突出。以巴中为例:进入 20 世纪 90 年代以来,高温天气和重、特大伏旱发生频率都呈明显加剧和增多趋势, 1994—2006 年 13 年中,就有 7 年出现了重、特大伏旱,与 1961—1993 年间的 33 年中出现的年数相当。

(2)暴雨日数增加、强度增强,使盆地东北部暴雨洪涝频发,强降水诱发的地质灾害严重。以达州为例,2001—2008 年年平均暴雨日数达到 4. 88 天,大于以往各个年代平均的暴雨日数;并且近年来伴随暴雨日数的增多,盆地东北地区暴雨强度也明显增强,极端降水事件频发, 进入 21 世纪以后,盆地东北部地区极端强降水事件更是屡创新高。如 2004 年、2005 年、2007 年达州市遭受了严重的区域性暴雨洪涝:3 年均是特大洪水年, 出现了连续 2 天各站平均雨量大于 50 毫米的强降雨,其中 2004 年 9 月 4—5 日更是连续 2 天降水量大于 120 毫米。而这样的特大洪水 20 世纪一共也就发生了 3 次(1902、1907、1982 年)。

(3)气候“暖干化”背景下,川西高原东北部态环境恶化。以若尔盖地区为例,“暖干化”的气候背景会导致蒸发加剧,湿地萎缩,直接影响到牧草的生长,草地生产力大幅度降低,直接后果是草地退化和土壤退化。

3 气象灾害防御对策

极端天气气候事件发生的频率增加、极端性增强,使得气象灾害造成的危害越加严重,加强气象灾害防御是应对极端天气气候事件的最重要手段,也是当务之急。但目前我国气象灾害防御还存在许多问题,主要表现在:一是基层气象灾害防御体系不健全,运行管理和考核机制不完善;二是气象灾害风险管理工作薄弱;三是气象灾害防御法律法规不健全,执行不到位,相应的政策不完备;四是气象灾害防御基础设施投入不足,长期投入机制和渠道未建立;五是多学科融合的气象灾害防御科技支撑有待加强;六是社会公众气象灾害防御意识有待提高。

针对上述问题,提出提高气象灾害防御能力的对策如下:

3.1 建立和完善基层气象灾害防御组织管理体系和机制

提高基层特别是农村气象灾害防御能力,极大减少人员伤亡和财产损失的重要抓手。农村气象灾害防御是我国防灾减灾的最薄弱环节,每年气象灾害造成的人员伤亡80%以上都集中在农村,所以抓好农村气象灾害防御工作,就抓住了减少因气象灾害造成人员伤亡的关键环节。而只有气象灾害防御工作做到最基层,延伸到最末端才会真正有效,这是由防灾减灾工作特点和性质决定的。

因此,必须建立政府主导、部门联动、社会参与、科学高效的气象灾害防御组织体系和运行管理考核机制,建立和完善基层气象灾害防御组织管理体系和机制,只有这样才能使得气象灾害防御工作扎实有效地落到实处。也就是说,在县政府主导下,建立乡级气象灾害防御领导小组,负责乡镇、街道气象灾害防御工作,建立村级气象灾害防御工作组,负责行政村、城镇社区气象灾害防御工作,设置易灾区气象灾害防御责任人,负责自然村、居民区、企事业单位、水利设施管理单位、山洪地质灾害易发区、公路危险区等责任区的气象灾害防御工作。乡级专职人员、村级联络员、易灾区责任人都属于气象信息员。对以上各级气象灾害防御组织机构和组成人员都要明确其工作职责,并将其向社会公众进行公示接受社会的监督,同时向县以上政府和气象部门备案接受上级的考核。

3.2 健全法律法规政策体系,强化气象灾害防御社会管理职能,提高气象灾害风险管理水平

气象行业有1部法,2部条例,49部地方性气象法规,涉及大量气象灾害防御的工作内容,需要把它们逐一履行到位。一是不断提升气象灾害监测预警和信息发布能力,提前采取行动,避免和减少人员伤亡与财产损失的重要非工程措施。二是开展气象灾害风险区划和评估,并在此基础上编制气象灾害防御规划,以指导全社会开展针对提高气象灾害防御能力的建设。三是组织开展气象灾害应急管理,建立气象灾害防御政府应急准备认证制度,督促和指导受气象灾害影响的乡镇、街道、学校、企业等建立气象灾害防御组织体系,制定气象灾害防御应急预案,建立起相应的多部门联动制度,多方投入建设用于气象灾害防御的各种设施等,特别是气象灾害预警和信息发布系统建设,提升全社会的气象灾害防御能力。四是对城市建设、大型工程开展气候可行性论证工作,使大型工程在设计和建设时就充分考虑了气象灾害防御的问题。例如目前普遍存在的城市排水能力不足造成的城市内涝问题,短时强对流大风天气导致城市高楼坠物砸伤人的事件多发问题等,都与气候可行性论证缺失有关。五是与保险业合作开展气象灾害风险控制政策和气象灾害风险转移政策研究,开展针对不同行业的气象灾害保险产品设计研究,通过保险业介入转移

气象灾害风险，提高局部区域抗御高风险气象灾害的能力，筹集社会资金，提高全社会的气象灾害防御能力。六是人工影响天气工程和防雷工程是气象灾害防御的工程性措施，必须加大组织管理力度，推进这些工作有序、健康开展。

3.3 加大气象灾害防御的科技投入，开展多学科合作的气象灾害防御科研和技术开发

气象灾害防御既是组织管理问题也是科学技术问题，而且更是多学科融合的问题，所以，需要多学科合作开展研究，使得气象灾害防御能力在各行业得到专业化的提升。一是建立气象灾害风险管理指标体系的科学研究，包括建立针对各种承灾体的气象灾害评估指标体系，用于建立气象灾害防御应急准备认证制度的指标体系，用于开展气候可行性论证工作的指标体系。二是加强气候灾害风险控制技术研究和开发，建立完善气象灾害早期预警业务，建立应对风险的快速响应机制的科研和技术开发。开展气象灾害评估方法研究，气象灾害风险区划方法研究，提高气象灾害风险评估业务能力。三是开展用于气象灾害风险转移方面的科研和技术开发，针对政策性农业气象灾害保险和气象灾害保险产品设计开展的科学实验、科学研究工作，与之相配套的气象灾害评估、灾害风险预报的科研和技术开发；与保险部门和金融部门合作开展通过保险转移灾害风险和通过金融产品介入转移灾害风险等方面的科研。

3.4 建立气象灾害防御设施多渠道投入的长效机制

多年来，各级政府一直是气象灾害防御设施建设的主渠道，由于我国是世界上气象灾害严重和多发的区域之一，气象灾害的涉及面又十分宽泛，导致气象灾害防御设施投入不足，长期、持续的投入机制和渠道没有形成，这在广袤的农村表现尤其突出。一是各级政府组织编制好各地的气象灾害防御规划，并加以监督执行。二是在各种工程、项目建设中，如城市建设、开发区建设、公路何铁路等交通设施建设、矿山开采、农业产业化开发区建设等，要充分考虑气象灾害对其的可能影响，并投入建设气象灾害防御设施；三是通过保险的介入，建立气象灾害防御设施建设的投入机制。

3.5 长期坚持开展气象灾害防御的科普宣传，提高社会公众气象灾害防御意识

一是加大气象灾害防御科普知识宣传力度；二是加强对中小学生气象灾害防御科普知识的教育，将相关知识列入教材；三是在气象灾害多发区域向公众发放气象灾害防御明白卡，设立气象灾害发生状况警示牌；四是完善气象灾害多发区域的灾害防御应急预案，并组织当地群众加以演练，使大家知道怎样躲避灾害带来的风险。

【参考文献】

[1]中国气象局政策法规司．气象防灾法制先行[M]//《气象灾害防御条例》宣传贯彻活动辑选．北京:气象出版社,2010.

[2]中国气象局应急管理办公室．气象部门应急案例选编[M]. 北京:气象出版社,2009.

[3]中国气象局成都区域气象中心,成都高原气象研究所.2008 年西南地区东部持续低温雨雪冰冻灾害机理研究和服务评估分析[M]. 北京:气象出版社,2009.

考虑建筑物洪水风险易损性指数的洪水保险纯保费估算

张琳　何超

【摘要】中国是自然灾害频繁的国家之一，其中洪涝灾害尤为严重，迫切需要开展洪水保险。但是洪水保险的定价与传统保险的定价有很大的不同。本文阐述了洪水保险费率厘定的基本方法，建立了建筑物洪水灾害易损性的模型，将洪水损失估计方法与洪水灾害易损性相结合，厘定洪水保险的纯保费，为我国洪水保险的推行提供一定的理论依据。

【关键词】洪水损失；易损性；易损性指数；洪水保险定价

Abstract: China is one of the countries which suffer natural disasters frequently, especially flood disaster. It is necessary to establish a flood insurance system. But the ratemaking of flood insurance is very different from ratemaking of traditional insurance. In this paper elaborates the basic method of flood insurance ratemaking, develops the model of flood vulnerability index. Then, it combines vulnerability index to base rates of flood insurance. So that it can provide a foundation for flood insurance development.

Key words: flood loss; vulnerability; vulnerability index; ratemaking of flood insurance

以往洪水风险被认为是不可保的风险，随着科技的发展，在英美等国洪水风险已经成为在一定条件下可保的风险，而且洪水保险在应对洪水灾害造成的损失方面起到了很大的积极作用。我国是洪涝灾害频发的国家，近些年来随着城乡经济的发展和自然资源过度的开发利用，洪水的发生频率和造成的经济损失都不断增加。应对洪水灾害，开展洪水保险是一种非常实用的非工程措施。但是，如何较准确地估算洪水保险的损失，如何评估建筑物洪水灾害易损性，以及如何厘定洪水保险纯保费等都是还没有很好解决的问题。本文在传统损失评估方法的基础上，建立了建筑物洪水易损性指数模型，加强了承灾体信息的量化分析，并尝试将建筑物洪水易损性指数应用于洪水保险纯保费的厘定中，以期为

［作者简介］张琳，女，湖南长沙人，教授，中国保险学会理事、中国精算师协会正会员。研究方向：非寿险精算。何超，男，安徽人，湖南大学金融与统计学院研究生。

洪水保险的定价提供具有一定可操作性的理论支持。

1. 洪水损失估计

洪水损失估计是洪水保险纯保费厘定的前提,估计洪水损失的方法多种多样,目前常用的有两种,一种是运用概率统计方法对洪水损失分布进行拟合,一种是应用地理信息系统(GIS)技术的洪水损失率法。

1.1 洪水损失分布拟合

损失分布拟合主要是利用传统的概率统计方法,对洪水的发生频数和损失金额分别进行拟合,得出洪水损失频数和损失程度的概率分布,两者相乘即可计算期望洪水损失。

对洪水损失频数的拟合,较常用的是泊松(Poisson)分布和负二项(Negative Binomial)分布。可以先计算样本均值和方差,如果样本均值和方差相差不大,一般使用泊松分布;如果样本方差明显大于均值,则使用负二项分布。也可以同时用两种分布拟合,再进行拟合优度比较分析。

由于洪水风险损失程度的分布具有不对称、定义域非负、尾部较厚等特点,故适宜采用双参数模型进行拟合。常用的洪水损失程度分布有对数正态(Lognormal)分布和逆高斯(Inverse Gaussian)分布。

1.2 洪水损失率法

洪水损失率法对洪水损失的估计,通常利用地理信息系统(GIS)估算洪水损失率,即已发生损失与原有财产价值的比例。采用的方法是多因素回归分析,在研究中使用较广泛多因素回归模型如下:

$$Y = a[D]^{b}[B]^{c}$$

其中,Y 表示洪水损失率,D、B 分别代表致灾因子和承灾体信息,a、b、c 是系数。由于承载体信息会在建筑物易损性中独立分析;致灾因子 D 主要包括洪水淹没水深、洪水淹没历时、洪水流速、洪水泥沙含量等等,而洪水流速和洪水泥沙含量不易量化处理,所以一般只考虑洪水的淹没水深 H 和淹没历时 T,模型可以转化为:

$$Y_i = a[H]^{b_1}[T]^{b_2}$$

利用 GIS 技术,根据已有的降雨量和河段水位信息,通过运用数字高程(DEM) 模型,模拟出洪水的淹没水深和淹没历时,再结合历史损失数据,采用多元回归方法求出系数 a、b_1、b_2。

洪水损失分布拟合和洪水损失率法都是对洪水损失整体的估计,忽略了承灾体性质这一重要因素,因而会高估洪水损失(因为不是每次洪水的冲击导致区域内的所有建筑物损毁)。本文将对此缺陷进行弥补,将承灾体信息的度量方法与洪水损失估计方法相结合，得到更为精确的洪水损失估计。

2. 建筑物洪水易损性分析

承灾体性质一般用易损性度量。关于易损性的度量很多文献研究了地震和台风灾害中建筑物易损性的问题，鲜见关于洪水灾害建筑物易损性的研究。所谓易损性是指承灾体易于遭受风险威胁和损失的性质与状态，而建筑物洪水易损性则是指建筑物易于遭受洪水风险威胁和损失的可能性大小，它用于研究区域承灾体受到洪水破坏的程度，是洪水灾害风险管理的基础性工作。

2.1 影响因素分析

(1) 建筑物层数 (S)

一般情况下，随着建筑物层数的增加，它受到洪水威胁的可能性越来越小，所以其对建筑物洪水灾害易损性指数的贡献随着层数的增加而逐渐减少。

(2) 建筑物结构(C)

建筑物结构，即建筑物的建筑材料，可以分为砖混、砖瓦、木质和土坯几种类型。按照所列顺序，它们对建筑物洪水灾害易损性指数的贡献越来越大。

(3) 建筑物所处位置的洪水风险等级(R)

以历史资料作为统计样本，对研究区域的洪水划分等级，常采用洪水的重现期进行划分，如100年一遇、50年一遇、20年一遇等。洪水风险的等级越高，其对建筑物洪水灾害易损性指数的贡献越大。

2.2 建筑物洪水风险易损性指数模型

建筑物洪水风险易损性指数是建筑物易损性量化后的结果。根据建筑物洪水易损性的定义及影响因素分析，建立下面的建筑物洪水风险易损性指数模型：

$$I = \alpha S + \beta C + \gamma R$$

其中，α、β、γ 分别表示建筑物层数、建筑结构和所处位置洪水风险等级这三个因素对洪水易损性的贡献程度，且有等式：

$$\alpha + \beta + \gamma = 1$$

模型假设如下：

◆ 最大建筑物易损性指数等于1，这种情况只发生在所有影响因素都处于最大贡献状态下，如层数为第一层时，$S = 1$；结构为土坯时，$C = 1$ 等，该情况设为基准情况。

◆ 其他情况下该指数均小于1，大于0。

◆ 基于第一项的规定，各影响因素所包含的情况都要针对基准情况进行转化。

2.3 实例应用

由于对于建筑物易损性指数的测算需要大量详细的数据，要获得全国的规范性数据目前是不可能的，本课题选取了湖南省的一个县作为示范县，该县具有较规范的数据。本文运用具体数据阐述建筑物洪水风险易损性指数模型中各变量和参数的计算过程。

(1)洪水风险等级 R

洪水风险可以分为五个等级，其与洪水重现期的对应关系表1所示：

表1　洪水风险等级与洪水重现期的对应关系

洪水风险等级	一级	二级	三级	四级	五级
洪水重现期	20年以下	20年	50年	100年	最大可能洪水

定义房屋损坏率等于损坏数量与原有数量之比，分别计算每个洪水年的损坏率，再将结果由高到低分为五个区间，求出每个区间的平均值，代表每个洪水等级的平均损坏率，最后计算变量 R，其中 R_1(一级) =1，R_i 是第 i 级与第一级的平均损坏率之比。计算结果见表2。

表2　洪水风险等级 R 的计算结果

洪水风险等级	一级	二级	三级	四级	五级
区间	12%以上	8%～12%	5%～8%	2%～5%	0～2%
平均损坏率	17.9%	9.69%	7.32%	3.75%	0.88%
R	1	0.54	0.41	0.21	0.05

(2)建筑物结构 C

建筑物的结构主要分土坯、木质、砖木和砖混(包括框架结构)四个类型，其中以土坯结构最易受到洪水威胁，故 C_1(土坯) =1。计算不同结构的损坏数量与原有数量的比值，可以得到结构损坏率，C_i 的计算方式与 R_i 一致。具体结果见表3。

表3　建筑物结构 C 的计算结果

建筑物结构	土坯	木质	砖木	砖混
原有数量	11 337	485	56 805	98 826
损坏数量	258	5	327	225
结构损坏率	2.28%	1.03%	0.58%	0.23%
C	1	0.45	0.25	0.10

(3)建筑物层数 S

建筑物层数 S 同样是利用房屋损坏的统计数据与原有数量之间的比值进行计算,具体过程如表4所示。

表4 建筑物层数 S 的计算结果

层数	一层	二层	三层	四层以上
原有数量	231 575	231 400	9046	9868
损坏数量	2004	502	0 *	0 *
损坏率	0.87%	0.22%	0.1% * *	0.05% * *
S	1	0.253	0.115	0.057

(注:*由于历史损失资料不足,三层以上没有损坏记录;* * 0. 1%和0.05%为假定的损坏率。以上所有数据来自湖南省某县民政局。)

(4) 权重 α、β、γ

对 α、β、γ 的估计主要依据各影响因素损坏率的大小,由表2、表3、表4的计算结果可以看出:洪水风险等级的损坏率最高,其次是建筑物结构,最后是建筑物层数。S、C、R 的平均损坏率分别是0.31%、1.03%、7.91%,平均损坏率分别是由建筑物层数、建筑物结构和洪水风险等级三种因素各自的分类结果的损坏率简单平均求出,如:

$$Y_S = \frac{0.87\% + 0.22\% + 0.1\% + 0.05\%}{4} = 0.31\%$$

利用平均损失率进行加权平均,求出 α、β、γ 依次是0.034、0.111、0.855。α、β、γ 分别是由 S、C、R 的平均损坏率再进行加权平均求出,如:

$$\alpha = \frac{0.31\%}{0.31\% + 1.03\% + 7.91\%} = 0.034$$

因此,可以得到该县的建筑物洪水易损性指数模型为:

$$I = 0.034S + 0.111C + 0.855R$$

如果某一砖木结构的一层建筑物(平房)处于洪水风险等级为三级的位置,则其建筑物洪水灾害易损性指数为 $I = 0.034 \times 1 + 0.111 \times 0.25 + 0.855 \times 0.41 = 0.4123$,其他类型的建筑物计算方法一样。

根据各影响因素的性质和计算的结果,可以得出下面的结论:

第一,建筑物的地理位置是影响其洪水易损性的最主要因素,其次是建筑物结构 C,最后是建筑物层数 S。对于地域相仿的不同地区的建筑物,该结论也是适用的。

第二,建筑物结构 C 在不同地区中会表现出较强的一致性,即土坯、木质等结构,在洪水风险中的抗风险能力不会因地区的改变而改变。

第三，洪水风险等级 R 和建筑物层数 S 对建筑物易损性的影响会因地区不同而有所改变。其主要原因可能是不同地区的地形差异，也可能是建筑物高度差异，调查的范围和数据的充足性也会对结果产生一定的影响。

3. 洪水保险纯保费的厘定

洪水保险损失是洪水保险定价的基础，在某种意义上可以直接理解为洪水保险的基准保费。

3.1　洪水损失与洪水保险损失

无论是损失分布拟合，还是洪水损失率法，最终得到的都是洪水损失，即洪水风险发生后所造成的财产损失。洪水保险纯保费厘定依据的则是洪水保险损失，洪水保险损失则是指参与洪水保险的承灾体在既定洪水灾害下的经济损失，它表示狭义的洪水保险纯保费。

3.2　洪水保险损失估计

结合我国国情，洪水保险初期一般应实行强制性保险。损失分布拟合的结果结合投保率就可以得出基准保费，而洪水损失率法则是考虑投保价值得到洪水保险损失。两者再分别结合易损性得到差别保费。

下面以损失分布拟合方法为例估计湖南省某县的洪水保险损失。

由于洪水风险具有损失频数不高，损失金额巨大等特性，单凭某县的历史洪水损失频数和损失程度的统计数据，是无法拟合出符合实际情况的洪水损失频数分布和损失程度分布的。鉴于此，运用信度补充理论中的 Harwayne 方法即利用全国数据补充区域数据的重要方法，Harwayne 方法中地区保费的信度调整因子为该地区损失成本与全国总损失成本的比值。期望损失是保费的基础，所以对某一地区期望洪水损失的调整也将采用类似的方法。

期望洪水损失等于洪水损失程度与损失频数的乘积，因此，某地区期望洪水损失的调整因子可以转化为对损失程度和损失频数的分别调整。某县的经济水平是决定该县损失大小的关键因素，而 GDP 是衡量经济水平的重要指标，所以损失程度即损失金额的调整系数 k_s 为：

$$k_s = \frac{\text{某县 GDP}}{\text{全国 GDP}}$$

考虑各地区发生洪水的可能性差异，本文采用同期洪水发生次数的比例作为某县洪水损失频数的调整系数，损失频数的调整系数 k_f 为：

$$k_f = \frac{\text{同时期某县洪水发生次数}}{\text{全国洪水发生次数}}$$

因此县级洪水保险损失的计算公式如下：

$L = E(X)k_sE(N)k_f\omega$

其中，L 表示洪水保险损失，$E(X)$ 和 $E(N)$ 分别表示损失程度和损失频数的期望值，k_s 和 k_f 分别表示某县损失程度和损失频数的调整系数，ω 表示洪水保险的投保率，

利用我国1949—2008年的洪水损失拟合结果可知：$E(N) = 4.0714$，$E(X) = 19.28$（亿），根据湖南省某县的统计数据可计算出：$k_f = 0.182$ 和 $k_s = 2.074 \times 10^{-4}$。

投保率可参考我国几种强制性保险和政策性保险的投保率，在考虑有保费补贴的情况下假设投保率为50%，带入洪水保险损失的计算公式，计算得出某县的洪水保险损失为296 299.53元，统计参与强制性洪水保险的保户数量，按每户10 000元的平均保险金额算，$\frac{L}{投保户数 \times 10\ 000}$即为该县洪水保险的基准保费费率。将基准保费乘以该投保户所处建筑物的建筑物洪水易损性指数，就可以计算不同类型保户的差别纯保费。这样的计算对于基准保费是一个修正，使得处在不同建筑结构、不同洪水风险区域、不同楼层中的投保人能够得到相对公平的保费，而且这个费率也是目前来看可以承受的和合适的。

4. 结语

承灾体是财产保险中必须考虑的因素，建筑物是巨灾风险中最重要的一类承灾体，因此分析建筑物易损性对以建筑物为主要保险标的的财产保险非常重要。但是到目前为止，对建筑物易损性的评价还缺乏统一合理的方法。本文尝试用量化的方法分析建筑物易损性的影响因素，进而建立建筑物洪灾易损性指数模型，并以一县的数据为例，应用了建筑物易损性指数模型，最终得出洪水保险的纯保费计算方法。

【参考文献】

[1]KING D, MAC GREGOR C. Using Social Indicators to Measure Community Vulnerability to Natural Hazards[J]. Australian Journal of Emergency Management,2000,15(3):52－57.

[2]李喆，秦其明．一种基于RS/GIS的城市洪灾保险损失预评估方法[J].水利水电技术，2004,4:67－70.

[3]石勇．中国南方城市居民建筑物洪灾脆弱性研究．人民长江，2009,3:19－21.

巨灾风险：可保性与政府干预的理论再认识

柴化敏　朱铭来

【摘要】本文从探讨巨灾的特征入手，在精算理论和决策理论基础上重点讨论巨灾风险的可保性问题，认为巨灾风险虽然不符合精算理论中标准理想状态下的可保风险，而决策理论拓展了可保风险的标准，并提供了巨灾保险经营的工具和技术。然而，商业保险市场虽然对巨灾风险实现了一定的分散和转移，但仍存在很大缺陷，即市场失灵。最后通过分析巨灾保险市场失灵的原因，提出了政府干预策略——巨灾可保风险的另一种拓展。

【关键词】巨灾风险；可保性；巨灾保险；政府干预

Catastrophe Risk: A Theoretical Review on Insurability and Public Intervention

Abstract: In this paper, we analyze some features of catastrophe risk and its insurability. We also find that catastrophe risk is often regarded as uninsurable risk according to the actuarial science, but insurable based on the decision theory. The decision theory extends insurable risks' standards and provides many tools of risk diversification for catastrophe insurance. However, there is still "market failure" in the private market of catastrophe insurance. The market failure problem leads to the discussion of the advantage and importance of public intervention, another way of expending the insurability of catastrophe risk.

Key words: catastrophe risk; insurability; catastrophe insurance; public intervention

近年来，四川汶川地震、印尼海啸和日本大地震以及引发的核辐射危机等一系列巨灾事故的发生不仅给一国带来严重的经济损失，而且进一步加剧了全球经济发展的不确定性。随着全球进入巨灾的高发期以及巨灾带来的巨额损失，人类该如何面对巨灾带来的巨额损失，如何建立适应经济社会发展的巨灾风险识别、防范和损失补偿的管理体系已成为世界范围内的难题和重大的问题，也是各国政府面临的严峻挑战。本文尝试从探讨巨

［作者简介］柴化敏，南开大学经济学院博士研究生，讲师；朱铭来，南开大学卫生经济与医疗保障研究中心主任，经济学院保险经济与政策研究中心主任，教授，博士生导师。

灾风险特征入手,基于精算理论和决策理论,对巨灾风险的可保性进行深入分析,提出了拓展巨灾风险可保性的方法,为最大限度地有效分散巨灾损失提供思路。

一、巨灾的界定

"巨灾"(catastrophe)一词源于希腊文 katasrtophe,意即"彻底的转变"。有一个与 catastrophe 相近的词 cataclysm,意为"大的转变"。联合国将巨灾定义为:一种严重的社会功能失调,它在大范围内造成人类、物质和环境损害,这种损害已经超出了社会依赖自己的资源能承受的能力。不同的国家和机构对巨灾也有不同的标准。例如,美国精算协会将巨灾定义为一种不常发生的、影响大量人口、造成严重人员伤亡及财产损失的事件。

在目前的研究中,一个事件是否被定义为巨灾事件主要从三个角度来衡量:

一是从一个国家或地区的角度。如全球最大的再保险集团慕尼黑再保险公司认为:如果自然灾害发生后,受灾地区无法依靠自己的力量来帮助自己,而必须依靠区域间或国际援助,那么这场自然灾害就被定义为重大自然巨灾。重大自然巨灾发生时,通常造成数千人死亡、数万人无家可归。就一个国家的经济状况来说,实际经济损失重大。

二是从整个保险行业的角度。如日本的地震保险经营就是基于整个行业的角度来界定巨灾事件的,它将巨灾定义为超过 750 亿日元的损失的事件;美国联邦保险服务局(Insurance Service Office,ISO)财产理赔服务部按照 1998 年价格将巨灾定义为造成至少 2500 万美元(1997 年以前定义为至少 500 万美元)的直接承保财产损失,且影响相当数目的保险人与被保险人的事件;再如瑞士再保险公司(Swiss Re)将巨灾定义为自然灾害和人为灾祸,且涉及大量保单和众多保险人的事件(见表 1)。

表 1　2011 年瑞士再对巨灾的界定标准

保险损失	
船运灾难 航空 其他	1740 万美元以上 3480 万美元以上 4330 万美元以上
或总体损失	8650 万美元以上
或死亡人数	
死亡或失踪 受伤 无家可归	20 人以上 50 人以上 2000 人以上

资料来源:瑞士再保险公司《西格玛》研究报告 2011 年第 1 期(Swiss Re,Sigma No. 1, 2011)。

三是从单个保险公司的角度。巨灾应该是与保险公司的偿付能力相比较而言的一个概念。保险公司总的偿付能力表现为自有资本、公积金和各种准备金,其中公积金和各种准备金为其一般偿付能力。导致保险公司保险赔款过多地超过其一般偿付能力的风险称为巨灾。

由此可以看出,巨灾实际上是一个发展的概念,不同时期以及不同对象都有所不同,但一般意义下的巨灾事件都有一些共同的特点。

二、一般风险可保性的理论分析

在保险经济学文献中,对风险的可保性有大量的研究。对于一般风险而言,传统的可保风险理论主要是从精算或者数理统计的角度分析的。例如,Houston 于 1964 年提出可保风险须满足以下 6 个条件:①有大量同质的风险单位存在,这是大数法则应用的前提条件。②风险必须是纯粹性风险。③风险必须是偶然的、随机的,即风险损失是不确定的。④风险单位是相互独立的,即保险标的不能同时遭受损失,风险的发生不能是相关的。即不存在承保人责任积累问题,以满足"大数法则"的统计假设。⑤保险费应是被保险人在经济上能承受的。⑥风险的模糊性、道德风险和逆向选择可以控制在一定程度内。

Borch(1974)提出风险的可保性主要从以下三个方面判断:①逆向选择和道德风险。道德风险,即投保会降低投保人防损的动机,甚至是投保人故意制造风险损失。道德风险是普遍存在且不可能完全消除的,解决的办法通常是部分保险,以及根据投保人的行为制定差别保费和投保范围。当监测投保人的成本过高时,这样的风险就是不可保的。与道德风险相伴而生的是逆向选择,即高期望损失的客户更希望购买按平均损失率定价的保险产品,其数量的增加会使平均损失率提高,进一步将低损失率的优质客户排挤出保险市场,即所谓的"柠檬市场"(lemmon market)。将投保人基于保费和期望索赔成本分类可以降低逆向选择的发生几率。但同样的问题是,分类的成本是高昂的,如果保险公司无法在经济合理的基础上进行分类,就会使这样的风险归入不可保风险的范畴中去。②风险潜在损失是否过大。风险的潜在损失如果过大,可能会造成保险公司偿付能力不足,带来破产风险,则是不保的。③损失概率与大小的模糊性(ambiguity)。模糊性是指有些风险并没有客观的(或统计学上的)发生概率,或者限于现有的科学知识,无法知道其客观的发生概率。如同风险厌恶一样,大多数人是模糊性厌恶(ambiguity aversion)的。当保险人的模糊性厌恶程度大于投保人时,就会产生可保性问题。

瑞士再(Swiss Re)保险公司在 Berliner(1982)的基础上,分别从保险统计与精算、市场状况以及社会因素三个方面提出了可保风险标准,见表 2。

表 2 可保风险标准

(1)	保险统计精算	风险/不可确定性	可测量
(2)		损失事件	独立
(3)		最大损失	可负担
(4)		平均损失	适中
(5)		损失频率	高
(6)		道德风险，逆向选择	不过分
(7)	市场决定	保费	充足，可负担
(8)		保险范围限制	可接受
(9)		行业承保能力	充分
(10)	社会因素	公共政策	与保险一致
(11)		法律体系	许可保险

资料来源：Baruch Berliner. 风险的可保险限制[M]. Prentice - Hall，1982；瑞士再保险公司经济研究与咨询部。

三、巨灾风险的可保性分析

(一)精算理论基础上的可保性分析

从保险统计精算的角度分析，显而易见，对于“风险/不可确定性、损失事件、最大损失、平均损失、损失频率、逆选择和道德风险”的标准，巨灾风险均不满足。如前文所述，①巨灾风险的突发性不满足风险的可测性标准。巨灾的发生在时间上和地点上具有偶然性和不可预测性，统计上难以做出有效的判断，因此存在模糊性。Hogarth 和 Kunreuther（1989，1992）通过问卷式调查，研究了保险精算师在针对模糊概率与非模糊概率时做出的不同决策，结果表明，当风险是模糊的时候，精算师制定的保费远远高于非模糊的风险，则计算出保费可能高于精算公平时的价格。②风险个体的高度相关性不满足损失事件相互独立性标准，地震、洪水、风暴潮等会影响十分广大的地区，可能使几个省（市）、数亿人同时受到不利影响。③从最大损失和平均损失的角度来看，世界每年平均巨灾损失达数百亿元，巨灾风险产生的损失是全球保险业难以承受的。损失的严重性不满足最大损失是可负担以及平均损失适中的标准。④巨灾风险的损失频率较低，也不符合频率较高的标准。⑤从保险统计精算的逆选择因素考虑，在商业保险市场中，巨灾风险的保险存在严重的逆向选择。可以预料，处于高风险地区的人们更倾向于购买保险，而低风险地区的人们不愿意购买，这使得保费按照高风险地区的风险制定，又进一步将低风险地区的人们赶出巨灾保险市场。同时，道德风险会对巨灾保险产生不利影响。当投保人购买了保险后，他们往往缺乏足够的激励进行风险防范，而因为巨灾损失发生后很难确认并且损失数额有可能被夸大。

2. 从市场供需决定的角度分析

换一个角度，我们还可以采用数量方法，通过对巨灾风险成本的测算分析巨灾风险是否可保。假设：

H 为巨灾灾害强度因子；

F 为巨灾发生的概率；

V 为被保险财产的脆弱性因子；

IV 为被保险财产价值；

EPL 为预计的期望损失；

D 为财产的损坏比例。

显然，$D = H \times V$；而 $EPL = D \times IV$。于是，保险公司的年平均损失：$EL = F \times EPL = F \times H \times V \times IV$。$EL$ 就是保险公司经营巨灾风险的纯保费 P，而保险公司的总保费 P_T 还需要考虑经营费用 Exp、股东回报 $P_{股东}$ 和再保险成本 R，以及不确定性附加 U（损失不可能每年按平均值发生，保险公司需要应对坏的年份）。因此，$P_T = P + Exp + U + R + P_{股东}$。

从以上分析可以看出，保险公司是否可以经营巨灾风险，在于是否能够预测巨灾的发生概率、损失强度，以及再保险成本 R 和不确定性附加 U 的大小，当 R 和 U 很大时，P_T 可能很大，巨灾保险可能没有有效需求。U 的大小与保险公司对洪灾的了解有关，模糊性越大，保险公司对洪灾造成的损失越难估计，其不确定性附加就会越大。

通过以上分析可以看出，从总体上来说，巨灾保险不符合传统精算理论上的可保风险标准。然而，国际上绝大多数保险产品的保险责任范围都包含巨灾风险或通过批单形式加保地震等巨灾风险，使得传统意义上的可保风险理论无法解释。我们可以得出结论，由于缺乏损失记录，损失严重，破坏大数定律，严重的逆向选择等只是巨灾保险在市场上难以运作的原因，但不是根本原因。

（二）决策论基础上的可保性分析

可见，上述标准有些过于苛刻了。风险是不断变化发展的，则风险的可保性也应该随着时间的推移而发生变化，即可保风险也应是一个不断发展的概念。历史提供了许多这样的例子：那些曾经被认为无法保险的风险在后来也找到了解决的方法（Swissre, 2005）。

1. 决策理论的发展

在20世纪80年代风险和不确定性决策理论得到了突飞猛进的发展，先后建立了对偶理论（Dual Theory），预期效用理论（Anticipated Utility Theory）和秩依效用理论（Rank - Dependent Utility Theory）。决策理论的发展与完善使巨灾保险研究突破期望效用理论，充分体现巨灾风险特点,使得解决巨灾风险保险相关问题成为可能。

对偶理论建立了保险定价公理化体系,确定了满足共同单调性的个体风险的价格以及最优再保险形式。共同单调性是指多个个体风险均与同一个风险有关,并随着它的变化而同向变化。显然,地震和洪水等巨灾引起的个体保险损失或理赔、巨灾再保险中的分出保单与分人保单都满足共同单调性。尽管共同单调性是风险相关性的最简单描述,但是,由它得到的保险失真定价法与传统保险定价法有着本质区别,前者更加重视分析损失分布的尾部,而这一点正是巨灾风险的突出特点,因为人们对巨灾损失超过某一界限的情况更感兴趣。第二,当个体风险属于同一分布族时,由共同单调的个体风险组成的聚合风险模型的风险最大,相应的保险价格最高。这反映了与一般性保险业务相比,保险公司承保巨灾风险和再保险公司分保巨灾风险的成本都是非常高的。此后,巨灾风险理论框架又拓展到预期效用理论,得到了均值失真保险定价原则及其优良的精算性质和分保方式。

2. 决策理论基础上的可保风险

传统保险经济学的经典风险模型论证,在完全竞争市场的假设下,保险市场的竞争将促使风险的帕累托有效率分配,同时所有可分散的风险通过互利的风险分散安排可以消除风险。风险将会集中到资本市场和保险市场,并且经济中的残余系统风险会被在风险管理方面有比较优势的保险人或投资者承担,也即所有的风险都是可保的。在 Borch(1990)所举的关于早期的商业通信卫星及喷气飞机开航的承保例子中,可以看出在保险实务中,人们对那些没有经验记录来估算损失,而且一旦出现损失巨大的标的也能很好的承保。另一方面,古老的海上保险同样没有任何历史损失数据,却同样早就存在,并于 17 世纪后在英国伦敦得到了稳定发展。Borch 认为只要双方签订了一份保险合约,那么合同中的风险就可以定义为可保风险。Jaffee 和 Russell(1997)指出巨灾风险要求保险公司要保持大量的流动资本,而制度因素(会计准则、税收等)却制约了巨灾保险的发展。保险公司不仅要解决时间风险,还要解决平滑的保费收入和不稳定的巨灾保险支出的匹配问题。现代巨灾保险的主要问题是能否取得额外的资本以对巨灾风险上层损失支出进行融资。因此,巨灾风险的可保性问题不是保险问题而是一个资本问题。Eeckhoudt 和 Gollier(1999)说明了如果一个投保人是厌恶风险的,那么面对两个具有相同期望损失的事件,为其中的大概率事件投保而不为小概率事件投保是不明智的,相对而言,此时小概率事件就是巨灾。即保险是处理巨灾风险最适当的风险管理工具,并且该结论在期望效用理论利对偶理论下都成立。Gollier(2004)认为不可保风险是在一定的经济结构中,在投保人和保险人之间不存在对双方都有利的风险转移的风险。

由此可见,风险的可保与否很大程度上并不取决于其数理特征或精算假设,关键在于风险转移机制和市场结构的安排是否能够实现风险转移和优化分配以实现帕累托改进。即风险的可保性可定义为:凡是符合法律法规的,与风险转移相关的保险方案如价格为保险双方所接受,保险交易发生并成功实现风险由被保险人转移至保险人,并使各方从风险转移中获得效用改进,那么该风险就是可保的。

综上所述，精算理论基础上的可保风险是从技术层面上规定理想状态下的可保风险标准。而本质上，对可保风险的判断是一种决策。当现实中的某种风险不符合精算标准时，只要与风险转移相关的保险方案如价格，为保险双方所接受，保险交易发生并成功实现风险由被保险人转移至保险人，并使各方从风险转移中获得效用改进，即符合决策理论基础上可保风险标准，这样的风险也是可保的。这同风险本身的技术特征无关，这种可行性根本上取决于追求各自利益最大化的签约双方对保险合同经济性的评价。当然这些讨论的前提是风险必须是与社会法律、道德、公共政策相一致。

基于前面的分析，我们可以认为决策论基础上的可保风险是精算意义上的可保风险的子集，也就是说，决策论基础上的可保风险是对精算标准的进一步要求。如果风险在精算意义上可保，而在决策论基础上不可保，最终风险仍然不可保。这通常来说是正确的，当然也存在例外。一般来说，在满足社会法律政策基础之上，决策论与精算理论基础上的可保风险标准互为补充，它们共同的交集就是可保风险所在的区域。我们将这三个标准分别抽象为三条直线，每条直线的特定一边为不可保风险区域，可保风险最终落入三条直线相交所组成的区域中（如图1所示）。

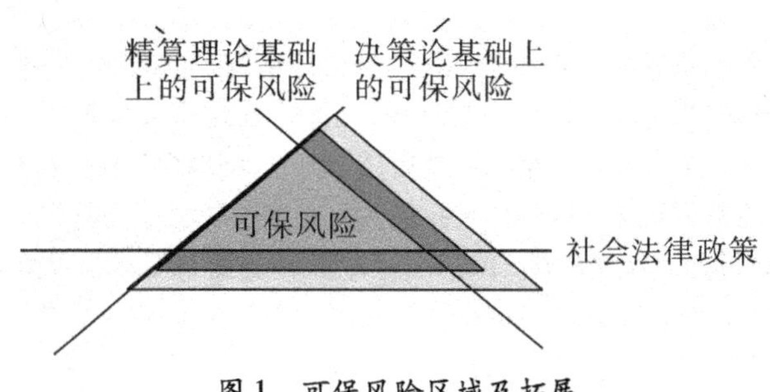

图1　可保风险区域及拓展

当每一个标准向外平移时，可保风险的区域即可拓展。通常说来，可保风险的精算边界在较长时期内是稳定的，除非精算技术有较大程度的改变。这样，扩展可保风险边界的现实选择是扩展经济或社会效用边界。如图2所示，当三个边界可以交叉形成可保风险区域时，在保持精算边界不动的情况下，决策理论上可保风险标准与社会政策边界的向外扩张显然可以增加可保风险的区域。而当三个边界无法交叉形成可保风险区域时，由于社会政策标准所具有的强约束力，能够直接推动风险可保。

四、巨灾保险经营技术——拓展可保风险的工具

建立在决策论基础上可保风险标准，为协调巨灾保险和非巨灾保险提供了理论上的支持。在保证与风险转移相关的保险方案如价格，为保险双方所接受的前提下，通过上面讨论的拓展可保风险边界，开发出一系列拓展可保界限的工具与技术（见图2），对巨灾保

险经营而言显得尤为重要。具体而言，这些工具和技术包括：

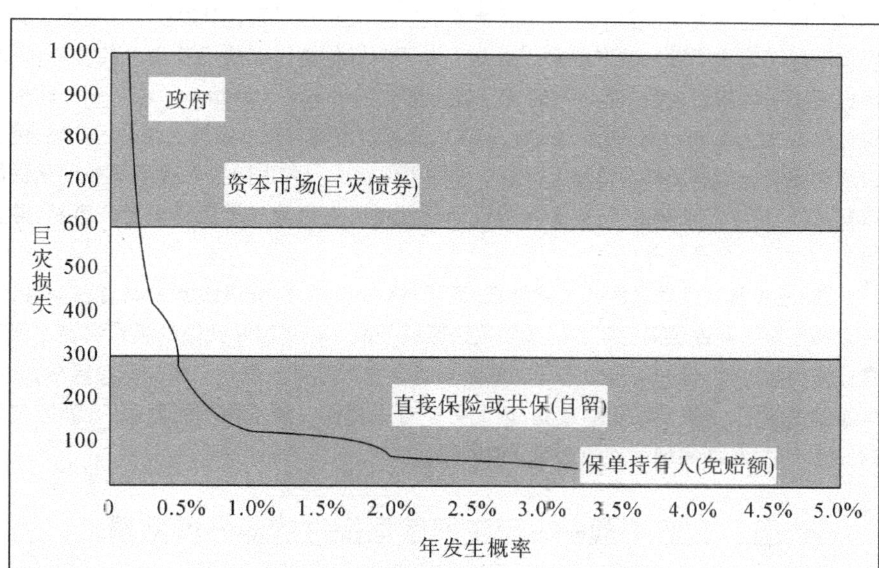

图 2　巨灾风险损失及损失率下的巨灾保险经营技术运用

1. 对术语和条款的调整

在直接保险层面，通过设置保单条件，如采用级差费率和浮动费率制；设置合理的除外责任、免赔额、赔偿限额和保障范围等，一方面激励投保人采取积极的风险减轻措施（risk mitigation measures，RMMs），另一方面对于小额损失实现投保人和保险人共同分担。RMMs 如提高基础设施安全标准、强制建筑物规范等防灾减灾措施是基础，风险预防、缓解和避免措施，例如风险地图或全面的建筑规范等，是应对巨灾风险的最重要的步骤，在巨灾风险管理中起着至关重要的作用。只有在此基础使保险与 RMMs 相结合，开展巨灾保险，巨灾风险才能成为可保风险，才能发挥出最大作用。

2. 共同保险

保险公司组成共保集团，成员根据其市场份额缴纳保费，将所有的损失转移给集团。当公司受到巨灾的影响而陷入财务困境时，集团分散损失的优势显而易见，进而扩大承保能力。

3. 再保险

再保险，是一个全球性的业务，在很多不同地点为保险公司的风险承保。因为风险组合是全球性的多元化，所以再保险公司比一般保险公司有更高的能力承担风险。在巨灾风险的可保性中扮演了重要的角色，使保险公司在不提高资本的基础上承保更多的风险。

4. 巨灾保险证券化

随着巨灾的发生频率越来越高以及所造成的损失日趋严重，保险业与再保险业者因为资本不足而面临严重的破产威胁。由此引发了一场传统再保险经营理念的变革，资本市场出现了一种新型金融工具——巨灾保险证券化（security of insurance risk）——非传统风险转移方式（alternative risks transfer，ART），是保险市场与资本市场的结合的产物，使得巨灾风险在资金雄厚的资本市场上分散。如同再保险为一般保险公司提供额外的承保能力来源一样，资本需求降低了，巨灾保险证券化使得巨灾风险的承保变得更为容易，并且保险的价格更加容易接受。

此外，巨灾具有很明显的地域性特征，而不同地域间的巨灾风险常常具有独立性，因此可以考虑对不同地域间的巨灾风险实现跨区域分散。如美国和欧洲的洪水灾害之间不存在任何的相关性，但如果保险公司在其业务组合中同时引入不同区域的巨灾保单，则在跨区域的框架下，大数定理仍然成立，因此可以考虑提供一种承保不同国家、大洲巨灾风险的保险产品，从而实现巨灾的全球分散问题。

五、政府干预——巨灾风险可保性的另一种拓展

（一）商业巨灾保险“市场失灵”

然而，巨灾保险市场上的非对称信息、系统性风险、非有效金融市场以及市场本身非完全竞争等，都使得上述巨灾保险的经营技术在现实中受到极大的限制。从目前的研究来看，不断增加的巨灾风险给商业保险市场带来了明显的负面冲击，而在这种负面冲击下，国际保险市场虽然做出了诸多调整，但是从风险转移的实际效果来看，商业保险市场对巨灾损失的补偿水平仍然很低（Swiss Re，2008）。根据《Sigma》2001—2009 年的统计，全球保险业对每年因自然灾害和人为事故所导致的损失的平均赔偿比例约为 30%，这一比例在巨灾十分严重的年份（如 2008 年）不到 20%（见图 3）。

主要原因是：供给方即商业保险公司从财务稳健性和公司融资的可持续性角度考虑不愿提供巨灾保险供给；同时，在巨灾风险面前，需求方即居民也并不把购买巨灾保险作为应对巨灾风险的有效手段；即供给能力有限和需求不足。换句话说，巨灾保险市场存在着失灵现象。Stiglitz 认为，“只要信息是不完善的、市场是不完全的，那么就不可能达到约定条件下的帕累托最优，市场存在失灵”。

巨灾保险在自由经济中的运行低效率是因为，巨灾产品难以达到边际收益和边际成本相等时的一般均衡产量，帕累托最优不能实现。如图 4 所示，居民“消费”巨灾保险的商业边际收益为 *MPR*，社会从居民“消费”中所得的社会边际收益为 *MSR*，*MSR* 大于 *MPR*。居民“消费”巨灾保险的商业边际成本为 *MPC*，社会边际成本为 *MSC*，*MPC* 大于 *MSC*。居民和社会分别按照边际成本等于边际收益的原则确定巨灾保险的最佳均衡量 Q_1 和 Q_2，

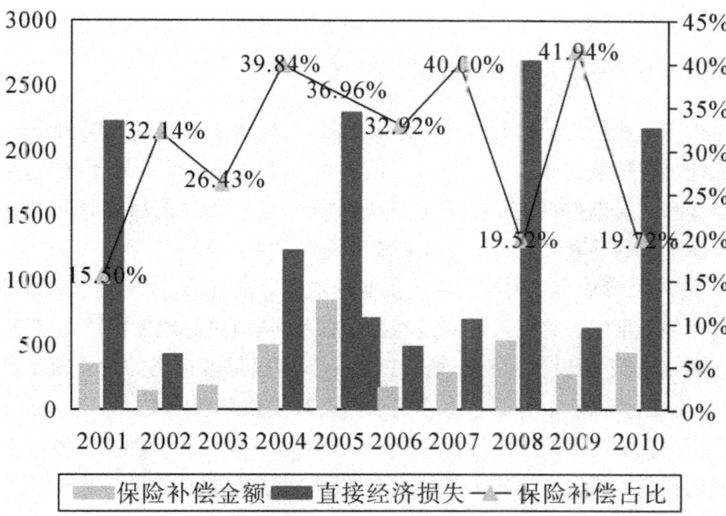

图3 2001—2010年全球巨灾直接经济损失及保险补偿数额及占比

资料来源:数据均来自Swiss Re 2002—2011年发布的年报Sigma, Vol. 1。其中,直接经济损失是估计数。(单位:亿美元,%)

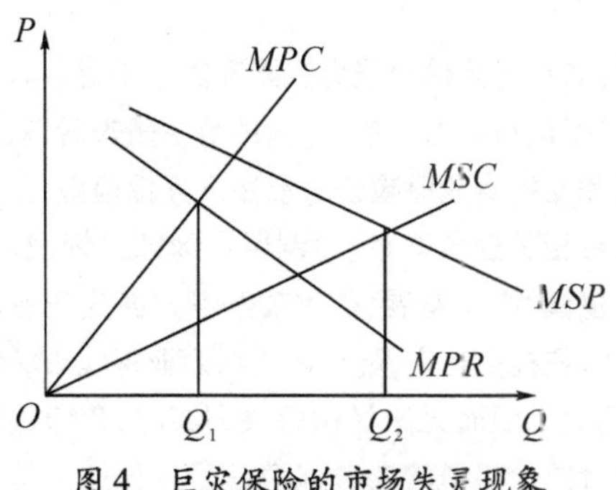

图4 巨灾保险的市场失灵现象

结果是商业的最佳消费量 Q_1 小于社会最佳规模 Q_2,出现巨灾保险“需求不足”现象。同时,巨灾保险人提供保险的商业边际成本大于社会边际成本,而商业边际收益小于社会边际收益。由于巨灾保险亏损严重,商业边际收益极低。而代表社会利益的政府,用很小的代价就可获得巨灾保险带来的好处,社会边际收益为正。因而,巨灾保险人“生产”巨灾保险时,承担了部分本应由社会承担的成本,商业边际成本高于社会边际成本,但商业边际收益却小于社会边际收益,正外部性由此产生。同理,保险公司和社会分别按照边际成本等于边际收益的原则确定巨灾保险的均衡量,结果是保险公司的最佳“生产量”小于社会最佳规模，造成巨灾保险“供给不足”。

(二)政府干预——巨灾风险可保性的另一种拓展

当自由市场无法给某个重大的风险提供保险时，政府能够通过提供承保能力或制定能够提高保险可获得性的政策进行干预。巨灾保险市场失灵为政府干预提供机会和可能。历史经验和现况也表明，单纯的商业保险市场难于应对巨灾，而政府干预巨灾保险市场并建立不同形式的国家巨灾风险管理制度已成为一种趋势。

从理论上来说，商业市场失灵会导致资源的次优分配，而致力于消除市场失灵，弥补巨灾市场自身的不足的公共干预能够提高社会福利，从而更好地发挥商业或商业保险市场的基础作用，政府干预巨灾保险市场可以进一步增强保险市场的发展效率(Musgrave，1984)。一方面，商业保险市场虽然能够实现损失补偿和鼓励减灾的双重目的，但是它在现实世界中所存在的诸多缺陷使得其只能部分解决巨灾损失补偿问题。另一方面，政府所具备的调动资源的能力使得其实现灾后社会财富再分配的目的。但是政府的补偿会产生道德风险，并制约商业保险市场的发展。因此，政府的干预应该致力于弥补市场自身的不足，从而更好地发挥商业保险市场的基础作用。同时，政府干预巨灾保险市场的目的是进一步增强商业保险市场的发展效率，但是不应该挤出和替代商业保险市场。也即，政府和商业保险市场之间应该实现有效的合作关系(public - private partnership，PPP)。这一观点在近年来引起了较多的关注，并得到了包括瑞士再保险公司和世界银行等研究机构的认同和推广。

由于市场失灵表现为商业保险供给能力有限和需求不足，所以，政府应该从巨灾保险供给和需求的基础层面着手进行努力。首先，从供给方面来看，政府应该积极发展和完善基础设施和服务，并鼓励和支持商业保险公司承保巨灾保险业务。比如，政府应该加强防灾减损基础设施建设、出台相关建筑规范、绘制巨灾地区区划图。此外，政府还应当在巨灾风险的数据收集、风险建模、产品发展、税收政策等方面为商业保险市场提供便利。但是，政府应该避免直接经营和提供巨灾保险，以防对商业保险市场造成“挤出效应”。如果商业保险市场因为承保能力有限而无法提供解决方案时，政府应该为商业保险市场提供再保险和最后贷款，并尽量减少对风险基础保费信号的扭曲。其次，从需求方面来看，由于巨灾保险的投保率较低，政府应该通过多种途径增进人们特别是居住在高风险地区的人们对巨灾风险的认知，不断提高人们的风险意识。除此之外，政府还应该进一步增强人们对风险防范、风险转移和融资等方面知识的了解。

而近年来巨灾损失占发展中国家国内生产总值的比重远比发达国家要高得多，同时，发展中国家的保险市场也相对落后。发展中国家要更好地应对巨灾风险的挑战，一方面，应该更加注重培育和发展竞争性的巨灾保险市场，为商业保险市场的发展创造更好的条件；另一方面，政府也应该考虑利用向国际再保险市场进行分保和巨灾风险证券化来将巨灾风险转移出去。

【参考文献】

[1]GOLLIER. Insurability in Encyclopedia of Actuarial Science[J]. Teugels and Sundt (eds.), 2004,2: 899-903.

[2]JAFFEE, RUSSELL. Catastrophe Insurance, Capital Markets, and Uninsurable Risks[J]. Journal of Risk and Insuranc,1997,64(2): 205-230.

[3]EECKHOUDT, GOLLIER. The Insurance of Lower Probability Events[J]. Journal of Risk and Insurance,1999,66(1): 17-28.

[4]HOLSBOER. Insurability and Uninsurability: An Introduction[J]. Geneva Papers on Risk and Insurance - Issues and Practice,1995,20(3): 407-413.

[5]KUNREUTHER. Mitigation and Financial Risk Management for Natural Hazards[J]. G Geneva Papers on Risk and Insurance,2001,26(2): 276-295.

[6]FROOT. The Market for Catastrophe Risk: a Clinical Examination[J]. Journal of Financial Economics,2006,60(2-3): 529-571.

[7]HOGARTH, KUNREUTHER. Risk, Ambiguity, and Insurance[J]. Journal of Risk and Uncertainty,1989,2(1):5-35.

[8]HOGARTH, KUNREUTHER. Pricing Insurance and Warranties: Ambiguity and Correlated Risks[J]. Geneva Papers on Risk and Insurance Theory,1992,17(1):35-60.

[9]博尔奇.保险经济学[M].北京:商务印书馆,1999.

[10]卓志,等.巨灾保险市场机制与政府干预:一个综述[J].经济学家,2010(12).

[11]姚庆海.巨灾风险损失补偿机制研究——兼论政府和市场在巨灾风险管理中的作用[D].北京:中国人民银行金融研究所,2010.

[12]栾存存.巨灾风险的保险研究与应对策略综述[J].经济学动态,2003(8).

[13]张庆洪,等.巨灾风险转移机制的经济学分析——保险、资本市场创新和私人市场失灵[J].同济大学学报(社会科学版),2008(4).

[14]何小伟,等.巨灾保险市场为什么失灵?—— 一个研究综述[J].保险职业学院学报,2010(1).

[15]柴化敏.国外巨灾保险体系及其对我国的启示[J].经济与管理,2008(6).

巨灾风险厚尾分布:POT模型及其应用

卓志　王伟哲

【摘要】针对 Gamma、Lognormal 和 Weibull 等传统厚尾分布拟合巨灾风险的不足,本文一方面从理论上分析探讨了 POT 模型及其拟合巨灾厚尾风险的相对优势,另一方面应用 POT 模型和 GPD 分布,对我国 1952—2008 年间地震直接经济损失数据进行拟合,发现 POT 模型拟合巨灾风险厚尾部分的效果比 Gamma、Lognormal 和 Weibull 等分布的拟合效果更为理想,最后探索了 POT 模型在 VaR 和超赔再保险的定价等方面的具体应用。

【关键词】巨灾风险;厚尾分布;POT 模型;GPD

Abstract: The paper presents the shortage of some traditional heavy - tailed distribution such as Gamma, Lognormal and Weibull to fit catastrophe risk. On the one hand, we discuss the POT model and its comparative advantage to fit catastrophe risk theoretically, on the other hand, we apply the POT model and General Pareto Distribution to fit the earthquake direct economic loss in china from year 1952 to 2008, and find that POT model is better than Gamma, Lognormal and Weibull to fit catastrophe risk and its fat tail. At last, we explore some applications of POT model on VaR and excess of loss reinsurance.

Key words: Catastrophe Risk; Heavy - tailed Distribution; POT model ; GPD

收集和分析巨灾风险事故的相关数据并拟合其损失分布,是有效管理巨灾风险的重要基础工作和关键内容。但是,由于自然巨灾风险发生次数少,导致历史资料数据有限,大数法则不易发挥有效作用,所以依赖传统的数理统计方法对巨灾风险损失分布进行分

[作者简介]卓志,博士后,ASA,教授、博士生导师,西南财经大学校党委常委、副校长,中国保险学会副会长,中国精算师协会正会员;王伟哲,中国准精算师,西南财经大学保险学院 2009 级硕士研究生。

本文是教育部哲学社会科学研究重大课题攻关项目"巨灾风险管理制度创新研究"(编号:09JZD0028)的阶段性研究成果。

析研究,很难得到令人满意的结果。有鉴于此,本文通过分析传统分布函数在巨灾风险分布拟合中的不足,从理论上探讨POT模型在巨灾风险分布尤其是厚尾分布应用的可行性,并利用我国地震直接经济损失的历史数据,运用POT模型对地震巨灾损失分布进行建构与拟合,发现了POT模型拟合巨灾风险厚尾部分的优势以及POT模型在VaR和超赔再保险的定价等方面的作用。

一、文献回顾

不少学者常用Gamma、Lognormal和Weibull等参数分布对巨灾风险损失分布进行拟合,如孙伟、牛津津(2008)用Lognormal分布拟合1978—2006年我国发生的183起地震灾害事故造成的直接损失金额;周贺君、金燕生(2009)用Lognormal分布拟合对我国1969—2004年地震直接经济损失过亿的数据;刘永、杜鹃(2010)用Gamma分布拟合我国每年台风造成的经济损失。这些分布拟合优势在于能够较好地拟合样本分布的主体部分,但由于巨灾风险损失频率低、损失幅度大且具有显著的厚尾性,所以采取Gamma、Lognormal和Weibull等统计方法,对具有严重厚尾的分布进行拟合时,其效果会降低。尽管一般的处理方法是去掉几个极端值(如忽略2008年汶川地震造成的极端损失值)以提高拟合效果,但删掉极端值的方法会损失样本的极值信息,降低对极端事件的敏感度,而且很多时候我们根本得不到合适的参数拟合分布。

也有一些学者探索使用广义Pareto分布和POT模型等对保险或者巨灾风险损失进行拟合,如:Hosking、Wallis(1987)对广义Pareto分布的参数估计和分位数估计做了研究;Cebrian等人(2003)利用POT模型对SOA的1991—1992年的团体医疗保险索赔数据进行拟合并详细地介绍了POT模型的应用。此外Lai、Wu(2008)利用POT模型对我国台湾地区1971—2005年因台风造成的水稻的损失数据进行拟合,同时与常用的厚尾拟合分布Lognormal、Gamma、Weibull作比较,以KS、AD检验得出GPD可以更好地拟合因台风造成的水稻厚尾损失的结论。此外,Alba等人利用GPD拟合墨西哥的地震损失数据以分析得到复杂再保险合同下的PML和回归期。Coles等人对委内瑞拉沿海岸1961—1999年的日降雨量采用GPD进行拟合,由极大似然值法和MCMC法估计参数后得到回归期,并认为贝叶斯估计是一种更合适的方法。

二、巨灾风险分布:POT模型应用的优势

(一)巨灾风险分布特征

与损失次数频繁和损失额度相对较小的一般风险不同,巨灾风险往往发生较少,一旦发生往往造成巨大的破坏。我们认为巨灾风险分布具有如下几个特征:①厚尾性。巨灾

风险发生概率低，一旦发生巨灾不仅破坏性巨大而且易导致次生灾害，加大损失程度（如地震可导致泥石流和山体滑坡甚至火灾，台风同时往往导致风暴潮、强风和暴雨），因此巨灾风险的风险分布呈现出典型的厚尾特征，其极值损失比一般风险损失有着更高的概率，同时随着损失的增长其概率的降低比较缓慢。②经济发展相关性。由于社会经济的增长和人口的集聚，巨灾风险损失程度与经济发展水平呈现出正相关关系，所以相对于一般风险的各年损失按 CPI 调整不同，各年的巨灾损失按名义 GDP 调整可同时考虑通胀的影响将更为合适。③地域相关性和季节周期性。巨灾风险发生往往存在一定的地域性和周期性，受地理因素、自然地形及季节的约束，如台风一般对我国东南沿海各城市影响较大而对内陆城市影响相对较小，同时集中在 6～11 月登陆我国；洪水主要集中在各江河流域且又明显的汛期；地震的地理分布则受地质构造影响比较明显。

巨灾风险分布的厚尾性特点决定了对其拟合需要选择恰当的分布函数。尽管 Gamma、Lognormal 和 Weibull 等分布在拟合巨灾风险的整体分布有广泛的应用，但是，当关注巨灾损失分布的尾部时，这些能有效拟合整体分布的分布函数在拟合厚尾分布时的有效性会大打折扣，相反 POT 模型拟合厚尾分布却获得了理论上的支持。

（二）POT 模型的理论优势

POT 模型（peak - over threshold）最早是由 Pickands（1975）在极值理论的框架下引入的，POT 模型将所有超出给定充分大阈值的观测值作为观测样本，研究观测样本大于阈值的量的渐进分布，该渐进分布称为广义 Pareto 分布（generalized pareto distribution，GPD）。

对于一个具有相同分布函数 $F(x)$ 的 n 个独立同分布的随机变量 $x_1, x_2, \cdots, x_n$ 给定一个阈值 u，若 $x_i > u$，称 x_i 为超阈值，$y_i = x_i - u$ 为超阈量。$F_u(y)$ 表示超阈量 y 的分布函数：

$$F_u(y) = \Pr(X - u \leqslant y \mid X > u) = \frac{\Pr(u < X < y + u)}{\Pr(X > u)} = \frac{F(y+u) - F(u)}{1 - F(u)}$$ 。

Pickands（1975）提出，对于充分高的门阈值 $u(u \to \infty)$，超阈量 y_i 近似服从广义帕累托分布：$\lim\limits_{k \to u}\sup\limits_{0 \leqslant y < x-u} |F_k(y) - G_{\xi,\beta}(y)| = 0$。其中 k 表示的是超过门阈值的极值数据，$F_k(y)$ 为极值分布函数，$G_{\xi,\beta}(y)$ 为广义 Pareto 分布：

$$G_{\xi,\beta}(y) = 1 - (1 + \xi y/\beta)^{(-1/\xi)} \quad 1 + \xi y/\beta > 0$$

其中 ξ 称为 GPD 的形状参数，$\beta > 0$ 为标度参数。当 $\xi > 0$ 时，$y > 0$；当 $\xi \leqslant 0$ 时，$0 \leqslant y \leqslant -\beta/\xi$。

由于 $G_{\xi,\beta}(y)$ 只是对原始分布的厚尾部分进行拟合，但实际应用中需要将其嵌入到整个原始分布中去考虑问题。易得 $F(x) = [1 - F(u)] * G_{\xi,\beta}(x-u) + F(u)$，其中 $F(u)$ 是阈值前面的一大段分布，与尾部的分布情况无关。考虑对 $F(u)$ 的一个合理的经验估计是 $(n - N_u)/n$，其中 n 为观察到的样本总数，N_u 为超出阈值的样本数目，代入 $G_{\xi,\beta}(x-u)$，化简后就得到厚尾部分在整个分布中的表达形式：$F(x) = 1 - \frac{Nu}{n}[1 + \frac{\xi}{\beta}(x-u)]^{-1/\xi}$，

$x > u$。

值得注意的是,在建立模型的过程中阈值 u 的选择非常关键,必须慎重考虑。过低会使模型的渐进性得不到满足,产生偏差;过高则会使可利用的超阈量数目过少,从而导致很高的误差。因此需要综合平衡考虑这两个相互对立的因素。

从上可以看出,POT 模型认为在选定的一个充分大的门阈值 $u(u\to\infty)$后,大于门阈值 u 的随机变量 x_i 的超出量 $y_i = x_i - u$ 近似服从广义 Pareto 分布。由于巨灾风险天然具有充分大的门阈值,因此本来由传统参数分布难以得到较好拟合效果的厚尾分布可通过广义 Pareto 分布得到非常理想的拟合效果。此外,使用 POT 模型的优势还在于,POT 模型对不需要对整体的概率分布形式作假设,也不受整体分布的影响;同时,POT 模型使用的一些极端损失数据受数据可能的残缺性影响不大,因为极端值往往最令人关注且最重要,忽略它的可能性非常小。

三、地震巨灾风险分布:样本描述与 POT 模型有效性

(一)样本描述与 POT 建构

本文数据来源于《中国地震灾情数据库(1949—2004 年)》以及《中国经济年鉴》(2005—2008 年),从 1952 年到 2008 年,稍做调整,共 743 个数据。考虑到经济发展水平的因素,同一地区下同等地震级别在不同年份所导致的损失是不一样的,因为这里我们对各年的地震直接经济损失采取 GDP 调整法,如 1986 年的直接经济损失 = 1986 年直接经济损失当年价 ×2008 年名义 GDP/1986 年名义 GDP。从表 1 数据描述统计和图 1 对数化后的直方图中我们可以看到损失数据呈现出明显的尖峰厚尾性质。

表 1　地震直接经济损失数据描述统计 单位:万元　$n = 743$

最大值	最小值	中位数	均值
104754767. 1	2. 90	1813. 34	339657. 78
trimmean	标准差	偏度	峰度
15301. 35	4982574	19	374

注:trimmean(x)剔除样本中最大最小的 5% 极值后的样本值,可以剔除样本中极端值的影响。

对极值数据分析前进行厚尾分布检验,这是满足 GPD 的充分条件。这里我们定义厚尾分布是指尾部比指数分布的尾部更厚的分布,即 $\lim_{x\to\infty}\frac{\exp(-\lambda x)}{1-F(x)} = 0, \forall \lambda > 0$。厚尾检验的两种方法是 QQ 图和平均超出函数图。平均超出函数(MEF)的定义为 $e(u) = E(X - u \mid X > u)$,由$(u, e(u))$构成平均超出函数图如果在某一门阈值之后近似向上线形倾斜,则该

数据属于厚尾分布。图2中可以看到QQ图样本点上凸，图3中平均超出函数图像近似向上线形倾斜，这都说明了该样本属于厚尾分布。

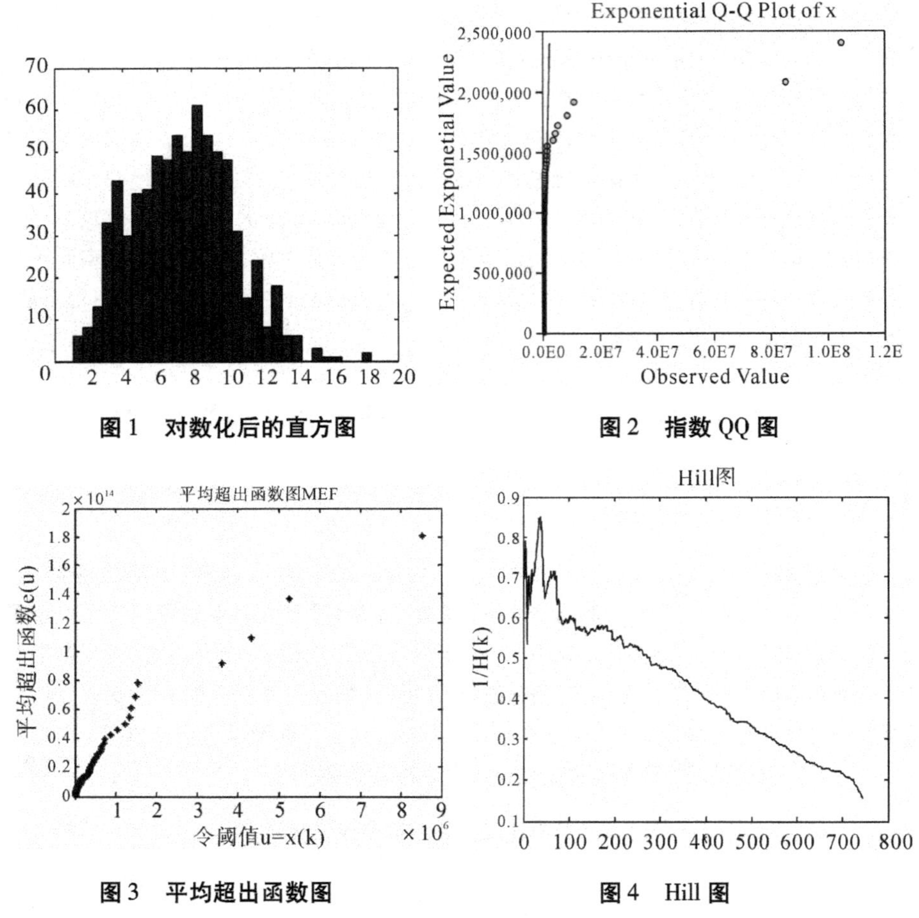

图1　对数化后的直方图

图2　指数QQ图

图3　平均超出函数图

图4　Hill图

构建POT模型的关键一步是选择阈值，这里我们采取Hill图法。对于样本次序统计量$X_{(1)} > X_{(2)} > \cdots > X_{(n)}$，尾部指数ξ的Hill统计量定义为$H_{k,n} = \frac{1}{k}\sum_{i=1}^{k}\ln\frac{X_{(i)}}{X_{(k)}}$。由点$(k, H_{k,n}^{-1})$构成的曲线为Hill图，图中尾部指数ξ稳定区域的起始点的横坐标所对应的数据X_k为阈值u。从图4中可以看到图像左边波动比较大，右边比较平缓，图像开始保持稳定的起始点大概在250以后，但无法准确判断。一个补充方法是通过编程，将$k = 250$以后的X_k逐个假设为阈值u，检验其拟合效果：利用极大似然值法进行拟合并用KS法检验拟合效果，KS统计值越小或者p值越大的，效果越好。最后我们得到，当$k = 423$时，KS统计值最小，p值最大，所对应的X_k即为阈值$u = 1004.2$，如表2所示：

表 2 对超阈量的极大似然值估计

阈值 u	ξ	β	KS 统计量	p 值
1004.2	1.7065	6372	0.0234	0.9730

(二)POT 模型对厚尾性的有效性

我们用 Lognormal、Weibull、Gamma 等厚尾分布直接拟合这 743 个地震直接经济损失数据,参数估计都采用极大似然值法,采用 KS 法对拟合的参数进行检验。H = 0 表示在 5% 的置信水平下不能拒绝样本服从给定分布的原假设。相反,H = 1 表示在 5% 的置信水平下应该拒绝原假设。由表 3 我们可以看到, Lognormal 也通过了假设检验,但拟合效果明显不如 GPD。而 Weibull 和 Gamma 甚至都没有通过假设检验。由此我们可以比较出 GPD 分布在拟合巨灾风险厚尾分布的优越性。

表 3 GPD 与其他厚尾分布的拟合效果比较

分布	H	统计量	P 值	排序
GPD	0	0.0234	0.9730	1
Lognormal	0	0.0322	0.4200	2
Weibull	1	0.0970	1.4794e-006	3
Gamma	1	0.2787	5.4183e-051	4

在对原始的厚尾部分进行拟合后,我们将其嵌入到整个原始分布中,代入相关参数 $n=743, N_u=423, \xi=1.7065, \beta=6372$ 到 $F(x)=1-\frac{Nu}{n}[1+\frac{\xi}{\beta}(x-u)]^{-1/\xi}$,可得 $F*(x)=1-\frac{423}{743}*[1+\frac{1.7065}{6372}*(x-u)]^{-1/1.7065}$,其中 $x>u$。图 5 是厚尾分布的拟合累积分布函数与经验累积分布函数的差额 $F*(x)-F^n(x)$,即残差,其绝对值基本都在 0.01 之间,这同样表明广义 Pareto 分布的适用性。

同时我们还可以对 GPD 和 Lognormal 分布在整个分布的尾部部分的拟合效果进行比较。一个可行的思路是采取 KS 检验,分别计算两种分布在尾部部分的理论分布函数和经验分布函数的最大垂直距离(即为 KS 统计量),KS 统计量越小说明对应的拟合分布越理想。即 $D=\max_{k\leqslant i\leqslant n}\left\{F*(x_i)-\frac{i-1}{n},\frac{i}{n}-F*(x_i)\right\}$,其中"*"表示对尾部部分的累积分布函数,对于次序统计量 x_i, $k=\min\{i|x_i>u\}$。经计算,$D_{GPD}=0.0133$, $D_{LN}=0.0150$。虽然半参数的估计方法使广义 Pareto 分布在嵌入整体分布中后对尾部部分的拟合效果有所降低,但仍然要比 Lognormal 分布更好地拟合了尾部分布。

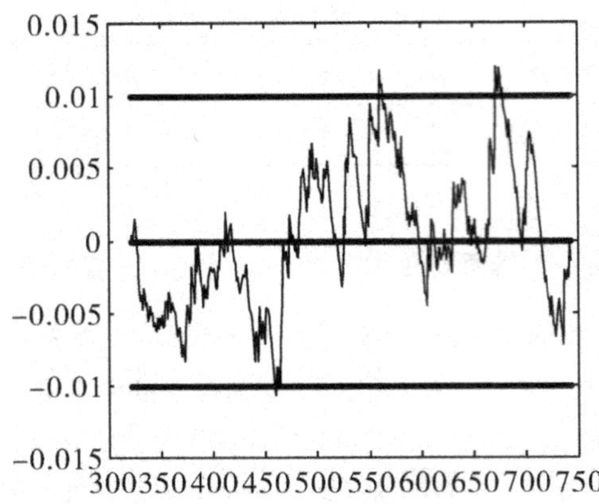

图5　尾部分布的拟合累积分布函数与经验累积分布函数之间的残差

四、地震巨灾风险分布：POT 模型的其他应用

(一) VaR

在险价值 VaR 是指在一定时间和一定的置信度内的潜在最大损失。一般可定义为：$VaR_p(x)=F^{-1}(p)=\inf\{x\in R:F(x)\geqslant p\},0<p<1$。从统计学的角度来讲 VaR 实质上就是给定分布下分位数的点估计值。在保险中，VaR_p 可理解为在正常的市场条件和给定的置信水平 p 下，某保险公司在某一产品线下可能出现的最大索赔额。

前面我们考虑的都是阈值之后的数据的拟合情况，应用于 GPD 的仅仅是整个损失分布中的尾部部分。而保险人最关心的是巨灾索赔在所有索赔中的情况。根据上文可得到广义 Pareto 分布函数 $F_u(y)$ 在整个分布函数 $F(x)$ 中的分布为 $F(x)=1-\frac{Nu}{n}[1+\frac{\xi}{\beta}(x-u)]^{-1/\xi}$。对于给定的 $p>F(u)$，我们可得到 GPD 在险价值 VaR 的估计式：$VaR_p(x)=u+\frac{\beta}{\xi}\{[\frac{n}{N_u}(1-p)]^{-\xi}-1\}$。通过计算，得到相关结果如表 4 所示：

表 4　MLE 参数估计下的 VaR　　　　单位：万元

参数	ξ = 1.7065　　β = 6372　　u = 1004.2				
p	75%	90%	95%	99%	99.9%
$VaR_p(x)$	12478.95	69910.42	234344.60	3692801.68	188005517.55

上述结果表明在 MLE 拟合的参数估计下，正常情况下发生一次地震的直接经济损失

不超过1.25亿元的可能性为75%,不超过6.99亿元的可能性为90%,不超过23.43亿元的可能性为95%,同时我们有99%的把握认为发生任何一次地震造成的最大直接经济损失为369.28亿元,99.9%的把握认为造成最大直接经济损失为18 800.55亿元。这为设计巨灾风险分担机制提供了一个思路:我们可以考虑将1.25亿元以下的直接经济损失由国内的保险公司共同承担,经过正常的商业渠道可完全由国内保险市场消化,毕竟这1.25亿仅占2008年国内非寿险公司保费收入2446亿中的5.11‰;直接经济损失介于1.25亿元与24亿元之间的主要由再保险市场和各种巨灾基金承担;24亿至370亿的损失可考虑通过资本市场转移;370亿以上的主要由国家充当最后兜底人。当然这套风险分担机制离不开国家政策的大力扶持和税收优惠。

(二)超赔再保险的定价问题探讨

在GPD模型下,对于任意一个位于阈值以上的再保险层(r,R),Z为赔款额,X为损失随机变量,r>u:

$$Z=\begin{cases}0 & X<r\\ X-r & r\leqslant X\leqslant R\\ R-r & X>R\end{cases}$$

则其纯保费为 $P=E(Z)=\int_r^R(x-r)f(x)dx+(R-r)\bar{F}(R)=\int_r^R\bar{F}(x)dx$。由上文我们得到 $F(x)=[1-F(u)]\times G_{\xi,\beta}(x-u)+F(u)$,可变形为 $\bar{F}(x)=\bar{G}_{\xi,\beta(u)}(x-u)\bar{F}(u)$,其中 $\bar{F}(u)=1-F(u)$,其他类似。代入 $\bar{F}(x)$ 得到

$$P=\int_r^R\bar{G}_{\xi,\beta(u)}(x-u)F(u)dx=\int_r^R\left[1+\frac{\xi(x-u)}{\beta}\right]^{-1/\xi}\bar{F}(u)dx$$

$$=\bar{F}(u)\frac{\beta}{\xi-1}\left\{\left[1+\frac{\xi}{\beta}(R-u)\right]^{1-1/\xi}-\left[1+\frac{\xi}{\beta}(r-u)\right]^{1-1/\xi}\right\}$$

对于 $F(u)$,我们可以使用经验分布来近似,即 $F(u)=(n-N_u)/n$。结合前文VaR的相关结果,假设全民投保地震保险,所有的地震风险得到充分分散,令 $r=12\ 500$,$R=240\ 000$;$\xi=1.7065$,$\beta=6372$,$u=1004.2$,可计算得到的超赔再保险的纯再保险费为P=14 921.30万元。然而事实上地震保险的参保率远没有那么高,假设全民参保率达到30%,那么一家地震保险市场份额为5%的保险公司应缴纳的纯再保险费为P×30%×5%=223.82万元。如果在该再保险层中考虑与直接保险公司共保以及巨灾基金分摊,那么该再保险费数额将进一步降低。

五、结论和启示

一般巨灾发生的次数很少,但一旦发生将造成广泛而重大的损失,因此巨灾风险较一

般风险难以度量的其中一个重要原因就是其显著的厚尾分布特征，而广义 Pareto 分布恰恰能比其他参数分布更好地拟合整体分布的厚尾部分，且天然地满足巨灾损失截尾的特点。本文在分析巨灾风险分布特征的基础上引入了 POT 模型和广义 Pareto 分布，着重探讨研究了 POT 模型在拟合巨灾风险厚尾分布时较传统厚尾分布如 Lognormal、Gamma 和 Weibull 等所具有的相对优势，并对 POT 模型在地震巨灾风险中的具体应用，如 VaR 和超额再保险的定价等方面做了进一步分析。结果表明 POT 模型和广义 Pareto 分布对巨灾风险厚尾分布的拟合和应用方面较其他厚尾分布有着突出的优势和难以取代的地位。这对于巨灾风险测度的建模和具体应用具有显著的理论和实践意义，且可以为巨灾再保险和巨灾衍生品定价奠定更坚实的基础。

当然我们也可以看到 POT 模型所存在的不足，尽管 POT 模型可以通过广义 Pareto 分布对超出给定充分大的阈值的超出量进行很好地拟合，从而能够较其他厚尾分布更好地拟合巨灾风险的尾部部分，但嵌入整体分布中所采用的半参数方法会降低其拟合精度。同时巨灾本身发生次数的稀少性也会给 POT 模型带来冲击，过少的损失数据无法满足模型的渐进性，从而导致参数估计的偏差。由于我国历史悠久地域辽阔，期间发生的巨灾损失次数也不少，这就需要国内相关政府部门、研究院校和保险机构对巨灾数据进行统筹管理，规范巨灾数据的采集标准，建立完善包括地震在内的巨灾损失数据库。这对巨灾风险管理机制的建立和相关的定量研究将是非常基础而重要的一步。

【参考文献】

[1]JAMES PICKANDS. Statistical Inference Using Extreme Order Statistics[J]. The Annals of Statistics. 1975:119 - 131.

[2]J R HOSKING,J. R. Wallis,Paremeter and quantile estimation for generalize Pareto distribution[J]. Technometrics,1987,29:339 - 349.

[3]LI - HUA LAI,PEI - HSUAN WU. Estimating the threshold value and loss distribution: Rice damaged by typhoons in Taiwan[J] African Journal of Agricultural Research,2008,3(12):818 - 824.

[4]COLES,PERICCHI, SISSON. A Fully Probabilistic Approach to Extreme Rainfall Modeling [J]. Journal of Hydrology. 2003.

[5]ZHAO ZHENGTANG. Natural Catastrophe Risk,Insurance and Economic Development[J]. Energy Procedia, 2011.

[6]SIGMA. Natural catastrophes and man - made disasters in 2010: a year of devastating and costly events[R]. Sigma No 1/2011.

[7]王毅,等．中国财险保险重大灾因分析报告(2006)[M]．北京:中国财政经济出版社,2006.

[8]熊海帆．巨灾风险管理问题研究综述[J]．西南民族大学学报(人文社科版),2009(2).

[9]刘永、杜鹃．基于无套利利率模型的台风巨灾债券定价研究[J]．预测,2010(1).

[10]周贺君,金燕生．巨灾债券的一种定价模型[J]．数学理论,2009(11).

[11]孙伟,牛津津．关于我国地震灾害损失分布函数的研究[J]．统计与决策,2008(13).

巨灾保险市场中的委托代理关系研究

高海霞　王学冉

【摘要】巨灾风险管理体系作为一个整体,需要政府、保险市场等各方主体的共同参与。不同的参与主体根据自身优势承担相应的职责,而追求自身利益最大化的经济人特征导致了不同主体之间的目标不一致,进而引发了委托代理关系的产生。本文从巨灾保险的物品属性及产权界定出发,研究了巨灾保险市场参与主体的委托代理关系及存在的问题,并对巨灾保险市场的激励与约束、交易成本等解决手段进行了初步探讨。

【关键词】巨灾保险市场;委托代理;激励与约束;交易成本

Abstract: Catastrophe risk management system as a whole needs the participation of government, the insurance market and some other parties. Different parties assume different responsibilities based on their own advantages. However, everyone pursuit for the largest economic returns as rational economic person and this leads to the diverse goals of the involved parties and in such situation the agent relation is introduced into this system. From the perspective of property of the catastrophe insurance stuff, this thesis will have a deep research on the agent relations of the catastrophe insurance market participants as well as the problems in it. And this thesis will also investigate the solutions for incentives, constrains and the transaction cost in this market.

Key word: catastrophe insurance market; agency by agreement; incentives and constraints; transaction cost

委托代理关系是指一个或多个行为主体根据一种明示或隐含的契约,指定、雇佣另一些行为主体为其服务,同时授予后者一定的决策权利,并根据后者提供的服务数量和质量

[作者简介]高海霞,西南财经大学保险学院教师,经济学博士,主要研究领域:金融保险风险管理,商业保险理论与实务;王学冉,西南财经大学保险学院2010级研究生,研究方向:风险管理与保险。

本文是教育部哲学社会科学研究重大课题攻关项目“巨灾风险管理制度创新研究”(编号:09JZD0028)的阶段性研究成果。

对其支付相应的报酬。其中授权者就是委托人,被授权者就是代理人。委托代理关系是随着生产力大发展和规模化大生产的出现而产生的。一方面,生产力的发展使得社会分工细化,权利的所有者由于知识、能力和精力的原因不能行使其所有的权利;另一方面,专业化分工产生了一大批具有专业知识的代理人,他们有精力、有能力代理行使好被委托的权利。委托代理理论是基于产权理论逐步发展而衍生出来的,产权理论是委托代理理论的基础和前提。

尽管经济学家们从不同的角度对产权给出了不同的概念,如阿尔钦(A. Alchian)指出:“产权是一个社会所强制实施的选择一种经济品的使用的权利。”德姆塞茨认为:“产权是界定人们如何受益及如何受损,因而谁必须向谁提供补偿以使他修正人们所采取的行动。”但是他们都认为:产权是财产的权利,是一个包括财产的使用权、支配权、收益权、处置权等在内的“权利束”;都强调产权是一组行为性权利,是界定人们行为关系的一种行为规则;一切经济制度就其本质而言都是一种产权安排。因此,经济分析的首要任务是界定产权,而本文的研究亦是从巨灾保险的物品属性与产权界定入手。

一、巨灾保险的物品属性与产权界定

根据萨缪尔森(Paul A. Samuelson,1954)和弗里德曼(Milton Friedman,1986)对公共物品的定义我们可总结出:公共物品具有消费的非竞争性和受益的非排他性,反之,私人物品具有消费的竞争性和受益的排他性。

公共物品的供给中所存在的最大的问题就在于非竞争性、非排他性导致了产权界定不清,产权不易私有,又或者因为私有产权的履行和保护费用过高,所以这一类资源或物品的公共产权安排是最有效的。私人物品却不存在此问题,因为私人物品的特点在于消费中的排他性和竞争性,而要消费这种物品就必须通过支付货币的形式来换取其所有权和消费权。因此,这种物品可以由私人企业生产并通过市场定价进行交换,市场调节机制对这些物品是有效的。

但现实中的很多物品不能根据上述两种物品属性被准确地划入到公共物品或私人物品中去。詹姆斯·布坎南(Buchanan,1965)分析了俱乐部物品和服务,他指出:“它们的消费包含着某些‘公共性’,在这里,适度的分享团体多于一个人或一家人,但小于一个无限的数目。‘公共’的范围是有限的。”这种介于纯私人物品和公共物品之间的物品或服务就是“俱乐部物品”,也被称为准公共物品。这类物品如果具有效用的不可分割性和消费的非竞争性,但在技术上能够排他,属于“拥挤性的公共物品或服务”;如果具有效用的不可分割性和受益的非排他性,但在消费上具有竞争性,这类物品和服务属于具有竞争性的公共资源。

从物品的效用来看,巨灾保险所带来的效用有一定的分割性,但又不能完全分割。这主要是基于风险具有的普遍性和社会性特征,尤其是巨灾风险具有波及范围广、伴生性及高度相关性等特点。巨灾事件的发生将导致不同程度的直接和间接经济损失,还会带来各种来自政治、文化、环境、心理和精神等方面的社会损失。巨灾风险的传递性还可能跨越地区和国界，造成整个国家甚至于国际经济动荡，其社会属性比一般风险的社会属性更为突出。巨灾保险对巨灾风险的补偿作用一方面使得保险购买者直接受益，他们在损失发生后领取保险金，得到私人的可分割的经济利益；同时巨灾保险的损失补偿以及防灾防损等职能所带来的外部利益是可为全社会所享有的，是一种社会共同收益，其效用的不可分割性要远远大于可分割性。

其次，从物品的消费和受益来看，巨灾保险具有明显的“竞争性”和“排他性”，但是“竞争性”和“排他性”又是不完全的。巨灾保险是具有合法性的契约关系，这种制度安排使得投保者必须在支付一定费用的前提下才能享受巨灾保险所提供的保障和服务，因此，在完全契约下巨灾保险产品具有私人物品的“排他性”和“竞争性”。巨灾保险的供给者可通过收费及其他约束条件有选择性地对部分消费者提供服务，而将不付费或者不符合约定条件的消费者排除在外。由于巨灾保险基金是稀缺资源，消费者增加将造成拥挤，而消费者每增加一个单位的消费量也将导致其他消费者的消费量减少一个单位。但巨灾保险市场因为信息缺失和信息不对称造成的逆选择与道德风险依然突出，保险公司不得不通过对投保人的告知要求、保证要求及防灾防损职能来确保风险标的处于可控状态。而正如上文所言，防灾防损等职能所带来的外溢效应是可为全社会所享有的，因此，巨灾保险具有不完全“排他性”，并且这种外部利益不会因为某一个消费增加了消费量而导致其他消费者减少消费量，具有“非竞争性”。

综上所述，巨灾保险既具有私人物品属性，也具有公共物品属性，可以将它认为是一种更接近于私人物品的“俱乐部物品”，属于准公共物品的范畴。

正是因为不完全的排斥性和竞争性，准公共物品的提供既可能采取政府的方式来进行，也可能采取市场的方式来进行。根据科斯定理，可以得出解决外部效应问题的最好方法，就是明确产权关系。只要产权是明确的，并且交易成本为零或者很小，那么，无论在开始时将产权赋予谁，市场均衡的最终结果都是有效率的，实现资源配置的帕累托最优。即一旦这种产权被界定清楚，不论是政府界定的，还是私人之间通过协商而界定的，公共物品将同私人物品一样，能够为私人部门所提供。巨灾保险这种同时具有私人物品和公共物品属性的特征，使得巨灾保险市场中存在着由政府、私人和混合提供三种模式，而不同的模式存在着不同的委托代理关系。

二、巨灾保险市场中的委托代理关系及存在的问题

（一）政府供给模式下委托代理关系

政府供给模式的选择是基于巨灾保险具有公共物品属性的考虑，巨灾的发生往往会造成巨大的财产损失和人员伤亡，特别是公共设施的损坏，使得调用物资、医疗措施、救援

人力等需要在大范围、短时间内及时就位，这种危机化解和应对的能力只有一国政府拥有，其他私人组织难以达到这样的财力和组织协调能力，因此巨灾风险的管理会上升到国家管理的高度。并且，巨灾保险市场的逆选择问题十分突出，灾害高风险地区的居民倾向于购买巨灾险，而低风险地区的则不愿意购买，因此，很多学者赞成由国家出面通过立法、行政命令等措施，采取课税或强制性保费方式来对全民提供巨灾保险。因为只有通过强制性立法保障，才能扩大保险的覆盖面，减少灾害发生时的损失使风险能有效分摊。

比如在美国的洪水保险和加利福尼亚地震保险中，所有业务和品种都由政府提供，保险公司并不开展保险业务。美国联邦保险管理局与美国各大保险公司签订协议，利用这些公司的销售渠道在全国各地销售洪水保险。各家公司的销售收入在提取佣金（相当于保费 32.5%）后，全部交给美国联邦保险管理局来统一调度。政府最终承担着巨灾风险和承保责任。

在这种供给模式下，首先，居民、企业、个人与政府之间通过税收、强制性保险费征缴形成了第一层委托代理关系，政府扮演受托人角色。其次，政府作为委托人会建立一个全国统一的机构来运作和协调巨灾保险体系，包括全国范围内巨灾风险的地域区划和风险等级划分，并据此厘定保险责任和保险费率，从而与各级地方政府之间形成多级委托代理关系。另外，在该模式下，政府往往依靠商业性保险公司代为销售保单，也因此形成了另一层委托代理关系。

政府拥有委托权是因为从公众那里承担了巨灾风险转移的责任，而巨灾风险具有公共属性。这里通过政府界定，将巨灾保险看做是一种归属于公众的公共产权制度，而政府的委托权是基于这种公共产权的国家代理制产生的。在公共产权制度的下的委托代理关系，其所具有的特殊性表现为两大等级体系（张维迎，1995）：从初始委托人（全民）到国家权力中心的自下而上的授权链，从国家权力中心到最终代理人（企业）的自上而下的授权链，从而形成一种多层级的委托—代理关系 。

在自下而上的授权链中，国家作为代理人具有以下特征：首先，国家作为代理人无须直接获得每个初始委托人的授权，而是以国家政权为基础（如通过颁布法令）来获得巨灾保险的代理权；其次，国家作为代理人不仅拥有公共财产的控制权，而且拥有剩余索取权；最后，国家代理的逻辑选择就是政府代理。因此，国家一旦通过政权的力量获得代理权后，就实际拥有该资源的剩余索取权和控制权，而初始委托人相对于国家来说缺乏行为能力，从而使得国家代理制演变为国家所有制，在巨灾保险市场上就表现为政府直接获得了转移巨灾风险的权利，也即巨灾保险的委托权。

由政府直接提供巨灾保险模式，能够减少逆选择和公众“搭便车”等问题，但会产生高昂的行政费用和行政效率的低效性；其次，缺乏相应的激励与约束，难免存在被“寻租”和被“捕获”现象；再者其自身的非专业性也决定了这并不是最优的选择。

(二)私人供给模式下的委托代理关系

对于准公共物品,由市场来提供更有效率,很多资料证实,大多数公营企业的实际经营效率是低于私营企业的。

巨灾保险私人供给模式与政府供给模式的不同点在于,公众是直接通过与保险公司签订保险合同,进而将所承担的巨灾风险转移给保险公司,有关巨灾保险产品的开发、定价、承保、理赔等相关服务和工作由保险公司全权负责,政府不作为巨灾保险的提供者或者说风险承担者。在私人供给模式下,巨灾保险市场的委托代理关系主要有:

第一层是公众通过与保险公司签订契约,建立委托代理关系。公众(包括个人和企业)为了转移自身承担的巨灾风险,直接通过与保险公司签订保险合同,建立委托代理关系。该关系的建立避免了政府的直接介人,减少了交易成本,提高了效率,但需要一个发达的保险市场做保证。比较典型的例子是英国的巨灾保险,比如其洪水保险的供给全部为保险公司,私营保险业自愿地将洪水风险纳入标准家庭及小企业财产保单的责任范围之内,公众可以自愿在市场上选择保险公司投保。而政府不参与洪水保险的经营管理,也不承担保险风险,其主要职责在于投资防洪工程、建立有效的防洪体系等相关方面。

第二层是保险公司为转移所承担的巨灾风险而与再保险公司、SPV(特殊目的公司)等金融机构间建立的委托代理关系。由于巨灾风险具有风险比较集中、损失程度难以预测,以及严重的逆选择等特征,使得保险公司不愿也无法独自承担巨灾风险,而保险公司可以通过再保险、或有资本、巨灾债券等新型金融创新工具,在再保险市场和资本市场上寻求风险转移和资金融通,以扩大其承保能力,更好的经营巨灾产品,从而在巨灾保险市场中存在着第二层委托代理关系,保险公司作为委托人,再保险公司、资本市场的 SPV 等金融中介人成为代理人。

第三层是与保险公司有契约关系的再保险公司、SPV 等金融机构与资本市场的投资者建立的委托代理关系。

私人供给可以解决一些政府提供公共物品存在的问题,但也绝非最佳的产权制度,私人供给更加注重内部收益,而忽视社会效益和责任。发达国家巨灾保险的发展实践表明,由于巨灾风险的损失巨大而导致的责任累积不是一般保险公司所能承受的,商业巨灾保险(再保险)只能部分化解巨灾风险。并且,由于巨灾风险信息不全、市场竞争不充分、交易费用过高等原因,导致巨灾保险市场失灵、供给不足。

(三)混合供给模式下的委托代理关系

上述两种供给模式都存在弊端和劣势,如果将公共产权和私人产权结合起来,建立混合企业,采用混合供给模式,则可以发挥它们各自的优势,既能提高巨灾保险的经营效率,又有利于社会公正。因此政府公共部门与私人部门合作,共同承担损失的巨灾保险项目已成为国际趋势。

如日本在经历了 1964 年新潟地震之后，颁布了《地震保险法》，逐步建立由政府财政和商业保险公司共同合作的地震保险制度。如图 1 所示，首先，原保险公司出售地震保险保单之后，由日本再保险公司对原保险人承保的全部地震风险提供再保险。然后，地震再保险公司将从原保险公司承保的地震风险分成 3 个部分：自留 30% 风险；向日本政府购买地震再再保险，转移 50% 的风险；反向各原保险公司购买地震再再保险，共转移 20% 的风险。这样，一个风险巨大的地震保险最终由各保险公司、日本地震再保险公司和日本政府三方来分担。

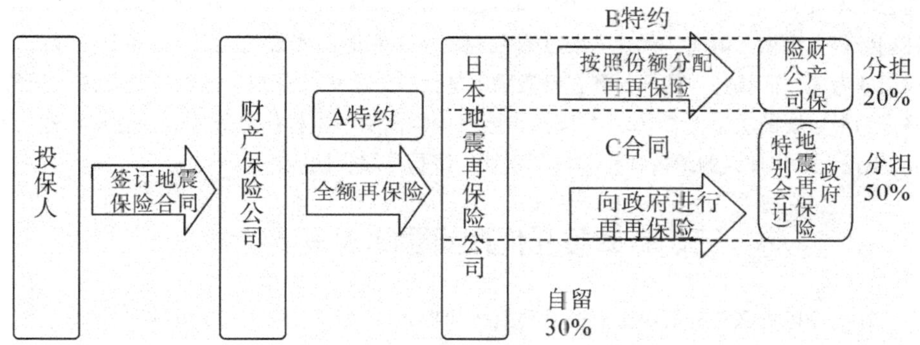

图 1　日本地震保险损失分摊流程

在混合供给模式下的委托代理关系主要包括四个层次：①政府通过权力（立法）界定产权，将巨灾保险看作是一种归属于公众的公共产权制度，政府取得代理人身份，形成了公众与政府之间的初级委托代理关系，在巨灾风险的补偿中往往充当最后贷款人的角色。②政府取得代理人身份后，又通过国家政权的力量取得委托权，继而委托私人部门（保险公司、再保险公司）进行经营，以提供公共物品巨灾保险，然后政府利用税收作为对这部分委托费用的支出。③投保人与保险公司建立的委托代理关系。④保险公司与再保险公司建立的委托代理关系。在混合供给模式下除了上述四层关系外，还可加入保险与 SPV 等金融机构之间的委托代理关系，以及再保险、SPV 等金融机构与资本市场投资者间的委托代理关系。

混合供给模式下，政府与保险公司之间的委托代理关系有两个特点：

首先，这种委托代理关系是多阶段动态模型。政府与保险公司在提供巨灾保险服务上的合作强调建立一种持久稳定的关系，这与传统的委托代理模型有所不同。传统的委托代理模型，委托人与代理人之间的委托代理关系是一次性的、暂时的，因此双方都会采用各种手段实现自己的效用最大化。比如说，代理人可能隐瞒重要信息而产生严重的道德风险。而在政府与保险公司之间，由于巨灾保险服务是项长期的工程以及政府的强势地位，道德风险问题相对没有那么严重。保险公司或许有短期行为，但从长期来看是不可取的，因为它们发现虽然从短期行为中得到一时好处，但合作关系也会随之终止，甚至会受到法律或者行政上的处罚,而维持长期的合作关系所带来的物质和非物质上的收益会远远大于短期利益。也恰恰因为政府与保险公司间的委托代理问题是多阶段的、长期的,巨灾风险管理的制度设计和激励才显得更为重要。

其次,政府与保险公司之间的委托代理是多任务委托代理。一般的企业提供的商品和服务是以价格和质量为基础的竞争,需求者通过在众多供应商之间进行选择,以获得最低价格、最好质量的产品。然而巨灾保险服务作为一项特殊的保险产品,重要的是起到对灾害损失的补偿作用,保险公司不可能单凭价格展开竞争。因此,提供巨灾保险服务的保险公司不仅提供费率定价合理的产品,而且还要在保障范围、灾后偿付能力、赔付效率、险种创新等方面做出响应。代理人要在有限经济资源和时间资源约束下,对多个目标作出权衡的考虑。而委托人的评价和报酬激励则是代理人决策的依据。比如若是委托人把价格作为最重要的决策因素,那么代理人将会对保障范围和赔付能力等方面缺乏积极性,因此,委托人对代理人的绩效评价和报酬激励应该具有综合性。

三、针对委托代理问题的对策及建议

在上述巨灾保险分析中政府既是公众的代理人,同时又以委托人的身份与保险公司、再保险公司之间建立了委托代理关系。委托代理主要述及一种资源的提供者与资源的使用者之间的契约关系,而所有的契约都存在代理费用和监督问题(即代理成本)。因为代理人的行为都具有理性和自利的特征,从而导致委托人和代理人之间存在追求目标和利益的差异。同时,由于委托人和代理人之间客观上存在的信息不对称,代理人对内部信息掌握远较委托人全面与及时,因此,不确定性、信息不对称也是产生代理成本的主要原因。由于篇幅所限,这里主要从三个方面对巨灾保险市场中委托代理问题的对策及建议进行简单而粗略的探讨,在笔者的另一篇文章中将深入分析和研究巨灾保险市场参与主体间的激励与约束问题。

(一)有效激励

巴纳德(Barnard)早在1938年就提到过,一个组织可以通过目标激励的方式或者改变成员思想状况等形式来确保成员努力工作。我们将提供目标激励称之为“激励的手段”,而将改变成员思想和态度的过程称之为“说服的手段”。

针对巨灾保险市场,激励的手段主要包括物质上的激励和非物质上的激励。在物质激励方面,政府应该在税收方面给予优惠或在财政上予以补贴,使得保险公司能够在经营巨灾保险上获得较理想的收益,或者对从事巨灾保险的保险公司在经营其他保险产品上给予优惠待遇,以形成对其在物质上的激励;非物质上的激励包括保险公司可以获得良好的企业形象,从政府方面得到更多政策倾斜和以后的各种支持等。

而说服的手段则包括:①创造一种强制性环境。在巨灾保险市场上,政府可以强制性地规定，如通过规定那些符合标准的保险公司必须提供巨灾保险产品等手段来塑造大环境。②给予每人以公平合理的机会。比如确信委托人在物质上的激励是有效的，进而给作为代理人的每家保险公司一个公平合理的平台。③反复教导人们要正确行事。在巨灾保险市场上，政府可以通过对保险公司多加宣传教育，使保险公司认识到自己在巨灾风险管理中的重要性，进而提高其提供巨灾产品的积极性。

总之，以上各种激励手段和说服手段在现实中都是有其可行性的，但必须要明确一个前提，就是授权方式必须满足组织成员的事后参与约束，即只有当成员认为这种安排与自己的长期利益相符时才会接受这种非契约的安排。

（二）必要约束

激励与约束作为事物矛盾的两个方面，在解决委托代理问题时缺一不可，因此在建立激励机制的同时建立起有效的约束机制，能够使激励政策更加完备。在巨灾保险市场中，必要的约束机制包括加强对代理人的监管和促进代理人之间的合理竞争等。

混合模式下的政府作为委托人有必要设立或授权专职的监管机构，来对经营巨灾保险产品的保险公司进行监管。在监管过程中，要特别重视监管力度、动态完成能力调查、建立信息共享平台等问题，通过健全和完善巨灾保险监管机构，强化对经验巨灾保险产品的保险公司和组织的偿付能力的监管，加强对分保业务的监管等，以化解和解决巨灾保险市场上出现的各种问题和矛盾，同时代表政府协调推动巨灾保险事业的发展。

而代理人之间的合理竞争，不仅能使“在位者”感到潜在的替代威胁，迫使代理人为追求自身利益而更好地尽职尽责，同时其为了拥有良好的声誉和占据更多的市场份额，也必将产生一种内在的自我约束力。因此，在代理人市场不断进行的评价和比较中，以及该市场客观存在的相互竞争所产生的巨大压力，都在无形之中形成了对代理人行为的约束。在这种替代成本与收益的压力下，代理人出现“机会主义”风险的概率也会大大减少。

（三）减少交易成本

张五常在《新帕尔格雷夫经济学大辞典》的“经济组织与交易成本”条目中写道：“在最广泛的意义上，交易成本包括所有那些不可能存在于没有产权、没有交易、没有任何一种经济组织的鲁滨孙・克鲁索（Robinson Crusoe）经济中的成本。它可以看做是一系列制度成本，包括信息成本、谈判成本、拟定和实施契约的成本、界定和控制产权的成本、监督管理的成本和制度结构变化的成本。”

巨灾保险市场中的交易成本是很高的。由于巨灾风险波及范围广、损失和影响力巨大，保险人需要进一步分散风险，在风险转移过程中需要众多的金融等中介机构参与，如巨灾模型公司、信用评级公司、投资银行等，从而增加了谈判等契约成本以及监督管理成本。与此同时，保险人还必须向广大投资者提供大量与巨灾风险相关的信息，而巨灾保险市场具有严重的信息不对称和信息缺失，这使得巨灾保险的成本很高。基于此，巨灾保险体系的构建必须增进信息的完备程度,需要制定一个统一的巨灾风险标准,建立一个统一的巨灾风险数据库,使得巨灾风险管理主体都能迅速、便捷且低成本地获取巨灾信息。

其次,在巨灾保险市场上,作为委托人的政府可通过建立国有巨灾保险公司或设立类似保险联合体的机构来统一协调管理巨灾保险业务及基金,并对商业保险公司发行巨灾债券给予担保,减少委托人与代理人之间的信息差异和不必要的中间环节,从而减少委托代理机制所产生的交易成本。威廉姆森(Williamson,1975)指出,“交易成本可以随着组织形式的选择而变化”。阿罗(Arrow,1975)提出,“上游企业兼并下游企业的目的是减少两个企业之间的信息差异”。有关组织形式与交易成本密切相关的观点已经被许多学者用于解释企业的纵向合并问题。在巨灾保险市场中比较典型的例子是新西兰的地震委员会(EQC)和法国的国营再保险公司(CCR)。地震损害赔偿委员会是新西兰政府于1994年由国家财政部全资组建,作为旨在帮助人们进行灾后重建的公办民营机构,管理着一项自然巨灾基金,该基金的主要来源是强制征收的保险费及基金投资收益。地震损害赔偿委员会是由委托人和代理人双方共同组建的一个公办民营机构,委托人更容易对代理人的行为进行监督和控制,因此可以减少双方之间信息传递的障碍,减少信息租金所产生的交易成本,从而在巨灾风险管理中更好地发挥作用。而CCR是由法国政府于1946年成立的一家国有再保险公司,它代表政府管理若干公共基金,如农业灾害保险基金、建筑工程保险基金、自然巨灾保险基金等。CCR直接由国家建立和拥有,使得在提供巨灾保险产品上其委托人和代理人之间的界定很模糊,进而大大减少了委托代理问题,包括其中由信息租金所产生的交易成本。

【参考文献】

[1]JEAN - JACQUES LAFFONT AND DAVID MARTIMORT. 激励理论(第一卷)——委托—代理模型(中文版)[M]. 北京:中国人民大学出版社,2002.

[2]WILLIAMSON O. Markets and Hierarchies[M]. New York:The Free Press,1975.

[3]HOLMSTROM B. Moral Hazard and Observe Ability[J]. Bell Journal of Economics,1979(10):74 - 91.

[4]RICHARD A POSNER. Catastrophe:Risk and Response[M]. New York:Oxford University Press,2004.

[5]ZOLFAGHARI MOHAMMAD R. Application of Catastrophe Loss Modeling to Promote Property Insurance in Developing Countries[J]. Disasters,2010,34:524 - 541.

[6]BRUGGEMAN VERONIQUE,FAURE MICHAEL G, FIORE KARINE. The Government as Reinsurer of Catastrophe Risks? [J]. Geneva Papers on Risk and Insurance: Issues and Practice,2010,35:369 - 90.

[7]张五常．经济组织与交易成本[A]//约翰·伊斯特韦尔．新帕尔格雷夫经济学大辞典．北京:经济科学出版社,1992.

[8]张维迎．公有制经济中的委托人——代理人关系理论分析和政策含义[J].经济研究,1995.

[9]杨瑞龙．论国有经济中的多级委托代理关系[J].管理世界,1997,01:106-115.

[10]阿尔钦．产权:一个经典的注释[M]//财产权利与制度变迁——产权学派与新制度学派译文集．上海:上海三联书店,1991:166.

[11]德姆塞茨．关于产权的理论[M]//财产权利与制度变迁——产权学派与新制度学派译文集．上海:上海三联书店,1991:97.

[12]高鸿业．私有制、科斯定理与产权明晰化[J].当代思潮,1994(5).

[13]蔡震．国有资本应参与巨灾保险体系建设[J].消费导刊,2009.11:54.

[14]江龙．财政监管理论依据:信息不对称与代理失效[J].财政研究,2002(12).

[15]卓志,段胜．巨灾保险市场机制与政府干预:一个综述[J].经济学家,2010(12):88-97.

[16]谢世清．伙伴协作:巨灾保险制度中我国政府的理性模式选择[J].现代财经,2009(06):50-54.

[17]曹海菁．法国与新西兰巨灾保险制度及其借鉴意义[J].保险研究,2007(06).

[18]曾立新．美国巨灾政府保险项目研究及其对我国的启示[J].保险研究,2007(06).

我国发行混合型巨灾债券的可行性分析

王海艳　刘颖　王博

【摘要】我国是自然灾害最为严重的国家之一,如何有效地进行巨灾风险管理是我国面临的极其迫切的问题之一。在国外,除了传统的再保险,一些国家还推出了巨灾风险证券化工具,例如巨灾债券。本文主要对我国巨灾事件造成的损失与资本市场之间的相关关系进行分析,验证我国是否存在混合型巨灾债券的发行前提。

【关键词】巨灾风险;巨灾风险证券化;混合型巨灾债券

Abstract: China is one of the natural disaster - prone countries, and how to effectively manage risk is one of the most pressing problems in China. In addition to traditional reinsurance, a number of catastrophic risk - based securitization instruments have been introduced in some countries, of which the most common is catastrophe bond. This study aims to analyze the relationship between losses caused by the catastrophic events and capital market, in order to prove that if the premise of the hybrid Cat - Bond exists in China.

Key words: Catastrophic Risk; Catastrophic Risk - based Securitization; Hybrid Catastrophe Bond

引言

我国是世界上自然灾害最为严重的国家之一,灾害种类多,发生频率高,分布地域广,造成的损失大。每年我国自然灾害导致的直接经济损失都在2000亿元的水平,当发生特大自然灾害时这一损失更为严重,如2008年发生的冰灾以及汶川地震导致全年损失达到11 752.4亿元,是2007年损失的5倍。自然灾害的严重性要求我国尽快建立一种有效的巨灾风险保障机制。很多研究认为我国巨灾风险管理可以效仿美国,由财产保险公司向

[作者简介]王海艳,同济大学经济与管理学院副教授;刘颖、王博,同济大学经济与管理学院硕士研究生。

被保险人提供巨灾保险合同,然后通过再保险或者发行巨灾衍生品如巨灾债券等将巨灾风险转移到资本市场,以增强整个保险业对于巨灾损失的偿付能力。

巨灾证券是一种金融创新工具,它使得(再)保险公司能够从资本市场筹集风险资本,从而有资本对巨灾损失进行赔付。巨灾风险证券化工具包括两类:一类是风险转移性工具,即将巨灾风险转移到其他机构或资本市场,包括巨灾期货、巨灾期权、巨灾债券、侧挂车、巨灾互换和行业损失担保;另一类是包含选择权的工具,包括巨灾权益卖权和或有资本盈余票据。二者的区别在于当约定事件发生时保险公司可以获得的是资金还是一种融资权。其中,巨灾债券是保险联结证券中最成功的一种工具。巨灾债券对于补偿巨灾损失具有十分重要的经济意义,并且证券市场在降低信息不对称和价格发现机制方面远比保险市场更有效率。

在实践中,现有的巨灾风险证券化工具能够提供高于预期风险回报率的收益,并且都有一个共同的前提假设,即巨灾风险与资本市场不相关。如果可以规避自然灾害导致的巨灾风险证券化工具的收益损失,同时降低其他资产的价值受到影响的可能性,巨灾风险证券化工具将会受到投资者的更多关注。为此,国外一些学者提出了一种能够使投资者规避资本市场下行风险的混合型巨灾债券模型。

本文将介绍 P&H 混合型巨灾债券模型的原理,并就该模型"巨灾风险和资本市场存在一定的相关性"的假设前提,对我国巨灾事件造成的损失与资本市场之间的相关关系进行分析,从而验证我国是否存在混合型巨灾债券的发行前提。

一、P&H 混合型巨灾债券模型概述

普遍认为,巨灾风险证券化工具与资本市场不相关,具有"0 - β"特性。而 Pauline Barrieu 和 Henri Loubergé 质疑了这一假设的正确性及合理性,认为巨灾风险和资本市场存在一定的相关性。在此基础上,他们提出了混合型巨灾债券,并证明了这一创新型结构性工具能够改善当前巨灾债券市场的发展状况。

P&H 混合型巨灾债券模型除了具有传统型巨灾债券的特点之外,还包含了一种期权组合,这种期权的标的是资本市场指数,能够使投资者规避资本市场的下行风险。具体而言,当约定的巨灾发生后,如果同时资本市场的下跌幅度超过约定值,投资者就能够获得一笔资金用以弥补其他资产的损失,这就类似买入一种资本市场指数看跌期权。由于期权交易需要支付期权费,还应卖出一种资本市场指数看涨期权以抵消费用。如果约定的巨灾事件没有发生,同时资本市场的上涨幅度超过约定值,投资者需要为此支付同样一笔资金,这时投资者的巨灾债券和其他资产都有赢利。

P&H 混合型巨灾债券模型的基础存在条件是认为巨灾风险和资本市场存在一定的相关性。此外,该模型还包括其他八个前提假设:①假设发行巨灾债券的保险公司没有违约风险;②不考虑利率风险,即指定所研究的巨灾债券为零息债券,债券以贴现方式出售,到

期按票面金额归还本金,中间没有利息支付;③为了简化分析,假设两种巨灾债券的本金没有保障,即一旦债券到期之前发生了约定的巨灾事件,则投资者会丧失所有的本金和利息;④对于混合型巨灾债券而言,假设中介机构可以寻找到资本市场指数看涨期权和看跌期权的组合,这两种期权方向相反,价格相等;⑤假设所有的支付均在T时刻进行,目的在于使贴现时间点统一,以便计算;⑥假设中介机构作为纯粹的中介,自身并不保留任何风险,其经营目的在于获得足够多的利润。即中介机构将所有的巨灾风险全部转移到投资者身上,其本身是风险中性的,因此不必考虑中介机构的风险状况;⑦假设投资者和发行人可以投资资本市场以进行风险对冲和分散;⑧假定市场可以自由套利。

二、我国巨灾风险与资本市场的相关性检验

为了确定一种巨灾风险管理工具是否适合在我国发展,需要验证这一工具的理论前提是否符合我国的国情,因此有必要对我国巨灾风险与资本市场的相关性进行分析。基于这一目的,本文将2002—2008年间我国发生的自然灾害事件与资本市场联系起来,分析二者之间是否具有相关性,从而进行更有效的巨灾风险管理。

(一)数据来源

本文选取2002—2008年间我国发生的巨灾事件作为研究对象,采用《Sigma》杂志公布的数据,包括巨灾发生时间和经济损失。前者用于确定资本市场同一时期的表现,后者用于与资本市场表现进行比较。

巨灾事件通常有一定的持续时间,少则一两天,多则几个月。例如汶川地震中最严重的一次地震发生在2008年5月12日,但之后的几个月内不断有余震发生。巨灾损失的测量与巨灾事件的发生不具有同步性,通常巨灾损失需要一定的观察期和发展期,这就导致了在几天内结束的巨灾事件造成的损失却需要一段额外的时间才能形成。因此本文的相关分析包含了一个前提假设,即巨灾事件所造成的直接经济损失是在巨灾事件的持续期(即巨灾开始发生到结束的这段时间)内形成的,巨灾一结束,经济损失也立即截止。这个假设使得巨灾事件造成的直接经济损失与同一时期内的资本市场变化有可比性,在巨灾开始发生到结束的这一段时间内,造成了一定的经济损失,这些经济损失是否对资本市场造成了影响,如果答案是肯定的,那么影响是怎样的。

本文选取上证综合指数作为资本市场的代表变量。为了消除每个自然灾害发生时资本市场的起点不一样这一差异,本文采用相对量来代替绝对量,即研究每个巨灾事件给资本市场造成了百分之几的增幅或降幅而不是使资本市场上升或下降多少点。另外,由于我国股市有停盘日,巨灾的开始日或者结束日可能是停盘日,因此在数据处理的过程中,需要对上证综合指数的计算区间进行修正。修正方法如下:如果某一自然灾害仅持续一日,则上证综指的计算区间为灾害发生日及次日;如果灾害持续一段时间,则比较区间为

灾害发生起始日至结束日；比较区间的起始日期遇节假日向前追溯到最近一个开盘日，终止日期遇节假日则顺延到最近一个开盘日。同时为了尽可能降低其他事件对资本市场的影响，长假不在向前追溯和向后顺延范围内。所选取的指数均为当天收盘指数。

综上所述，本节选取两组数据——2002—2008 年间各巨灾事件造成的经济损失以及同一时期上证综指的变化幅度，对二者进行相关分析。

（二）期间相关性检验

2002 年到 2008 年这 7 年间，共有 64 起巨灾事件发生，包括地震、洪水、风暴等，造成的直接经济损失从几百万美元到几十亿美元不等。按照常理分析，自然灾害会对人民生命财产安全造成一定程度的破坏，尤其反映在经济损失上，当然也会对股民的信心产生一定影响，这些无疑会抑制甚至打压资本市场。而巨灾过后的家园重建却会对某些特定板块和公司带来利好，这在一定程度上会拉动股市上扬。

这 64 起巨灾事件持续的时间也存在很大差异。由于灾害种类不一样，对于持续时间的划分没有严格的依据，结合本文的研究目的并包括尽可能多的研究数据，本文将持续时间界定为两周（即 14 天），将持续时间短于 14 天的巨灾事件称为突发事件。所以本文分别使用了两组数据进行了两次相关性验证，一组是原数据（表 1），包括 64 起巨灾事件；一组是突发事件数据（表 1 中无阴影部分），包括 49 起巨灾事件。

将上述两组数据分别进行散点图绘制，结果如图 1 和图 2。

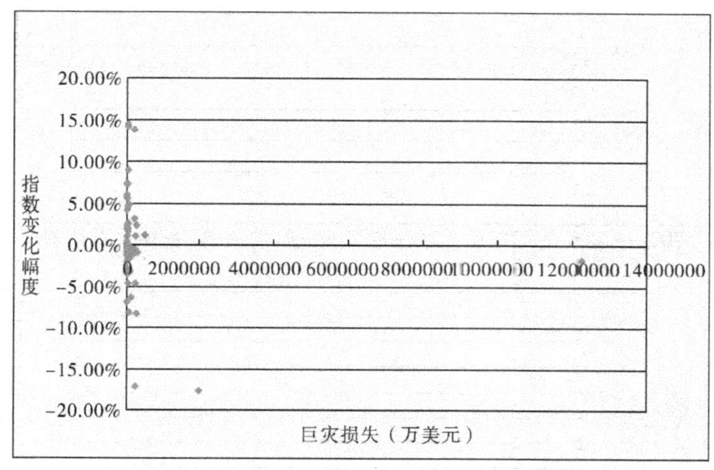

图 1　2002—2008 年所有巨灾事件期间相关性散点图

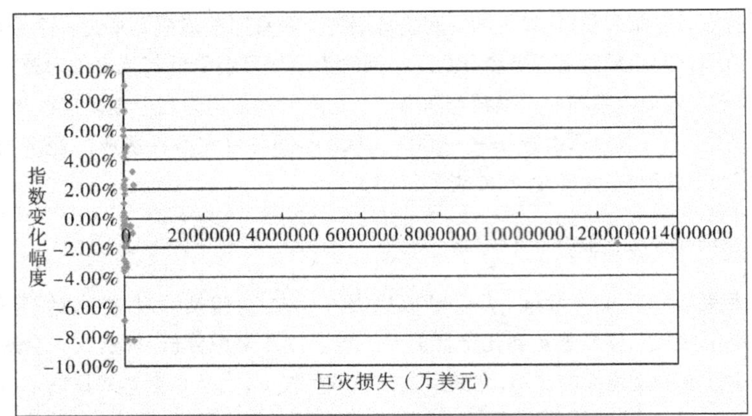

图 2　2002—2008 年突发巨灾事件期间相关性散点图

由图 1 和图 2 可以看出，巨灾事件造成的直接经济损失与同一时期内资本市场变化幅度基本不相关，而这一结果与下文给出的相关系数计算结果是一致的。由于 2008 年汶川地震造成的直接经济损失异常大，导致散点图上其余数据非常密集，为了看清楚其他数据，将这一数据去掉重新绘制散点图，如图 3 和图 4 所示。

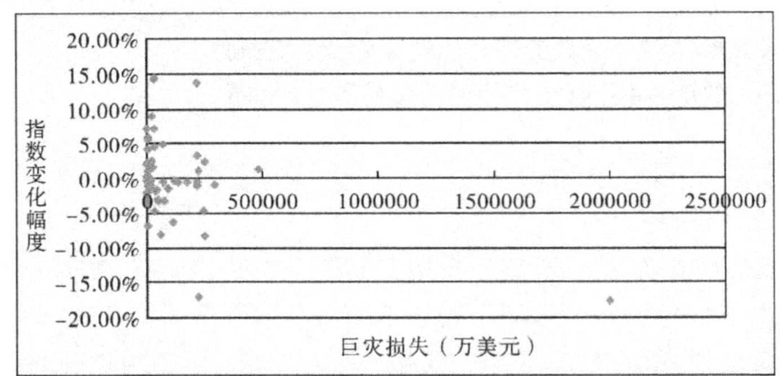

图 3　2002—2008 年所有巨灾事件期间相关性散点图（去掉汶川地震数据）

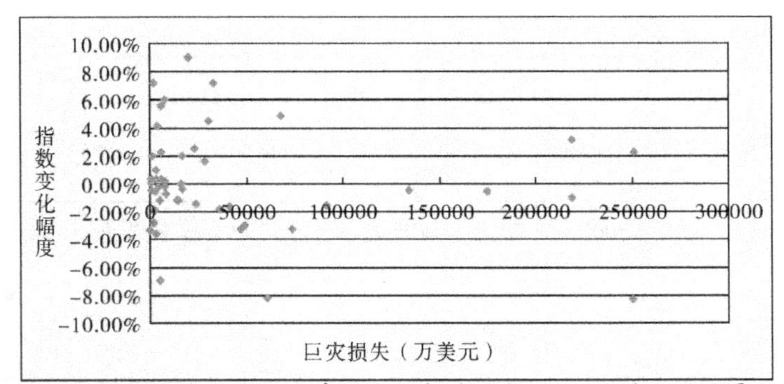

图 4　2002—2008 年突发巨灾事件期间相关性散点图（去掉汶川地震数据）

表 1　2002—2008 年所有巨灾事件列表(期间相关性分析)

年份	直接经济损失(万美元)	上证综指变化幅度	比较区间长度(天)	年份	直接经济损失(万美元)	上证综指变化幅度	比较区间长度(天)
2008	2 000 000	-17.70%	35	2005	216 000	-0.47%	15
	3100	0.36%	2		60 700	-8.17%	11
	4900	-6.91%	7		3400	-3.56%	8
	73300	-3.28%	5		91 300	-1.52%	8
	12 500 000	-1.84%	2		24 000	-1.44%	11
	2300	-1.93%	2		14 900	-1.16%	2
	220 000	-17.10%	18		134 000	-0.49%	6
	49 200	-3.01%	4		219 000	3.16%	7
	23 500	2.57%	5		1000	-0.44%	20
	2900	-0.52%	4		175 000	-0.52%	5
2007	7800	6.00%	11		31 000	-4.68%	15
	20 100	8.97%	9	2004	36 100	-1.83%	8
	35 000	14.17%	52		300	-3.35%	8
	1800	7.21%	6		47 100	-3.23%	7
	3800	4.15%	8		600	0.38%	2
	32 900	7.21%	6		400	0.10%	2
	8200	-0.74%	4		219 000	-1.00%	5
	250 000	-8.26%	4		7500	-0.21%	2
	41100	-1.63%	4		5000	-1.13%	2
	6000	5.55%	7	2003	16 000	0.01%	5
2006	5700	2.28%	2		73 000	-0.61%	31
	115 000	-6.30%	14		483 000	1.18%	23
	33 300	14.48%	35		244 000	-4.62%	55
	14 100	-1.21%	4		16 600	1.98%	2
	67 900	4.84%	8		7500	0.17%	2
	1100	2.01%	3		16 700	-0.35%	4
	251 000	2.28%	8		6000	0.37%	2
	700	-0.43%	2	2002	216 000	13.71%	28
	291 000	-0.96%	100		2000	-2.81%	11
	28 200	1.60%	3		220 000	1.05%	16
2005	30 000	4.48%	11		3300	1.01%	2
	4500	-0.18%	4		121 000	-0.40%	153

（三）瞬时相关性分析

为了使本文的分析更加合理和全面，本节将比较区间尽可能缩短，对巨灾事件发生首日的开收盘指数进行比较，以二者的变化幅度与巨灾事件的损失进行相关分析。比较区间的选取与上一节有所不同，选取原则如下：以巨灾发生的首日的开盘指数和收盘指数进行比较。如果巨灾发生的当天是节假日，则以之前最近一个交易日的开盘指数和巨灾发生后首个交易日的收盘指数进行比较。

本节选取两组数据进行瞬时相关性分析：一组是原数据（表2），包括64件巨灾事件；另一组是突发事件数据（表2中阴影部分），包括49起巨灾事件。散点图绘制结果见图5和图6。

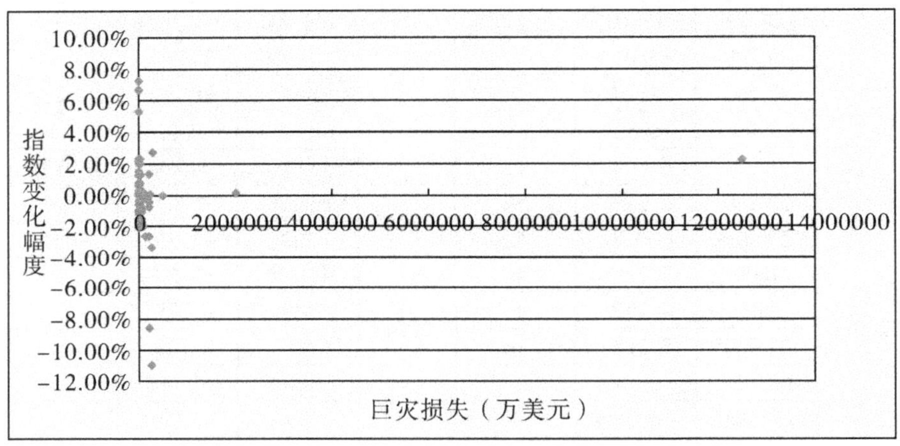

图5　2002—2008年所有巨灾事件瞬时相关性散点图

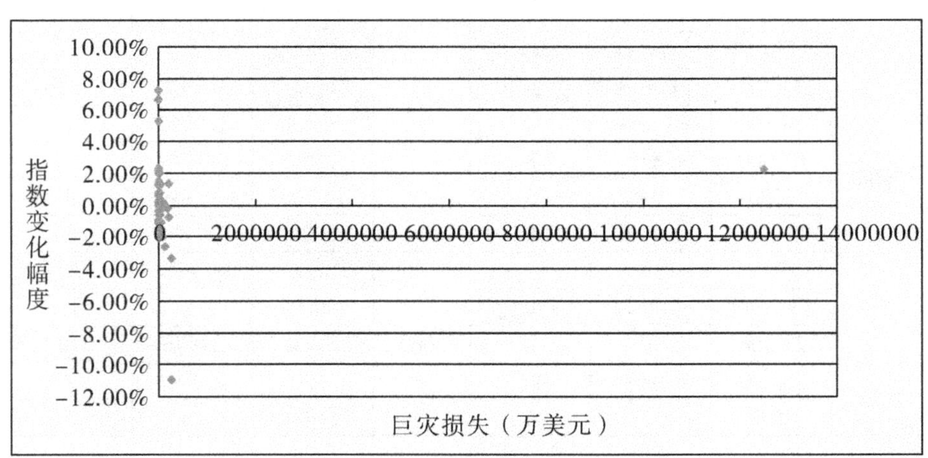

图6　2002—2008年突发巨灾事件瞬时相关性散点图

表 2　2002—2008 年所有巨灾事件列表(瞬时相关性分析)

年份	直接经济损失(万美元)	上证综指变化幅度	年份	直接经济损失(万美元)	上证综指变化幅度
2008	2 000 000	0. 14%	2005	216 000	1. 33%
	3100	5. 30%		60 700	-1. 10%
	4900	2. 00%		3400	-2. 02%
	73 300	-1. 94%		91 300	0. 15%
	12 500 000	2. 21%		24 000	-1. 54%
	2300	-0. 58%		14 900	0. 03%
	220 000	-8. 62%		134 000	-2. 65%
	49 200	-1. 52%		219 000	1. 33%
	23 500	-0. 24%		1000	0. 15%
	2900	-1. 96%		175 000	-0. 16%
2007	7800	0. 76%		31 000	-0. 03%
	20 100	-0. 13%	2004	36 100	-0. 62%
	35 000	2. 33%		300	2. 28%
	1800	1. 27%		47 100	-0. 05%
	3800	0. 61%		600	-1. 07%
	32 900	1. 27%		400	-0. 95%
	8200	2. 12%		219 000	-0. 77%
	250 000	-10. 93%		7500	-0. 05%
	41 100	-0. 27%		5000	0. 30%
	6000	7. 22%	2003	16 000	2. 02%
2006	5700	6. 67%		73 000	-0. 87%
	115 000	0. 14%		483 000	-0. 06%
	33 300	1. 37%		244 000	0. 01%
	14 100	0. 82%		16 600	0. 40%
	67 900	0. 06%		7500	-0. 37%
	1100	0. 06%		16 700	-0. 31%
	251 000	-3. 38%		6000	-1. 15%
	700	1. 48%	2002	216 000	-2. 60%
	291 000	2. 72%		2000	-1. 49%
	28 200	1. 32%		220 000	-0. 45%
2005	30 000	-0. 08%		3300	0. 16%
	4500	-1. 97%		121 000	-2. 60%

图 5 和图 6 是 2002—2008 年所有巨灾事件瞬时相关性散点图和突发性巨灾事件瞬时相关性散点图。可以看出,巨灾事件造成的直接经济损失在瞬时期间内也与资本市场变化幅度基本不相关。同样,为了排除汶川地震的影响,将这一数据去掉重新绘制散点图,如图 7 和图 8 所示。

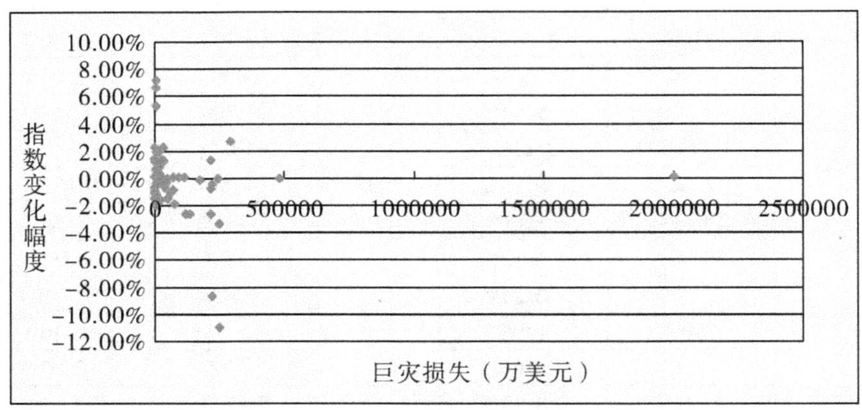

图 7　2002—2008 年所有巨灾事件瞬时相关性散点图(去掉汶川地震数据)

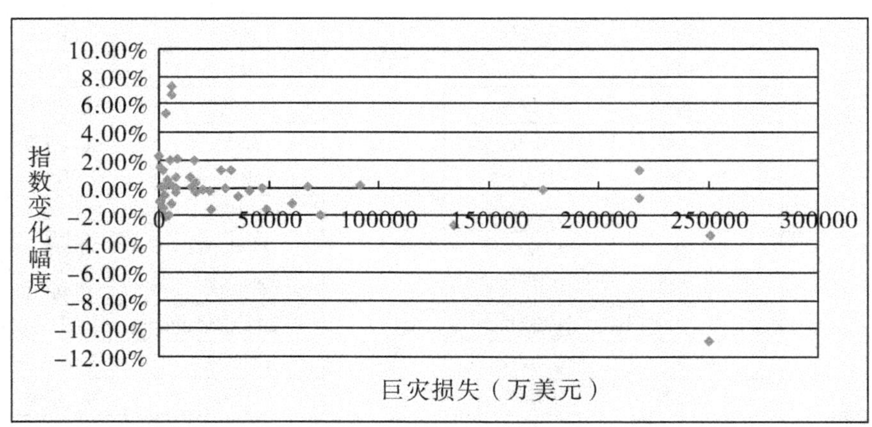

图 8　2002—2008 年突发巨灾事件瞬时相关性散点图(去掉汶川地震数据)

(四)结果分析

利用 Spss 13.0 分别对上两节中数据进行相关分析,得出的 Pearson 相关系数和显著性水平见表 3、表 4、表 5 和表 6。

表 3　原始数据期间相关分析结果

		losses	indexchange
losses	Pearson Correlation Sig. (2 - tailed) N		
indexchange	Pearson Correlation Sig. (2 - tailed) N	-.111 .382 64	

表 4　突发事件数据期间相关分析结果

Correlations

		losses2	indexchange2
losses2	Pearson Correlation Sig. (2 - tailed) N		
indexchange2	Pearson Correlation Sig. (2 - tailed) N	-.100 .492 49	

表 5　原始事件数据瞬时相关分析结果

Correlations

		losses	indexchange
losses	Pearson Correlation Sig. (2 - tailed) N		
indexchange	Pearson Correlation Sig. (2 - tailed) N	-.091 .475 64	

表 6　突发事件数据瞬时相关分析结果

Correlations

		losses2	indexchange2
losses	Pearson Correlation Sig. (2 - tailed) N		

续表6

		losses2	indexchange2
indexchange2	Pearson Correlation Sig. (2 - tailed) N	-.103 .481 49	

由表3和表5可知,2002—2008年间发生的64起自然灾害事件与同一时期上证综指变化幅度之间的期间相关系数和瞬时相关系数分布为-0.111和0.091。这意味着二者在长期和短期内都不相关,也即自然灾害事件的发生对于资本市场基本没有影响。

由表4和表6可知,2002—2008年间发生的48起突发自然灾害事件与同一时期上证综指变化幅度之间的期间相关系数和瞬时相关系数分别为-0.100和0.103。这说明即使剔除了持续时间长的自然灾害事件,灾害本身对于资本市场的影响也基本可以忽略不计。

四组数据的分析结果都说明了巨灾事件与资本市场不相关,造成这种不相关性的原因包括以下四点:

第一,巨灾事件无疑会对我国的经济造成一定打击,但是这种影响与自然灾害的发生地点密切相关。我国幅员辽阔,各地的人口密度和经济发展水平存在较大差距,而就Sigma杂志统计的这些巨灾而言,很多发生在经济不发达地区,因此对经济影响不大。同时由于这些地区经常发生自然灾害,当地人民以及投资者对此习以为常,因此对于人们的信心影响也可以忽略不计。

第二,即使是像汶川地震这种突如其来且百年一遇的大灾害发生在我国,虽然短期内对我国国民经济造成了一定创伤,但是丝毫不影响人民对于经济复苏的信心,甚至由于灾后家园重建而带动水泥、建材等相关板块股指上扬,各板块间此消彼长的关系最终可能就反映为没有变化的市场指数。另外,巨灾事件对资本市场的影响是多方面的,并且资本市场同时还受到诸如CPI、人民币汇率、央行货币政策等其他各种因素的综合影响,因此可以认为自然灾害事件的发生对资本市场没有影响。

第三,当前中国对于巨灾损失的补偿基本上是以财政资金和民间救助为主。由于自然灾害事件给经济造成的创伤在很大程度上是由政府来承担,虽然政府的财政压力最终会转移到全国人民身上,但是由政府来充当救援者的补偿机制仍然在很大程度上抵消了人们对于巨灾事件的恐慌以及会影响实体经济进而影响资本市场表现这一担心。与其他国家的政府和市场相结合的巨灾补偿机制相比较,中国现行的巨灾补偿制度的确会缓和巨灾事件对于资本市场的影响。

第四,一个公司股票价格的最终决定因素是投资者对于该公司未来赢利能力的预期,当外界事件无法影响到这种预期时,很明显该公司的股票价格不会下降。推广而言,当某一外界事件没有影响到投资者对于市场中各家公司的未来赢利能力的预期时,市场就不会下跌。当一起巨灾事件发生时,只有保险公司和巨灾发生地点附近的一些公司会受到影响。对于保险公司而言,目前已有的巨灾产品寥寥无几,除了企业财产险中的附加险以外,巨大自然灾害事件基本都属于保险公司的除外责任。在汶川地震发生后,保险公司的赔付只有10亿元,与地震造成的8451亿元的直接经济损失根本无法相比,因此对保险公司股价的影响基本为零。而对于巨灾发生地点附近的其他公司而言,只要灾害不影响到公司的持续经营,进而这些公司的赢利能力不会动摇,那么,资本市场指数的坚挺也就不足为奇了。

以上四点原因可以解释巨灾事件造成的直接经济损失与资本市场指数的不相关性。这是对国际上比较流行的对于巨灾风险证券化工具的"0-β"特性这一假设的一种肯定。值得注意的是,中国的自然灾害和资本市场都有其特殊性,并且都在不断变化之中——灾害事件与全球气候以及环境息息相关,而资本市场则在不断发展完善之中。本文所用于验证的数据仅来自过去7年中(2002—2008年),不能代表将来的情况。尽管如此,本文所进行的实证分析仍然能反映出中国自然灾害与资本市场之间的不相关性,肯定了巨灾风险证券化工具具有"0-β"特性的假设。这个假设对我国发行巨灾债券进行风险管理起着至关重要的作用。

(五)巨灾损失与局部资本市场的相关分析

由于上证综合指数是我国资本市场走势的综合反映,代表着中国经济未来的发展趋势,其影响因素众多,并且各影响因素之间还有着错综复杂的联系。就灾害损失这一影响因素单独进行分析,得出的结果在很大程度上可能并不科学。因此有必要就巨灾事件对局部资本市场的影响进行进一步的定性分析。我们选取2008年5月12日发生的汶川地震作为研究对象,分析其发生之后对局部资本市场的影响。

首先分析3只保险股在灾害发生之后的表现。汶川地震发生后十多分钟,中国人寿、中国平安、中国太保在达到当日最高点之后集体大幅下挫,下跌幅度分别为3.09%、2.3%和2.46%。中国人寿当天收盘价与前一交易日相比下降0.68%,次日中国人寿低开,收盘价较12日下跌4.72%;中国太保当天收盘价较前一交易日下跌0.1%,次日低开,收盘价较12日下跌7.16%;中国平安当天收盘价较前一交易日下跌1.97%。

地震对于川渝板块上市公司的影响不尽相同。地震发生后十多分钟,川渝板块中的代表性企业如五粮液、东方电气、四川美丰等股价迅速下跌,跌幅分别达到1.8%、2.5%和3.1%;13日起45家川渝上市公司开始停牌,到公司刊登复牌公告为止;部分公司在公告中宣称公司经营正常,并未受到实质性影响;另外,由于道路和通信系统的中断,部分公司无法获得联系,因此灾害影响无法确定。

以行业为划分标准,地震对于基础设施、交通运输、水电、旅游等行业的上市公司影响较大。

毫无疑问,像汶川地震这样的重大自然灾害会对相关上市公司产生影响,而这种影响在上市公司的股票短期表现中可能会显现出来。但一个成熟有效的资本市场最终反映的是上市公司的未来赢利能力,只要国家的经济基本面不被动摇,上市公司仍旧具备赢利能力,投资者依然充满信心,那么再大的负面影响最终都会随着时间的流逝慢慢散去。其中最为关键的仍然是尽可能降低灾害事件对于国家经济和人民生活的伤害,尽快恢复生产重建家园。

三、总结与启示

我国是一个自然灾害多发的国家,为了有效应对这一风险,我国应该借鉴国内外经验,探索适合我国的巨灾风险证券化工具,以弥补我国当前巨灾补偿体系的不足。

本文对我国巨灾损失和资本市场之间的相关性进行了验证,结果证实我国巨灾损失与资本市场之间并无明显的相关性。单从相关性分析结果来看,说明我国的资本市场并不会受到巨大自然灾害事件的影响,也就是说投资者投资巨灾风险并不会受到资本市场下行风险的影响。因此,我国发行混合型巨灾债券不具有可行性,但这并不代表混合型巨灾债券就毫无价值,从另一个角度而言,我国具备发行普通巨灾债券的条件,因此,我国可以适时推出普通巨灾债券以吸引更多资本进入保险业。

巨灾事件的发生是否会影响到资本市场的表现取决于两个因素:投资者对于上市公司未来赢利能力的预期变化以及受灾害影响的上市公司在资本市场中的权重。这两个因素的结合才决定了当一次较大自然灾害事件发生之后资本市场的反应。目前来看,这一影响是不显著的,但是在我国资本市场更加完善、建立起比较合理的巨灾补偿机制之后,这一影响会逐步显现出来。当然,这一影响存在与否并不重要,重要的是我国政府能够更加有效的预防和管理巨灾风险,尽可能降低自然灾害对于中国人民和中国经济的打击,尽快帮助灾区人民恢复生活重建生产。

我国目前的巨灾补偿机制十分不完善,对于巨灾风险未能起到有效的补偿作用。我国财产保险公司对于自然灾害的承保十分有限,政府作为“最后救助人”会全力承担灾后救济和灾后重建的工作,这成为政府工作的一项难以推却的“包袱”。建立有效的巨灾补偿机制的途径之一就是推行巨灾债券等证券化工具,以资本市场作为风险融资的又一途径。

我国资本市场正逐渐趋于成熟和完善,全面性的巨灾补偿机制有待建设,将来巨灾风险与资本市场之间的相关性可能会出现;混合型巨灾债券作为一种创新的金融工具,对于金融市场产品的多样化也是不无益处的,这是需要我们进一步研究的课题,有助于混合型巨灾债券成为现实,成为真正为人民排忧解难的金融工具。

【参考文献】

[1]PAULINE BARRIEU, HENRI LOUBERGÉ. Hybrid cat bonds[J]. Journal of Risk and In-

surance,2009,76(3):547 -578.

[2]王莉莉．我国巨灾风险补偿及巨灾风险证券化研究[D].上海:上海师范大学,2008.

[3]HARRIS SCHLESINGER. Decomposing Catastrophe Risk[J]. Insurance: Mathematics and Economics,1999,24:95 -101.

[4]KENNETH A FROOT. The Market for Catastrophe Risk:A Clinical Examination[J]. Journal of Financial Economics,2001,60: 529 -571.

[5]GREG NIEHAUS. The Allocation of Catastrophe Risk[J]. Journal of Banking & Finance, 2002,26:585 -596.

[6]CUMMINS J D, DOHERTY N. , LO A. Can Insurers Pay for the 'Big One'? Measuring the Capacity of the Insurance Market to Respond to Catastrophic Losses[J]. Journal of Banking and Finance,2002(26).

[7]田玲，张岳．巨灾风险债券定价研究的进展述评．武汉大学学报:哲学社会科学版, 2008(5).

[8]王智英．巨灾债券的基差风险研究[D].上海:同济大学,2007.

[9]张丹．我国巨灾风险管理模式选择．合作经济与科技，2009(13).

[10]肖文，孙明波．保险风险证券化的含义及其发展．浙江金融，2003(1).

[11]陆珩填，陈伟忠．保险风险证券化——巨灾债券[J].华东经济管理，2003(4).

[12]施方，俞自由．巨灾保险的资本市场选择[J].中国保险，2003(6).

中国巨灾风险损失时间序列分布重尾特征与保险方式选择

张旭升

【摘要】巨灾风险损失分布特征是影响巨灾风险可保性的重要因素。运用中国及部分省市1949年以来洪水、干旱、地震、风暴潮四类巨灾风险损失数据进行实证分析发现，综合巨灾风险相较于单一巨灾风险损失分布，以及全国范围巨灾风险相较于省市范围巨灾风险损失分布重尾特征明显减弱，可保性明显增强。因此，建议以综合风险为保险风险，在全国甚至更广泛的范围内开展巨灾风险保险。

【关键词】巨灾风险；风险损失；综合风险；时间序列；重尾特征

Abstract: The distribution characteristic of catastrophe risk loss is an important factor to influence catastrophe risk insurability. The empirical analysis on loss data of four kinds of catastrophe risk such as flood, drought, earthquake, storm surge in China and some provinces since 1949 reveals that the heavy - tailed feature of an integrated risk loss including earthquake, flood, drought, storm surge on a national scale is weaker than the one of a single catastrophe risk loss in a province or a city and its insurability is obviously stronger. Therefore, China should adopt a integrated risk insurance for the catastrophe insurance risk across the country and even the more extensive range in future.

Key words: catastrophic risk; risk loss; integrated risk;time series; heavy - tailed feature

引言

传统保险理论认为，巨灾风险常造成大面积范围内同类或相似风险载体的严重损失，其真实损失赔偿分布呈重尾分布特征。因此，巨灾风险具有较弱的可保性。在近年的巨灾保险研究中，一些研究人员如 Cummins(2006)认为虽然巨灾风险在一定区域内具有高

[作者简介]张旭升，男，汉族，中南财经政法大学新华金融保险学院保险学专业博士，副教授，主要研究方向为保险市场。

度相关性，但在更广泛的范围内仍然具有相互独立性，因此提出全球可保（globally insurable）概念；还有些研究者如国内曾立新（2005）认为虽然各种巨灾风险在一定区域内造成的损失高度相关，但是不同类型巨灾风险之间仍然存在相互独立性，因此提出全风险保险（all risk policy）概念，即将多种巨灾风险作为综合风险用一张保单承保。这些观点对于中国巨灾风险保险的运作是否有实际意义，迄今并无实证。本文运用中国1949年以来洪水、干旱、地震、风暴潮四大类巨灾风险损失数据，分析比较省市范围与全国范围巨灾损失分布的尾部特征，以及单一巨灾风险和综合巨灾风险损失分布的尾部特征，对上述两种观点进行实证，实证结果将对中国巨灾风险保险方式的选择具有一定指导意义。

一、巨灾风险由于其损失分布呈明显的重尾特征一般具有较弱的可保性

在统计学中，正态分布或β分布的尾巴都是越往右越细，但却可以无限延长，这个尾部现象在风险控制中的解释就是：为了再多覆盖一点发生概率很小的损失，所需要的资本却是按照几何级数递增的。所以损失分布的尾巴是越短越好，越细越好。从损失分布上看，由于巨灾风险事故使众多保险标的同时遭受损失，其损失赔偿呈重尾分布特征（见图1）。

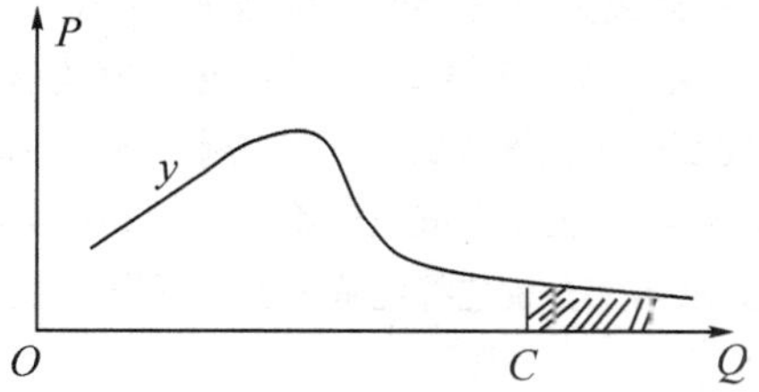

图1　保险公司的损失赔偿分布

图1中，横轴Q表示累计赔款总额，纵轴P表示出现相应赔款的概率，y为保险公司赔款总量分布函数，C点代表一般偿付能力（公积金和各种准备金），保险公司对C点左侧的损失具有充足的偿付能力，然而对C点右侧的损失，尽管其发生的概率较低，但由于损失已经超出一般偿付能力，必须依靠自有资本来补偿，一旦其额度超过公司自有资本，公司将面临破产风险。巨灾风险事故常造成保险公司的损失较多地出现在C点右侧。因此，按照传统保险理论，巨灾风险具有较弱的可保性。

二、省市范围与全国范围巨灾风险损失分布尾部特征的比较

国内巨灾风险以洪水、干旱、风暴潮、地震等为最常见，其中，洪水、干旱灾害影响区域

广,全国二十多个省市都受到水旱危害;发生频率大,几乎年年发生;经济损失大,1950—2009 年,全国年均洪水受灾面积 9 287 117 公顷,年均成灾面积 5 220 267 公顷;全国年均干旱受灾面积 21 775 650 千公顷,年均成灾面积 9 624 250 千公顷。故本文选择洪水和干旱两类风险作为研究对象,研究省市范围与全国范围巨灾风险损失分布尾部特征的不同。

国家统计局对洪水、旱灾的损失统计以受灾面积和成灾面积来衡量,因受灾面积与成灾面积高度相关,因此,本文仅选取受灾面积一项作为分析变量。

由于全国范围损失与省市范围损失数量级不相同,为便于比较,先对数值进行无量纲化处理。在聚类分析中,进行无量纲化的方法主要有极值化方法、标准化方法、均值化方法、标准差化方法。四类方法特点不一样,由于均值化方法在保留原始变量变异程度信息时,不是取决于原始变量标准差,而是取决于原始变量的变异系数,从而在保留变量变异程度信息的同时保证了数据的可比性,因此本文采用均值化方法①。

(一)山东、湖南两省水灾年度损失分布尾部特征与全国的比较

洪水灾害危险区主要集中在七大流域和东南沿海,根据李炳元、冯佩芝等的研究,中国主要有 5 个洪水灾害影响区域②,受灾省市主要为黑、吉、辽、蒙、冀、鲁、豫、皖、苏、浙、京、津、沪、赣、湘、鄂、粤、闽、台、海、川、黔、桂、陕、甘等,根据国家防汛抗旱总指挥部办公室和水利部南京水文水资源研究所等的研究,1949—1990 年间,山东省年均水灾受灾面积、成灾面积占全国总受灾(或成灾)面积的比率均居于第 4 位,山东省地区生产总值在全国位于第 3 位(1994 年),农业产值位于第 2 位(1994 年);湖南省受灾面积占全国受灾面积的比率居于第 9 位,成灾面积占全国成灾面积的比率居于第 12 位,湖南省地区生产总值在全国位于第 10 位(1994 年),农业产值位于第 6 位(1994 年)③。考虑经济发展状况对洪灾损失具有较重要影响,本文分别选择经济发展水平居于中上游的山东、湖南两省为分析对象。

运用 SPSS 18.0 分析 1949—2009 年间山东省、湖南省及全国水灾受灾面积年度分布

---

① 均值化方法,即每一变量值除以该变量的平均值。即:$x_i' = \frac{x_i}{\bar{x}}$。标准化后各变量的均值都为 1,标准差为原始变量的变异系数。

② 李炳元,李钜章,王建军. 中国自然灾害的区域组合规律[J],地理学报,1996,51(1):1-10

③ 国家防汛抗旱总指挥部办公室,水利部南京水文水资源研究所. 中国水旱灾害[M]. 北京:中国水利水电出版社,1997:92. 中华人民共和国统计局.《中国统计年鉴》. 1996:2-11,http://www.stats.gov.cn/ndsj/information/zh1/b111a

数据①特征如表1所示。

表1　山东、湖南与全国水灾受灾年度损失分布频率分析结果

统计量				
		山东水灾损失	湖南水灾损失	全国水灾损失
N	有效	38	60	60
	缺失	23	1	1
均值		1.000 00	1.000 00	1.000 00
均值的标准误		0.138 237	0.127 391	0.068 533
中值		0.680 57	0.757 37	0.931 94
众数		0.004[a]	0.063[a]	0.270[a]
标准差		0.852 149	0.986 769	0.530 853
方差		0.726	0.974	0.282
偏度		1.053	1.994	0.957
偏度的标准误		0.383	0.309	0.309
峰度		0.448	4.128	0.894
峰度的标准误		0.750	0.608	0.608
全距		3.128	4.514	2.378
极小值		0.004	0.063	0.270
极大值		3.132	4.577	2.648
a. 存在多个众数，显示最小值				

从表1可以看到，山东、湖南水灾年度损失频率分布的标准差分别为0.852 149、0.986 769，而全国水灾年度损失频率分布的标准差为0.530 853。由于标准差反映了数据集的离散程度，标准差愈大，代表大部分数值离平均值愈远。从标准差上看，全国范围的水灾年度损失额度比省市范围的更具有稳定性。

山东、湖南水灾年度损失频率分布的偏度分别为1.053、1.994，而全国水灾年度损失

① 山东省水、旱数据来源：山东农业信息网《山东省农作物受灾和成灾面积》，2009－01－04，http://www.sdny.gov.cn/art/2009/1/4/art_51_157644.html。湖南省水、旱数据来源：1949—1994年数据来源于各年度《湖南统计年鉴》，1995年以后数据来源于各年度《中国统计年鉴》。全国水、旱灾害数据来源：1990—2008年数据来源于中华人民共和国统计年鉴(2009)；1990年以前的数据来源于中国科学院地理科学与资源研究所“人地系统主题数据库”网站：http://www.data.ac.cn/zrzy/ntCB02.asp，2010－12－14；1967—1969年数据来源于《中国水旱灾害》. 国家防汛抗旱总指挥部办公室，水利部南京水文水资源研究所编. 中国水利水电出版社，1997年12月，第67、68、308页。

频率分布的偏度为0.957。由于偏度反映了分布的偏斜程度,偏度愈大,说明偏斜得愈厉害,反映在直方图上,其尾部有拉得更长的趋势。从偏度上看,同为右偏,但两省市的水灾年度损失频率分布比全国范围的分布尾部有明显更长趋势。

山东、湖南水灾年度损失频率分布的峰度分别为0.448、4.128,而全国水灾年度损失频率分布的峰度为0.894。由于峰度反映了分布的尾部厚度,峰度愈大,尾部愈粗。从峰度上看,两省市的水灾年度损失频率分布比全国范围的分布尾部明显更粗。

(二)山东、湖南两省旱灾年度损失分布尾部特征与全国的比较

中国各省市均受到干旱灾害。根据《中国水旱灾害》一书编制的《各省(市、区)1949—1990年平均受旱、成灾面积统计表》,山东省无论平均受旱率(受灾面积与播种面积之比)还是旱灾成灾率(成灾面积与播种面积之比)在全国均居于第7位,湖南省遭受的干旱灾害无论是受旱率还是成灾率均居于中游(均居于第19位)。所以仍然选择山东、湖南两省为分析对象。

运用SPSS 18.0分析1949—2009年间山东省、湖南省及全国旱灾受灾面积年度分布数据特征如表2所示。

表2　山东、湖南与全国旱灾受灾年度损失频率分布分析结果

统计量				
		山东旱灾损失	湖南旱灾损失	全国旱灾损失
N	有效	33	60	60
	缺失	28	1	1
均值		1.000 00	1.000 00	1.000 00
均值的标准误		0.122 429	0.087 600	0.060 205
中值		0.733 59	0.895 00	1.041 30
众数		0.099[a]	0.260	0.110[a]
标准差		0.703 300	0.678 548	0.466 344
方差		0.495	0.460	0.217
偏度		0.544	0.497	−0.212
偏度的标准误		0.409	0.309	0.309
峰度		−0.800	−0.747	−0.684
峰度的标准误		0.798	0.608	0.608

续表 2

统计量			
	山东旱灾损失	湖南旱灾损失	全国旱灾损失
全距	2.402	2.630	1.752
极小值	0.099	0.090	0.110
极大值	2.500	2.720	1.862
a. 存在多个众数，显示最小值			

从表 2 可以看到，山东、湖南旱灾年度损失频率分布的标准差分别为0.703 300、0.678 548，而全国旱灾年度损失频率分布的标准差为 0.466 344。从标准差上看，全国范围的旱灾年度损失额度比省市范围的也更具有稳定性。

山东、湖南旱灾年度损失频率分布的偏度分别为 0.544、0.497，而全国旱灾年度损失频率分布的偏度为 -0.212。从偏度上看，前两者右偏，表明右边有一长尾；后者左偏，表明左边有一长尾，但两省市的分布比全国范围的分布尾部明显更长。

山东、湖南旱灾年度损失频率分布的峰度分别为 -0.800、-0.747，而全国旱灾年度损失频率分布的峰度为 -0.684。从峰度上看，三者皆为负值，值也差不多，表明三个统计量的分布尾部都较细。

三、单一巨灾风险损失与综合巨灾风险损失时间序列分布尾部特征的比较

（一）数据的处理说明

国内巨灾风险以洪水、干旱、风暴潮、地震等为最常见，因此，本文以这四类巨灾风险为分析对象，考察单一巨灾风险与综合巨灾风险损失尾部特征的不同。

由于相关统计中，水灾、旱灾、风暴潮损失以受灾面积（或成灾面积）衡量，而地震损失以直接经济损失衡量，两者计量单位和数量级不相同，从而使得各指标间不具有综合性，不能直接进行综合分析，仍采用均值化方法对数据进行无量纲化处理。

使用均值化方法统计 1949—2009 年间全国地震损失发现，在 60 余年的地震灾害损失中，1976 和 2008 年两年的额度是惊人的，分别达到 215 亿元和 8500 亿元以上，它们使得这 60 年的地震直接经济损失均值达到 151 亿元之多，并且使得这 60 年的地震损失中只有这 2 年超过均值。因此，这 2 年的数据属于超常极端值。当保险人以这两次灾害前的经验数据制定费率时，一旦这样的灾害发生，保险人只能破产。由于这样的超常极端值的存在，

使得频率分布出现过于突出的尖峰,频率分析失去意义。因此,分析中将这两年的地震损失数据作为缺省处理。

由于水灾、旱灾、风暴潮损失以受灾面积衡量,不受价格变动影响,而地震损失以直接经济损失衡量,受价格变动影响较大。因此,以1990年为基年,使用居民消费价格指数对各年度地震损失额度进行调整。

对于综合风险的年度损失,取值方法是计算这四类巨灾风险年度损失的平均值。

(二)单一巨灾风险损失与综合巨灾风险损失时间序列分布尾部特征的比较

使用SPSS 18.0对1949—2009年洪水、干旱、风暴潮、地震四类巨灾风险年度损失数据①进行分析,其分布特征如表3所示。

表3 1949—2009年四类巨灾风险年度损失频率分布分析结果

统计量						
		全国 水灾损失	全国 旱灾损失	全国 风暴潮损失	全国 地震损失	全国 综合巨灾损失
N	有效	60	60	61	59	61
	缺失	1	1	0	2	0
均值		1.000 00	1.000 00	1.000 00	1.000 00	0.989 70
均值的标准误		0.068 533	0.060 205	0.091 362	0.189 566	0.064 806
中值		0.931 94[a]	1.041 30[a]	0.899 37[a]	0.373 68[a]	0.976 92[a]
众数		0.270[b]	0.110[b]	0.045[b]	0.000[b]	0.113[b]
标准差		0.530 853	0.466 344	0.713 564	1.456 087	0.506 148
方差		0.282	0.217	0.509	2.120	0.256
偏度		0.957	-0.212	1.162	1.959	0.979
偏度的标准误		0.309	0.309	0.306	0.311	0.306
峰度		0.894	-0.684	2.674	3.434	1.385

① 全国地震灾害数据来源:1949—2004年数据来源于国家地震科学数据共享中心—地震灾情数据服务网:http://www.china-disaster.cn/属性数据查询/地震灾害查询.htm,2010-12-28。其他数据来源于中国地震局震灾应急救援司发布各年度《中国大陆地震灾害损失述评》。全国风暴潮灾害数据来源:1949—1990年的数据来源于《中国水旱灾害》第90、91页。其他数据根据各年度《中国海洋灾害公报》整理。

续表3

统计量					
峰度的标准误	0.608	0.608	0.604	0.613	0.604
全距	2.378	1.752	3.809	6.168	2.424
极小值	0.270	0.110	0.045	0.000	0.113
极大值	2.648	1.862	3.854	6.168	2.537
和	60.000	60.000	61.000	59.000	60.372
a. 利用分组数据进行计算；b. 存在多个众数，显示最小值。					

从表3可以看到，全国水灾、旱灾、风暴潮、地震年度损失频率分布的标准差分别为0.530 853、0.466 344、0.713 564、1.456 087，而全国综合巨灾年度损失频率分布的标准差为0.506148。从标准差上看，综合巨灾年度损失额度比单一巨灾风险的更具有稳定性。

全国水灾、旱灾、风暴潮、地震年度损失频率分布的偏度分别为0.957、-0.212、1.162、1.959，而全国综合巨灾年度损失频率分布的偏度为0.979。从偏度上看，旱灾损失的分布左偏，其他均为右偏，综合巨灾的偏度与水灾的差不多，但大大小于风暴潮、地震的偏度，说明综合巨灾方式有效缩短了单一巨灾风险损失分布可能出现的长尾。

全国水灾、旱灾、风暴潮、地震年度损失频率分布的峰度分别为0.894、-0.684、2.674、3.434，而全国综合巨灾年度损失频率分布的峰度为1.385。从峰度上看，风暴潮和地震损失频率分布峰度较大，后者甚至超过了3，说明这两个统计量的分布有比较粗的尾巴。综合巨灾风险损失分布的峰度比水灾、旱灾的略大，但比风暴潮、地震的小很多，说明综合巨灾损失分布有效减低了单一巨灾风险损失分布可能出现的长尾厚度。

因此，综合巨灾损失分布相较单一巨灾风险损失分布，其重尾特征明显得到减弱。

四、巨灾风险保险对策建议

一般地，应对巨灾风险损失分布的重尾特征，有如下四种方式：

第一种方法是跨期分散，即通过提高保险公司的一般偿付能力或积累风险保障基金方式，用非巨灾业务年度的保费收入和盈余弥补巨灾业务年度的赔付和亏损。然而，巨灾风险的跨期分散在理论上能够成立，但实际当中却很难被商业保险公司采纳。首先，为实现时间分散，保险公司必须建立巨灾准备金，并保持其良好的流动性，这无疑会影响保险公司的投资决策，降低公司的赢利水平，而且对于上市公司而言，持有大量现金还会引起资本并购者的关注，从而引发“接管威胁”；时间分散面临的另一个重大问题是如何实现年度保费收入和潜在巨灾损失之间的匹配。如果巨灾发生在业务经营的头几年，此时保险公司还无法建立足够的巨灾准备金,同样会因此而丧失偿付能力,也就是所谓的"时间风险"。

第二种方法是跨公司分散,即保险公司通过再保险市场分散风险,避免偿付能力危机的出现。然而,由于巨灾风险具有一定的系统性和伴生性,巨灾风险造成的最大可能损失也在逐年增加,再保险也受到市场开放度的影响,因此,再保险不可能实现完全意义上的分散化。

第三种方法是跨区域分散。巨灾具有明显的地域性特征,而不同地域间的巨灾风险常常具有独立性,因此可以考虑对不同地域间的巨灾风险实现跨区域分散。本文的研究证明,全国范围巨灾年度损失频率分布相较省市范围的具有更小偏度和峰度,损失额度具有更好的稳定性。在经济全球化和国际合作日益密切的背景下,全球分散的思路理论上也具有可行性。对于全面开放的中国保险市场而言,跨区域的巨灾风险全球分散在未来是可以期待的。

第四种方法是跨险种分散。不同巨灾风险之间没有必然的相关性,因而在一份保单中同时承保不同类别的风险,实施"全风险保险"(综合风险),可以在跨风险的维度上运用大数定理经营巨灾业务。本文的研究证明,综合风险年度损失频率分布相比单一巨灾风险的损失分布,重尾特征明显减弱,可保性明显增强。因此,将多种类巨灾风险作为综合风险统一承保,可以有效降低经营风险,增强保险公司的承保能力。

【参考文献】

[1]CUMMINS J DAVID. Should the Government Provide Insurace for Catastrophes[J]. Federal Reserve Bank of ST. Louis Review, 2006(7)-(8).

[2]胡廷川,王博.我国财险业巨灾损失赔付能力研究[J].统计科学与实践,2010(10):20-22.

[3]李凯. 我国巨灾保险共同体的构建与策略研究[J]. 财会研究, 2010(07):72-76.

[4]任蔚然. 我国商业保险公司经营巨灾保险的可行性分析[J]. 现代商业, 2008(03):237.

[5]曾立新. 巨灾风险融资机制与政府干预研究[D]. 北京:对外经济贸易大学, 2006.

[6]张庆洪,葛良骥,凌春海.巨灾保险市场失灵原因及巨灾的公共管理模式分析[J].保险研究,2008(05):13-16.

[7]张淑玲,雷越,邹晓雯,等. 适合中国国情的巨灾保障体系选择——区域性强制巨灾保险[J]. 金融发展研究,2009(11):69-72.

震级触发型巨灾债券的基差风险研究

张勇

【摘要】指数触发型巨灾债券作为一种目前广泛应用的保险风险证券化工具，可以将潜在的巨灾损失转移到资本市场。但它在很好地解决了巨灾风险承保能力不足的同时，随之而来的基差风险也使得保险人难以完全对冲掉自身的巨灾风险。本文梳理了国外针对指数触发型巨灾债券存在的基差风险所开展的实证研究，同时结合对中国自身巨灾风险损失数据的分析，指出了地区间经济均衡程度、地质断层复杂度和人口分布等是影响我国巨灾债券的基差风险大小的重要因素。

【关键词】巨灾债券；基差风险；损失指数；可决系数 R^2

Abstract: Index - triggered catastrophe bonds are widely used as an insurance risk securitization tools. The potential catastrophe losses can be transferred to the capital markets. It improved the capacity of underwriting catastrophe risk, but the attendant makes the basis risk of the insurer can not be completely hedged. This paper reviews the empirical research on the basis risk of index - triggered catastrophe bonds. With China's catastrophic loss data, we point out that the degree of economic balance between regions, the complexity of geological faults and population distribution are the important factor to impact the basis risk of catastrophe bonds.

Key words: catastrophe bonds; basis risk; loss index; the coefficient of determination (R^2)

0 引言

面对全球日益严重的巨灾保险损失，发达国家保险市场为了提高自身对巨灾风险的承保能力，已经不仅仅通过传统再保险安排来转移巨灾风险，而越来越多地借助资本市场

[作者简介]张勇，1980 年生，男，四川乐山人，经济学博士，西南财经大学保险学院讲师，硕士生导师。基金项目：教育部哲学社会科学研究重大课题攻关项目“巨灾风险管理制度创新研究”(09JZD0028)。

进行巨灾损失的融资安排。根据瑞士再保险集团的统计，巨灾债券在2004年所提供的自然灾害承保能力约40亿美元，仅占全球再保险市场总承保能力1120亿美元的4%；而到了2009年，巨灾债券所提供的自然灾害承保能力已经提高到140亿美元，占全球巨灾再保险承保能力2000亿美元的7%，无论是绝对数额还是总额占比都有了大幅提高。瑞士再保险集团进一步估计2010年新增发行量可能会超过50亿美元。事实充分证明巨灾债券在应对巨灾风险正发挥着越来越重要的作用。

按触发机制的不同，目前资本市场上已经发行和流通过的巨灾债券可以分为实际损失触发型(indemnity)、指数触发型(indexed trigger)和混合触发型(hybrid trigger)三类。早期的巨灾风险债券主要采用实际损失触发机制，这类债券的支付取决于债券发行者的实际保险损失是否超过一定限度，实际上相当于巨灾承保人安排的补偿性再保险合同。虽然这类巨灾债券没有基差风险，但由于保险人往往不愿公布承保损失的细节，也存在着比较严重的道德风险，使得这类巨灾债券的市场需求不足。指数触发型巨灾债券的出现正好可以弥补这些不足。由于指数触发型债券的支付不以单个保险人的实际损失为触发条件，而是以行业损失指数(如美国的PCS指数)，或是灾害物理参数(如地震震级、台风中心风力)，或是灾害模型中的损失指数作为触发条件。显然这类巨灾债券规避了道德风险，对投资者有相当的吸引力。但由于债券发行人的巨灾风险损失不能得到完全的弥补，一般认为这类债券的基差风险较大。混合触发型债券结合了前面两类巨灾债券的长处，因而，道德风险和基差风险的问题都相对适中。

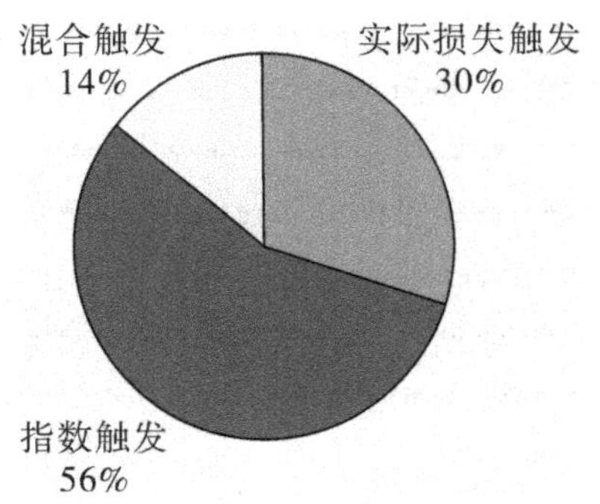

图1　三种触发机制巨灾债券的筹资额占比(1997—2007年)

资料来源：Guy Carpenter. The Market Goes Mainstream: The Catastrophe Bond Market at Year - End 2007. 2008,2

全球性再保险中介机构Guy Carpenter对1997—2007年间全球巨灾债券筹资金额的统计表明：指数触发型巨灾债券在巨灾风险融资方面发挥着巨大作用，有56%的巨灾风险资金是通过指数触发型巨灾债券筹集到的。而对这类债券融资的倚重在最近也进一步增强。实践表明，指数触发型巨灾债券更易于被投资者所广泛接受。因此，债券发行者在利用好这类风险证券化工具时，必须合理评估这类债券所产生的基差风险大小，尽可能将其控制在自身能够承受的范围之内。巨灾债券的基差风险度量问题是一个很值得探讨的问题。

围绕这一问题，本文的研究结构安排如下：第一部分介绍基差风险的产生及其相关度量方法，整理国外研究基差风险的相关成果；第二部分以一类假想的中国地震巨灾债券为例进行实证分析，通过可决系数 R^2 来度量中国地震巨灾债券的基差风险；第三部分分析影响我国巨灾债券基差风险的影响因素，进而在基差风险最小化的层次上探讨国内巨灾债券的合理设计问题。

1　基差风险的产生及其估计

1.1　基差风险的定义及产生原因

基差风险(basis risk)最早是在金融工程领域被广泛提及的一类风险概念。它最初是指被用于套期保值的衍生工具与被保值商品价格波动不同步给投资者带来的潜在损失。这种风险的存在导致投资者无法达到风险完全对冲的目的。而就巨灾债券这类风险融资产品而言，其支付函数的形式取决于实际巨灾规模是否达到其触发机制的要求。如果支付函数的设计不以保险人的实际损失作为基础，而是以物理参数或是行业损失参数为基础，就可能出现从巨灾债券中得到的损失补偿与巨灾保险人的实际损失不匹配的情况。两者之间的差额被称为巨灾债券的基差风险。如果基差风险很大，要么会出现巨灾债券的损失补偿严重不足，这使得发行巨灾债券的目的完全没有达到；要么会出现巨灾债券的损失补偿严重过剩，这会使得巨灾债券的投资者承担过多的风险损失。无论是哪一种情形，都严重影响了巨灾债券发挥其巨灾风险转移作用的发挥。理想的债券支付设计应该尽可能地降低巨灾债券带来的基差风险。巨灾债券的基差风险可能有两个来源：

其一，巨灾债券的风险补偿方案设计得不够合理和精確。例如把债券息票和到期的本金支付仅作为巨灾物理参数的分段函数。如果能将巨灾损失准确地表示成巨灾物理参数的连续函数可能是更好的选择，但这会使巨灾债券的支付函数变得复杂而难以被投资者所理解。

其二，巨灾物理参数作本身只是巨灾风险在一个角度的反映，并不能完全刻画造成实际损失的大小。巨灾的最终损失程度既受到发生时间、地理条件、人口密度、财产分布、交通设施状况等多方面客观条件影响，也受到政府应对灾害的反应和救援措施合理性、当地居民自救常识等等主观因素的制约。而这一类无法用巨灾物理参数来描述的损失，也会以基差风险反映出来，这需要我们结合更为多样化的参数信息来设计巨灾债券，尽可能降低基差风险的大小。

1.2 巨灾债券基差风险的研究现状

如前所述，由于信息不对称的原因，以巨灾保险的实际损失作为触发机制的巨灾债券仅仅只占总巨灾债券发行量的30%。这表明巨灾债券的基差风险是普遍存在的，而它的大小直接决定了巨灾债券将巨灾风险从保险市场向资本市场转移的效率。因而，对不同巨灾债券的基差风险的研究显得非常重要。然而，目前国内外文献对巨灾债券基差风险的研究要远远少于对不同种类巨灾债券定价理论的研究。比较典型的国外文献主要是三篇关于保险连接证券基差风险的实证研究。

Harrington 和 Niehaus(1999)采用时间序列分析方法来研究基差风险。文章考察了样本保险公司在特定州的保险损失比与财产赔款服务机构(PCS)编制的巨灾损失指数(CAT Index)的相关性。通过对两者相关性的时间序列分析发现：与 PCS 编制的指数关联的衍生品可以为许多主要承保家庭巨灾风险的保险人提供有效的风险对冲。

Major(1999)则采用了不同的方法——模拟分析法来研究基差风险。文章主要对在佛罗里达承保巨灾风险的保险公司遭受的巨灾损失进行模拟。研究发现基于全州编制的巨灾损失指数在用于对冲保险人的损失是存在相当的基差风险。

Cummins、Lalonde 和 Phillips(2006)的研究则在 Major(1999)的研究基础上进一步改进和拓展。文章采用随机模拟方法不仅研究了了佛州的整体巨灾损失指数，也考虑了州内4种不同巨灾损失指数的基差风险。他们的研究表明：若按保险公司规模区分，排名前50%的大型保险公司使用巨灾损失指数的衍生证券可以很好地对冲风险，基差风险较低；而排名后25%的小型保险公司使用相同的金融工具对冲风险会面临相当大的基差风险，并且指数编制范围的越大，指数连接的巨灾证券基差风险越严重。

国内对于巨灾债券等保险连接证券的基差风险研究很少，限于国内巨灾保险、巨灾债券的运用实践才刚刚开始，这些研究仅仅是对基差风险的概念介绍已经国外已有研究成果的归纳。比较有代表性的文献主要有李勇权(2003)以及田玲(2009)。

2 震级触发型巨灾债券的基差风险

国外的相关研究文献主要研究以巨灾损失指数作为触发机制的巨灾债券或衍生品，主要是因为 PCS 编制的巨灾损失指数可以很好地代表在若干重点地区的全行业的巨灾保险损失。相比于单个保险人的巨灾损失，连接该指数的巨灾证券其道德风险更低。

在我国，由于巨灾保险的开办与普及工作还处于起步阶段，保险人在一些巨灾频发地区的巨灾损失相比于实际财产损失微乎其微，再加之国内尚不具备条件成立类似 PCS 那样的巨灾损失评价机构，就我国目前的巨灾风险证券化发展阶段，触发机制更多的还是依赖巨灾的相关物理参数。通过简单的巨灾风险证券化设计，力求尽快提高保险公司在相关重点地区的巨灾承保能力，扩大保障覆盖面，以后再逐步向基于损失指数的巨灾风险转移过渡。这应该是我国巨灾保险及风险证券化的一个合理发展路径。

有鉴于此，本文对基差风险的研究针对以巨灾物理参数为触发机制的巨灾证券，主要是巨灾债券。由于中国保险公司在巨灾重灾区的承保比例还很小，我们的研究假定未来中国巨灾保险将承担巨灾灾区的所有统计到的直接经济损失。由于地震造成的损失在中国各类巨灾损失中所占比例是最高的，本文将重点研究以地震震级这一物理参数作为触发机制的巨灾债券。参照 Harrington 和 Niehaus(1999)的研究方法，我们通过研究地震震级与实际巨灾损失的相关性来反映这一类巨灾债券的基差风险。

2.1　基差风险的度量模型

Harrington 和 Niehaus(1999)一文采用了如下回归方程来衡量单个保险人的巨灾损失和整个行业损失比率的相关性：

$$LR_{jt} = \beta_j LR_{Ct} + LR_{Ojt} \tag{1}$$

其中 LR_{jt} 表示该地区第 j 个保险人在第 t 个巨灾业务线上的损失比(用已发生的巨灾损失除以该公司相对应的已赚保费)。而 LR_{Ct} 表示 PCS 测算出的该地区整个行业在第 t 个巨灾业务线的损失比。而剩下的部分 LR_{Ojt} 则表示第 j 个保险人在第 t 个巨灾业务线上的损失与 PCS 行业性巨灾损失无关的部分。由线性回归模型的性质可得：

$$\mathrm{Var}(LR_{jt}) = \beta_j^2 \mathrm{Var}(LR_{Ct}) + \mathrm{Var}(LR_{Ojt}) \tag{2}$$

单个保险人的巨灾损失率的方差变化可以通过行业损失指数的方差对冲掉的部分为 $\beta_j^2 Var(LR_{Ct})$，整体风险对冲掉的比例为：

$$\%\,\mathrm{VarReduction} = \frac{\beta_j^2 \mathrm{Var}(LR_{Ct})}{\mathrm{Var}(LR_{jt})} = \frac{\mathrm{Cov}(LR_{jt}, LR_{Ct})^2}{\mathrm{Var}(LR_{jt})\mathrm{Var}(LR_{Ct})} = R^2(LR_{jt}, LR_{Ct}) \tag{3}$$

这就意味着如果单个保险人尽可能地利用 PCS 损失指数连接的证券产品来对冲其巨灾风险，那么它最多可以对冲掉的风险比例等于其线性回归方程的可决系数 R^2。这一结论不仅可用于上述单解释变量的情形，也可用于多个解释变量对个体保险人巨灾损失率的解释。只要所选取的解释变量之间能保持相互独立，可决系数 R^2 就可以代表巨灾证券最大程度上可以对冲掉的个体保险人的巨灾风险。

本文借鉴 Harrington 和 Niehaus(1999)所采用的方法，但考虑到中国目前的实际情况，我们对模型做出合理的改进。我们以实际发生的地震损失额来作为被解释变量。以对应的地震震级的指数作为解释变量。对地震震级取指数的原因是由于地震强度与地震震级的对应关系不是正线性关系，而往往是指数递增关系。而由于地震损失金额由于通货膨胀等因素所带来的异方差，我们通过 CPI 指数将所有损失调整为 1990 年的不变价格。于是，本文的模型设定为：

$$L_{jt} = \beta_j \exp(M_{jt}) + L_{Ojt} \tag{4}$$

其中 L_{jt} 表示第 j 个地区第 t 次地震的损失额(换算为 1990 年的不变价格)，M_{jt} 则表示相应的里氏地震震级，而 L_{Ojt} 表示地震损失中无法用地震震级加以解释的部分。模型(4) 的回归结果所得到的可决系数 R^2 被认为是地震震级参数连接的巨灾债券最大可以对冲掉实际巨灾损失比例。

2.2 中国震级触发型债券基差风险的度量

从我国地震台网可以查阅1970—2009年所发生地震的震中位置和震级数据，而从中国自然灾害属性数据库中可以查阅到部分相关地震的直接经济损失数据。由于新中国成立以来，部分省区的地震损失数据过少，我们只就部分省份的数据建立模型，计算可决系数。

表1　中国各地区震级触发型巨灾债券的基差风险分析

地震地区	可决系数	回归系数 β	无法对冲的损失(万元)
京津冀	77.4%	357.28***	-119507
山西	82.7%	112.69***	-19680
东三省	92.7%	64.47***	-15809
青海	50.7%	18.77***	-3619.2
甘肃	66.9%	38.89**	-6320
内蒙古	35.3%	165.98 *	-37442
四川	37.3%	24.90***	-1085.59
云南	31.1%	64.75***	-12416.2
新疆	21.1%	17.08***	-2040..2
宁夏	23.9%	3.44	-233.88
西藏	10.7%	3.24	-171.52

注：记号*、**、***分别表示回归系数在10%、5%、1%的水平上显著。

数据来源：Eviews 6.0回归分析结果。

从表1的实证结果来看，用地震震级来描述地震直接损失，在不同的地区呈现出不同的基差风险。其中，可决系数超过50%的地区有京津冀、山西、东三省、青海、甘肃。这体现出震级触发型巨灾债券如果在这些地区发行，将会对巨灾保险损失有比较好的对冲效果。具体分析这些地区的巨灾债券基差风险较小的原因，有以下两点：

首先，这些省份地区的区域内经济发展程度比较均衡，人口密度差异性较小。这使得财产的空间分布比较均衡。地震震中的具体位置相较于其他省份显得不那么重要。

其次，这些省份地区的地质构造相对单纯。这使得地震在省区区域内断层分布复杂程度较小。区域内不同县市的地震危险程度相对接近，使得地震震级与地震经济损失的相关性得到了加强。

而在其他地区用地震震级来描述地震直接损失时,基差风险都超过了50%。显然是由于这些区域不满足以上两点。一个明显的佐证是新疆和西藏的情况,由于这两个省份地域广大,人口稀少且高度集中在极少数城市。部分强震发生在无人区,无任何损失记录,这使得用地震震级不能很好地描述地震直接损失,最终造成基差风险非常大。

从回归系数β的拟合来看,除宁夏和西藏外,其他地区的地震震级都对地震损失有显著的解释能力。其中京津冀、山西和内蒙古三个地区的β系数大于100万元,这表明假如在这些地区发行地震巨灾债券,其损失融资的数额要远高于其他地区。从这个角度讲,优先在上述三个地区进行地震巨灾债券的试点,是一个理想的选择。

3 结束语

本文借鉴Harrington和Niehaus(1999)所采用的基差风险度量方法,并结合中国目前的实际情况对模型作出合理的改进。根据中国自然灾害属性数据库中可以查找到的1949年至2009年的国内地震震级数据和直接损失数据分析中国各主要地震多发省份的震级触发型巨灾债券的基差风险。从中可以看出对不同省份,地震巨灾债券的基差风险差异性很大,地区间经济均衡程度、地质断层复杂度和人口分布等是影响我国巨灾债券的基差风险大小的重要因素。这些保险损失的影响因素如何体现到巨灾债券的赔付设计中,需要保险机构和研究部门建立更为完善的地震损失数据库。从国外的巨灾研究普遍通过编制地震保险损失指数(如PCS指数)来综合反映地震损失的各类影响因素。因此,尽快编制我国的巨灾损失指数,推出以指数作为触发机制的巨灾债券,是进一步提高巨灾债券融资效率的有效途径。

【参考文献】

[1]HARRINGTON. Niehaus Basis Risk with PCS Catastrophe Insurance Derivative Contracts [J]. Journal of Risk and Insurance,1999(66):49-82.

[2]CUMMINS D, GEMAN H. Pricing Catastrophe Risk Bonds [J]. North American Actuarial Journal, 1995, 4(4):56-82.

[3]MAJOR. Indexhedge Performance: Insurer Market Penetration and Basis Risk. In: Froot, K. (Ed.),The Financing of Catastrophe Risk [M]. Chicago:University of Chicago Press, Chicago, 1999.

[4]WOLFGANG K H, BRENDA L C. Calibrating Cat Bonds For Mexican Earthquakes [J]. The Journal of Risk and Insurance, 2010, 77(3):625-650.

[5]李勇权．论保险证券化在我国的引入和发展[J].保险研究,2003,(5):41-43.
[6]韩天雄,陈建华．巨灾风险证券化产品的定价问题[J].保险研究,2003,(12):31-33.
[7]李永．我国地震巨灾风险证券化的实证分析[J]．华北地震科学,2005,(4):47-51.
[8]田玲．巨灾风险债券运作模式与定价机理研究[M].武汉:武汉大学出版社,2009,76-102.
[9]施建祥．我国巨灾保险风险证券化研究:台风灾害债券的设计[J]．金融研究,2006,(5):103-112.
[10]COLES S. An Introduction to Statistical Modeling of Extreme Values [M]. Great Britain: Springer Series in Statistics,2004.
[11]地震目录．http://www.csndmc.ac.cn/newweb/data/csn_catalog_p001.jsp[DB/OL]．中国地震台网,2010 Catalogue of Chinese earthquake. http://www.csndmc.ac.cn/newweb/data/csn_catalog_p001.jsp[DB/OL]. China Seismic Net, 2010.

第三部分

国际经验与对我国的启示

巨灾小额保险的国际经验及对中国的启示

刘新立　赵雪

【摘要】本文通过对强制性小额信贷组织附加的巨灾小额保险经验、自愿性小额信贷组织附加的巨灾小额保险经验、巨灾风险管理体系中的特定补偿巨灾小额保险计划等的分析与比较，提出中国发展巨灾小额保险的可行性与初步构想。

【关键词】巨灾小额保险；国际经验；启示

Abstract: This paper proposed the feasibility and preliminary ideas of developing catastrophe micro - insurance in china, through analysis and comparison of the index insurance instruments, the catastrophe insurance experience of mandatory micro - credit organizations and voluntary micro - credit organizations, and the catastrophe micro - insurance compensation plan in catastrophe risk management system

Key words: catastrophe micro - insurance; international experience; enlightenment

一、引言

中国是世界上自然灾害最严重的国家之一，巨灾风险形势尤其严峻。20世纪90年代以来，自然灾害造成的经济损失占GDP的比重以平均每年2.7%的速度增长，而中国目前尚无比较完善的巨灾保险体系，利用保险这种市场化手段分散巨灾风险的能力十分有限。如1998年大洪水和2008年汶川大地震的灾后保险赔付都没有超过直接经济损失的5%。政府作为损失的主要承担者，巨灾的发生给公共财政造成了严重负担。同时，中国以农村人口和贫困地区人口为主要人群的低收入群体占人口很大比例，由于经济条件有限，其抗灾能力较低，脆弱性大，且总体投保能力明显不足；巨灾发生后，他们受到的影响最大，也最依赖国家财政拨款与社会捐款，一旦这些经费不能在数额和时间上满足灾后援助与重

［作者简介］刘新立，副教授，北京大学风险管理与保险学系副主任，保险与社会保障研究中心副主任；赵雪，瑞信方正证券有限责任公司。

建,这些中低收入者将被迫陷入更深层的贫困循环。

穆罕默德·尤努斯的小额信贷成功地帮助贫困农民脱离了贫困生活,这使得融合了金融和保险功能的小额保险模式也引起学术界和保险业界的关注和研究。小额保险能够适应中低收入者的风险特征和需求,可以有效集中农村小额资金和其他分散资金,是发展中国家风险分担的一种有效途径。至2007年,全球100个国家中有77个国家存在着不同形式的小额保险产品,其在世界范围内的成长速度很快。相对而言,中国作为农业大国,有大量农村人口和贫困人口分布在灾害高风险区,如果能够有效利用小额保险的运作原理来解决巨灾风险分担问题,将会为中国巨灾风险管理体系带来新的创新路径。

Munich Re(2005)指出,目前中低收入国家大约只有1% ~3%的家庭拥有巨灾保险保障,而高收入国家这个比例达到30%。Haresh C. Shah1、Tso - Chien Pan 、Bing Li 和Suruchi S. Wagh(2008)认为,世界上约有十亿人没有任何应对人为或自然巨灾的风险转移机制,因此发生巨灾损失后政府不可能有足够资源去帮助这些人,而小额保验可以很好地解决这个问题。他们在文章中还给出了印度尼西亚的一个小额巨灾保险的例子。George R. Walker(2008)在研究报告中讨论了可以有效分散地震等巨灾风险的小额保险的几种经营模式。Pablo Suarez 和 Joanne Linnerooth - Bayer(2010)介绍了马拉维的小额保险项目并指出了指数型保险的优势。Robert Tiong(2010)讨论了政府、银行、保险公司等机构在巨灾风险管理体系中的角色和作用,并指出了小额巨灾保险计划面临的如何有效分散协变风险、保险期间不易确定、与其他保险产品如何融合等挑战。

二、小额巨灾保险的国际经验

小额保险是指一种在成本、覆盖范围、供应机制方面针对中低收入市场的风险分担性产品,它可以帮助低收入家庭管理潜在风险并且支持保险公司在新兴市场的发展。近年来,小额保险在一些发展中国家的农村地区或者贫困地区开始出现并呈现快速发展的势头。从国外发展经验来看,小额保险的保费低廉,承保对象主要是农村人口或者中低收入人群,而同传统保险一样,小额保险也承保不同的险种,包括寿险、年金、意外伤害险、健康医疗险和家财险等。

从目前国际小额保险经营情况来看,小额保险的经营模式多种多样,国际上还没有一个统一的分类标准,但是主要的模式有合作—代理模式(partner - agent model)、互助模式(mutual model)、全套服务模式(the full service model)和提供商模式(the provider model)。合作—代理模式是指代理人(目前主要是微型金融机构)与合作伙伴(主要是保险机构)之间没有股权联系,双方按照合约合作拓展小额保险的经营。互助模式的特点是小额保险由互助机构开办,而同时互助机构由其享受保险服务的成员本身所拥有,即小额保险计划的参与者同时也是计划的拥有者。全套服务模式则是指保险机构直接向被保险人收取保费并提供保险服务,并不存在别的机构参与到产品的经营和管理过程中。提供商模式的典型案例,就是银行或小额信贷机构提供防止违约风险的保险,医疗保健供应商通过医疗保健提供保险等等。

许多发展中国家在小额巨灾保险的运营实践上已经取得了一定的成果和宝贵的经验。例如,孟加拉、印度、斯里兰卡、尼泊尔等发展中国家相继开办了小额巨灾保险以分散农村人口面对的巨灾风险。

(一)强制性小额信贷组织附加的巨灾小额保险

此类小额保险的目的主要是为了保护一些小额信贷机构能够正常运转而建立的,并非是为了解决巨灾风险问题,比如 Proshika、Swayamkrushi、NLC 和 NASFAM 计划,这些小额保险计划是为了保护小额信贷机构避免陷入借贷和存款违约而被强制性地加入小额信贷计划内。这些小额保险计划一般规定,如果发生了相应的巨灾风险损失,则对应的小额借贷就不用归还或者只是小部分归还。这些小额保险计划对应着相应的巨灾发生时的生命或者财产风险。马拉维的旱灾小额保险项目就为此提供了一个蓝本,它为农民提供贷款保障,让农民能够提高产量,从而减少旱灾给他们带来的影响。

2005 年 6 月,世界银行商品风险管理组织(World Bank Commodity Risk Management Group,CRMG)同马拉维各农民组织、银行、保险公司等组织机构合作探讨了构建旱灾小额保险项目的可行性。在马拉维气象服务部门的积极协助下,CRMG 设计并实施了针对 2005—2006 年的试点项目,该项目内容有如下特点:

第一,将保险和信贷结合在一起。在雨季来临前,参保农民通过合同得到更多的农业投入资金,合同中包括一个指数型的天气小额巨灾保险和一个信贷产品两个部分;在雨季结束时,参保农民对贷款机构的负债包括初始的农业投入加上保费、利息和相应的税费。

第二,如果期间雨量正常,则农民可以用粮食丰收带来的收入偿还贷款,同时保险公司得到保费;如果期间雨量偏少,则保险公司负责向银行偿还部分或全部贷款。

第三,由于该贷款缺少附加担保物,所以很有必要建立起保障机制以保证贷款的偿还。一旦农民通过各自所属的俱乐部参保,就相当于承诺将粮食卖给马拉维国家小自耕农组织(National Smallholder Farmers' Association of Malawi, NASFAM)。虽然是个人签订的保险合同,但是他们并不能直接得到现金,而是由 NASFAM 收集起所有的贷款,买来种子发放给农民,然后购买并销售粮食,再用这笔收入偿还银行贷款。这种机制运作效果不错,贷款偿还率都在 95% 以上。

在"慢性"巨灾类的保险应用中,指数型保险相对于传统损失型保险拥有诸多优势:①与传统型保险不同的是,保险金的支付不是根据实际损失金额,而是事先制定一个触发机制,比如降雨量等可以直接观测的气候数据,然后一旦赔付条件被触发就予以赔付。这样一来就节省了大量的管理成本和损失鉴定费用。②因为赔付与否与参保者本身的行为没有直接关系,因而降低了道德风险。③保险公司和被保险人在被保地区的气候问题上信息对称,减少了逆选择现象。而该气候保险的一个缺点是只要赔付条件没有被触发,即使有损失也不会得到保险赔付。

（二）自愿性小额信贷组织附加的巨灾小额保险

国际上有三种自愿性的作为小额信贷风险分担工具的巨灾小额保险计划。与强制性的不同，这三种计划相对被保护人来说是自愿的，他们可以选择是否参与该计划，因此该巨灾小额保险计划更加针对被保险人而非小额信贷机构，同时它也覆盖更多的风险。

1. Vimo SEWA 计划

印度的 SEWA（the Self－employed Women's Association）注册于 1982 年，是一个由超过 700 000位中低收入靠自营经济生活的妇女组成的贸易组织。SEWA 为这些妇女提供小额信贷产品。从 1992 年开始，一个名叫 Vimo SEWA 的小额保险计划为 SEWA 协会内的妇女提供巨灾发生时的小额健康、财产和生命保险计划。该计划对用户来说是完全自愿的，组织成员可选择是否参加该保险计划。最初，该保险由一家保险公司联合提供，该保险公司为该项目补贴很多，后该计划转交给一个由该计划组织成员所拥有的共同基金进行资助。自从 2001 年古吉拉特大地震发生之后，该保险计划承受了前所未有的财政压力，并促成了该计划最终转变为合作代理模式，合作者为印度国家保险公司（NIC）。同时，不同种类的捐赠者都为该计划提供了技术和资金支持。

经历了 2001 年地震和 2003—2004 年洪水之后，风险转移的意识逐渐在潜在用户中普及，截止到 2006 年，该计划的用户群由最初的 29 000 人扩展到了 90 000 人。但是该小额保险计划仍然是处于财政赤字状态，到目前已经有很多计划来通过降低管理费用实现该计划执行的可行性。在过去的十几年中，如果没有捐赠支持，大概有超过 50% 的支出，包括保单和管理费用无法得到解决。目前一种商业计划试图将目标人群扩展到收入更高的用户群，以此来交叉补贴中低收入人群保险产品所带来的亏空。

2. CSD 计划

和 SEWA 相似，尼泊尔的非政府组织 CSD（Centre for Self－Help Development）在 1991 年成立，该计划为 15 000 位妇女提供小额信贷和小额保险计划。该计划采用基于社区的互助模式。自 1996 年开始，CSD 通过自愿参与的方式为项目成员及其丈夫提供巨灾小额保险计划。保费最初定为前 15 个月总和为 50 NPR（Nepalese Rupees），之后增加为前 15 个月总和为 100 NPR。对妇女来说，死亡风险的保额为 5000～6500 NPR，是其丈夫死亡的保额的两倍，由于巨灾而带来的房屋倒塌所带来的保额数目大致相同。该计划没有任何外来帮助和任何保险机构的介入。到 2006 年，一共销售了 5000 个巨灾小额保单，大约是该中心小额信贷项目的 1/3。①

3. WWF 计划

WWF（Working Women's Forum）成立于 1978 年，其目的是为了援助南印度妇女。到

① 没有找到关于该项目如何支付保额和如何保障项目正常运行的信息。

2006年为止，它已拥有570 000个成员，这些成员以8～10人为一组，互相帮助。从1983年开始，该组织开始为项目成员提供健康、生命、意外和财产小额保险计划。其中财产小额保险计划中包括了巨灾小额保险项目。在该项目下，由于巨灾而引起的损失可以得到1000 Rs的赔偿，这些赔偿抵消相应不同比例的小额信贷额度。虽然客户人群相对较小，但是这些人群分布的地理范围很广。该巨灾小额保险计划由一家印度保险公司提供，虽然没有其他外来的直接财务支援，但是合作的保险公司可以通过其他更赚钱的保险项目来交叉补贴该巨灾小额保险计划。

表1　三种计划比较

保险提供人（国家，年代）	VimoSEWA和印度国家保险公司NIC（印度，1992）	CSD（尼泊尔，1995）	WWF和印度保险（印度，1983）
传导机制	合作代理模式 个人注册	基于社区的 互助模式 个人注册	合作代理模式 集体注册
保费	100－225Rs	100NPR （头15个月50）	小额信贷的 不定比例
保额	生命：5－65000Rs 健康：2－6000Rs 财产：10－20000Rs	生命/财产： 死亡/房屋塌陷 5000～6500； 配偶死亡获得50%	生命：1000Rs
顾客	122000（2005）	5000（2005）	8088（2002）
再保险	印度保险参与 再保险；捐献者 同时提供保护	无	保险人可能 购买了再保险
其他帮助	多样化的 捐赠人	无	无
经历巨灾	2001年古吉拉特 地震对该计划 形成压力	无	无
展望	拥有很大的 顾客基础； 经历2001年 地震后获得重组	计划对大的事件 承受能力有限	相对较广 的地理分布

资料来源：Garand, D.（2005）"VimoSEWA India." CGAP Working Group on Microinsurance Case Study 16, CGAP.；ILO（2005c）. Community－Based Schemes. India：An inventory of micro insurance schemes. Geneva, ILO..

(三)特定补偿巨灾小额保险计划

国际上有几种巨灾小额保险计划是在小额信贷机构之外设置的,其目的主要是为了巨灾风险管理,而非为了保障小额信贷机构资金运转的安全,如 GSDMA 计划、BASIX 和 DHAN 计划。

古吉拉特邦巨灾管理计划(the Gujarat State Disaster Management Authority,GSDMA)是覆盖了地震风险的一个典型案例。该计划是在 2001 年的古吉拉特邦地震后建立起来的,它构建在保险产品的大框架下,但同时又具有一些特殊性:

(1)该计划只针对那些由 GSDMA 在灾后重建的房屋,而且是强制性的。

(2)灾后重建由 GSDMA 负责进行融资,并且在发放给灾民之前从中扣除一个覆盖十年的保险的保费。

(3)该保险计划是由古吉拉特邦政府和私人保险公司通过合作条约共同提供的。

(4)房屋必须以村落为单位集体参保,单个房屋不可以单独参保,理赔等也是以村庄为单位进行的。

(5)这一类的保险计划覆盖了包括地震风险在内的破坏性最严重的风险。

BASIX 计划是印度的基于天气指数的小额保险计划,于 2003 年开始运行,该计划通过农村小额信贷机构 BASIX 实施,通过农村银行 KBS 进行市场销售。该计划的保险人为印度保险公司 ICICI Lombard,该保险公司通过国际再保险分散天气小额保险的部分风险。世界银行的 CRMG(the Commodity Risk Management Group)为该计划提供技术支持。

该计划所依据的指数为雨季累计雨量,如果当年秋收雨季累计雨量低于过去 30 年平均雨季累计雨量,则保险公司赔偿被保险人。在这种指数下,虽然 2005 年的雨量跟往年没有太大的出入,但由于秋收时节雨季的推迟使得保险公司仍然按照约定赔偿被保险人的损失。随着时间的推进,BASIX 计划逐渐被 DHAN 计划所替代(见表 2)。

表 2　BASIX 和 DHAN 计划演变

年份	2003	2004	2005
提供人	保险人: ICICI Lombard 代理:BASIX,KBS	保险人:ICICI Lombard 代理:1. BASIX/KBS;2. DHAN 保险人:NAIC(完全服务提供人)	
覆盖范围	一个地区 230 (印度:1730)	3 个地区 640 (印度:20 000)	6 个地区 7685 (印度:150 000)
农作物种类	花生,蓖麻	花生,蓖麻,棉花	所有农作物
农户参与性	保单通过 村会销售	新保单根据 农户需要设计	新保单根据 农户需要设计

续表2

年份	2003	2004	2005
保险/再保险	印度保险	印度保险和国际再保险	印度保险和国际再保险
测量站	地区性 1 个	5 个地区雨量监督站	自动化雨量测量站

资料来源:Hess, U. & H, Syroka (2005). "Risk, Vulnerability and Development. " Presentation at BASIX.

随着该计划的发展,最近印度国家农业保险公司作为完全服务提供人提供了一种基于指数的农业保险计划,该计划可以覆盖 10 个州 13 种农作物近 200 000 位农民。DHAN 和 ICICI Lombard 形成合作代理关系来提供该产品。

类似 BASIX 或者 DHAN 的基于指数的小额保险计划成为中低收入人群分担财产风险的重要工具,基于指数的小额保险计划并不影响农户使用预防干旱等措施的激励,因为通过购买优质种子和实施灌溉等预防干旱手段,农户可以获得额外的赢利收入而不影响保险赔付的发生。这就意味着只要干旱发生,该计划就要赔付农户,无论农户是否因为干旱发生损失。

(四)小额巨灾保险在欠发达地区应用的优势

小额巨灾保险的损失补偿对于遭受了巨灾的人群和地区具有重大意义:

第一,所需救灾或重建资金立即可得,不依靠政府救济或者慈善捐款。小额巨灾保险的资金池应当通过多种公共和私人途径共同建立,除了政府机构以外,实力雄厚的跨国公司和部分非政府组织也应当参与为小额巨灾保险融资。

第二,保险赔付减轻了政府的负担,这样政府在危验状况过去之后第一时间就能集中力量恢复社会服务。

第三,对于发展中国家,小额巨灾保险减轻了它们对于国际援助的依赖性,尤其是贷款形式的帮助。

第四,保险赔付减少了每个个体在巨灾中遭受的财产损失,帮助中低收入家庭打破贫穷的格局。

第五,因为中低收入人群基数庞大、保险需求旺盛,就好像金字塔的底端一样,因此小额巨灾保险的成功经营可以为保险市场和再保险市场带来更多的发展机会。

三、中国指数巨灾小额保险方案

吴定富曾提到:"为使'三农'保险发展迈上一个新台阶,为农业生产和农民生活提供全面的保险服务，应以小额保险为突破口，积极发展农村保险事业，推动建立农业再保险和巨灾风险分散机制。”可见，小额巨灾保险是我国农村人口管理巨灾风险的重点发展方向。统计数据表明，2010 年我国城镇居民全年人均可支配收入 19 109 元，农村居民人均纯收入 5919 元，与发达国家相差 20 倍左右。同时城乡贫富差距巨大，往往越是贫穷的地区发生巨灾的概率越大。也就是说，目前的中国有大量的中低收入人群分布在灾害高风险区。

建立起一个完备的巨灾风险管理体系，是我国长期发展的目标。短期内中国不可能经历从无到有的整个过程，建立起一个全方位的巨灾保险体系，于是寻求一个短期内的现实的发展方向就显得尤为重要。可以考虑从具有商业性和社会公益性双重属性的小额保险入手，短期内建立起一个有效的巨灾风险分散机制，为中低收入人群提供基本的保障，也是一个目前切实可行的发展方向。

小额保险的实践模式复杂多样，其实很多小额保险计划的模式具有混合性特征。中国目前还处在小额保险的试验发展阶段，对于其模式的选择首先要综合考虑各种自身的因素条件，如合作人的可获得性、风险偏好水平、收益的创造潜力等。其次，任何一种模式都是有利有弊的，没有一种模式是绝对最优的，所以需要比较鉴定和综合使用。而且小额保险计划的模式之间是可以相互转换的，只要能达成资源的最优配置，就可以从一种形式向另一种形式转变。因此中国的小额保险计划主办者需要根据各自的情况，选择合适的最优的经营模式。

根据巨灾小额保险的国际经验，我国可以建立中国指数巨灾小额保险基金，该基金结合捐赠金、市政财政金和小额保险保费收入，政府通过补贴或者税收减免等措施鼓励商业保险公司的加入。对于中低收入人群实施自愿加入的方式，而对于国有企业实施强制性巨灾小额保险保费征收。

中国指数巨灾小额保险基金（China Index - Based Catastrophe Micro - Insurance Fund，CIBCMIF），其资金支持由三部分组成：①捐赠款；②各个省市政府财政厅按照自身在基金赔偿中所占的比例缴纳共同基金的资金；③中低收入人群所缴纳的小额保险保费收入。

该基金为半公共性质，实施合作代理机制，由政府官员组成董事成员，通过聘请有经验的保险专家和经理来进行指导。保险人和董事会及第三方服务机构进行协商，达成巨灾小额保险的服务合约。同时，采取自愿和强制相结合的方式进行。这里所谓自愿和强制相结合指的是对于中低收入人群采用自愿形式，对于国有企业采用强制性的方式。基金采取共保和可选择的免赔额机制，保单采取“最小保单”制度，同时以区域性的子基金为构成单位，包括东南沿海地区的台风基金、长江中下游地区的洪水基金以及西部地震带地区的地震基金。为了激励商业保险公司的加入，可以对参与的保险公司适当减免相关税收。

CIBCMIF 采取指数机制的启赔方式，这样不仅能够为该基金在国际再保险市场和资本市场上分散风险提供条件，也能降低交易成本，同时还不影响对于灾难防范的激励机制。指数机制的 CIBCMIF 基金由于是基于指数的,保单比较标准,流动性较强,指数的设计有利于衍生其他金融衍生品,更能得到国际再保险和国际资本市场的青睐。比如,在美国和欧洲市场上已经比较成熟的天气指数产品,不仅仅成为农民分散天气风险的工具,还能够实现各种衍生品的组合套利。而指数性质也就意味着赔付的发生不依赖于真实损失的发生,使得产品的用户有更大的利益追求来采取各种手段降低自身巨灾风险损失的发生。

风险多元化的特征使该基金更容易在国际国内资本市场和再保险市场上获得优惠的保费费率。此外,通过发行巨灾债券,签订巨灾互换协议等保险风险证券化方式,可进一步将保险风险分散到资本市场上去。指数启赔方式能够非常容易的设计成为金融衍生品在国内和国际市场上流通,从而将风险进一步地分散和转移。该基金还可由所代理的保险公司委托专门的基金管理公司进行保值增值,增强应付巨灾风险的能力。CIBCMIF 基金的运行机制如图 1 所示。

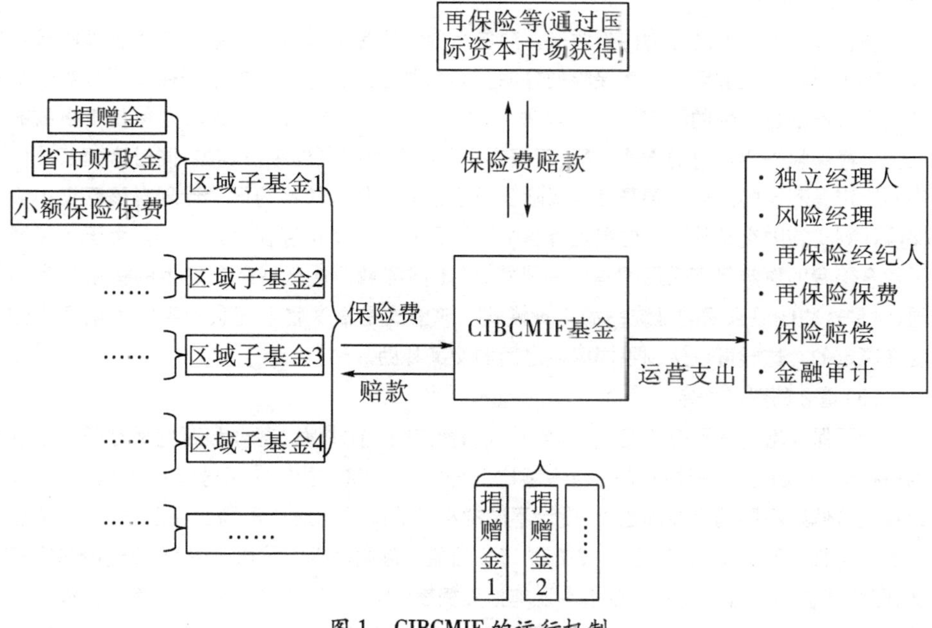

图 1 CIBCMIF 的运行机制

(1)捐赠款

捐赠款包括两部分,一部分是直接捐赠给 CIBCNIF 基金的,另一部分是通过区域子基金捐赠给 CIBCNIF 基金的。CIBCNIF 基金由基金管理公司参与管理,同时用来支持 CIBCMIF 基金的日常运营支出,包括各经理人的薪水、再保险的费用支出、保险赔偿和用于审计的费用。

(2)区域子基金

区域子基金由三部分组成:①捐赠款;②各个省市政府按照自身在基金赔偿中所占的保额比例缴纳共同基金的资金;③中低收入人群所缴纳的小额保险保费收入。省市政府所缴纳的资金一部分用来补偿中低收入人群的巨灾风险损失,另一部分用来保障巨灾发生后公共设施和省市内国有企业遭受的损失。

(3) 保费和参数机制

CIBCNIF 基金提供针对气候、台风和地震等自然灾害的指数理赔机制保险。比如对于洪水或干旱相关的巨灾小额保险可以采取当年雨季累计雨量与过去 10 年平均雨季累计雨量的比值为指数参考值。而对于台风或者地震,则可采取台风或者地震所发生的频率为指数参考指。比如,台风是 5 年一遇的损失,地震是 10 年一遇的损失。保费以保单的纯风险度为基础计算。保费连同其他的资金收入等共同构成大的 CIBCNIF 风险池,在这个统一的风险池中厘定费率。

(4)交叉补助

该基金的交叉补助分为内外两层。内层又分为三层交叉补助。第一层是省市政府财政对于中低收入人群巨灾小额保险的补贴。第二层是国有企业巨灾小额保险项目对于中低收入人群的自愿性的巨灾小额保险项目的补贴。对于中低收入人群,这种基于指数的巨灾小额保险采用自愿的方式进行,而国有企业则采用强制的手段实施,同时这两部分费率的厘定是不同的。第三层是商业保险公司通过其他收入较高的保险计划对该巨灾小额保险计划实施的交叉补贴。外层是指各个区域子基金之间也存在交叉补助。由于各区域子基金保费的厘定等等采用的是统一模式,即不同区域即使区域巨灾发生的概率密度不同,但是这些区域采用的是统一的定价模式。该模式是根据整个国家的巨灾发生概率密度来厘定的。这样可以达到不同区域之间的交叉补助。

(5)基金的财务稳定

为了保证基金的财务稳定,该基金采取四种措施:①共保。基金和商业保险公司组成“共保体”,按照达成一致的统一的份额比例分担收入和支持。②可选择的免赔额机制。针对风险偏好不同的个体和法人,设计不同的小额保险计划对应不同的免赔额,不同免赔额下制定相应的保费制度,比如 10% 和 15% 的免赔额制度等。③保单采取“最小保单”制度,即该基金只赔付巨灾发生后基本设施损失额度,不负责服务性设施甚至奢侈设施损失的赔付,比如房屋内的装修设施损毁后的赔付。④以区域性的子基金为构成单位。当巨灾发生时,不同区域受到的灾难的影响和损失不同,而不同区域子基金之间可以实现暂时性的相互财务支持,比如西部地震带地区遇到地震灾害后,可以向其他区域基金寻求资金支持,而当地震影响的减退后,逐渐支付当时所寻求的资金支持,从而实现资金的长期可持续性。

四、中国小额巨灾保险的实践挑战

1. 中低收入人群的依赖心理很难改变

因为中低收入人群往往保险意识淡薄，他们更多地把保险看做是一场赌博而非风险保障工具，并且每次发生巨灾之后政府和各个慈善机构都会不遗余力地为他们重建家园，所以他们的依赖心理根深蒂固。因此要想发展小额巨灾保险，最基础的一步是要改变中低收入人群对政府的依赖心理，也可以通过团体保险或者强制保险的形式让他们参保。

2. 尽量简化参保和理赔程序

小额巨灾保险的承保对象一般都没有接受过基本的金融训练，甚至有些特别贫穷地区的人们还不认识字，因此保单条款要尽量简洁明了，费用结构要简单，参保、理赔等程序都要简化。

3. 政府需认真履行职能

政府在为低收入人群提供巨灾风险管理的过程中要建立健全配套监管框架。另外，由于小额商业保险对于极度贫困的群体并不可行，政府需要通过公私合作，提供全额保费或部分补贴，让保险公司管理小额保险。这种政府资助的小额保险计划可以作为社会保障计划的一个有效替代。

4. 需要多方参与支持

要想很好地利用小额巨灾保险管理中低收入人群的巨灾风险，需要各个方面的支持。除了政府机构、商业保险人、再保险人之外，还要让其他一些机构如非政府组织参与进来。多方紧密合作，才能很好地管理巨灾风险（如表1所示）。

表1　低收入人口的巨灾风险管理需方支持

	非政府组织、国际发展组织（IDO）		
通过教育，提高对风险和解决方案的认知	✓	✓	（✓）
建立/改进基础设施和监管框架	✓	（✓）	×
营销渠道	✓	✓	（✓）
改进产品设计和效率	×	✓	✓
经济支持，尤其启动阶段和试点项目	✓	✓	（✓）
管理风险	×	×	✓

来源：Amit Kalra. 小额保险——40亿人的风险保障. Sigma，2010（6）.

【参考文献】

[1]DAVID M DROR, CHRISTIAN JACQUIER. Micro－insurance: Extending Health Insurance to the Excluded. International Social Security Review, 1999, 52(1): 71－97.

[2]JERRY R SKEES AND BARRY J BARNETT. Enhancing Microfinance Using Index－Based Risk－Transfer Products. Agricultural Finance Review, 2006, 66(2): 235－250.

[3]JIM ROTH, MICHAEL J MCCORD, DOMINIC LIBER. The Landscape of Micro－Insurance in the World's 100 Poorest Countries[R]. The MicroInsurance Centre, 2007.

[4]MONIQUE COHEN, JENNEFER SEBSTAD. Reducing Vulnerability: The Demand for Micro－Insurance[J]. Journal of International Development, 2005, 59(2).

[5]MARKUS LOEWE. Downscaling, Upgrading or Linking? Ways to Realize Micro－Insurance [J]. International Social Security Review, 2006, 59(2).

[6]ORNSARAN MANUAMORN. Scaling up Micro－Insurance: The Case of Weather Insurance for Smallholders in India[R]. The World Bank, 2007.

[7]Robert Tiong. Micro－Insurance in Catastrophe Risk Management[EB/OL]. 2010, http://www.jointokyo.org/files/cms/news/pdf/MiRT_slides－NTU_Combine－050910_of_Mr._Tiong_.pdf.

[8]Wendy J Werner. Micro－Insurance in Bangladesh: Risk Protection for the Poor? [J]. Journal of Health, Population and Nutrition, 2009, 127(4): 563－573.

满足环境风险可保性的措施：美国的经验与借鉴

陈冬梅　夏座蓉

【摘要】环境风险很难全部满足传统的可保性条件。美国的经验是建立风险共担架构解决连带责任问题，利用科学模型给环境风险定价，利用索赔型环境责任保单降低环境法规演化的风险，利用保单条款而非司法判决确定保险人的责任范围，从而满足环境风险的可保性。

【关键词】环境风险；可保风险；保护和赔偿俱乐部；科学模型

Abstract: It is hard for environmental risk to satisfy all the traditional conditions of insurable. They are the international experiences as follows: setting up risk pooling structure to deal with joint liability; taking use of scientific models to price the environmental risk; reducing the risk of evolution of environmental regulations by claim occurrence basis liability coverage, or confirming the coverage of insurer by clauses of policy instead of judicial decision so as to meet the insurability of environmental risk.

Key words: environmental risk; insurable risk; protection and indemnity clubs; scientific model

保险是一种无形商品，投保人获得的唯一好处是保险人偿付其未来损失的承诺。保险人必须要能够精确估计这种承诺所带来的成本并以此为保险产品定价。并非所有的风险都是可保的。可保风险需要满足一定的要求：①必须有大量的风险单位。②损失必须是意外造成的。③损失必须是可以确定和衡量的。④非灾难性损失。⑤损失的几率必须可以预测。⑥保险费必须是经济可行的。但环境风险很难全部满足以上可保性条件。美

[作者简介]陈冬梅，女，复旦大学经济学院副教授，博士，保险系常务副系主任；夏座蓉，女，复旦大学经济学院硕士。

本文是上海市哲学社会科学课题（2007BZH002）、教育部人文社会科学一般项目（10YJAZH005）以及浦江人才项目的阶段性成果。

国采取了一些措施满足环境风险的可保性,为我们提供了有益借鉴。

一、建立风险共担架构,解决连带责任问题

之所以要制定连带责任是因为现有技术很难确定因果关系和责任人,从而很难界定每一个潜在责任人应该承担的责任份额。然而一旦与污染事故有一点关系,就可能承担所有的赔偿和清理费用,等同于企业必须为他人的错误负责,这不仅会挫伤企业防灾防损的积极性,而且还会使企业的环境风险难以衡量。

如果能够在潜在责任人之间事先确定污染事故的赔付比例,至少可以在一定程度上降低单个企业面临的环境风险的不确定性。潜在责任人可以利用污染物的排放量、污染物的毒性和持续时间、污染物是否易于扩散等指标确定各自应该承担的比例。为了避免出现诉讼发生时有的企业已经破产的情况,可以事先按照这一比例向各个潜在责任人收取一定的费用作为偿债基金。

Paul Bennett(2000)详细讨论过名为保护和赔偿俱乐部(Protection and Indemnity Clubs)的风险共担组织。笔者认为对解决连带责任问题具有很强的借鉴意义。最早的保护和赔偿俱乐部产生于英国,是船主之间的一个非营利性的互助协会,用于汇聚和分摊第三者责任(包括环境责任)风险。世界上共有14个这样的俱乐部,囊括了世界上90%的商船队。① 保护和赔偿俱乐部的风险共担架构分为三个层次。第一层次,船主事先按照一定的标准向俱乐部缴纳"份额",并且按照"份额"的比例分摊这一年内的索赔额。每一个船主应该缴纳的"份额"取决于船舶的容积、船舶装载的物质、航程等因素。第二个层次,保护和赔偿俱乐部之间相互提供保险。第三个层次,所有的保护和赔偿俱乐部作为一个整体,向保险公司购买再保险。

一旦发生索赔,首先由单个船主赔付免赔额范围内的金额,其次免赔额以上500万美元以下的部分在单个俱乐部之内由成员分摊,之后500万美元以上3000万美元以下的部分由所有的俱乐部分摊,最后由商业再保险公司承担3000万美元以上的部分。不过商业保险公司承担石油污染责任的最大限额为5亿美元,超过5亿美元的部分由单个船主支付(如图1所示)。

笔者认为可以建立类似的风险共担架构,用于构汇聚和分散环境风险。让具有类似环境风险的企业②组成环境风险共担组织,按照风险指标确定各自应该缴纳的"份额",规定按照"份额"分摊索赔;风险共担组织可以相互之间"保险"形成联盟;单个环境风险共

---

① PAUL BENNETT. Anti - Trust? European Competition Law and Mutual Environmental Insurance [J]. Economic Geography,2000,76(1):57.

② 这里所指的具有类似环境风险的企业,可以是指同一个行业的企业,也可以是指可能同时成为环境事故潜在责任人的企业,例如,往同一条河流中排放废水的不同行业的企业。

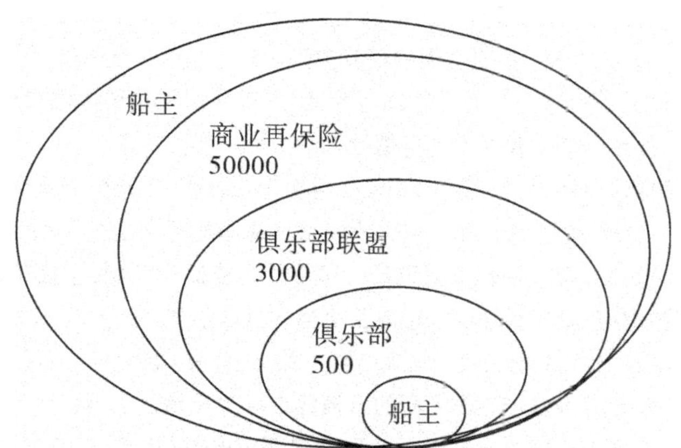

图 1　保护和赔偿俱乐部的环境索赔分担机制(单位:万美元)

担组织或者联盟可以作为整体向保险人购买再保险。

这种架构的优势在于:

(1)有助于分散环境风险。三层风险分摊机制可以使环境风险最大程度的分散,减少企业的不确定性。

(2)有助于保险人确定风险。企业可以按照事先商定的比例支付索赔,而不需要因为连带责任支付所有赔偿和清理费用。保险人在承保的时候,对潜在责任人整体进行保险,避免了承保一个企业,却不得不承担所有潜在责任人风险的情况,有助于保险人精确计算环境风险,降低每一个潜在责任人支付的保费。

(3)有助于环境风险研究和防治污染。企业的环境责任越来越受到合作伙伴、竞争者、上下游企业的影响,因此有必要在环境保护、污染防治方面建立合作关系和相互监督的机制。环境风险共担组织的成员熟悉彼此的生产流程和工艺技术,能够更好地相互监督。企业必须分摊组织中其他成员的环境责任,激励组织制定和实施行业规范,要求成员执行。这样的组织构架也有助于整个行业联合起来研究新的生产流程和制造工艺以降低环境污染。

最重要的一点在于,成员缴纳的“份额”反映了成员对彼此之间环境风险的评价。保险人估计企业的环境风险只能使用一些“硬信息”(例如排污量)。相反,成员之间还掌握着一些“软信息”(通过长期的合作,或者对行业的了解获得),所以制定的“份额”比保险公司制定的“保费”更能够反映被保险企业的环境风险。因此引入环境风险共担组织可以更好地实现“污染者买单”,也更能够激励企业采取措施降低不境风险。

二、利用科学模型给环境风险定价

缺乏有关环境诉讼的历史数据以及环境风险千差万别,造成传统的精算定价模型难以使用。为了解决这个问题,笔者认为可以使用 Paul K. (1996)在其文章中提到的科学模型(scientific model)代替基于历史数据的精算模型。科学模型的定价过程包括梳理风险产生的整个过程,详细分析每一个阶段的风险特征,发现一切影响环境风险的因素,在此基础上对环境风险发生的概率和规模进行估计。

以石棉拆除保险为例。① 20 世纪 80 年代早期,美国社会公众强烈要求在已有的建筑物中拆除石棉。在 20 世纪 80 年代中期,环境保护局和职业安全与卫生管理局(Occupational Safety and Health Administration,OSHA)颁布了石棉拆除条例,包括工作环境监督细则、建筑工人保护程序、石棉纤维的处理以及恰当的拆除技术。工作环境的监督由独立的工业卫生公司执行。在石棉拆除条例的基础上,保险公司开始为进行石棉拆除工作的建筑承包商提供保险。承保由于工作场所的石棉纤维释放量超过了可以允许的范围而造成的财产损失和人身伤害。要估计石棉拆除风险必须要回答两个问题:有多大的可能性有人吸入了建筑物中释放出的石棉纤维并因此患病?如果有人因为吸入石棉纤维而患病,需要为此支付多少赔偿?首先,由于政府机构规定了石棉拆除的施工规范和技术要求,这使空气中石棉含量超标的可能性非常小,而且易于预测。其次,根据医学研究,吸入(或吞入)过量的石棉会造成肺癌、间皮瘤、石棉沉滞症以及肠胃癌等疾病。这些疾病的发病率和死亡率都与石棉的吸入量有关。石棉的吸入量又取决于空气中石棉的浓度和接触石棉的时间。通过医学模型(例如 OSHA 模型)可以估计石棉吸入量同各种疾病的发生率(死亡率)之间的对应关系。另外,按照建筑物内单位面积的人员密度和建筑物的总面积可以估计一旦石棉纤维含量超标受影响的总人数。最后通过对法律体系的诉讼费用、赔偿标准以及曾经的石棉诉讼赔偿的分析,可以估计每一个受害者的赔偿数额。通过这些数据就可以衡量石棉拆除的预期损失,即石棉拆除的预期损失 = $\sum$ 石棉含量超标的概率 × 发病率 × 受影响的人数 × 赔偿数额,并在此基础上为石棉拆除保单定价。

从石棉拆除保险的例子可以发现,要使用科学模型定价需要满足一定的条件。

(1)要根据特定的环境风险建立明确的法定规范,包括标准和行为要求。标准是指生产技术要求、排放标准、污染物浓度的规定等。行为要求是指生产流程监督细则和风险报告制度等。建立法定规范主要有两个目的。首先,自动甄别不同的被保险人。不能满足法定规范的被保险人往往环境风险很大,保险公司拒绝承保没有满足法定规范的被保险人。其次,降低环境风险的不确定性。企业遵守规范会降低企业面临的环境风险,同时在法定规范的范围内,保险公司能够更好地估计损失发生的概率和程度。法定规范不要使用模糊的、意思不明确的表达,其执行结果要易于衡量和监测。例如最好不要出现“在现有最优技术下进行生产”类似的条款,因为“现有最优”本身很难界定。

(2)保单的条款要清晰、无歧义。法定规范是针对整个行业或是一个群体,而每一个

① PAUL K FREEMAN, HOWARD KUNREUTHER. The Roles of Insurance and Well - Specified Standards in Dealing with Environmental Risks [J]. Managerial and Decision Economics, 1996, 17(5): 526 - 527.

特定的投保者都有自身独特的风险特征。环境责任保单可以通过制定比法定规范更加严格、更具有针对性的承保条件,减少风险预测的不确定性。为了避免模棱两可的措辞给保险人带来的司法解释风险,保险人要用清晰的、无歧义的语言界定事件、损害、触发机制以及免责条款等要素。

(3)建立科学的风险因素定价模型。在石棉拆迁风险中,肺癌的发病率主要取决于石棉纤维吸入量,通过医学模型可以建立"石棉纤维吸入量"这个风险因素和"发病率"之间的对应关系。同样的,其他的环境风险也必须要依赖医学或者是工程学上的专业研究,将风险因素和损失对应起来,因此如果说前面两个条件是合理定价的基础的话,无疑基于风险因素的定价模型就是合理定价的关键。这些模型的建立往往超过了保险人的知识范围,必须要借助于医学以及工程学方面的专家。同时模型的建立又可以反过来指导法定规范和承保条件的制定。

总的来说,如果不能很好地满足以上条件,保险人就不能精确地估计损失的概率和程度,为此保险人常常会采用最坏的场景分析或者收取"风险溢价",无论是哪一种都将增加投保人支付的保费。

三、利用期内索赔型环境责任保单降低环境法规演化的风险

期内发生型环境责任保险(occurrence basis liability coverage)以事故发生在保险期限之内作为保险人承担责任的基础,即如果引起诉讼的保险事件发生在保单的有效期内,保险公司有义务在保单的限额内承担赔偿责任,而不考虑是否在这一期间提出索赔。由于环境污染的特点,其致人损害而发生索赔的时间往往是在保险合同失效若干年甚至几十年后,这使保险公司无法预计未来的保险金赔偿责任,对保险人非常不利。美国规定环境污染责任保险索赔时效最长为30年。但对于一些后果明显并确定的,保险索赔时效可规定为3年,自危害后果发生之日起计算。① 即便规定了最长的索赔期限,保险人面临的不确定性仍然很高,环境法规的不断演化更是增加了保险人面临的风险。例如新的环境法扩大了被保险人的责任范围或者是赔偿金额,保险人在承保的时候并没有考虑到企业因此而增加的环境风险,因此承担了保单意图之外的责任。

许多学者认为使用索赔型环境责任保险可以减少保险人承保环境责任保险的不确定性。期内索赔型环境责任保险(claim occurrence basis liability coverage)以索赔发生在保险期限之内作为保险人承担责任的基础,即如果某项索赔是在责任保单有效期提出,保险公司有义务在保单限额内进行支付,而不考虑引起诉讼的事件发生在什么时间。保险人多在保单上订有"追溯期"(retroactive date),约定在追溯期以前所发生的事故不负赔偿责任。采用索赔性环境责任保险的方式承保环境责任风险,保险人只需要预测保险期限内

① 别涛,王彬.环境污染责任保险制度的中国构想[J].环境经济,2006(11):55.

的环境法规变动就可以了,更容易估计保险责任。但是也有学者并不赞同采用索赔型环境责任保险,因为这种保险方式不能激励被保险人减少环境污染,进行防灾防损。

笔者认为环境责任保险被应用于环境风险的管理的一个重要的目的就是建立"奖优罚劣"的激励机制,鼓励被保险人减少污染。如果环境责任保险仅仅具有分散风险的功能,还不如直接由政府直接收取环境税,并且统一支付赔偿和清理费用更有效率,因此笔者并不赞同采用期内索赔型环境责任保险,只要能够有办法降低环境法规演化给保险人带来的不确定性,期内发生型责任保单将会更合适。也许正是因为这个原因,在法国以索赔的形式来重写保单的尝试被最高法院判否决,比利时和西班牙也在努力限制索赔型保单。

Kenneth(1988)曾经提及通过分两步收取保费和建立追溯性指数来降低环境法规演化造成的风险。具体思路是分两步收取保费:第一次收取保费是在承保的时候,保费反映的是在当时的立法下保险公司承担的环境风险;第二次收取保费是在多年之后,保费反映的是从承保到第二次收取保费这段时间,环境法规的变化造成的保险人环境责任的变化。构造追溯性指数,用于衡量由于法规演化造成的环境责任的增加或者减少,并且根据追溯性指数收取第二次的保费。这种方法的关键问题是在如何构造具有普遍意义的指数来反映环境法规的变动。

四、利用保单条款而非司法判决确定保险人的责任范围

环境责任保险是责任保险的一种。责任保险是指以被保险人对第三者依法应负的民事损害赔偿责任为保险标的的保险。因此保险人最终的赔付取决于法院对被保险人损害责任的认定。由于环境风险的特殊性,很难确定受害人的损失和特定的环境污染之间的因果关系。要通过民事诉讼体系获得补偿,需要经过漫长的时间,花费巨额的法律费用。在最终责任人支付的总金额中,交易成本和诉讼费用占了非常大的比例,而支付给受害人的赔偿(或是清理费用)仅占总支出的很小一部分。RAND 曾经针对 CERCLA 诉讼进行了多项研究,调查交易成本在总支出中所占的比重。有数据显示,在与 CERCLA 相关的诉讼中,交易费用占到了总支出的 60%,而法律诉讼费用占到了所有交易费用的 75%。① 也就是说律师从环境污染的民事诉讼中获得的收入比清理费用还要高 5%。

在 1998 年,荷兰责任保险协会推出了承保土壤和水污染的第一方保单。② Lucas (2003)认为这款保单的优势在于保险责任范围由保险人而不是法院来界定。与第三者保

① DIXON, LLOYD S, DEBORAH S. Drezner and James K. Hammitt. Private Sector Cleanup Expenditures and Transaction Costs at 18 Superfund Sites[R]. Santa Monica CA: Rand Institute for Civil Justice, 1993:31.

② LUCAS BERGKAMP. Environmental Risk Spreading and Insurance [J]. Reciel, 2003, 12 (3):276.

险相比，第一方保险的保险人更能够控制责任范围。例如，在什么情况下赔偿以及赔偿多少都可以通过保单的条款事先规定，而不用依赖司法判决。这样不仅可以减少保险人风险的不确定性，而且也可以不必支付高昂的法律费用。根据皮尔森皇家委员会（Pearson Royal Commission）的调查，在英国，1971—1976 年间保险公司平均每年支付约 2 亿英镑的民事诉讼赔偿，而与之相伴的管理费用就高达 1.75 亿英镑，也就是说每单位英镑的责任保险保费仅有 53% 用于赔偿损失，有 47% 被用于支付律师的费用或者是其他成本。

根据 Paul K.（1996）提供的数据，1983—1992 年间，保险公司在“其他责任保险”产品上的承保费用占保费收入的比例平均为 25.1%，也就是说约 75% 的支出被用于支付赔偿和清理费用。因此，如果保险人能够按照保单条款而不是司法判决支付赔偿（或清理费用）的话，保费中用于赔偿（或清理费用）的部分将提高 22%。

表 1　所有美国保险公司“其他责任保险”产品的管理费用

年份	承保费用占保费收入的比例
1983	0.319
1984	0.303
1985	0.238
1986	0.204
1987	0.223
1988	0.241
1989	0.255
1990	0.263
1991	0.279
1992	0.275
总和	0.251

资料来源：Best's Aggregate and Averages—Property and Casualty，1993：157

保险人按照保单条款对被保险人进行支付，还可以降低确定损害和污染之间因果关系的重要性。例如地产转让保险（Property Transfer Liability，PLT）就以有害物质的含量超过可以允许的标准作为支付的标准，而不用考虑造成的实际损害。

采用保单条款作为支付赔偿的依据要注意以下几个问题。首先，保单的条款必须要清晰、具体、没有歧义，否则可能因为不同的司法解释而使保险人承担预期之外的责任。其次，如果保险人按照保单条款支付赔偿，那么保单条款和最终司法判决之间的差异，将造成被保险人的风险。不过被保险人可以按照自己的风险管理要求和保险人协商适合的保单条款和对应的保费,有针对性地满足自身的风险偏好。

【参考文献】

[1]别涛,王彬．环境污染责任保险制度的中国构想[J].环境经济,2006(11):49－55.

[2]DIXON, LLOYD S, DEBORAH S. Drezner and James K. Hammitt. Private Sector Cleanup Expenditures and Transaction Costs at 18 Superfund Sites[R]. Santa Monica CA: Rand Institute for Civil Justice, 1993.

[3]LUCAS BERGKAMP. Environmental Risk Spreading and Insurance [J]. Reciel, 2003, 12(3): 269－283.

[4]PAUL BENNETT. Anti－Trust? European Competition Law and Mutual Environmental Insurance [J]. Economic Geography, 2000, 76(1): 50－67.

[5]PAUL K. FREEMAN, HOWARD KUNREUTHER. The Roles of Insurance and Well－Specified Standards in Dealing with Environmental Risks [J]. Managerial and Decision Economics, 1996, 17(5): 517－530.

日本的地震保险制度与再保险研究

——基于东日本大地震的应对状况

兼好克彦

【摘要】日本是世界上著名的地震多发国。为了使国民在地震发生后得到及时、必要的经济补偿，日本在地震保险方面积累了不少经验。本次东日本地震发生以后，日本三井住友海上火灾保险公司以及其他财产保险在损失赔付、经济赔偿等方面发挥了积极的作用。本文通过介绍东日本大地震的灾害损失状况及三井住友、日本产险界东日本大地震的地震保险金赔付工作，对日本的地震保险制度、核能保险进行分析，希望可以通过对国际经验的比较为中国地震保险制度的构建提供借鉴和参考意义。

【关键词】日本；东日本大地震；地震保险制度

Abstract: As one of the leading earthquake - prone countries, Japan has accumulated a lot of earthquake insurance experience in order to make timely and necessary economic compensation. After the earthquake, Mitsui Sumitomo Insurance Company and other property insurers have played a big role in financial compensation. This paper firstly describes the East Japan earthquake disaster situation and compensation work of Mitsui Sumitomo Insurance Company and other property insurers. After this, the article highlights Japan's residential earthquake insurance system, including nuclear energy insurance. We hope that it can provide some reference and reference value to construct Chinese earthquake insurance system by the comparison of international experience.

Key words: Japan; East Japan earthquake; earthquake insurance system

2011年3月11日，日本发生了里氏9.0级特大地震，继而又引发了海啸和核危机。这是自1990年以来世界上第四大强地震，给日本社会造成了巨大损失。但是日本在大地

[作者简介]兼好克彦，三井住友海上火灾保险公司专务执行官、东亚及印度区总裁。

本文是根据兼好克彦先生2011年6月18日在由西南财经大学主办、中国财产再保险股份有限公司协办，主题为“巨灾：挑战与应对”的巨灾风险管理与保险国际研讨会会议中的演讲内容整理得出。

震发生以后，国内并没有出现大规模的恐慌情绪，整个救灾过程有条不紊。这种情况的出现有赖于日本拥有世界上较为发达的地震保险制度。

日本处在环太平洋火山地震带上，又位于板块交界处，所以地震频发。早在1890年，日本就设立了震灾预防调查会，注重于地震学和地震历史的研究，并建立起来了完善的保险与再保险机制，保险公司及国际再保险市场对损失起到了巨大的缓冲作用。希望通过本篇论文的说明为中国巨灾保险制度提供一些参考和帮助。

一、东日本大地震的发生状况及受灾状况

2011年3月11日，日本当地时间14时46分，日本东北部海域发生里氏9.0级地震并引发海啸，造成重大人员伤亡和财产损失。地震震中位于宫城县以东太平洋海域，震源深度20公里。东京有强烈震感。地震引发的海啸影响到太平洋沿岸的大部分地区。地震造成日本福岛第一核电站1~4号机组发生核泄漏事故。4月1日，日本内阁会议决定将此次地震称为“东日本大地震”。截至当地时间4月12日19时，此次地震及其引发的海啸已确认造成13 232人死亡、14 554人失踪。这次地震影响范围从岩手县附近海域到茨城县，南北纵向约500千米，东西向约200千米，是日本地震史上最大的一次地震。

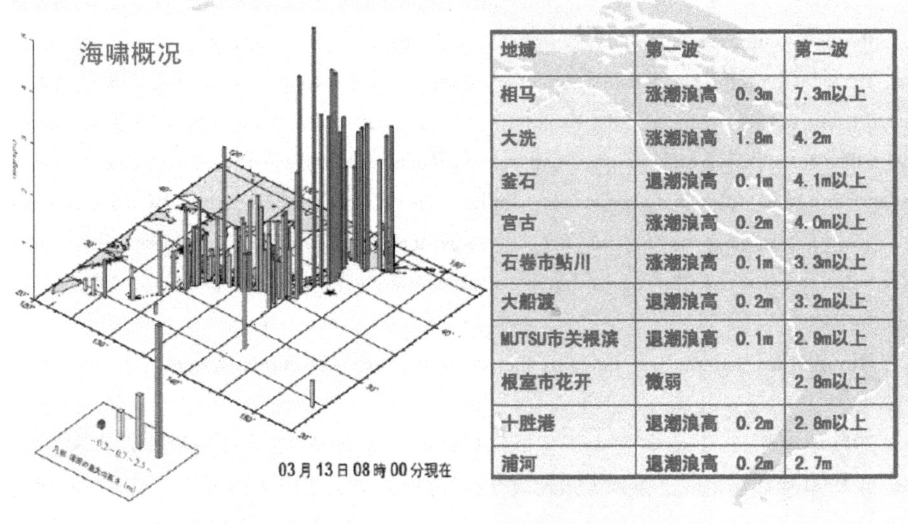

地域	第一波	第二波
相马	涨潮浪高 0.3m	7.3m以上
大洗	涨潮浪高 1.8m	4.2m
釜石	退潮浪高 0.1m	4.1m以上
宫古	涨潮浪高 0.2m	4.0m以上
石巻市鮎川	涨潮浪高 0.1m	3.3m以上
大船渡	退潮浪高 0.2m	3.2m以上
MUTSU市关根滨	退潮浪高 0.1m	2.9m以上
根室市花开	微弱	2.8m以上
十胜港	退潮浪高 0.2m	2.8m以上
浦河	退潮浪高 0.2m	2.7m

图1 东日本大地震的发生状况及受灾状况

从图1就能看出,此次地震在离震源很近的宫城县、岩手县和福岛县引发了巨大的海啸,给日本东北地区太平洋沿岸造成了毁灭性的打击。地震发生3分钟后,气象厅发布了重大海啸预警。气象厅虽然呼吁民众保持高度警戒,但是最大浸水深度14.8m、最大逆流高度37.9米的巨大海啸,吞噬了大量的建筑物和人群。此外由于巨大地震造成的摇晃、液态化现象、地基下沉等,北海道、东北地区、关东地区发生了大规模的灾害,水电等基础生命线也一时中断。

截至2011年6月9日,地震造成的死亡、失踪人数约23 500人,全损、半损的建筑物约为19万户,高峰时期的避难人数达40万人以上,约800万户家庭停电,180万户家庭停水(参考表1)。

表1 东日本大地震的损失分布 截至2011年6月9日

人员伤亡(全国)			房屋受灾(全国)		
死亡	失踪	受伤	全损	半损	部分损失
15401人	8146人	5364人	112 490户	75 170户	327 009户

(东北地区明细)按受灾大小排序	人员伤亡			房屋受灾		
	死亡	失踪	受伤	全损	半损	部分损失
宫城	9210人	4954人	3459人	73 087户	31 814户	42 949户
岩手	4532人	2811人	166人	20 945户	2811户	2085户
福岛	1594人	377人	236人	15 250户	22 184户	62 761户
青森	3人	1人	61人	281户	1020户	78户
山形	2人	0人	29人	37户	80户	0户
合计	15 341人	8143人	3951人	109 600户	57 909户	107 873户

二、三井住友及日本产险界东日本大地震的地震保险金赔付工作

三井住友海上火灾保险公司在地震发生当日便成立了"东日本大地震对策室",以总部大会议室为事故受理中心,将尽早向灾民支付保险金为最重要经营课题,开展在后紧急应对工作。全公司抽调1000人负责地震对策室和受灾地区的现场受理网点工作。截至2011年6月7日,已受理事故81 740件,其中已解决72 139件,事故解决率达88.3%,已支付的毛保险金额为1200亿日元,净保险金为192亿日元,并全力援助投保人,除了迅速向受灾人员支付保险金,还实施投保续约手续特别措施,及时提供相关信息。措施如下:

(1)设置365日、24小时事故受理窗口。

(2)强化地震保险的保险金支付体系。

(3)续约手续宽限期。

(4)保费支付宽限期。

(5)整理政府援助措施,制作对策指南提供给受灾人员。

此外,日本产险业界以日本产险协会为总部成立"地震保险中央对策本部",并在受灾地区仙台的日本产险协会东北支部成立了"地震保险现场对策本部",举产险业界之力,制定万全的措施,紧急应对此次地震。

加强各会员单位的合作,并努力实现信息的一元化管理,同时迅速、公平、妥当地进行保险金的支付。截至6月2日,日本产险业界总共完成约48万件的事故受理,已支付的保险金超过9000亿日元。

三、日本的地震保险制度

(一)制定地震保险制度的目的

一般来说财产保险是根据"大数法则"来厘定费率。而地震风险由于其发生时间、发生频度很难预测,并且其造成的损失金额也根据气象条件、发生时间的不同而各不相同,因此计算地震风险的费率是相当困难的。大地震发生后,由于其造成的损失金额巨大,单以商业保险公司的赔偿能力是很难承保地震风险的。由于这些原因,对于商业财产保险公司而言,通常地震风险是不予承保的。

虽然地震风险具有难以承保的特点,但日本却是个地震灾害多发的国家,因此日本在大约130年前就开始讨论研究地震保险,并于1966年制定了《地震保险法》,创建了官民一体的地震保险制度。

《地震保险法》第一条规定了《地震保险法》的目的,即"保障地震等受灾地区居民的稳定生活"。出于这样的目的,日本政府从商业保险公司那里承接再保险业务,以官民一体为基础,努力普及地震保险。

这就是日本地震保险制度的主旨,并且自实施该制度以来从未变过。目前日本地震保险家庭附带率大约是23%,家财险的家庭投保率约为49%,投保家财险的投保人中大约有一半的家庭投保了地震保险。

(二)地震保险的产品内容

目前日本家庭地震保险的大概内容如下:

首先是该产品的责任范围。对以地震、火山爆发、海啸为直接或间接原因的火灾、损坏、掩埋或冲毁引起的损失进行赔偿。对日本的财产保险而言,一般地震引发的火灾损失是免责的,为了对这部分风险进行有效覆盖,地震保险也是非常重要的。

地震保险的保险标的仅限于用于居住的建筑物及家庭财产。企业所有的店铺、写字楼或工厂不能成为地震保险的标的。因为该法律的目的是为了保障受灾居民的稳定生活,因此企业地产不属于保险标的。关于企业领域的地震保险,会在后面进行说明。

家庭地震保险的投保形式是必须与家财险捆绑投保的。其原因是为了压缩地震保险的成本,将保险费率尽量压缩到最低。

关于保险金额,地震保险的保险金额为家庭财产保险保险金额的30% ~50%。但建筑物以5000万日元、家庭财产以1000万日元为上限。之所以设定上限,是因为即使有国家的财力在背后作支撑,如果不制定投保金额上限,地震风险也是很难承保的。

地震保险也设定了对于单次地震支付的总赔款额上限。这是家庭地震保险的一个特点。现在这个上限是55 000亿日元(截至2011年6月)。这个金额是按照即使发生关东大地震级别的地震,在保险金的支付上也不存在问题来设定的。

关东大地震发生于1923年,震中是以关东南部为中心,里氏7.9。关东大地震给东京甚至整个日本造成了史无前例的巨大灾害。死者达9万以上,46万户以上的房屋全部烧毁或全部损坏。再加上当时风速超过10m的强风,整个东京43%的城区被大火吞灭。我们假设的就是这种规模的地震再次发生后造成的损失。当然,如果实际的损失金额超过总支付限额,则根据《地震保险法》及地震保险条款,按照规定减少赔付金额。

(三)地震保险费率厘定的思路

刚才就地震保险产品内容向大家进行了介绍,接下来将介绍一下地震保险制度特点、地震保险费率的厘定方法及再保险制度。

实际上地震保险费率的厘定是按照《财产保险费率厘定团体法》,由财产保险费率厘定机构来厘定。费率分为两部分,一部分是负责出险后支付保险金的纯保险费率,另一部分是用于充当运营经费的附加保险费率。在计算纯保险费率时,费率厘定机构使用了日本政府制定的约73万个震源模型,预测每个地震支付的保险金额,并在此金额的基础上厘定费率的。

厘定费率的原则是"不赔不赚"。因为地震保险与其他保险相比是一种公共性很高的险种,所以费率中是不能产生利润的。

地震保险费率对商业保险公司而言,按照收支为"零"的方法记账,即使某一年度发生收益,也不能将其计入利润中,而是作为准备金全额累积。

(四)地震保险制度中再保险的构成

与地震再保险制度相关的合同关系及保费的流向问题主要如下:

首先是由投保人与商业保险公司之间订立地震保险合同,然后保险公司将其收到的全部保费以再保险的形式向日本地震再保险公司进行投保。这个再保险被称为"A特约”。

刚才提到的日本地震再保险公司是一家专门从事地震保险的再保险业务的公司，以下简称“JER公司”。

JER公司将收取的再保费进行再再保险安排。再保费的20%分出给保险公司，该再再保险被称为B特约。50%分给政府，该再再保险为C特约。然后，JER公司自留30%。

其中，JER公司和商业保险公司从再保费中抽出再保险金和运营经费，剩下的部分作为地震保险危险准备金积累起来。

政府为了区分地震再保险与一般会计，设置了地震再保险特别会计，通过特别会计单独管理地震再保险的相关收支。（请参考图2：再保险流程及再保险流程）

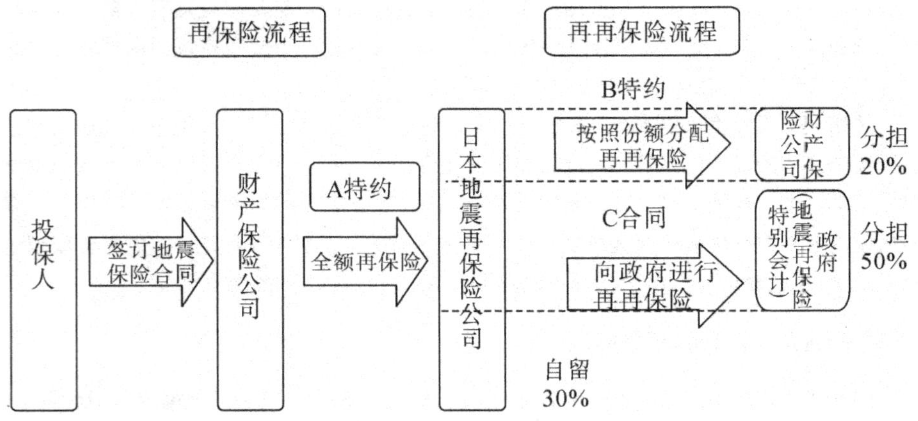

图2 再保险流程及再再保险流程图

以上就是再保险流程。接下来谈一下商业保险公司与政府的保险金支付责任分担方式。

目前，地震保险金的支付上限为55 000亿日元，支付金额在1150亿日元以下为第一层，这部分由商业险企负担100%支付责任。超出1150亿日元，不到19250亿日元的部分为第二层，这部分由政府与商业险企各承担50%。最后一层为第三层，这部分由政府承担95%，商业险企承担5%。

关于再保险金支付责任分配的思路。首先，关于55 000亿日元，这部分刚才已经介绍过，是按照即使发生关东大地震级别的地震后需要支付的金额来设定的。

关于第一层，造成这部分损失的地震一般不属于超大地震，所以这部分损失是由商业险企100%承担的。此外这个1150亿日元相当于商业险企2年的再保险费，所以即使发生需要支付1150亿日元的情况，保险公司在计提完危险准备金之后，也能在2年内得到补充。

关于第二层，这部分是由政府和商业险企各承担50%的思路。此外关于19 250亿日元这个金额,认为商业险企积累的危险准备金余额完全可以应付第二层赔付,因此设定了这个金额。

第三层是为罕见的超大地震设定的赔付金额。这部分对商业险企来说需要靠自有资本来负担。虽然从不赔不赚的原则出发,应该是由政府 100% 承担赔付金额,但实际上还是设定了商业险企负担 5% 的部分(请参考图 3)。

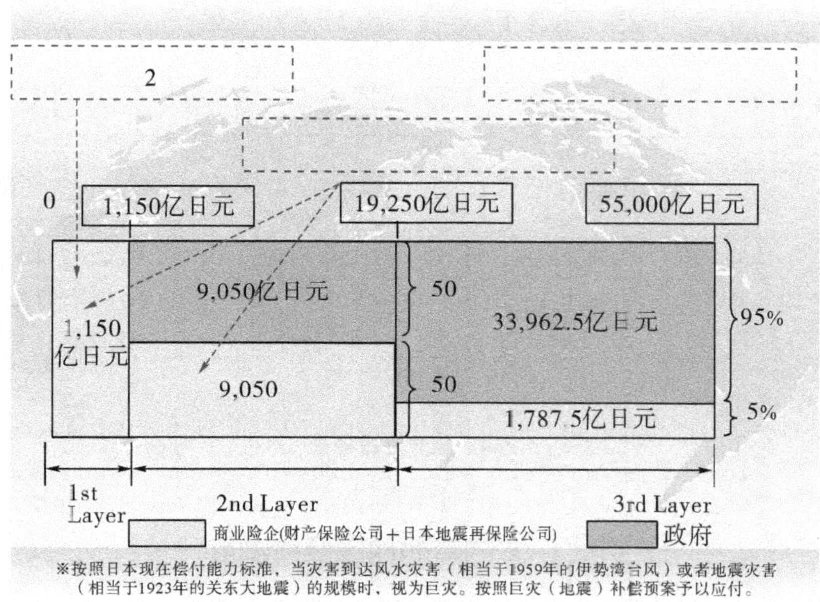

图 3　再保险金支付与责任分担图

虽然此次大地震的地震保险金支付工作尚在进行中,不过我们目前预测家庭地震保险领域的赔付金额在 1 万亿日元左右。

假设需要赔付 1 万亿地震保险金,则如图 4 所示,保险公司支付 4425 亿日元,JER 公司支付 1150 亿日元,政府支付 4425 亿日元。

而我们看目前危险准备金的余额状况可知,商业险企为 4726 亿日元,JER 公司为 4967 亿日元,政府为 12 708 亿日元。目前这三方的危险准备金相当充足。

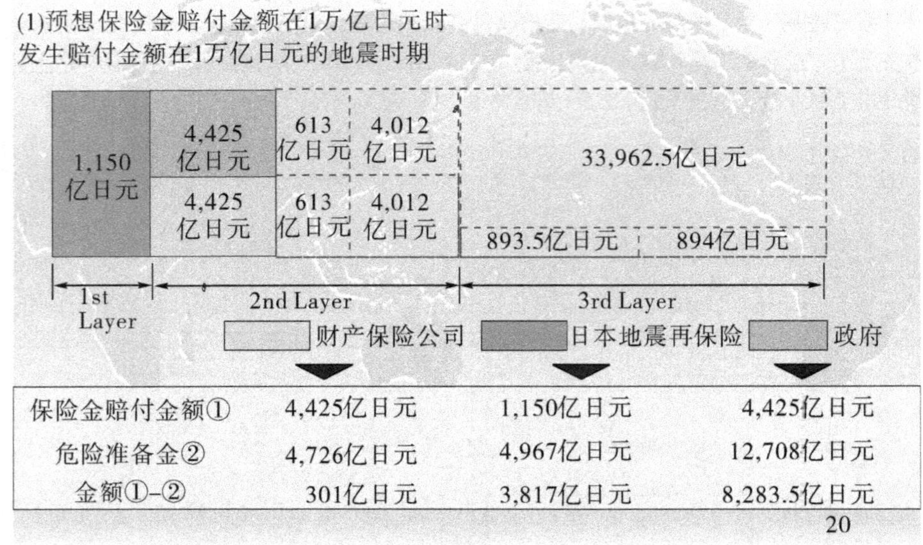

图4　地震险赔付图

四、日本的其他地震保险制度

(一)企业领域的地震保险

以上是家庭地震保险制度及此次大地震的预计赔付金额。接下来介绍企业领域是如何对应地震风险的。

企业领域的地震保险没有家庭地震保险那样特别的制度,是由各个保险公司根据自己的承包方针来予以承保的。由于自然灾害风险(地震、风水灾等)还是可以进行广范围及巨额赔付的,因此各个保险公司在实施风险的计量分析后预测最大损失金额(PML),在考虑资本充足性的基础上进行自留和再保险的设计。

此次地震发生后,各个保险公司虽然都有自留部分,且这部分为各公司带来了一定的损失,但由于进行了合理的再保险安排,因此预测最终整个产险界的保险金净支付额应该不超过4000亿日元。

(二)核能保险

由于核能赔偿责任险(核能保险)需要支付巨大的保险金,所以它不是仅靠一个商业险企或一个国家的保险业界就能进行承保的。因此各国将自己国内的保险公司组成一个“核能保险基金”,各国的核能保险基金再相互订立再保险合同,由此来向全世界分散该核能设施的巨大风险。

目前商业用途的核反应堆在全世界约有400个,数量较少,尚不能作为保险的母数。而核能风险灾害发生的频度较低。核能风险的一大特点就是损失规模巨大。为了承保这一风险,必须将全世界保险公司的承保能力集合到一起,也就是说,靠各国设立核能保险基金,并由这些基金之间相互订立再保险合约才行。

各国的核能保险基金之间订立再保险合同,将核能风险分散到全世界的同时,在出险后也能从全世界的保险公司那里收回部分保险金,这样才能承担如此巨大的核能风险。

到目前(2010年3月末)为止,参加日本核能保险基金的保险公司共24家,其中包括在日本取得营业资格的外资保险公司。所承保的核能赔偿责任保险的单次事故的最高支付额为1200亿日元,同时与世界上20个核能基金之间订立了再保险合同。

此次大地震后,福岛县核电站由于地震海啸发生了损失,关于发电站本体的损失是由自保保险承担。此外,对于受灾居民的责任赔偿,核能保险赔偿责任保险对于地震海啸是免责的,因此主要是由与政府订立的补偿合同来对受灾居民进行赔偿。

【参考文献】

[1]佐伯治俊．日本的地震保险[J]．安田金融保险动向,2000(4).

[2]滕五晓,加藤孝明,都市防灾研究所．日本地震灾害保险体制的形成及其问题[J]．自然灾害学报,2003(4).

佛罗里达巨灾保险机制的发展及对我国的启示

李勇权　郭东东

【摘要】近年来，我国频繁遭遇各种各样的自然灾害，而且损失都很严重。然而，我国至今还未建立起一套合适的巨灾保险机制。本文主要介绍了佛罗里达巨灾保险机制的构成，即佛罗里达保险担保协会（FIGA）、佛罗里达飓风巨灾基金（FHCF）、居民财产保险公司（CPIC），分析了它们产生的背景及发展。最后提出了对我国建立巨灾保险机制的启示。

【关键词】佛罗里达；巨灾保险机制；巨灾保险基金；剩余市场机制

Abstract: In recent years, China has encountered a variety of natural disasters frequently, and losses are serious. However, China has yet to establish a suitable mechanism for catastrophe insurance. This paper describes the constitution of the Florida catastrophe insurance mechanism, namely the Florida Insurance Guarantee Association (FIGA), the Florida Hurricane Catastrophe Fund (FHCF), the Citizens Property Insurance Corporation (CPIC), and analyses their background and development, then proposes the inspiration on the establishment of China catastrophe insurance mechanism.

Key words: Florida; catastrophe insurance mechanism; catastrophe insurance fund; residual market mechanism

近年来，全球巨灾事件发生频繁，美国卡特里娜飓风、中国汶川8.0级地震、智利8.8级大地震、中国玉树地震，还有今年的新西兰地震、日本9.0级特大地震等，给全球的经济和社会发展带来了巨大的损失。而我国自古以来就是遭受自然灾害最严重的国家之一，几乎全国各地都遭受着不同形式的巨灾威胁：我国东南沿海地区每年遭遇台风的侵袭，西

［作者简介］李勇权，南开大学经济学博士，副教授，天津财经大学应用经济学博士后。郭东东，男，南开大学风险管理与保险学系硕士研究生。

［基金项目］教育部哲学社会科学研究重大课题攻关项目“巨灾风险管理制度创新研究”（09JZD0028）。本文受中央高校基本科研业务费专项资金资助项目（NKZXB10042）资助。

部地区处于地震多发地带,中部地区每年都会发生不同程度的洪涝灾害和干旱以及北部地区冬季经常会遇到暴风雪的肆虐。

科学、有效的巨灾保险机制的建立对于巨灾的灾后管理具有非常重要的意义。从建立巨灾保险制度的国家和地区来看,保险业赔款在巨灾造成的直接经济损失中占比为30%左右(何小伟,2009),2005年的美国卡特里娜飓风造成的直接经济损失中保险赔款的占比更是达到了50%左右(余伯明,2009)。

比较而言,我国的巨灾损失中保险赔款的占比却很低:2008年初的南方雪灾造成了1517亿元的损失,而商业保险公司的赔款只有16亿元,所占比例仅为1%左右;2008年5月12日的四川汶川地震的经济损失为8451亿元,而保险赔款占比只有5%左右(林光彬,2010)。

造成我国巨灾保险缺失的原因是多方面的,概括地说,主要包括以下几点:第一,巨灾保险作为一个新的金融产品,没有专门的法律法规来对相关机构的组织形式,巨灾保险的风险组合、收益的来源和分配进行严格规范(陆柏,陈培,2009);第二,巨灾保险风险高,投保率低,赔付额巨大,商业化运作的经营方式与巨灾风险的特殊性不适应(李文富,2008);第三,我国居民有强烈的储蓄意识,保险意识淡薄(肖婵,2010)。

国外有一些成功的巨灾保险机制值得我们借鉴。肖婵(2009)介绍了日本、新西兰地震保险的政府与市场相结合的保险模式,赵春红、许一涌(2010)介绍了英国巨灾保险的完全商业化模式,余伯明(2009)介绍了美国洪水保险的政府主导模式,谢世清(2010)对美国佛罗里达飓风巨灾基金(FHCF)进行了详细的介绍。本文旨在对佛罗里达整个巨灾保险机制(包括FHCF、CPIC、FIGA以及CPIC的前身FWUA和JUA)进行论述,来探讨如何建立适合我国的巨灾保险机制。

一、佛罗里达巨灾保险机制的发展

佛罗里达州地处美国东南部,位置类似于我国的东南沿海地区。2007年12月,该州的海边居民和商业财产的风险暴露为24 580亿美元,占该州总财产的79%(Robert W. Klein,2009),不管是从总体风险暴露还是从相对占比来看,佛州都是美国遭遇飓风巨灾损失最严重的州。历史上损失最严重的两次飓风——“安德鲁”飓风和“卡特里娜”飓风都对该州造成了严重的影响。这也使得佛州的巨灾保险机制发展比较完善。

佛州的巨灾保险机制主要由三个机构组成:①佛罗里达保险担保协会(Florida Insurance Guaranty Association,简称FIGA);②佛罗里达飓风巨灾基金(Florida Hurricane Catastrophe Fund,简称为FHCF);③居民财产保险公司(The Citizens Property Insurance Corporation,简称为CPIC),其前身为佛罗里达暴风雨承保协会(Florida Windstorm Underwriting Association,简称FWUA)和佛罗里达住宅财产和意外联合承保协会(Florida Residential Property and Casualty Joint Underwriting Association,简称JUA)。FIGA的职能是为无偿付能力的

保险公司向被保险人支付赔款。FHCF 主要向佛州的所有商业保险公司提供强制再保险。CPIC 是一种剩余市场机制,向无法从正常市场获得保障的投保人提供财产保险。而在这三个机构中,FHCF 和 CPIC 是其中最重要的两个,下文分别对 CPIC 的前身 FWUA 和 JUA、FHCF 以及 CPIC 展开论述。

(一)FWUA 和 JUA

佛罗里达巨灾保险机制的建立始于20 世纪60 年代末,当时由于佛州大部分沿海地区面临潜在的飓风损失,因此商业保险公司不愿给投保人提供巨灾保险,从而严重阻碍了佛州的经济和建筑业的发展。为了改变这种状况,1970 年佛州政府立法成立了佛罗里达暴风雨承保协会(FWUA)。该协会成立的官方目的是"给佛罗里达的居民提供不能从私人保险公司获得的风灾和冰灾保障,并且在损失发生时支付保险索赔"。该协会在佛州 35 个沿海县的 29 个中开展了活动(M. Jametti,T. von Ungern - Sternberg,2009)。然而,由于在20 世纪 70 ~90 年代初这二十多年的时间里,几次大的飓风都未对佛州造成大的影响,佛州的商业保险公司开始承保巨灾保险。随着竞争的加剧,保险公司的保险费率越来越低,承担的风险暴露也越来越大。

1992 年安德鲁飓风侵袭佛州,给佛州造成了 160 亿美元的经济损失,保险业也遭受了巨大的损失。11 家保险公司由于没有提取足够的准备金或再保险最终破产,而其损失由佛罗里达保险担保协会(FIGA)承担,剩下的保险公司也开始认真对待它们面临的风险,并且开始减少保单数和保单数额(M. Jametti,T. von Ungern - Sternberg,2009)。为了填补私人保险公司留下的空缺,1992 年 12 月,佛州政府立法成立了佛罗里达住宅财产和意外联合承保协会(JUA)。它成立的目的是"给那些有良好的诚信但是无力从自愿保险市场上购买到保险的居民提供住宅财产保险保障"。该协会的成立对于佛州保险市场的稳定起到了一定的作用。

(二)佛罗里达飓风巨灾基金(FHCF)

由于受安德鲁飓风的影响,佛州的财产保险市场已经面临严重的危机,于是佛州政府在 1993 年 11 月通过立法成立了佛罗里达飓风巨灾基金(FHCF)。该基金是一项由州政府进行运作的巨灾再保险计划,它要求在佛罗里达承保居民财产保险的原保险人必须向其购买再保险,但对于总的风险暴露小于 1000 万美元的保险公司没有强制要求。FHCF 成立的目的是通过对商业保险公司在巨灾中发生的损失提供一定比例的补偿来改善佛罗里达财产保险的可保性和可行性。

FHCF 由佛州管理委员会(State Board of Administration of Florida,简称为 SBA)管理,FHCF 内部由一名执行主任、几名高级官员和多名职员组成。此外还成立了由九名委员组成的顾问委员会,负责向 SBA 提供建议,执行主任负责日常的管理并且向 SBA 主管报告其内容。FHCF 的管理有很强的独立性。

每家原保险公司基于它们各自的风险暴露向 FHCF 支付再保险费,该费率通常是商业再保险市场的 1/4 ~ 1/3,有时也可根据商业保险市场的变化、投保区域的质量、投保财产的结构类型、免赔额等做出调整(Wharton,2007)。费率这么低廉主要归因于以下两个原因:第一, FHCF 具有免税资格,管理成本低并且没有赢利要求;第二,当 FHCF 赔偿过多使其入不敷出时,该基金可以通过向保单持有人进行紧急征费来弥补其损失,但是通常有上限的规定(Wharton,2007)。近年来,FHCF 的再保险保费收入不断增加,使得其赔偿能力不断增强,下图反映了 2001—2010 年 FHCF 的再保险保费收入情况。

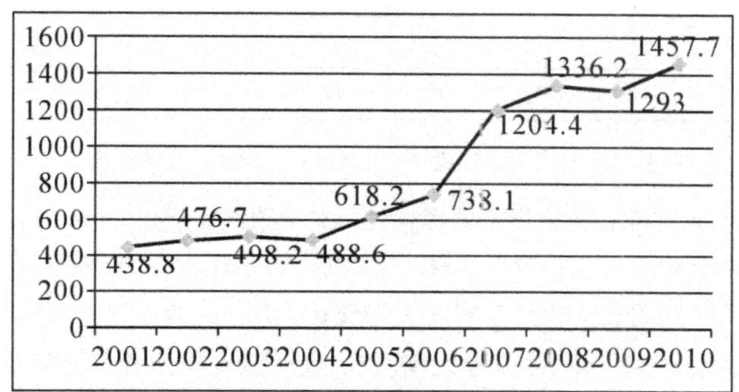

图 1　2001—2010 年 FHCF 的再保险保费收入图(单位:百万美元)

数据来源:根据 FSBA 网站相关数据整理而得。

FHCF 提供的是一种标准的超额再保险。该基金规定:商业保险公司每年必须首先承担总损失的部分索赔,如果它们的索赔超出了规定的最低额度,那么该基金承担剩余赔付的一定比例。商业保险公司可以选择由 FHCF 提供的再保险上限。FHCF 提供了三种不同比例的保额水平——45%、75%、90%,而且每种比例都规定了不同的自留额乘数因子,以及相同的赔付乘数。这些乘数因子根据年份的不同而做出调整。以 2009/2010 年度为例,自留额乘数因子为 13. 3564、8. 0138、6. 6782,FHCF 强制赔付乘数为 16. 0625(SBA,2008—2009)。假设原保险公司 2009/2010 年度向 FHCF 缴纳的再保险费 100 万美元,并且该公司选取的保额形式为 45%,那么该公司的自留额为 1335. 64 万美元,FHCF 承担的赔付额为 1606. 25 万美元,由于 FHCF 的选取的保额比例为 45%,因此,原保险公司还需要承担 FHCF 赔付额的 55%,即 883. 4375 万美元。下表反映了 2000—2010 年各种比例下的原保险公司的变化情况。

表 1　2000—2010 年不同比例下保险公司的数量表

年份	45%	75%	90%	合计
2000/2001	122	5	162	289
2001/2002	99	2	178	279
2002/2003	65	2	195	262

续表1

年份	45%	75%	90%	合计
2003/2004	57	1	182	240
2004/2005	49	1	186	236
2005/2006	36	0	178	214
2006/2007	36	0	177	213
2007/2008	33	1	177	211
2008/2009	26	0	176	202
2009/2010	22	0	162	184

数据来源:根据 FSBA 网站 FHCF2008—2009 年度报告中的数据整理而得。

从表 1 来看,这几年各种比例下的保险公司的个数都在减少,而 45% 比例下的保险公司的个数减少得最快,已经从 2000/2001 年度的 122 家减少为 2009/2010 年度的 22 家。到 2009/2010 年度,已经没有保险公司购买 75% 比例以下的再保险。在 90% 比例下,保险公司的变化不是太大,在 160 ~ 180 家之间波动,说明原保险公司更加倾向于购买 90% 比例下的再保险。笔者认为,这很大程度上是由于该比例下较低的自留额乘数因子和较高的再保险上限决定的。

FHCF 的资金来源由三部分构成,即原保险公司缴纳的再保险费,FHCF 资金的投资收益和紧急情况下发行收入债券所募集的资金。紧急情况下发行的债券包括“事后债券”和“事前债券”。“事后债券”是为了弥补由于 2004—2005 年飓风季造成的损失而发行的债券,具有免税资格。到目前为止,已经发行了三次,即 2006A 债券 13.6 亿美元、2008A 债券 6.25 亿美元、2010A 债券 6.76 亿美元。“事前债券”是为了增强 FHCF 未来的赔付能力而发行的债券,不可以免税,至今为止,该债券发行了总共发行了两次,即 2006B 债券 28 亿美元、2007A 债券 35 亿美元。

随着 FHCF 保费收入的增加以及其他资金的积累,FHCF 的资产总量不断增加,截止到 2009 年 6 月,FHCF 的资产总量为 78.25 亿美元。到 2010 年 10 月份,原保险公司的自留额为 71.42 亿美元,FHCF 承担的潜在责任限额为 187.76 亿美元。这意味着在原保险人承担起初的 71.42 亿美元的损失之后,FHCF 承担剩下的损失额度最大可达到 187.76 亿美元。当需要支付时,FHCF 首先动用其现金余额,当现金用尽,并且达到了 78.25 亿美元,那么 FHCF 将通过收入债券融资或从金融市场贷款弥补其亏损。

从 FHCF 成立之日起,损失最严重的是 2004—2005 年的飓风季,在这两年中,佛罗里达州先后遭遇了八次飓风的侵袭。到 2009 年底,FHCF 已经为 2004—2005 飓风季的造成的损失支付了累计 87.77 亿美元的赔付,而且获得赔付的保险公司的数量也在不断增加,1995 年为 9 家,而 2004 年为 136 家,2005 年为 112 家(SBA,2008—2009),从而保证了佛州的经济和社会的稳定发展。

（三）居民财产保险公司（CPIC）

从前面分析中，我们可以看出 FWUA 和 JUA 的官方目的基本上是相同的，只不过 FWUA 只对暴风雨责任提供保障，而 JUA 提供多风险的财产保险，然而随着保险市场的不断完善，让两个组织各自经营已经没有太大的意义。因此，2002 年这两个组织合并成了居民财产保险公司（CPIC）。和其前身一样，CPIC 的官方目的也是向那些不能从私人保险市场上获得保险保障的投保人提供财产保险。

CPIC 是一个由州政府监管的剩余市场组织，即它只对那些有保险需求，但是由于其风险过大而不能从商业保险公司获得保险的被保险人承保。虽然 CPIC 的承保风险比一般的商业保险公司高，保费比一般的商业保险公司高，但由于有税收优惠，州政府要求其保费费率不能提高得过快，结果使得 CPIC 在短短的几年里成了佛州最大的财产保险公司，其市场份额占到佛州财产保险市场的 1/3（谢世清，2010）。

CPIC 把它所有的被保险人分为三个账户：①高风险账户（High Risk Accounts，简称 HRA）；②个人线账户（Personal Line Accounts，简称 PLA）；③商业线账户（Commercial Line Accounts，简称 CLA）。HRA 提供高风险区域的单独风灾和多风险的保单，PLA 提供除了 HRA 区域的单独风灾保单和任何区域居民财产的多风险保单，CRA 提供除了 HRA 区域的单独风灾保单和任何区域的商业住宅财产的多风险保单（Wharton，2007）。

从 2007 年开始，佛州政府出台法律允许 CPIC 降低保险费率来扩大其风险暴露。CPIC 可以完全与私人保险公司竞争，并且不需要至少收取和该州前 20 大保险财产保险公司一样的保费，这种改变使得一大部分保单持有者转向 CPIC 投保。下图反映了 2003—2007 年 CPIC 各账户的直接承保保费收入（单位：百万美元）。

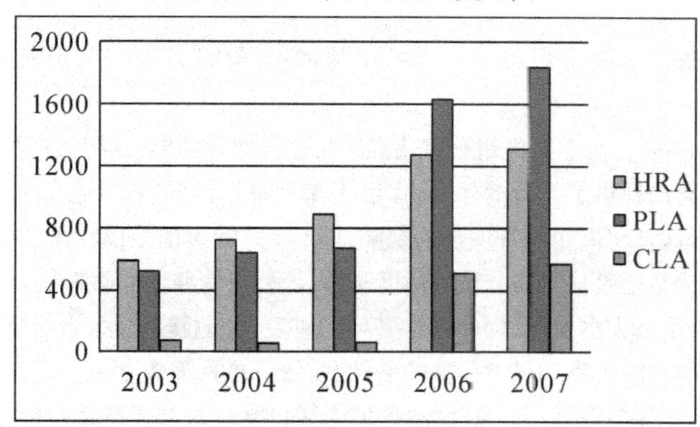

图 2　2003—2007 年 CPIC 各账户直接承保保费收入图

数据来源：M JAMETTI T. von Ungern－Sternberg. Hurricane Insurance in Florida. 2009.

从图 2 可以看出,2003—2007 年间,CPIC 各账户的直接承保保费收入都呈上升趋势,而且增长速度越来越快。2003 年时三个账户的保费总额为 12 亿美元,而到了 2007 年,CPIC 的保费总额已经达到了 37 亿美元,增长了两倍多。这 37 亿美元来自于 140 万张保单,总的风险暴露达到了 5000 亿美元,给佛州居民的财产提供了充分的保障。

二、对我国巨灾保险机制建立的启示

至今为此,我国仍未建立起完善的巨灾保险机制,主要以灾后政府救济和社会捐助为主,而随着这两年我国巨灾事件的频繁发生,这种方式的缺点也不断显现出来。因此,建立一种适合我国的巨灾保险机制已经迫在眉睫。通过对佛罗里达巨灾保险机制的研究,我们可以得出以下几点启示。

(一)完善巨灾方面的法律法规

虽然我国每年遭受巨灾的损失都很严重,但是却没有出台关于巨灾如何分担、如何扶持经营巨灾保险的保险公司等方面的法律。从对佛州的巨灾保险机制的分析中发现,不管是起初的 FWUA 和 JUA,还是后来的 FHCF 和 CPIC 的建立,都是通过立法来确定的,而且其发展都得到了当地政府政策的扶持。如法律规定在佛州经营巨灾保险的保险公司必须向 FHCF 购买再保险,而且 FHCF 具有免税资格,没有利润要求。另外,法律规定对于 CPIC 的经营也有税收优惠。这在很大程度上促进了佛州巨灾保险机制的建立。因此,我国应该尽快出台关于巨灾方面的法律法规,如鼓励保险公司承保巨灾保险,以及如何给予其税收优惠等。这是我国建立合适的巨灾保险机制的前提,也是其中最重要的一个环节。

(二)建立全国性的巨灾再保险公司

目前,我国的再保险市场占整个保险市场的市场份额还很小,但是呈逐年上升的趋势。

佛州 FHCF 实质上是一家由州政府建立的巨灾再保险公司,具有强制性。自它建立之日起,就为当地居民提供了充分的保障,保证了佛罗里达的经济、社会等各方面的稳定发展。但是不可否认,FHCF 也存在明显的缺陷,即 FHCF 针对的是佛罗里达的飓风风险,因此,不管从风险聚集还是从风险分散的角度来看,该公司的经营都面临很大的风险。

我国作为一个巨灾多发国,面临各种各样的风险,如地震、洪水、台风、泥石流等,而且分布面积广,具备风险聚集和风险分散的条件。因此,在我国建立一家全国性的巨灾再保险公司是可行的。该公司具有国家强制性,国家通过立法对其提供税收优惠,并给予其一定的补贴(前提是国家政策允许原保险公司承保巨灾保险)。该公司对全国范围内的原保险公司中含有巨灾责任的保险进行分保。

这样做有以下几个优点:①增加原保险公司对含有巨灾责任的保单的签发,提高其市场份额;②满足存在巨灾风险的被保险人的需求,当巨灾发生时能够使其获得充分的保障,有利于经济的恢复和社会的稳定;③减少国家对于巨灾救助资金的发放,而把这部分资金作为给予再保险公司的补贴,使资金的运用更有效率。因此,成立全国性的巨灾再保险公司是建立我国巨灾再保险机制的核心。

(三)加强政府与保险公司的合作,提高巨灾保险市场的运营效率

1992 安德鲁飓风发生后,佛州 11 家保险公司破产,再保险费率剧增,这在很大程度上是由于佛州当时还未建立佛罗里达飓风巨灾基金。2004—2005 年,佛州遭遇了史上最强的飓风季,虽然 2006 年佛州的再保险费比以往有所提高,但是并未出现 1992 年 11 家保险公司破产的局面。因此,政府成立强制性的巨灾再保险公司,并且与商业保险公司、商业再保险公司相互配合,可以提高巨灾保险市场的运营效率。我国应该尽快建立起政府与保险公司相互合作的巨灾保险机制,增加保险在巨灾发生时的保障作用,保证我国经济和社会的稳定发展。

(四)完善我国的巨灾剩余市场机制

虽然通过巨灾再保险公司可以将巨灾风险很好地进行分散,但是仍会有一部分被保险人因其风险过高而使得商业保险公司不愿承保或者收取很高的保费才肯承保。因此,我国可以成立像佛罗里达的 CPIC 一样的保险公司,完善我国的巨灾剩余市场机制。为了能使被保险人有能力投保,该公司的保费也不能太高,这就要求国家通过相关法律给予该公司一定的税收优惠。这对于我国巨灾保险机制的建立是一种补充。

【参考文献】

[1]何小伟. 政府干预巨灾保险市场的研究评述[J]. 保险研究. 2009(12).

[2]余伯明. 国外巨灾保险模式分析与我国巨灾保险体系的构建[J]. 生产力研究. 2009(13).

[3]林光彬. 建立有中国特色的巨灾保险制度初步研究[J]. 中央财经大学学报, 2010(8).

[4]陆柏,陈培. 我国巨灾保险的现状与对策[J]. 中国减灾,2009(5).

[5]李文富. 中国巨灾保险保障机制运作模式探析[J]. 中国保险,2008(03).

[6]肖婵. 借鉴国际经验论我国巨灾保险机制设计[D]. 上海:复旦大学,2010.

[7]赵春红,许一涌. 国外巨灾保险经验对我国的借鉴与启示[J]. 商业经济,2010(9).

[8]谢世清. 佛罗里达飓风巨灾基金的运作与启示[J]. 中央财经大学学报,2010(12).

[9]ROBERT W KLEIN. Hurricane Risk and Property Insurance Market: An Update and Exten-

sion[D] Center for Risk Management & Insurance Research Georgia State University. 2009.
[10]M JAMETTI T. von Ungern – Sternberg. Hurricane Insurance in Florida[J]. Quaderno, 2009(5).

巨灾保险参保方式的理论探讨与国际经验

何小伟

【摘要】本文着眼于社会保险和强制性商业责任保险这两种基本的强制保险形态，通过总结它们实施强制参保的基本逻辑，从比较的视角探讨了巨灾保险是否应该采取强制参保的方式。在此基础上，本文进一步梳理了国际上代表性巨灾保险制度的参保方式，考察了部分国家采取强制参保方式的原因，并总结了各国选择巨灾保险参保方式的基本经验。本文发现，巨灾保险部分地具备了实施强制参保方式的基础，一国对巨灾保险参保方式的最终选择取决于一国的决策部门对巨灾保险制度的战略定位。

【关键词】巨灾保险；参保方式；强制保险；国际经验

Abstract: Based on the development logics of typical compulsory insurance, social insurance and compulsory liability insurance, this paper discusses whether catastrophe insurance should be compulsory from a comparative perspective. It then explores the participation patterns of several representative catastrophe insurance schemes in the world and summarizes their basic experience. It is found that catastrophe insurance is partially justified to be compulsory, and that the choice of participation pattern of one country's catastrophe insurance scheme depends on the strategic positioning of the scheme by the policy - making body.

Key words: catastrophe insurance; participation pattern; compulsory insurance; international experience

引言

构建政策性巨灾保险制度以应对巨灾损失所带来的冲击，已经成为不少国家的共同

[作者简介]何小伟，男，对外经济贸易大学保险学院讲师，博士，主要研究风险管理与保险。

基金项目：对外经济贸易大学校级科研课题“政策性巨灾保险制度研究”（批准号 10QD19），中国保险学会 2011 年度委托课题“巨灾保险的参保方式研究”。

选择。在构建政策性巨灾保险制度的过程中,设计一个运转协调、保障得力的巨灾保险供给体系,从而让消费者"买得到"和"买得起"巨灾保险固然十分重要,如何有效调动广大居民特别是高风险地区的居民积极性,让他们能够更多地参与到巨灾保险中来,也关系到巨灾保险制度的最终成效。

具体来说,巨灾保险参保问题的重要性主要体现在如下两种情形上:一方面,如果高风险地区的居民不愿意参与到巨灾保险中来,那么巨灾保险的覆盖率就不会太高,这不仅会限制巨灾保险的损失补偿范围,有违巨灾保险制度的设立初衷,而且较低的投保率会削弱大数法则的作用发挥基础,导致巨灾保险基金的规模积累不够,最终危及巨灾保险经营的稳定性和持续性;另一方面,如果政府为了实现较高的覆盖率,强制高风险地区的居民参保,那么这将会增加居民的经济负担,甚至可能引发人们对巨灾保险的反感和对立情绪,产生一些负面的社会效应。

从国际巨灾保险制度的实践来看,各国在巨灾保险参保方式上的做法并不一致,并且相关的争论也一直没有停止。比如,美国的洪水保险制度(NFIP)采取了部分强制参保的做法,但是美国加州的地震保险制度却采取了自愿参保的方式。土耳其的地震保险制度采取了部分强制参保的做法,但是日本的地震保险制度等却允许自愿参保。不仅如此,近些年来,美国、土耳其等国的学者对洪水保险和地震保险的参保方式问题展开了多方面的探讨,得出的结论也不尽一致(Priest,1996;Kunreuther 和 Pauly,2006;Van den Bergh 等,2006)。值得注意的是,在一些尚未实施政策性巨灾保险制度的国家,比如德国,政府也对是否应该实施强制性巨灾保险制度进行过专门的讨论(Schwarze 和 Wagner,2007)。

总之,理论和实践都表明,巨灾保险的参保方式是巨灾保险制度构建中无法回避的重要问题。在我国的巨灾保险制度正式构建之前,对这一问题进行充分的研究和论证,无疑是有积极意义的。

本文随后的内容安排如下:第二部分考察了强制保险的两种基本形态,总结了强制参保的实施逻辑,并以此为参考视角对巨灾保险是否采取强制参保方式的问题进行了探讨;第三部分从国际视角梳理了代表性巨灾保险制度的参保方式,分析了部分国家采取强制参保方式的原因,并总结了各国在巨灾保险参保方式选择上的基本经验;第四部分对全文进行总结。

二、巨灾保险参保方式选择的理论探讨

本文将在这一部分里把研究对象转向强制保险的两种最基本形态——社会保险和强制性商业责任保险,通过考察它们采取强制参保方式的历史背景,总结出强制参保的基本逻辑,在此基础上从比较的视角分析巨灾保险是否应该采取强制参保的方式。

(一)强制保险的两种基本形态

作为一种参保方式,强制保险是从自愿保险的概念中引申而来的。所谓强制保险,是指保险当事人一方或者双方不能完全遵循自己的自由意愿,但屈从于法律等外力要求而必须投保或者承保,从而达成保险契约的法律行为。基于这一定义,并综观各国经济社会的发展现实,我们不难看到强制保险有着如下两种基本形态:社会保险和强制性商业责任保险。

在社会保险领域,一国的法律通常会要求特定的劳动者及其所在单位依照一定的缴费标准缴纳社会保险费。劳动者和所在单位不允许以不要退休金、失业津贴、疾病津贴、生育津贴等为借口而拒缴社会保险费,也不允许讨价还价。社会保险的强制属性还体现在国家的社会保险经办机构必须向符合条件的劳动者和用人单位提供社会保险,不得拒保。

在商业责任保险领域,不少国家也都出台了相关规定,要求特定的经济主体对其所可能承担的民事赔偿责任向商业保险公司进行投保以转移风险,比如在机动车责任保险中,机动车所有人必须为自己可能因交通事故而导致第三方受损的责任风险向保险公司投保,等等。

需要指出的是,社会保险和强制性商业责任保险对保险当事人双方的要求不尽相同。就相同点而言,二者都有强制参保的要求。然而,二者在强制承保的要求上却有所区别,社会保险通常会要求社会保险的经办机构必须提供相应承保服务,但商业保险公司往往没有必须承保某些责任保险的义务。

(二)强制参保的实施逻辑

尽管社会保险和商业责任保险所管理的风险有着很大的区别,但是二者在强制参保方式的选择上却有着相似的逻辑,这具体体现在以下三个方面:

第一,强制保险所承保的风险会带来明显的负外部性。一旦它们发生,不仅影响到特定社会成员的切身利益,而且可能危及经济社会的稳定和发展。比如,社会保险的承保对象涉及人的生、老、病、死、残、伤、失业等风险,它们是每个劳动者都可能面临的生存风险。而强制性商业责任保险所承保的是潜在加害人可能面临的责任风险,这些风险对社会的危害比较严重,比如机动车责任保险和雇主责任保险,而这两类领域所产生的索赔占因人身伤害而提出索赔的比例在各国都比较高。

第二,当这些具有负外部性的风险造成损失后,保险机制是对这些损失进行补偿的最优方式。历史实践已经表明,对于人的基本生存风险而言,仅仅依靠政府或者企业单方面的力量是不可能满足全社会劳动者不断攀升的基本权益需求的,而在社会保险机制下,由于参加保险的社会成员不可能同时发生危险,因此各类社会成员之间能够比较充分地实现风险分散和成本分摊。根据大数法则,参与社会保险的人数越多,风险分散就越彻底,社会保险的可持续发展能力也就越强。对于高危害性的责任风险而言,由于潜在加害人可能无力承担法律所要求的赔偿金额,并且其所面临的责任风险不可避免,因此,将或有的赔偿责任风险转移给保险公司自然可以减轻潜在加害人的负担,促进经经济和社会生活的正常运行。

第三,如果采取自愿为基础的参保方式,特定经济主体的投保率会比较低,而过低的覆盖率不利于控制和减小这些风险的负外部性。对于社会保险而言,如果采取自愿的投保方式,那么企业可能出于利润最大化的动机而不会缴纳保险费,劳动者自身也可能会因为注重眼前利益和忽视长远利益而不愿投保。另外,自愿参保方式还可能会导致“逆选择”的现象出现,进而导致社会保险项目出现财务危机。对于高危害性的责任风险而言,如果采取自愿参保的方式,那么潜在加害人出于节约成本的考虑往往不会投保,这意味着他们可能在未来面临自身无法承担的赔偿责任,显然不利于对潜在受害人的保护。

(三)巨灾保险是否应该实施强制参保

立足于强制保险的实施逻辑,我们可以从如下三个方面进一步考察巨灾保险是否应该实施强制参保的方式。

1. 巨灾风险的负外部性分析

无数的实践已经证明,地震、洪水、台风等巨灾风险一旦发生,往往会造成大规模的财产损失和人员伤亡,而且还可能会危及一国和地区经济社会的稳定和发展。就这一点而言,巨灾风险与人的基本风险和危害性责任风险存在着共同点。

2. 巨灾保险在巨灾损失补偿中的作用评价

从世界各国巨灾损失管理的发展历史来看,政府救助一直都是各国政府补偿巨灾损失所依赖的基本方式,而保险补偿方式的重要性则在近几十年里不断彰显。然而,在巨灾损失的补偿问题上,我们却很难下结论认为巨灾保险是最优的巨灾损失补偿方式。

对于保险机制在巨灾损失补偿中的优势和作用,通常认为主要有如下几个方面:第一,巨灾保险可以减轻政府的财政支出压力。保险机制补偿的资金来源于众多投保人所缴纳的保费,而不是纳税人的税收。第二,巨灾保险可以为人们提供稳定的赔偿水平。保险机制是一种事前的损失融资机制,在保险合同生效之后,只要未来发生了保险合同所约定的巨灾风险,投保人都能依据保险合同获得相应的赔偿。第三,可以在一定程度上激励人们防范和减少风险。一方面,保险公司通常会在正式承保之前要求投保人采取某些特定的防灾防损措施;另一方面,保险公司通常可以根据保费价格调整向人们传递出他们的风险状况信息,从而在一定程度上激励人们防范和减少风险。

然而,相比于保险机制,政府在巨灾损失补偿中至少有两个不可比拟的优势,而这两个优势使得政府救助在巨灾损失补偿中不可或缺:首先,当发生重大灾害后,政府能迅速组织和动员各方面的力量投入到救灾抢险中去,并能为救灾提供较为各种紧急需要的物资和资金支持,从而保证灾民的基本生活保障。相比之下,其他社会组织都不具备这种在短时间内迅速动员救灾力量和调拨救灾资源的能力，对风险的应急反应和快速补偿能力要差得多。其次，政府比一般组织和个人更善于消化巨灾损失，风险承受能力更强。通过先举债后偿还的方式，政府能够将风险分散到全体纳税人身上，从而在一个较长的时间维度上逐渐消化和吸收规模庞大的巨灾损失。而其他社会组织和个人都缺乏政府所具有的公信力和相对较长的经营周期，在巨灾损失的冲击下会陷入财务困境。

3. 巨灾保险采取自愿参保方式的效果

在相当长的一段时间里，各国的巨灾保险都是以自愿参保为基础的。然而，在自愿参保方式的影响下，人们对巨灾保险的需求会受到多方面因素的影响：第一，由于现实世界的信息不完全，人们对于巨灾风险发生的信息获取非常有限，这种认知能力上的先天不足制约了人们对巨灾保险的购买；第二，由于人们在决策中存在着非理性现象，人们更重视高概率、低损失的风险，容易忽视地震、洪水、台风等低概率、高损失的风险；第三，由于人们预期到即使他们不投保，当巨灾损失发生之后，政府仍然会对他们进行灾后救助。在这三个因素的共同作用下，需求不足成为各国巨灾保险市场的一个普遍现象。在这种背景下，过低的保险覆盖率显然不利于控制和减小巨灾风险的负外部性。

（四）小结

如果把社会保险和强制性商业责任保险实施强制参保的逻辑作为判断巨灾保险是否应该采取强制参保的标准，那么，虽然巨灾保险满足了其中的第一个和第三个标准，但却没有满足第二个标准。因此，从这个角度来说，巨灾保险只是部分地具备了实施强制参保的条件，但是却不像社会保险和强制性商业责任保险那样具备实施强制参保方式的坚实基础。

三、巨灾保险参保方式选择的国际经验

为了更深入地探讨巨灾保险参保方式的选择问题，下面本文将首先梳理国际上代表性巨灾保险制度的参保方式，然后考察部分巨灾保险制度采取强制参保方式的历史原因，最后对各国在巨灾保险参保方式选择上的经验进行总结。

（一）代表性巨灾保险制度的参保方式

1. 完全以自愿为基础的参保方式

从目前来看，英国的洪水保险制度、美国加州的地震保险制度是典型的以自愿为基础的参保方式。比如在英国，洪水保险由私人保险公司承保，并由私人保险公司承担全部赔偿责任。普通居民和小企业主自愿投保，当发生洪水灾害后，保险公司根据合同对已投保的居民和小企业进行损失赔偿。在美国加州，尽管政府对保险公司经营地震保险给予了诸多政策优惠，但是却没有对地震保险的购买进行任何形式的干预，人们对地震保险的购

买也是完全自愿的。

需要指出的是，政府采取自愿参保的方式并不意味着政府放弃采取激励措施。比如在美国加州，为了促进人们购买地震保险，美国加州地震保险局通过电视、报纸、网络等多种途径向加州地区的居民介绍自身的组织架构、发展目标和运营模式，并向他们宣传加州地区所面临的地震风险、如何计算地震保险费、如何投保以及如何索赔等知识。

2. 将巨灾保险作为普通保险的强制附加保险

西班牙、法国等国家将巨灾保险作为普通保险的强制性附加保险，只要投保人购买普通财产保险，就必须额外支付一定比例的保费用于购买巨灾保险。也就是说，投保人要么选择不买普通财产保险，要么选择同时购买普通财产保险和巨灾保险。

根据西班牙政府的规定，所有保险公司在签发房屋保险、家庭财产保险、意外保险等保单时，均需要额外收取一定比例的保费，支付给保险赔偿联盟（CCS），用于购买异常风险保险。保险赔偿联盟所承保的风险，不仅包括地震、洪水、海啸等自然风险，还包括恐怖行为、叛乱、暴动等社会与政治风险。保险赔偿联盟所额外收取的保费比率，依据具体保险业务的不同而不同，比如，购买房屋保险的投保人需要额外缴纳保险金额的0.092‰，购买营业中断险所缴纳的附加费率为保险金额的0.18‰～0.25‰，等等。

法国的巨灾保险制度（Cat. Nat）与西班牙的保险赔偿联盟类似。法国政府规定，所有投保人购买财产险、汽车险、营业中断保险等普通财产保险时，都必须额外支付一定比例的保费购买巨灾保险。不过，与西班牙的保险赔偿联盟相比，法国的巨灾保险制度巨灾保险的承保责任并不相同，另外，法国的巨灾保险制度在附加的费率水平上也是固定和统一的。

3. 要求特定人群强制参保巨灾保险

另有一些国家的巨灾保险制度明确要求特定人群必须购买巨灾保险，否则将进行一定的惩罚。美国的全国洪水保险计划（NFIP）是这种做法的典型代表。比如，美国国会要求凡是向联邦管理的贷款机构和其相关机构申请抵押贷款的洪泛区居民，必须在贷款存续期间购买足额的洪水保险。如果借款人没有购买洪水保险，那么联邦贷款机构就不发放贷款。美国国会还规定，在洪水损失发生之后，联邦政府的灾后救助以及美国小型企业管理署所提供的灾害救助贷款，都要求以购买洪水保险作为先决条件。

土耳其地震保险联合体（TCIP）在地震保险的推广中也采取了类似做法。根据土耳其政府的第587号法令，土耳其位于首都伊斯坦布尔市区的所有已登记的居民住宅必须参加地震保险（城市的公共建筑和农村地区的建筑并不在强制之列）。如果他们不购买地震保险，那么他们将不能在地震损失发生后获得政府的优惠贷款和救助赔偿。

（二）部分巨灾保险制度采取强制参保方式的原因考察

从上述分析我们可以看到，美国洪水保险制度、西班牙的巨灾保险制度、法国的巨灾保险制度、土耳其地震保险制度等巨灾保险制度均采取了强制性的参保方式。那么，是什么原因促使它们采取强制参保方式呢?

(1)美国洪水保险制度(NFIP)。在1968年美国洪水保险推行之初,美国的任何社区只要按要求采取了一定的洪水防范措施,就可以自愿购买洪水保险。然而,1972年美国爆发的洪水灾害表明,人们并不愿意购买洪水保险,相当多的家庭对洪水灾害的保障能力仍然非常脆弱。为此,1973年,美国国会出台了《洪水灾害防御法》,要求联邦贷款机构在向洪泛区居民提供抵押贷款时强制贷款人投保洪水保险,同时将购买洪水保险与获得联邦救助挂钩,增强人们参保的积极性。然而,此次强制投保要求没有使美国洪水保险的覆盖率有根本的改观。1993年,美国中西部发生严重的洪水灾害,由于仍然有很多居民缺乏洪水保险的保障,政府的救助支出规模空前。于是在1994年,美国国会出台法律重申和强化强制投保洪水保险的规定,并采取了其他激励措施。

(2)西班牙巨灾保险制度(CCS)。在西班牙内战期间(1936—1939年),由于战争所带来的损失非常庞大,以致西班牙国内的保险市场接近于崩溃的边缘。为此,西班牙政府不得不承担起对战争损失的赔偿责任,并随后将这些成本分摊给全体国民来承担。在内战结束以后,西班牙成立了风险赔偿联盟,除了负责战争损失的赔偿之外,同时也将业务范围扩展至多种风险。1954年,西班牙在风险赔偿联盟的基础上成立了保险赔偿联盟。保险赔偿联盟作为专门负责承保全国范围内巨灾风险的国有垄断公司,在业务开展方式上沿袭了内战时期“强制参与、共同承担”的做法,也即将巨灾保险作为强制保险附加于普通保险单。

(3)法国巨灾保险制度(Cat. Nat)。1981年,法国罗纳河等地区发生了洪水灾害,然而,由于缺乏保险保障,受灾地区的灾后恢复与重建工作进展不顺。在不断增加的社会压力下,1982年,法国议会通过了专门的灾害保险法案,创建了由私人部门和政府部门相互合作的巨灾保险制度。由于法国政府认为,巨灾损失不能仅由遭受巨灾损失的居民承担,而应该由全体国民共同承担,因此法国政府采取了强制性质的附加巨灾保险制度,要求居民在购买普通保险时必须同时购买巨灾保险。另外,法国的这一规定也起到了避免逆选择的作用。

(4)土耳其地震保险制度(TCIP)。在土耳其地震保险制度建立之前,土耳其国内的保险发展水平并不高,各家保险公司不大愿意出售地震保险,居民购买地震保险的积极性也很低。1999年土耳其大地震的发生,给土耳其的经济和社会发展带来非常不利的影响。为了减轻政府面临的灾后救助压力,增强人们对地震灾害的保障能力,土耳其在世界银行的帮助下构建起了专门的地震保险制度。考虑到土耳其是一个地震灾害十分严重的国家,因此土耳其政府从一开始就将地震保险定位于地震损失补偿的重要手段,并很自然地提出了强制参保的方式。

从上述案例中,我们不难总结出这些巨灾保险制度采取强制参保方式的原因。这包括:第一,自愿参保率过低限制了巨灾保险的损失补偿作用发挥,比如美国的洪水保险制度;第二,强制参保有助于消化本国所面临的各种巨灾损失,并且这种做法已经成为本国的历史传统，比如西班牙巨灾保险制度；第三，强制参保可以使巨灾损失由全体国民共同分担，同时可以克服逆选择，比如法国巨灾保险制度；第四，保险发展水平不高，国民保险意识淡薄，比如土耳其地震保险制度。

（三）巨灾保险参保方式的国际经验总结

综观各国巨灾保险制度所采取的参保方式，我们可以发现，一国巨灾保险参保方式的选择往往受到了多种因素的影响，比如巨灾风险的严重程度和分布情况、巨灾损失补偿的历史传统、保险市场的发展水平、居民对巨灾保险的自愿投保率，等等。

然而，考虑到巨灾保险制度本身体现了一国对巨灾损失补偿方式的战略安排，有着很强的政策性，而参保方式又直接牵涉众多投保人的自由选择权益，是巨灾保险制度构建中相对敏感的话题，因此，从根本上说，一国对巨灾保险参保方式的最终选择，取决于一国决策部门在综合考虑各种影响因素后对巨灾保险制度的战略定位。具体而言，如果一国对巨灾保险的补偿作用有着很高的期望，并且希望通过巨灾保险制度来提高巨灾损失的补偿程度，减轻政府所面临的救助压力，那么该国政府采取强制参保方式的倾向就越强；反之，如果一国仅仅把巨灾保险看做巨灾损失补偿的手段之一，并且没有对巨灾保险制度给予很高的期望，那么该国政府采取自愿参保方式的倾向就越强。

四、结论

采取何种形式的参保方式是近年来国际巨灾保险理论界和实务界所关注的一个焦点。本文通过考察社会保险和强制性商业责任保险这两种最基本的强制保险形态，总结出了强制参保的基本发展逻辑，然后以此作为衡量标准对巨灾保险是否应该实施强制参保方式进行了探讨。结果发现，巨灾保险虽然部分地具备了实施强制参保方式的条件，但不像社会保险和强制性商业责任那样具备实施强制参保方式的坚实基础。

从国际经验来看，各国在巨灾保险参保方式的选择上不尽相同，英国洪水保险制度、美国加州地震保险制度等采取自愿参保方式，而美国洪水保险制度、西班牙和法国的巨灾保险制度等则采取了部分强制参保的方式。尽管导致部分国家采取强制参保方式的因素包括多个方面，比如巨灾风险的严重程度和分布情况、巨灾损失补偿的历史传统、保险市场的发展水平、居民对巨灾保险的自愿投保率等；然而，从根本上说，一国是否采取强制参保方式取决于一国决策部门对巨灾保险制度的战略定位，也即巨灾保险制度应该在巨灾损失补偿中发挥多大的作用。

【参考文献】

[1]PRIEST G L, The Government, the Market, and the Problem of Catastrophic Loss [J]. Journal of Risk and Uncertainty, 1996,12(2): 219 -237.

[2]KUNREUTHER H, M PAULY. Rules Rather than Discretion: Lessons from Hurricane Katrina [J]. Journal of Risk & Uncertainty, 2006,33:101 -116.

[3] VAN DEN BERGH, ROGER, M. FAURE. Compulsory Insurance of Loss to Property Caused by Natural Disasters: Competition or Solidarity? [J]. World Competition: Law & Economics Review, 2006,29(1): 25 -54.

[4]SCHWARZE R, G G WAGNER. The Political Economy of Natural Disaster Insurance: Lessons from the Failure of a Proposed Compulsory Insurance Scheme in Germany [J]. European Environment, 2007,17(6): 403 -415.

[5]郭峰,杨华柏,胡晓珂,等. 强制保险立法研究[M]. 北京:人民法院出版社,2009.

[6]谢世清. 巨灾压力下的公共财政:国际经验与启示[J]. 当代财经,2009(2):36 -40.

[7]姚庆海. 巨灾损失补偿机制研究——兼论政府和市场在巨灾风险管理中的作用[M]. 北京:中国财政经济出版社,2007.

[8]HOWARD KUNREUTHER, R J ROTH SR. Paying The Price: The Status and Role of Insurance Against Natural Disasters in the United States [M]. Washington: Joseph Henry Press,1998.

巨灾的保险损失融资来源及国家政策支持

潘国臣

【摘要】巨灾损失具有大幅波动的特点。为了承保具有这种特性的风险，保险公司的内部和外部的有效融资面临挑战。世界各国均根据自己的国情采取不同的融资策略。根据我国实际融资条件，建议我国国家财政有条件参与，通过税收政策的优惠加快利用再保险和资本市场融资工具，加大巨灾准备金的提存力度，同时考虑单独设立巨灾账户，促进保费的快速累积。

【关键词】巨灾；保险损失；内部融资；外部融资；公共政策

Abstract: Loss of natural catastrophes has the feature of violent volatility. Upon underwriting this kind of risks, financing of insurance companies from internal or external sources is confronted with great challenges. Many countries adopted different modes to finance according to situations of their own. For our country, it is proposed that the government should be involved conditionally in catastrophe financing, some tax favor should be given to motivate the uses of the reinsurance and financial tools, general catastrophe reserve should be enhanced, and a separate account should be opened for catastrophe premium accumulation based on tax favor.

Key words: Catastrophe; Insurance Loss; Internal Financing; External Financing; Public Policy

前言

我国是一个巨灾风险频发的国家。统计资料显示，自 20 世纪以来，中国是继美国、日本之后世界上自然灾害最严重的国家之一。全世界 54 次最严重的自然灾害，有 8 次发生在我国。然而，在巨灾损失融资方面，我国与发达国家存在较大的差异。截至目前，我国

[作者简介]潘国臣，经济学博士，武汉大学经济与管理学院副教授，硕士生导师，保险学院研究室主任。

的巨灾损失融资主要依靠财政和社会救助，商业保险的巨灾损失融资作用不明显。以汶川地震为例，灾后的保险赔偿仅占重建成本的3%左右，远低于发达国家保险业对这类灾害的30%以上的赔偿比例。保险“缺位”的主要表现是绝大多数保险公司将地震等巨灾风险列入不保的范围，而深层次的原因则在于保险公司受到融资条件的制约不能提供巨灾产品。巨灾市场失灵的根本原因不在于保险市场，而在于资本市场，具体而言是一个关于长期中均匀收取的巨灾保费与突然发生的巨灾事件所要求的损失赔付资本之间的矛盾（Jaffee 和 Russell，1997）。本文从赔付资本来源的角度探讨化解巨灾保险融资困境之道，试图为我国巨灾保险制度的建立提供理论支持。

一、文献综述

很多学者都注意到巨灾保险承保资本不足的现象。Cummins Doherty 和 Lo（1994）认为，保险市场的总承保能力不足以承保巨灾损失，而且保险市场对巨灾损失的赔付能力低于全部保险公司所有者权益的加总，并依再保险业务的分配情况而变化。周志刚（2005）认为，商业保险市场不能有效经营巨灾风险的主要原因是商业保险市场的资本相对不足。李永等（2007）从资本实力角度考察当前我国商业保险公司巨灾承保能力的不足，认为我国财产保险业的承保能力只占到我国全年灾害损失金额的一半①。

Jaffee 和 Russell（1997）认为巨灾承保能力不应仅关注所有者权益，而应考虑与风险水平相当的赔付资本的筹集问题。他们的进一步分析显示，现行会计准则、兼并与收购风险、保险费率监管等因素影响到保险公司对巨灾赔付资本的筹集。而 Harrington 和 Niehaus（2003）发现税收是导致保险公司不能筹集资本进行巨灾损失承保，以及巨灾保险价格过高的重要原因。

为此，一些学者和机构提出了通过财政、税收政策以及会计准则的调整来促进保险公司巨灾赔付准备金累积的措施。Jaffee 和 Russell（1997）、Ross J. Davidson，Jr.（1998）、美国精算师学会（American Academy of Actuaries）（2001）等建议政府允许保险公司在自愿的基础上单独设立巨灾事件前提存的、延税的巨灾准备金（pre－event tax－deferred reserve）。Harrington 和 Niehaus（2003）则建议在更宽广的范围内考虑给予税收及财政政策的支持，如允许建立延税巨灾准备金、对国内巨灾债券的发行给予税收和监管政策的优惠、对公司与个人税收进行整合等。2009 年，美国保险监督官协会（NAIC）提出了建立“具有前瞻性的延税的事件前巨灾准备金”的方案。基本思路是单独设立巨灾准备金账户，各险种根据巨灾损失赔付的大小按一定比例把保费存入巨灾账户以应对未来的巨灾赔付，同时，这项

① 从计算的方法来看，该估计结果过于乐观。

基金还具有在巨灾事件发生前就开始累积以及延迟缴纳所得税的特征①。

也有一些机构对税收等政策优惠的效果持谨慎态度，美国国会研究服务(Congress Research Service)(2005)认为，保险公司未必真正将税收优惠带来的好处传递给投保人，而可能将这些好处给予公司股东或者用于其他方面的业务。其次，保险公司如果增加了巨灾准备金，那么也许就会减少对再保险的购买，如此则达不到减小保险公司风险的效果。此外，市场结构也会对减税的效果有影响，竞争激烈的市场上，减税可以较好地发挥增加保险提供的作用，而在市场权力集中的市场上，这种效果则会打折扣。

国外学者虽然对巨灾融资方面有较丰富的研究，但是我们注意到，将这些研究成果直接应用到中国还不现实，因为大多数的研究都是有国别针对性的，而我国的风险背景、会计准则、财政实力和财政政策、税收政策、文化传统等皆有其独特性。

在我国，随着的自然巨灾风险管理日益成为一个重要议题，一些机构和学者(如沈湛(2003)、王祺(2005)、孙晶(2008)等)在巨灾融资方案中均支持政府财政资金的注入和减税等政策，然而普遍存在以下不足：虽然强调了建立巨灾基金的重要性和必要性，但是对巨灾基金规模的讨论不够深入，从而也缺乏对巨灾基金规模相关的融资可行性分析；虽然所提出的基金累积方案大多需要财政和税收政策支持，但是较为缺乏对财政和税收政策的作用机理的阐述，不能为有关政策的制定提供可靠依据；另外，基金累积方案缺乏对资本来源现实条件的分析，从而缺乏现实性和可操作性。

本文根据巨灾保险赔付资本的基本要求以及赔付资本的不同来源特征，研究财政税收等政策的作用机理，提出相关对策。

二、巨幅损失波动下的资本需求：一个理论基础

X_i 代表某个风险组合中的第 i 个投保人所遭受的损失，假设 $X_1,\cdots,X_N$ 是随机变量的一组样本，随机变量 X_i 独立且服从正态分布，有有限的均值和方差：μ_i 和 ${\sigma_i}^2$。根据大数法则，增大 N 将使得风险更加具有可预测性，从而也更可保。

$$\lim_{N\to\infty} Pr[\bar{X} - \bar{\mu} < \varepsilon] = 1 \tag{1}$$

其中，

$$\bar{X} = \sum_i \frac{X_i}{N}, \bar{\mu} = \sum_i \frac{\mu_i}{N}$$

另外，由中心极限定理，我们可以得到：

① 在美国，根据会计规则，财产保险公司只能为已经发生的损失提取准备金用于赔付。该项准备金免于缴纳所得税。

$$Pr\left[\frac{\sum_{i=1}^{N} X_i - N\bar{\mu}}{\sigma_N} < Z_\varepsilon\right] = 1 - \varepsilon \tag{2}$$

其中

$$\sigma_N^2 = \sum_{i=1}^{N} \sigma_i^2 + 2\sum_{j=2}^{N}\sum_{i=1}^{j-1} \sigma_{ij}^2, \sigma^{ij} = \mathrm{Cov}(X_i, X_j)$$

在(2)式中，$\sum_{i=1}^{N} X_i$ 表示损失的总额，$N\bar{\mu}$ 代表保险公司根据损失的均值收取的保费的总和，ε 代表破产概率，$Z_\varepsilon\sigma_N$ 则代表保险公司保持稳健经营所必须持有的除保费以外的自有资本金。

当保险标的的损失风险是相互独立的时候，对应每份保单保险公司须持有的自有资本金为：

$$\frac{Z_\varepsilon\sigma_N}{N} = \frac{Z_\varepsilon\sqrt{\bar{\sigma}^2}}{\sqrt{N}}$$

$$\bar{\sigma}^2 = \sum_{i=1}^{N} \sigma_i^2 / N$$

当保险标的的损失风险具有相关性时，对应每份保单保险公司须持有的自有资本金为：

$$\frac{Z_\varepsilon\sigma_N}{N} = \frac{\sqrt{N\bar{\sigma}^2 + N(N-1)\sigma^{ij}}}{N}$$

其中：

$$\bar{\sigma}^2 = \sum_{i=1}^{i=N} \sigma_i^2 / N$$

$$\bar{\sigma}_{ij} = \sum_{i}\sum_{i \neq j} r_{ij}\sigma_i\sigma_j / N$$

$\bar{\sigma}_{ij}$ 是 N 个风险彼此之间协方差的均值。

我们注意到，当保险标的损失风险相互独立时，σ_N 是个有限的值，因而当 N 增大到一定的程度时，$\frac{Z_\varepsilon\sigma_N}{N}$（对应每份保单保险公司须持有的自有资本金）可以降到足够低，因此保险公司可以通过承保大量的标的来分散风险而无须持有大量自有资本金。而当保险标的损失风险具有相关性时，对应每份保单保险公司须持有的自有资本金为：

$Z_\varepsilon\sqrt{\sigma^{ij}}$ （当 $N \to \infty$ 时）

这意味着当承保的标的数量增加时，保险公司需要按照一定的标准相应增加所持有的资本金。以上论述表明，如果风险标的之间具有相关性，而且风险标的数量众多，那么为了保证保险公司的偿付能力，保险公司必须为每一承保的标的增加承保资本。

巨灾事件往往是数十年乃至数百年一遇的事件，一旦事件发生，所有被承保的标的之间具有强相关性（相关系数接近1）。由于地震等巨灾事件的最大可能损失（probable maximum losses，PML）可能很高，这意味着$\bar{\sigma}^{ij}$很大，因而保险公司需要为每一标的提供的承保资本$Z_{\varepsilon}\sqrt{\sigma^{ij}}$是个可观的数值，而需要提供的总承保资本$NZ_{\varepsilon}\sqrt{\sigma^{ij}}$则可能超出保险公司的融资能力。

另一方面，尽管巨灾所造成的损失可能惊人，但是如果将损失分摊到没有事故发生的年份，则损失成本可能并不大，因此基于损失成本收取的保费往往并不高。如果没有较长时期的累积，巨灾保费一般较难独立应付巨灾的赔付。这也就意味着，如果一个保险公司刚刚进入巨灾保险市场打算承保巨灾风险，为了保证保险经营的稳定性，保险公司必须筹集大量的资本金作为赔付的准备。

在美国加利福尼亚州，从1972年到1986年的地震保险损失率都不超过10%，但是1994年的损失率却高达2273%（Jaffee和Russell，1997）[1]，这充分展示了巨灾风险损失的高波动性。值得一提的是，1994年加州北岭地震后私营保险业不堪重负，逐渐退出市场，导致此类巨灾保险逐渐由政府主导的计划所替代。根据巨灾的特点筹集相应的赔付资本是巨灾承保的根本问题。

三、巨灾风险赔付资本来源分析

中心极限定理只反映了部分的问题，确切地说，只反映了对承保资本金的一般要求。实际上，巨灾保险要解决的根本问题是巨灾发生以后的保险赔付。例如，尽管承保资本金不是很充足，但是如果有大量的累积保费可用，则赔付依然可行。因此，巨灾保险的关键在于赔付资本的融资。

按照来源，巨灾赔付资本可以分为内部资本和外部资本（Kleffner，1993；Jaffee和Russell，1997）。不同的学者在内部资本和外部资本的定义上略有差异。Kleffner（1993）认为内部资本包括公司的所有者权益部分，外部资本包括可能来自于资本市场的股权融资和债权融资。Jaffee和Russell（1997）[1]认为内部资本包括保险公司内部累积的保费，而外部资本包括以未来保费偿还为条件的来自外部资本市场的债权融资，还包括期权、远期、互换等在内的衍生金融工具融资，以及传统再保险。

本文综合上述定义，认为保险公司的内部资本应同时考虑所有者权益部分的资本和累积的保费两个项目，因为在面对巨灾损失索赔时，累积的保费往往首先用来支付赔款，不足部分再动用所有者权益。保险公司的外部资本则应包括再保险、股权融资、债权融资及其他资本来源。

在私营保险公司无法解决好内部和外部资本来源问题时，如果政府愿意支持巨灾保险市场的发展，那么就需要有针对性地提供政策支持。

（一）内部赔付资本来源

1. 巨灾保费累积

巨灾保费累积方面的问题主要可以分为：①是否允许巨灾保费累积？②如果允许巨灾保费累积，可否实现尽快累积？

对于第一个问题，按照我国会计规则和有关政策规定，财产保险公司可以提取已发生未报告（IBNR）赔款准备金、已报告未支付赔款准备金以及理赔费用准备金，也可以提取短期产险未到期责任准备金和长期财产险责任准备金。对各种准备金的提取办法，财政部皆有相关规定：对已经发生保险事故并且已经提出保险赔款的未决赔案提存的准备金，按所提出的保险赔款数全部提存；对已经发生保险事故但未提出保险赔款的未决赔案提存的准备金，按预计保险赔款数的5%提存；未到期责任准备金是为一年期以内（含一年）的财产险业务而设置的，提存和结转的数额，应相当于当年自留保险费的50%；长期责任准备金是为长期工程险等长期财产保险业务而设置的，在未到结算损益年度前，按业务年度营业收支差额提存，以为保险责任期内发生赔款提供充足的资本来源。如果地震或洪水等的保险是长期险，那么按照规定，在赔付发生以前可将每个年度结余的保费提存，用于支付地震损失。而现实中，地震险、洪水险等往往包括在家庭财产火灾保单中，保险期限为一年（如台湾的住宅地震保险）。在这种情况下，必须依照一年期产险的准备金提存规则提取准备金，剩余的保费将成为实现的营业收益进行分配，保费无法以对投保人负债的形式进行提存和累积。如此一来，一旦巨灾事件发生，有大额的赔付支出时，保险公司可能面临财务困境。

从以上分析可得到第二个问题的答案。现有会计规则下，相较于短期巨灾保险，保费可以滚动累积的长期巨灾保险可以较快地累积巨灾赔付基金；如果更改会计规则，设立巨灾险种的账户进行保费累积，则巨灾保费基金的累积会更加有利于应对巨灾损失赔付。

另外，巨灾的发生具有偶然性，尽快将保费累积到一定的水平做好赔付的资本准备具有必要性。为了实现保费的尽快累积，可以考虑取消营业税，而且在巨灾赔付发生前或者保险公司停止营业前不计提所得税，进一步加快巨灾保费基金累积的速度。

2. 所有者权益资本累积

在正常经营的情况下，根据现行的会计规则，保险公司的资本利得和一般性投资收益（包括利息、红利等）直接记入所有者权益，不需要纳税。但是承保收益却需要纳税。对于巨灾保险的承保而言，由于巨灾事件罕有发生，在按照短期险承保的情况下多数保费会成为承保收益而需要缴纳25%的所得税。税后利润中，一部分向股东分红，另一部分则作为盈余公积、未分配盈余留存在保险公司中，其中盈余公积项目中的资本可用于弥补不利年份中的超额赔付,包括巨灾准备金①。财政部印发的《金融企业财务规则——实施指南》规定:“从事保险业务的金融企业,应按本年实现净利润的10%提取总准备金,用于巨灾风险的补偿,不得用于分红、转增资本。”然而,盈余公积的提取和使用都具有较大的不确定性。提取的不确定性是指以10%为底线,保险公司自己可以决定多提还是少提;使用的不确定性是指除了巨灾事件导致的风险损失赔付可以动用这项资本,其他险种也可以在保费入不敷出的年份动用这项资本。因此在巨灾不发生的年度,巨灾保费难以得到有效提存以应付大灾之年的赔付。

尽管如此,由于盈余公积项目是明确提存的用来支付不利年景的索赔的资本,因而应当予以强化。

对于短期巨灾保险而言,保费除了需要缴纳5%的营业税之外,当年结算后还要从营业收益中缴纳25%的所得税,使得保险公司内部能够留存的资本减少;对于长期巨灾保险而言,在损益结算之前,不需要缴纳所得税,因此用于巨灾赔付的基金可以得到较快的累积。

(二)外部资本来源:巨灾发生前

1. 权益或者债权融资

理论上,为了承保发生概率具有高度不确定性的巨灾损失,保险公司可以预先通过发行股票或者债券筹集资本。预先筹集的资本具有这样一些特性:第一,由于发生概率小,损失额巨大,相对于收取的基于期望风险损失的保费,后备资本量可能需要很大;第二,为赔付巨灾而募集的资本需要配置到高流动性的资产上以备随时到来的赔付(Jaffee和Russell,1997),这降低了这些资本的收益率;第三,因为具有高损失的特性,投资者要求更高的资本回报(比如说高的利率)。为了满足投资者的要求,保险公司只能通过提高保费来获得超额的承保利润,但是这样就会导致保费价格过高。

我们通过一个简单的例子来说明。假设保险公司A承保了100年一遇的损失规模达10亿元的地震风险,为了准备赔付,A公司发行了10亿元的债券筹集了资本。根据损失期望而收取的保费应为1000万元/年。由于该项资本都投向了高流动性的金融债券,其收益比其他正常资本低了1%,同时,债权人要求的利息回报要求比一般债券高1%。为此,A公司通过提高保险费来满足债权人的要求,每年需要多收取的保费为2000万元,是精算公平保费的两倍。

很显然,产品供给和保费负担的矛盾在这里难以得到调和,预先筹集资本因成本太高而不可行。

① 2007年开始执行的《企业会计准则》将总准备金并入权益类科目一般风险准备。一般风险准备为新增会计报表项目,列示从净利润中提取的可用于弥补亏损的一般风险准备余额,保险公司提取的总准备金也在此处反映。

2. 再保险融资存在的问题

再保险之所以可以被视为外部资本来源,是因为一旦直接保险公司购买了一定比例的再保险,就如同从外部获得了相应比例的资本来对巨灾风险进行承保。由于再保险市场是保险市场的一个组成部分,不仅有较强的承保能力,而且传统上直接保险公司较为习惯将超额的风险转移给再保险公司,因此在巨灾风险的承保中再保险手段最为常用。但是在再保险不发达的国家和地区,这种手段的运用就受到限制,因为再保险市场较广泛地存在着市场权力(Froot, 2001),再保险业欠发达经济体不可避免地会遭遇巨灾风险转移困难。此外,再保险公司破产而导致的违约风险、再保险公司和直接保险公司之间的信息不对称和道德风险、承保和谈判成本、再保险公司本身承保资本的限制等也制约了再保险作用的发挥。

3. 金融(衍生)工具融资

通过一些金融工具从资本市场上融资是近年来巨灾风险损失分担的重大创新。这些金融(衍生)工具包括巨灾债券、巨灾期权、巨灾期货、互换、灾后紧急借贷等,其中巨灾债券的运用获得了快速的发展。这些巨灾金融(衍生)工具多是在灾前安排,当满足一定的触发条件后予以结算。然而,由于这些工具还未被广大投资者认识,交易成本较高、基差风险比较高等因素使得金融工具的运用受到制约(Harrington 和 Niehaus, 1999)。

(三)外部资本来源:巨灾发生后

1. 巨灾后权益融资

假设保险公司处于一个长期的均衡当中,当巨灾的发生导致保险公司权益资本减少时,改变了保险公司最优的资产负债比例。如果外部投资者不认为公司的赢利能力会因巨灾的发生而改变,则投资者将愿意投入权益资本,保险公司将回到先前的均衡状态。当然,如果巨灾事件给投资者传递了保险公司经营不善的信号,则投资者将改变投资意愿;相应地,保险公司或许不得不在经营上做出调整来适应新的资产结构状态,如减少承担某些风险。现实中,在遭遇巨灾损失的索赔所有者权益资本被消耗以后,保险公司往往会给投资者留下“风险管理水平低下、承保不严格”等不良印象,因而较难得到投资者的青睐,中小保险公司尤其难以得到融资。

2. 巨灾后债权融资

巨灾后,保险公司的财务陷入困境,保险公司的财务评级将下降,如果没有事先的安排,此时要进行债权融资将遭遇高成本,甚至无法得到融资。

四、世界各地巨灾保险融资比较

截至目前,世界上已经有很多国家和地区建立了巨灾保险制度。从巨灾赔付资本融资的角度来看,差异性十分显著。以瑞士、英国、德国为代表的国家将提供自然巨灾保险的责任完全交给保险市场,由保险公司通过市场化的运作解决巨灾风险的转移和承担;以新西兰地震保险项目、美国国家洪水计划等为代表的自然巨灾保险项目则是通过政府财政支持,接管自然巨灾风险;其他大多数国家和地区(如日本、法国、西班牙、我国台湾地区等)的巨灾保险项目则是政府、市场(包括直接保险市场、再保险市场、资本市场)的复杂组合。虽然巨灾项目的融资方式各有不同,考察世界各国的巨灾项目可以发现,这些项目的融资方式首先解决了巨灾赔付资本的可得到性,在此基础上,具体各种融资方式所占的比重、不同方式赔付的先后顺序等则取决于各类融资的成本。在瑞士、英国等国家,直接保险业发达,再保险资源丰富,在政府采取工程措施控制损失程度后,这些风险便可以在保险市场中得到分散,因而较为倚重保险市场。在新西兰、美国等国的项目中,相对于可能的自然巨灾损失,保险市场分散和承担风险损失的能力不足,因此政府不得不挺身而出进行包办。在日本、法国、西班牙等国家和我国台湾地区,在充分利用各种市场化融资方式的基础上,政府扮演了(有限额的)最后承担者的角色。其中,为了增强某些融资方式在总体融资中的作用,我们还看到了承保以及分保方式方面的特别规定以及税收等政策的作用。例如,强制承保及分保方式的采用一方面消除了逆向选择问题,另一方面则加快了保费的累积。此外,土耳其政府、我国台湾当局等将巨灾基金视为非营利机构而给予免税。法国允许保险公司在一般性的技术准备金(未到期责任准备金和未决赔款准备金)之外计提“平衡准备金(Equalization Reserve)”,享受税收抵扣。当保险人或再保险人经营自然灾害保险业务时,可按年度盈余的75%提列;累计上限不得超过年度总保费收入的300%。每年的提存数于十年后转为收入,到那时再计税。这些措施均增强了通过特定渠道融资的效果。

根据国际经验,融资手段的采用应充分考虑本国的实际风险状况和内外部资源的可获得性,必要时须辅以一定的财政税收等政策支持。

五、我国巨灾损失融资来源的现实条件

(一)直接保险业的承保资本

根据Cummins等(1994)的研究,保险业承保资本的内部来源分为两个部分:收取的公平保费和所有者权益。为简化分析,我们首先将整个财产保险行业视为一个大的保险公司来考察其承保资本状况。据统计,截至2008年年底,中国财产保险业41家保险公司的净所有者权益为448.6亿元人民币。21世纪前五年我国平均每年的自然灾害经济损失已达1840亿元,2008年,我国的自然灾害损失达到创纪录的9500亿元。假设2008年的灾害是百年一遇的,保险损失为总损失的40%(合3800亿元),那么每年为此收取的保费约为38亿元。开始承保巨灾风险时保险业的内部承保资源至多为486.6亿元,高达3313.4亿元的缺口,是保险业内部承保资源的6.8倍左右。如果2008年的灾害是200年一遇的,那

么所收取的公平保费将更少，在承保初期财产保险业的承保资本缺口将更大。

（二）再保险资源

在巨灾承保的外部融资资源中，再保险是最常被采用的，如前所述，在一些再保险业发达的国家，再保险甚至被作为唯一的外部融资来源。截至2008年年底，中国再保险市场上的财产再保险公司有5家，总承保资本为41.8亿元人民币，远远不能满足巨灾外部融资的需求。至2007年，国际再保险业的所有者权益在400亿~500亿美元之间（Cummins，2006）（约合2800亿~3500亿元人民币）①，即便全部用来承保我国的自然巨灾风险，仍不算充足。另外，过度依赖外国再保险既增加了违约风险，而且在巨灾风险分保谈判中将处于不利地位。尽管最近两年，中国再保险集团公司得到增资，资本金达到300亿元人民币左右，但是相对于自然巨灾的高额损失而言，仍是杯水车薪。

（三）资本市场

截至2009年年底，沪深两市上市公司达到了1718家，总市值约24万亿元，股票市值与国内生产总值的比例由1992年的3.93%提高到2009年的72.74%。与此同时，期货市场交易活跃，2009年全年成交量130万亿元，同比增长81.48%。债券市场得到快速发展，截至2009年底，债券票面总额已达165 173.50亿元，债券数量达到1740支。由此看来，通过资本市场来吸纳巨灾损失具有天然的优势。如果能够连通国际资本市场的天量资本，则巨灾的承保资本问题就很容易解决。

（四）国家财政（包括地方和中央）

2010年，我国已经成长为世界上第二大财政收入经济体，全国财政收入83 080亿元。其中，中央本级收入42 470亿元，地方本级收入40 610亿元。财政收入中的税收收入为73 202亿元。尽管近年来财政收入以20%以上的速度增长，但是有一些情况值得关注。第一，中央财政赤字和国债余额大幅增加，2010年达到67 527亿元；第二，政府隐性债务急剧增加，国有银行的高负债和巨额不良贷款，还有3万亿元左右的基本养老保险基金欠账等成为了政府的隐性负债，增加了国家财政的负担和风险；第三，地方政府融资平台过度膨胀，在2009年末的负债已经达到4万亿元，也成了国家财政的隐忧。因此，国家财政仍有很重的负担，难以轻松地挪出数以千亿计的资本用于巨灾风险的承保。

① 以100美元=700元人民币的汇率计算。

六、我国巨灾保险融资策略及政策支持建议

(一)国家财政税收等政策支持巨灾保险的必要性

尽管实施财政税收政策支持可能在一定程度上减少国家税收收入、增大国家财政负担,然而在灾害管理和灾后重建中,政府给予财政、税收等方面的政策支持乃是世界各国的普遍做法。

财政政策方面,几乎所有的国家/地区都会有灾难预防、紧急救援、灾后重建等方面的财政预算,还有一些国家/地区还拨出财政资本承保巨灾风险。与自然巨灾相关的税收政策也广泛存在。以日本为例,2005 年阪神大地震后,日本国会通过了一系列税收救助法律,其主要内容有:在个人所得税方面,允许全额扣除个人发生的财产损失。在法人所得税方面,允许1995 年1 月17 日至1996 年1 月16 日期间的法人的受灾损失金额从年度法人税额中扣除,受灾损失金额超过法人税额时,按照其余损失金额的一半,逐年从法人税额中扣除。在其他各税方面,免除倒塌、损毁的建筑物等土地、受灾土地、应急建设的临时住宅所用土地的地价税;免除受灾人新建或取得建筑物的所有权登记的注册许可税。延长各类海关申报表的期限,减免或退还有关手续费等。在2006 财政年度,日本政府还出台了地震保险税收优惠政策,纳税人可以从所得税税基和地方居住税税基中分别扣除5 万日元和2.5 万日元用于地震保险。汶川特大地震发生后,我国财税部门及时梳理我国现行税收制度中关于各种自然灾害的税收优惠政策,整理汇总了可以适用于抗震救灾及灾后重建的自然灾害税收优惠政策,并于2008 年5 月19 日印发了《关于认真落实抗震救灾及灾后重建税收政策问题的通知》,明确重申了各税种相关法律法规中的税收优惠措施,包括:企业因地震灾害实际发生的财产损失,准予在计算应纳税所得额时扣除;因地震灾害造成重大损失的个人,可减征个人所得税;对毁损不堪居住和使用的房屋和危险房屋,在停止使用后,可免征房产税;震灾害灭失住房而重新购买住房的,准予减征或者免征契税;纳税人开采或者生产应税产品过程中,因地震灾害遭受重大损失的,由受灾地区省、自治区、直辖市人民政府决定减征或免征资源税(秦凯,2009)。这些实践表明,对自然灾害风险管理而给予一定的财政支持和税收优惠具有必然性。

同时,由于巨灾融资各种渠道均不同程度地面临障碍,给予适当的财政税收支持也具有必要性。

(二)巨灾的内部融资策略及政策支持

1. 加快所有者权益资本累积

税收因素制约着所有者权益项目中巨灾准备金的快速累积。为此建议对巨灾准备金进行税前提存,而且巨灾准备金的提取比例也应在现有10% 的基础上适当放大。

2. 加快巨灾保费基金累积

快速累积的巨灾保费基金可以尽快将其他用于承保巨灾风险的资本解放出来,提高这些资本的使用效率,降低承保巨灾的成本。

为了能够成功地进行保费的累积以备巨灾来临的赔付,政府政策制定上可以有如下考虑:第一,允许财产保险公司自愿单独设立巨灾保险账户,财产保险各险种每年根据巨灾赔付的相关性将一定比例的保费存入巨灾账户,进行滚动累积;第二,减免或者取消巨灾保费的营业税,直到巨灾保费的累积达到一定规模;第三,初始阶段巨灾账户中的保费不纳入已实现收益来计提公司所得税,直到所累积的保费达到一定的规模,此后可以对新增的保费提取所得税后计入实现的利润。

(三)巨灾的外部融资策略及政策支持

1. 充分利用国际再保险市场

相对于巨灾的巨量损失额,尽管国际再保险市场的承保能力也显得不足,但是再保险始终是巨灾风险转移的优先考虑之一。我国需要进一步加强再保险业基础设施的建设,建立与国际再保险的良性合作关系。

2. 尝试借力资本市场

资本市场的资本可以对巨灾损失进行有效的弥补。目前我国的巨灾金融工具还没有得到有效的发展。建议在巨灾融资机制设计中,尝试ART(alternative risk transfer)工具,并在条件成熟的情况下逐渐加大ART比重。政府应加快资本市场主体、法规等的建设,以及通过税收优惠等政策促进巨灾风险向资本市场的转移。

3. 国家财政在承保初期起主导作用,而后视情况减少承保责任

我国是经济大国,随着经济的发展,巨灾事件所造成的损失量越来越大,通过其他方式已经很难为巨灾风险的承保筹集到足够的资本(如美国的洪灾保险)。前面的研究显示,巨灾风险保险项目启动时对外部承保资本的需求是最大的,而目前除国家财政之外没有任何一个渠道能够为保险业提供足够的承保资本,因此国家财政应在这一时期需要起到主导作用。随着巨灾保险的技术、制度、其他外部资本渠道的逐渐改善,政府可以考虑让市场承担更多的责任。而实际上,发挥主导作用并不意味着一定要拨付大量的财政资本。如我国台湾地震保险基金在设立之初,财政并没有出资,美国恐怖风险保险项目的设立也没有导致国家财政有实质性的大量财政资金流出。根据我国国家财政的现实状况,本文建议:第一,国家财政可以以再保险的形式仅承诺提供有限额度的巨灾风险赔付责任,以后根据情况再决定是否需要改变风险承担额度;第二,政府可对国民经济和人民生活影响很大,但是在保险机制上较为可行的风险(如地震)先提供财政支持建立保险供给;第三,由于政府在跨时期的风险分散上比保险公司更具有优势,所以可以考虑在巨灾赔付之后要求投保人多支付保费的方式来弥补财政支出。

【参考文献】

[1]JAFFEE D M,T RUSSELL. Catastrophe insurance, capital markets, and uninsurable risks [J]. Journal of Risk and Insurance, 1997, 64(2): 205 - 230.

[2]CUMMINS J, DAVID NEIL A. Doherty and Anita Lo. Can Insurers Pay for the "Big One"? [J]. Measuring the Capacity of an Insurance Market to Respond to Catastrophic Losses. Journal of Banking and Finance, 1994, 26: 557 - 583.

[3]周志刚. 风险可保性理论与巨灾风险的国家管理[D]. 上海:复旦大学,2005.

[4]李永,许学军,刘鹏. 当前我国巨灾经济损失补偿机制的探讨[J]. 灾害学, 2007(01).

[5]HARRINGTON, SCOTT E, GREG NIEHAUS. Capital, corporate income taxes, and catastrophe insurance[J]. Journal of Financial Intermediation, 2003, 12: 365 - 389.

[6]DAVIDSON, ROSS J. Working Toward a Comprehensive National Strategy for Funding[J]. Catastrophe Exposure. Journal of Insurance Regulation, 1998, 17(2): 134 - 70.

[7]沈湛. 中国巨灾保险制度研究[D]. 厦门:厦门大学,2003.

[8]王祺. 欧盟巨灾保险体系建设及对我们的启示[J]. 上海保险,2005(2).

[9]孙晶. 中国巨灾风险防范与化解机制研究[J]. 保险职业学院学报, 2008(6).

[10]FROOT, KENNETH A. The Market for Catastrophe Risk: A Clinical Examination[J]. Journal of Financial Economics,2001, 60(2/3): 529 - 71.

[11]HARRINGTON, SCOTT E, GREG NIEHAUS. "Basis Risk with PCS Catastrophe Insurance Derivative Contracts[J]. Journal of Risk and Insurance, 1999, 66: 49 - 82.

[12]CUMMINS, J DAVID. Should the Government Provide Insurance for Catastrophes? [J]. Review - Federal Reserve Bank of St. Louis, 2006, 88(4): 337 - 79.

[13]秦凯. 浅议我国自然灾害税收优惠政策[J]. 天府新论,2009(2).

巨灾损失指数及指数分析方法在巨灾风险综合评估体系中的作用探析

段胜

【摘要】巨灾损失指数作为以风险加权平均为基础的综合权数，可以通过因子分解以及层次构造来反映巨灾损失在不同时间和空间条件下平均相对变动，进而可以应用于巨灾损失评估过程。本文利用统计学以及精算学的相关研究思想，从理论分析以及实践介绍的两个维度，对巨灾损失指数以及指数分析方法在巨灾损失综合评估体系中的作用进行初步探讨。本文结构如下：第一部分介绍巨灾损失指数的基本属性；第二部分从孕灾环境、致灾因子、承灾载体三个角度分析巨灾损失指数参与巨灾风险综合评估的理论基础；第三部分在介绍巨灾损失指数参与巨灾风险综合评估的国外实践的基础上重点分析了巨灾损失指数实际应用中的不足；第四部分则是在全文分析的基础上提出构建我国巨灾损失指数的初步设想。

【摘要】巨灾风险；灾害损失评估；指数分析方法；巨灾损失指数体系

Abstract: As an average - weighted composite index system, the catastrophe loss index can be constructed by factor analysis and level decomposition. Through this function, catastrophe loss index are widely used to time - space reflection and risk assessment system. Based on several statistics and actuarial science theories, this paper makes a study of the function about catastrophe loss index and index analysis in integrated catastrophe risk assessment system from theoretical and practice dimensions. The structure is this: The first section describes some basic properties of catastrophe loss index; the second part analysis some basis theoretical about catastrophe loss index and losses assessment form three angles; the third part makes some practical application as examples to support theoretical ideas; at last, it also provides some suggestions about es-

---

[作者简介]段胜，西南财经大学博士研究生，主要研究方向为风险管理与保险精算。感谢西南财经大学卓志教授在本文写作过程中所提供的大量富有建设性和创造性的指导。

本文是教育部哲学社会科学研究重大课题攻关项目“巨灾风险管理制度创新研究”（编号：09JZD0028）的阶段性研究成果。

tablishing Chinese catastrophe losses index.

Key words: catastrophe risk; loss assessment system; loss analysis methods; catastrophe loss index

引言

近年来的国内外巨灾风险管理实践经验表明:人类在有限理性的认知条件下,不可能穷尽所有的巨灾信息。日本作为一个地震高发国家,拥有较为丰富的地震预防与灾害管理经验,但是对于2011年3月11日13时46分发生在该国东北部的里氏9.0级地震,日本地震管理部门以及研究学者也顿感措手不及。面对客观存在的不以人的意志为转移的巨灾风险,人类不可能完全准确地预测和推算未来某些巨灾风险的发生时间和地点以及可能造成的损失程度,这就需要发挥人类的主观能动性,探寻巨灾风险发生的损失规律及其所呈现出的统计分布特征,通过风险分析与观测,对尚未发生的巨灾风险及其可能造成的后果进行科学的评估和计量。这样不仅可以提高个体对巨灾风险的感知能力进而选择经济合理的风险转移策略,而且还可以为政府编制防灾减灾策略、制定和实施灾害预警提供科学参考。随着巨灾风险评价过程由定性分析向定量分析的转移,传统的单一成因机理分析和统计测量开始被与社会经济条件分析相紧密结合的综合评估指标体系所替代。巨灾损失指数作为一种可以测度相对变化程度的加权量化指标开始受到越来越多的关注,建立在模型模拟基础上的单一指数法和综合指数法也开始广泛应用到巨灾损失的评估过程中。在国外的研究和实践过程中,UNDP(United Nations Development Program)早在20世纪90年代就推出了自己的损失指数并且开展了全球范围内的灾害风险指数系统研究,美洲发展银行也联合哥伦比亚大学编制出SIDRM灾害指数评估系统,对美洲国家进行了灾害风险管理指标指数系统的评估工作。而国内对于巨灾损失指数的研究较少,研究目的主要是满足灾害统计的需要,探讨的重点也是针对自然灾害对经济增长的影响以及灾害损失变化趋势和减灾效益评估等问题,而且研究方法大多侧重于地理物理系统的评估而没有较多地将社会经济特性有机地结合起来,即使结合也是以单灾种的直接经济损失为主展开研究,而从经济学的角度,尤其是服务于巨灾保险损失统计以及巨灾衍生产品定价需要的,可以反映巨灾损失总体分布规律的综合性巨灾损失指数目前还鲜有问津。因此,研究巨灾损失指数的基本属性和统计特征,构建一整套具有中国特色的、能够反映中国灾害损失分布特殊性的指数体系,并将这一指数体系应用于巨灾风险的综合评估和巨灾风险管理制度体系的构建过程中,无论是在理论分析还是在方法论探究都具有十分重要的指导作用和前瞻价值。

一、巨灾损失指数的基本属性

(一)巨灾损失指数的产生与发展

瑞士再保险《Sigma》杂志在1970年首次公布了一款针对主要发达国家的国际性巨灾损失指数,覆盖除第三者责任险以外的其他主要险种,包含主要的巨灾损失事件。该指数的最大特点是一种非正式的指数,并不能直接满足巨灾期权等衍生工具的定价需要,只能作为反映财产保险标的损失的一种统计量系统指标(Sigma,2009)。由于这种局限性,美国保险服务局(the Insurance Service Office,ISO)于1992年根据不同地区所暴露的风险类型,从100多家具有代表性的产险公司投保损失资料中选取25家作为样本编制出第一款正式指数——ISO巨灾损失指数,通过该指数计算得出的保险赔付损失率指标可以用来测算季度累计损失比率(刘传铭,2004)。1999年美国财产理赔服务署(Property Claim Services,PCS)根据1949年至今的巨灾损失数据编制和发布了PCS巨灾损失指数。该指数利用行业估计直接测度巨灾所引起的直接和间接的保险损失,涉及包含火灾在内的全部巨灾损失风险,是芝加哥交易所期权期货的定价基准,也是目前是度量美国巨灾损失的权威性指数(Cardona D,2005)。此后,巨灾损失指数的统计范围逐渐扩大,以Sigma指数为基础,慕尼黑再保险于2001年开发出NatCat Service巨灾损失指数,该指数利用公开收集的多渠道信息,包括报纸、直接保险和再保险期刊、专著和保险公司及再保险公司的报告等形成自己的数据库,覆盖自20世纪50年代以来的主要巨灾损失数据;巨灾模拟公司(Risk Management Strategy)也以美国的邮政地区编码(ZIP)为分类依据并且参考随机模型系统编制出RMS Paradex指数,该指数可以单独反映飓风和地震等巨灾事件损失的指数体系;2009年由八家保险和再保险公司以及中介机构①作为股东成立了一家名为PERILS(泛欧风险保险联结服务)的公司,推出了PERILS欧洲行业损失指数,该指数汇总欧洲全行业的风险和理赔数据,具透明度和独立性的行业风险和损失估计功能,是目前为止编制体系最完善也最具有动态时效性的巨灾损失指数(SIGMA,2009)。

(二)巨灾损失指数的内涵与外延

指数作为经济分析的重要工具,可以有效反映社会经济现象参数在不同时间空间范围内的数量对比以及相对变异程度,是国民经济核算、经济运行效率评估以及宏观管理模式测度的数理研究基础(徐国详,2011)。但是由于指数具有较强的动态变化特征以及不同学者在指数概念的理解上存在偏差,目前为止还没有一个较为统一的、能够为学者们所

① 这8家保险与再保险公司分别是:法国安盛、德国安联、法国安盟、佳达再保险经纪、慕尼黑再保险、Partner Re再保险、瑞士再保险和苏黎世保险。

普遍接受的科学界定,而巨灾损失指数作为灾害统计学以及保险精算学中的交叉性分支研究领域,既区别于一般的经济指数,又与传统的灾害损失评价系统存在明显的不同。由于对巨灾损失指数研究与应用的时间周期较短而且不同学者研究重点和研究偏好不同,因此在对其内涵以及外延的认识和理解过程中更是存在较大的争议:Scott Harrington 和 Greg Niehaus(1999)将巨灾损失指数定义为一种以全国性和地区性所暴露的加权风险为基础的能够反映灾害损失在不同时间和空间条件下平均变动的相对数;Cardona 和 Hurtado(2005)则从灾害统计的角度将巨灾损失指数定义为以灾害风险评估与管理系统框架为基础的用于评估灾害损失的数量总变动及其组成要素对总变动影响程度的统计指数;Francesca Biagini 和 Yuliya Bregman(2008)根据巨灾风险的分布特点及历史变动规律将巨灾损失指数定义为利用各种灾害损失分布的历史数据,采用加权法或者综合法计算得出的,用于反映灾害分布历史特征和变动规则并且可以作为巨灾衍生产品的触发条件和定价基础的综合统计指标体系。上述学者对巨灾损失指数定义的侧重点存在明显差异,Scott Harrington 和 Greg Niehaus 主要是从指数构建的内涵性角度进行界定,着手分析指数的平均属性;而 Cardona 和 Hurtado 则是从指数构建的外延性角度进行界定,关注的是巨灾指数的综合属性;Francesca Biagini 和 Yuliya Bregman 则是在内涵与外延的基础上进行上升,偏重与巨灾损失指数的功能性分析与作用性描述。本文认为,巨灾损失指数是以特定的巨灾风险所引起的经济损失和保险赔付为基础,基于历史灾情统计资料和承灾载体的物理属性特征,将灾害数据、易损性数据、价值分布数据以及保险方面的数据进行加权汇总所得到的一种能够反映巨灾损失总体分布在不同时空条件下相对变动情况以及差异波动程度的统计指标体系。

(三)巨灾损失指数的功能

巨灾损失指数的功能主要表现在以下几个方面:

第一,对巨灾损失进行综合的评估和测定。巨灾损失指数的全面性可以覆盖一定时期内整个国家或者地区的绝大部分巨灾损失事件,可以较为全面地提供巨灾损失数据,如巨灾发生的时间和地点、巨灾损失的频率和强度、巨灾受损中保险标的各种分布以及损毁强度等各方面的信息。通过巨灾损失指数本身及其所体现出的综合测定结昊可以评估一个国家和地区在一定时期内的总体灾害损失分布特点。

第二,反映巨灾损失的总体变动方向和变动程度。各种地震灾害模型以及飓风和洪水灾害管理系统都是基于大量的巨灾损失历史数据,利用随机模拟的系统分析方法并借鉴巨灾损失的地理信息系统等地震学的相关理论进行评估的结果。在这些巨灾损失的评估模型中,巨灾损失指数可以应用相应的概率分布来描述巨灾事件的随机变量特征得到相关的巨灾损失参数的模拟值,并基于此来评估巨灾损失的总体变动方向和变动程度。

第三,分析巨灾变动过程中的各个因素影响。巨灾风险是由致灾因子、巨灾的物理暴露以及脆弱性等因素共同决定,而各个部分又分别再受到其他分类风险指标的影响。各个指标在整个指标体系中分别扮演什么样的角色，其波动本身对巨灾风险总体分布以及损失结果带来什么样的影响都可以通过巨灾损失指数的相对性分析得到较为精准的结果。

第四，巨灾衍生产品定价。巨灾损失指数作为巨灾指数选择期权的交易标的物和指数连接型巨灾债券的触发条件，可以用于计量无巨灾发生条件下和巨灾到来产生条件下的瞬间指数变化值进而体现出灾害的跳跃性，这种类似于几何 Brown 运动和 Poisson 过程的波动特征正好满足 Black - Scholes 模型和 Aase K 均衡理论的假设条件（Biagini Bregman, Meyer - Brnids），因此也成为巨灾风险转移工具定价与开发的基础。

二、巨灾损失指数参与巨灾风险综合评估的理论基础

联合国“国际减轻自然灾害十年”专家组曾对灾害做出如下的定义：“灾害是指自然发生或人为产生的，对人类和人类社会造成危害后果的事件与现象。”（IDNDR，2001），巨灾损失评估就是在分析和识别巨灾风险的基础上，建立一系列评估模型，测定和计量巨灾发生可能造成的经济、社会和生态环境损失（史培军，等，2009）。随着灾害统计学以及风险管理学的发展，以损失拟合法和参数评估法为基础的历史情景类比法、以灾害动力学为基础的物理模拟法、以经验估计为基础的专家评分法，以及以区域灾害统计为基础的领域类比法等经济统计模型开始广泛应用于灾害损失的评估过程中（马宗晋，2004），单独的灾害评估过程逐渐被基于风险损失量和损失等级的综合评估方法所取代（葛全胜，等，2008）。根据灾害学的基本理论，巨灾的形成有三个重要条件出发，即孕灾环境、致灾因子、承灾载体（史培军，1996），因此在巨灾损失评估过程中可以采用将各个统计单元的风险因子进行分类核算并估计巨灾总体损失分布的方法，分类识别各个因子之间的动态变化特点以及总体巨灾动态演化过程。下文将从这三个角度对损失指数在巨灾风险评估中的作用进行分析。

（一）巨灾损失指数的因子互换属性与孕灾环境的层次分析

按照经济统计学的观点，个体指数只是一个变量，单独的个体指数不可能反映经济事物的发展过程（孙慧钧，1998）。巨灾损失指数应该是一个整体的指标体系，可以根据总体指标与构成要素之间的关系将不同的影响因素按照一定的层次分解为各因素的乘积。孕灾环境作为巨灾风险发生之前的自然环境与人为环境以及经济和社会条件的总和，不同的致灾因子产生于不同的孕灾环境系统中，即使是同级别的自然灾害在不同的环境条件下的损失差异也会存在较大的不同，因此灾害损失评估的重点应该是把握不同环境因子之间的层次关系进而分析各个因子的显著性（张继权、李宁，2007）。因此，如果借鉴巨灾损失指数并利用指数分析中的平均指标因素分析法，可以在对评价目标有影响的各种因素进行分析研究的基础上确定出参与评价的因子，并根据评价因子的属性及与评价目标

的关系构造多层次目标评价体系，最后通过各种途径分析获取这些因子的信息进而构造因子权重判断矩阵确定层次评价结果。

以图1所示的孕灾环境分解图为例，首先构造相对数体系：

巨灾发生前的总环境指数 = 自然环境指数 × 人文环境指数 × 经济条件指数

$$= \frac{\sum c_{11}c_{21}c_{31}}{\sum c_{10}c_{20}c_{30}} = \frac{\sum c_{11}c_{20}c_{30}}{\sum c_{10}c_{20}c_{30}} \times \frac{\sum c_{11}c_{21}c_{30}}{\sum c_{11}c_{20}c_{30}} \times \frac{\sum c_{11}c_{21}c_{31}}{\sum c_{11}c_{21}c_{30}} \tag{1}$$

其次构建绝对数体系：

巨灾发生前的环境变化指数 = 自然环境的增减影响额 + 人文环境的增减影响额度 + 经济条件增减的影响额度

即
$$\sum c_{11}c_{21}c_{31} - \sum c_{10}c_{20}c_{30} = \left(\sum c_{11}c_{20}c_{30} - \sum c_{10}c_{20}c_{30}\right) + \left(\sum c_{11}c_{21}c_{30} - \sum c_{11}c_{20}c_{30}\right) + \left(\sum c_{11}c_{21}c_{31} - \sum c_{11}c_{21}c_{30}\right) \tag{2}$$

按照灾害损失评估的基本思想，巨灾损失指数应该是一个加权平均数，其大小及权重的构建受到孕灾现象的水平因素和层次结构的双重影响，如果采用平均指数的多因素分析模式，可以通过因子之间的层次递进分析推算出各个因子的显著性（孙慧钧，2005）。通过固定不同因素之间的影响变动值，以此从一个因素变量替代另一个因素变量的连锁替代法，可以进行因素评价和可比性分析，测度不同因子在孕灾环境的总体变化过程的影响因素大小。

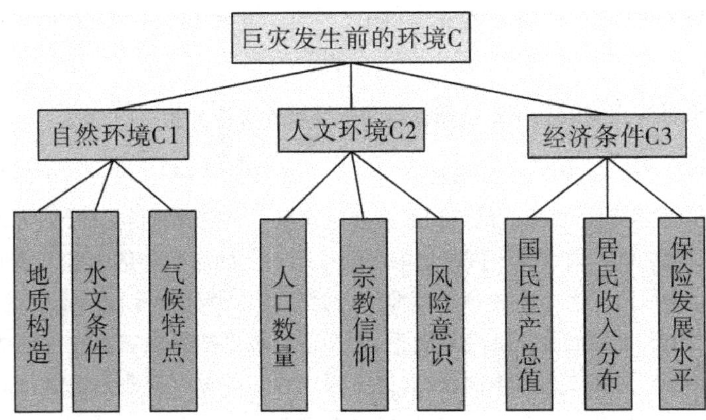

图1　巨灾发生前得孕灾环境因子分解图

(二)巨灾损失指数的统计调整与致灾因子的概率分布

巨灾风险评估的理论研究目前从两个方面展开:一个方面是基于巨灾损失指数数据的估计,得出巨灾风险的评估指数的分布模型,从而为巨灾风险定价奠定基础;第二个方面则是在对巨灾损失指数的变动特点进行一定观察的基础上,假设巨灾损失指数服从某一随机过程,对巨灾损失的灾害种类、规模、强度、频率、影响范围、等级等进行评估(陈秉正、祝伟,2010)。致灾因子评估的重点也是通过对各个致灾因子的分类对主要灾害的强度和频率进行估计。根据实践经验,大部分巨灾的损失分布的随机特点并不完全符合正态分布的特点,Chernobail 和 Burnecki(2006)指出,由于巨灾损失的数据是截尾的,因此需要运用截尾分布进行研究,这样就无法满足方差最小化的统计属性,导致对概率分布的估计出现偏离。如果采用指数模型来对灾害分布进行调整就可以较大幅度的较少方差波动,这是因为在指数分析方法的构建过程中,对于两个或者多个相关性较弱的统计变量来说,它们的最小方差加权平均估计应该是以各自的方差占总方差的比例的倒数来进行加权而得到,因此满足方差最小的无偏估计特征(徐国详,2011)。

以干旱的损失评估为例,由于降水量分布一般很少呈现正态分布的特点,更多地表现为偏态分布的特点,在月度以上时间尺度的干旱监控与评估过程中,多采用 Γ 分布概率的标准化降水指数(SPI)来进行评估和计量(黄崇福,1998)。假设某时段的降水量为随机变量 x,则其概率密度函数满足 Γ 分布,可以构建如下的函数

$$f(x) = \frac{1}{\beta^{r}\Gamma(x)}x^{r-1}e^{-\frac{x}{\beta}}, x > 0 \tag{3}$$

其中 x_i 为降水量的样本资料,$\bar{x}$ 为降水量的平均值,β 和 γ 分别为尺度参数和形状参数,通过求极大值的方法可以得到 β 和 γ 的估计值:$\hat{\gamma} = \frac{1+\sqrt{1+\frac{4}{3}A}}{4A}$,$\hat{\beta} = \frac{\bar{x}}{\hat{r}}$,其中 $A = \lg\bar{x} - \frac{1}{n}\sum_{i=1}^{n}\lg x_i$;在确定尺度参数和形状参数以后,可以利用数值方法求积分得到随机变量 $x < x_0$ 的概率事件近似值,即 $P(x < x_0) = \int f(x)\mathrm{d}x$。假设降水量为 0 时候的概率值为 $F(x = 0) = \frac{m}{n}$,其中 m 为降水量为 0 时的样本数量,n 为总体样本数。再通过对 Γ 分布概率进行正态标准化处理,即 $F(x < x_0) = \frac{1}{\sqrt{2\pi}}\int_0^{\infty} e^{-\frac{z^2}{2}}\mathrm{d}x$,通过求解可以得 $Z = s$

$\frac{t-(c_2t+c_1)t+c_0}{[(d_3t+d_2)t+d_1]t+1}$①。通过转化后的 Z 值应该可以较为容易地减少随机波动对干旱损失分布的影响，进而运用相关理论对巨灾事件的发生频率进行估计，进而更好地描述旱灾发生时的降水强度以及降水频率等参数的统计特点。

在地震损失的评估过程中，经常使用的模型有均匀 Poisson 模型、分段 Poisson 模型、复合概率模型以及二态 Poisson 模型（葛全胜等，2008），如果使用均匀 Poisson 模型来分析，地震风险区震级参数 A 超过某一给定值 a 的年发生概率为 $P_1(A \geqslant a) = 1 - e^{-\sum_{i=1}^{n} r_i P(A \geqslant a/E_i)}$，其中 A 所求的为地震震级参数，a 为给定的地震震级参数，n 为震源，E_i 为地震发生事件，r_i 为地震年均发生率，如果地震发生的概率较小，地震风险区 T 年内的超越概率为 $P_T(I = I_k) = 1 - [1 - \sum_{i=1}^{n} P(A \geqslant a/E_i) r_i]^T$②，这种方法对地震数据的要求较高，而且分布拟合具有很大的难度，存在明显的误差。如果采用采取指数方法，把被评估区域转化为一定数量的网路空间单元，然后根据历史地震分布进行不同烈度的叠加，可以较为容易的得到地震危险性系数及其波动规律。

（三）巨灾损失指数的乘数构造与承灾载体的影响值分解

指数在经济分析过程中最大的优点是它的单值性，即通过替代可以将不同的经济指标进行分类化解，能够排除其他因素对固定因素的影响，进而可以反映个体指标对于总体指标的变动影响（徐国详，2011）。承灾体特征要素反映承灾体的脆弱性、抗灾能力和恢复力，包括承灾体的种类、范围、数量、密度、价值等，如果将巨灾损失指数及其分析方法应用于巨灾损失评估的承灾载体分析过程中，可以通过乘数模型来系统分析各个载体的具体作用效果。下面以最简单的死亡人口（human）、建筑损毁（construction）、除建筑以外的财产损失（property）三个方面进行简单分析：

① 在上述公式中 Z 代表降水损失，d 代表降水强度，c 代表降水频率，而 $t = \sqrt{\ln \frac{1}{F^2}}$

② 具体推导过程参见葛全胜等. 中国自然灾害风险综合评估初步研究[M]. 科学出版社，2008(9)：180 - 181

表 1　指数系统乘数模型在巨灾承灾载体结构中的被积表达

		指数乘数模型元素			被积公式
		人口 h	建筑 c	财产 p	
巨灾承灾载体结构	w_h		c'_h	p'_h	
	w_c	hc'_h		p'_h	$hc'_h = k(h_0+h)\mathrm{d}h$
	w_p	hp'_h	c'_h		$hp'_h = i(h_0+h)\mathrm{d}h$
被积公式			$c'_h = (c_0+kh)\mathrm{d}h$	$p'_h = (p_0+ih)\mathrm{d}h$	$\int_0^{\Delta x}$
注释			$k=\frac{\Delta c}{\Delta h}$	$k=\frac{\Delta p}{\Delta h}$	

通过表 2 的表达，可以将指数乘数模型进行进一步分解并且构造结构，另 $w = h.c$，构造系统结构为：

$$\Delta w = h_1c_1 - h_0c_0 = w_h + w_c \quad (式 3)$$

其中，被积表达式为

$$w_h = \int_0^{\Delta x} c'_h = \int_0^{\Delta x}(c_0+kh)\mathrm{d}h, w_p = \int_0^{\Delta x} hc'_h = \int_0^{\Delta x} k(h_0+h)\mathrm{d}h \quad (式 4)$$

再将因素进行乘数构造，即

$$\Delta w = h_1c_1p_1 - h_0c_0p_0 = w_h + w_c + w_p \quad (式 5)$$

其中，被积分表达式

$$w_h = \int_0^{\Delta x} c'_hp'_h = \int_0^{\Delta x}(c_0+kh)(p_0+\frac{\Delta c}{\Delta h}h)\mathrm{d}h \quad (式 6)$$

$$w_c = \int_0^{\Delta x} hc'_hp'_h = \int_0^{\Delta x} k(h_0+h)(p_0+\frac{\Delta c}{\Delta h}h)\mathrm{d}h \quad (式 7)$$

$$w_p = \int_0^{\Delta x} hp'_hc'_h = \int_0^{\Delta x}\frac{\Delta c}{\Delta h}(h_0+h)(c_0+kh)\mathrm{d}h \quad (式 8)$$

可以得到最为简单的指数乘数模型元素分解结果，通过这个因素分解结构图可以比较有效地得到增加条件因素以后对巨灾总体损失的影响(见表 2)。

表 2 指数系统乘数模型在巨灾承灾载体结构中的被积结果

		指数乘数模型元素		
		w_h	w_c	w_p
$w=hc$	$\Delta w=w_h+w_c$	$w_h=\frac{1}{2}\Delta h(c_o+c_1)$	$w_h=\frac{1}{2}\Delta c(h_o+h_1)$	
$w=hcp$	$\Delta w=w_h+w_c+w_p$	$w_h=\frac{1}{2}\Delta h(c_o p_1+c_1 p_0)+\frac{1}{3}\Delta h_0 c_0 p_0$	$w_h=\frac{1}{2}\Delta c(h_o z_1+h_1 z_0)+\frac{1}{3}\Delta h_0 c_0 p_0$	$w_h=\frac{1}{2}\Delta p(h_o c_1+h_1 c_0)+\frac{1}{3}\Delta h_0 c_0 p_0$

三、巨灾损失指数参与巨灾风险综合评估的国外实践

近年来，随着极端气候的出现，巨灾事件频发，国际国内学术界都开始加强对巨灾风险及其风险管理方法的研究。在这一理念的指导下，国际社会日益重视对巨灾损失的评估与管理工作，巨灾损失指数参与的巨灾风险评估也逐渐趋于标准化和模型化。针对巨灾风险评估的需要，国际社会已经提出了多种用于全球、大洲、国家以及区域的灾害风险评估方法，每一个评估方法都有自己独立的评估体系和参数标准。

从国外的巨灾损失指数参与巨灾风险综合评估的国外实践中可以得到如下的几个结论(卓志，段胜，2011)：从指数的编制主体上看，编制主体的范围较广，但是大多数是非营利性的政府机构或者政府支持下的研究机构，当然也有保险公司自己参与编制的巨灾损失指数，但是相对规模较小；从指数的适用范围上看，可以分为全球范围、大洲范围、国家范围以及地区和地方范围等四个不同地域层次的指数，可以满足不同区域分布的需要；从编制用途上看，虽然传统的评估指数侧重自然损失结果分析，但是巨灾损失指数开始注重评估巨灾灾害对经济社会的影响和损失，使评估值越来越逼近实际值进而应用到个人行为决策和政府公共管理，成为未来的主要用途和发展方向；从评估方法与指标的构建上看，大多通过不同分类指标的构建，基于巨灾事件的历史数据运用概率分布函数描述相关的随机变量，以相关学科的理论为指导，运用随机模拟方法计算得出相关的灾害参数的损失结果。

但是在国外的实践过程中也存在以下的问题：首先，在评估经济损失过程中，存在大量统计口径或层次参数的重复计算问题，特别是直接经济损失和间接经济损失之间的模糊定位，以及涉及经济社会的定量界定等方面，各部门经济关系交织成网、错综复杂，重复计算问题比较严重。因此，如何在全面评估经济损失的同时尽可能避免重复计算，是今后评估的一个重要问题；其次，目前的巨灾损失指数过多地关注人员伤亡率，但是由于人的生命健康是无价的，无法用金钱来衡量，因此评估结果如何转化为因为丧失主要劳动力的经济损失量化进而获得更准确的经济损失数据也是一个存在的问题；再次，在对物质财产的损失评估过程中过分关注建筑物的损失，而忽略其他物质财产的损失，诸如机器设备，

同时在物质财产损失的评估过程中动态性不强，大多关注灾后的一次性损失，而没有考虑损失过程中的连锁反应；最后在环境灾害的评估过程中，指数标准选择的代表性并不强，直接采用加权的方法来评估总体环境显然并不十分恰当，可以根据实际情况选择合适的方法，诸如条件价值法（Zimbidis，2007）等对灾害引起的环境经济损失进行评估，使评估体系的内容更加完善。

表3　全球代表性的灾害损失评估指数①

指数名称	编制单位	适用范围	主要用途	指数体系
灾害风险指数 DIR	世界银行与哥伦比亚大学联合编制	全球	评估世界范围内的多种灾害风险的损失性和风险暴露水平	以年均死亡率为核心，从经济、人口、教育等8个方面选择24个经济社会因素作为解释变量，评估不同国家的风险脆弱性以及灾害分布特点
瑞士再保险指数（SIGMA）	瑞士再保险公司	全球	提供行业巨灾数据分析和世界范围内的国别防灾能力	以全世界、国家和洲分类，以基本事件的统计、历史数据以及新闻和保险行业的公开数据构建，以指数金额换算为基础的指数体系
灾害风险管理指标体系（SIDRM）	美洲发展银行与哥伦比亚大学	美洲国家	评估美国地区的灾害管理水平以及灾害恢复与发展能力	以灾害赤字指数、地方灾害指数、通用脆弱性指数以及风险管理指数等4个分指数为基础构建32个不同的因素并赋予不同的权重综合评估灾害风险损失水平
欧洲行业损失指数（PERILS）	泛欧风险保险联结服务公司	欧洲	汇总欧洲全行业的风险和理赔数据	以美国以外的地区为重点，采取 CRESTA 区划、ZIP 分类和地区分类结合的方式评估主要的财产保险标的风暴、地震、洪水及其他自然灾害风险损失

① 本表的编制过程中参考了葛全胜、邹铭、郑景云等编著的《中国自然灾害风险综合评估初步研究》一书中的“国外主要灾害风险评估方法与模型”部分，参考了瑞士再保险《Sigma》杂志2009年第4期《指数在将保险风险转移到资本市场中的作用》一文，同时还参考了喻欧等人的研究报告《区域气候变化脆弱性综合评估研究进展》一文（见《地理科学进展》2011年第1期）。

续表3

指数名称	编制单位	适用范围	主要用途	指数体系
环境脆弱性指数(EVI)	南太平洋应用地理科学委员会	南太平洋地区的岛国	评估小岛国家对一系列自然及人为灾害的脆弱性	通过大气(6个)、地质(3个)、国家特质(7个)、生物特质(8个)人类发展(23个)等5个大类构建47个指标项目,评估灾害损失
综合脆弱性指数(CVI)	欧盟人道救援局	加勒比海地区	比较加勒比海等区域对自然灾害事件的损失	包括8个指标:人类发展、人类贫困、自然灾害风险、冲突、难民、国内流离失所人口、营养不良、死亡率和政府开发援助捐款
国家灾害系统模拟指数(HAZIUS)	美国联邦紧急管理局	美国	评估飓风、洪水以及地震对建筑以及基础设施的影响	包括建筑物直接损失分析、次生灾害损失分析、社会影响分析以及长期经济影响4个大的分类;基本损失估计、区域损失估计和建筑损失估计3个层次的模拟
财产损失指数(PCS)	美国保险服务局	美国	评估飓风、风暴、洪水、地震等造成的财产损失	通过风险调查报告、电脑模拟、灾害调查等方式构建包括1个全国性的指数、5个区域性的指数以及3个地方性的指数的综合指数体系
社区灾害指数(CB-DRM)	国际减灾委员会	地方社区	评估社区人群的风险承受能力以及地方政府的灾害管理水平	利用人口统计学的方法,构建47类单一风险损失作为样本评估对象,通过加权综合成4个显著因子水平,最后通过层次分析得到1个总体风险指数

四、构建我国巨灾损失指数的初步设想

(一)我国当前的巨灾损失评估现状

随着全球巨灾风险事件的日益凸显和风险理念的逐渐普及,我国的自然灾害评估无论是在巨灾风险管理的实践过程中还是在相应的学术研究上都取得了明显的进步,呈现

快速发展的势头。在国家总体减灾规划的指导下，诸如《中华人民共和国防震减灾法》(1997)、《中华人民共和国防洪法》(1998)、《国家自然灾害救助应急预案》(2005)以及《中华人民共和国突发事件应对法》(2007)等一系列法律法规得以颁布实施，灾害管理工作开始系统化和规范化。在巨灾等灾害损失的具体评估过程中，以《自然灾害情况统计制度》(2004)、《巨灾保险数据采集规范》(2008)为核心的一整套巨灾损失统计与数据采集标准化文件的出台，灾害损失评估已经成为一项制度化的基本内容。无论是在灾害统计指标体系的构建上，还是在灾害情况统计报表规范上抑或是灾害情报时效要求上，都得到了较大程度的改善和提高，地震风险、洪涝风险的评估方法以及评估制度已经初步建立，地质灾害评估计算模拟系统、灾害区域规划以及灾害损失分布地图等都开始在逐步规范(史培军,2003、高庆华,2005)。但是，我国当前的巨灾损失评估工作依然存在诸多问题，突出表现在：

第一，过分注重巨灾事件发生后的损失评估，而对巨灾发生之前的风险预测没有充分合理的体现，总体评估的指导思想过分被动，巨灾预警、防灾投入方面的指标以及评估机制几乎是一片空白。

第二，在巨灾风险的评估过程中，核心指标的选择依然存在较大的争议，直接损失与间接损失的划分模糊，过分注重主体灾害的评估而忽略次生灾害的损失估计，各种评估方法由于采用不同的统计标准所得到的结果存在很大的差异。

第三，巨灾风险的评估中存在很大的部门限制和地域制约，灾害信息与评估结果之间的共享机制并没有建立起来，评估中大多各自为政，缺少必要的信息沟通和技术共享，整个国家体系的综合灾害评估指标体系并没有搭建。

(二)构建我国巨灾损失指数的总体思路和技术要点

从国际发展经验来看，巨灾损失指数一般是由商业机构和政府公共部门来编制，政府在整个自然灾害的管理体系中始终扮演着主体的角色(卓志等,2011)，所以应该在政府职能部门的引导下，本着为政府宏观巨灾风险管理服务、为保险公司开发保险产品提供参考、为个体和群体提供指导的基本原则，改变单一指数的做法，采用多指标组成的综合指标体系，选择那些具有区位代表性以及存在较大容量的试点地区，利用可操作性的统计方法构建一套能够测量我国总体巨灾损失分布概括的经济指数体系。在巨灾损失指数的编制过程中，应该采取先易后难、先简后繁、先试点再推广的发展思路。首先可以在西南地区建立地震损失指数、在东部地区设立飓风损失指数、在中部地区推出洪水损失指数、在北方地区开发干旱损失指数，编制的参数应该采用行业损失参数的形式，因为这一参数相对比较简单；而在此之后，可以考虑逐渐将损失指数的编制范围扩大到全国，并采用不同的触发机制设计不同类别的巨灾损失指数，以便于国际资本市场更加接轨。

在这一指数体系的构建中，如果要达到较为理想的预期效果，在技术路径的选择上还需要注意以下几点：

第一，编制主体：从我国的实际情况上看，由于我国政府在整个自然灾害的管理体系中所掌握的信息丰富程度远远高于中国人保或者中国再保险等商业性机构，因此，我国巨灾损失指数的编制可以由中国保监会牵头，配合国家地震局、国际气象局、民政部等相关部门成立一家非营利性的机构来完成，并要求各家商业保险公司提供相关的损失数据，通过基本历史事件的统计、风险调查报告的分析、统计年鉴的汇总以及保险损失数据的汇总编制一款具有中国国情特色的巨灾损失指数。

第二，编制方法：统计指数的编制方法大概分为两种：一是简单指数法；二是加权指数法，而加权指数法又包含加权综合指数法和加权平均指数法两类。简单指数法在编制过程中不考虑权数的影响，而直接研究某一因素的单独变化；加权指数则是要把不同度量因素的变化转化为可相加或者相乘的总量指标体系。考虑到我国当前在巨灾损失指数的编制过程中几乎还是一片空白，因此可以先采用简单指数的方法进行评估，同时开始研究各自指标的权重值，然后再采用加权指数的方法进行调整，以便跟上国际社会的发展步伐。

第三，编制体系：由于我国的地域范围较广，不同区域面临不同的巨灾损失分布，比如西南地区的主要灾害是地震和泥石流、东部地区的主要灾害是台风和洪水、北方地区的主要灾害是干旱，因此不能仅仅建立一个单一的巨灾损失指数，可以考虑美国的 PSC 指数体系，在全国范围内建立一个大的巨灾损失指数，然后再分区域建立几个小的具体化的巨灾损失指数，比如西南地区的地震损失指数、中部地区的洪水损失指数、北方地区的干旱损失指数、东南沿海的台风损失指数，并且对于前几年刚发生的巨灾再次制定出专门的损失评估指标，比如 2008 年的汶川大地震和 2010 年的舟曲泥石流，这样才可以保证整个巨灾损失指数体系的完整和全面。

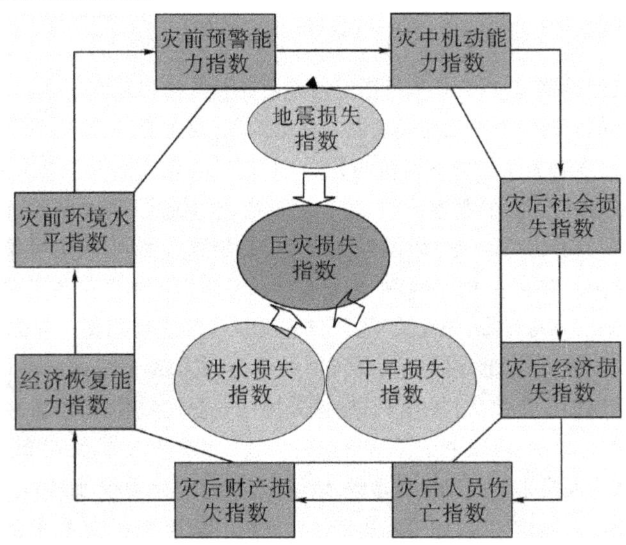

图 2　我国巨灾损失指数的初步构想结构图

第四，编制内容：巨灾损失指数应该是由反映巨灾所造成的人口伤亡、经济损失和其他社会影响及巨灾投资效益等一系列描述灾害程度的量度指标所组合而成的一个指标体系，同时又要在这一巨灾损失指数体系中覆盖灾前预防以及灾后经济恢复等方面的内容，因此编制的内容会相对比较庞大。但是可以在整个内容中分层次设计不同的小指标，然后再采用层次总排序的方法将整体编制内容进行精练，进而得到一个估算的总体损失值。

（三）构建我国巨灾损失指数可能面临的难点和问题

（1）指数类型和核心指标选择。世界上主要的巨灾损失指数类型是行业损失指数和参数指数，参数指数在设计过程中需要运用一定的计算法则，比如 RMS 指数采用的跳跃式叠加法则。考虑到我国的具体国情，无论是金融市场的发育完善程度还是保险市场的发育完善程度都远不如北美和欧洲地区，所以本文一直主张先采取行业损失指数的计算方式统一计算保险市场中的灾害损失分布和各类损失数据，并且选定损失率作为核心计算指标，设定一个触发门槛。但是行业损失指数虽然可以提供一个总体性的触发门槛值，但是对于保险公司转移分保手段却十分不利，因此也有不少指数采用参数指数的形式，利用赔付率来核算指数的价值。行业损失作为是否合理，以及是否能够满足长远发展的需要，也是一个值得考虑的地方。

（2）样本区域与统计范围。由于我国的地理地质构造以及气候条件等方面都存在较大的差异，如何选择具有代表性同时又可以反映统计样本显著性的指标范围是一个比较复杂的问题。一种可行的方案是制定灾害区划，根据人口密度、经济发展水平以及地质结构等将全国分为不同的灾害区域。但是即便如此，这也仅仅是一个地域的灾害统计范围，而灾害中的灾害种类范围更是一个复杂的问题。自然灾害与人为灾害的界定、次生灾害的损失核算、一次灾害中的共同受损的损失分担及责任界定，不同地区承灾载体的差异性等问题都是需要解决的。

（3）指数开发与资本市场的接轨。在保险证券化的浪潮中，指数在保险和再保险业中日益成为保险合约或连接衍生产品的基石可以作为用于转移风险的金融产品和合约中的一项参数，尤其是那些可以适时调整巨灾债券的价格和变更投资组合的巨灾损失指数开始受到重视，投资者希望研究机构和保险咨询公司提供的巨灾损失指数可以帮助他们实现其投资组合的多样化，进而分散其投资风险，这也是巨灾损失指数的核心功能之一。但是我国资本市场的发育程度比较落后，目前都没有在国内融资的巨灾衍生产品，如何将巨灾损失指数的编制和完善与保险融资的资本平台结合起来加以开发，如何将损失指数融入到精算定价及产品开发过程中，这些问题也难度不小。

【参考文献】

[1]刘传铭．巨灾风险证券化与巨灾期权定价方法的分析与研究[D]．天津:天津大学，2004:34－69.

[2]CARDONA D,HURTADO J E,CHARDON A C,ET A1. Indicators of Disaster Risk and Risk Management Summary Report for WCDR[R]. Program for Latin America and the Caribbean IADB－UNC/IDEA,2005.

[3]徐国详．统计指数理论:方法与应用研究[M]//国家哲学社会科学成果文库.上海:上海人民出版社,2011.

[4]SCOTT HARRINGTON, GREG NIEHAUS. Basis Risk with PCS Catastrophe Insurance Derivative Contracts[M]. American Risk and Insurance Association,1999:49－82.

[5]FRANCESCA BIAGINI, YULIYA BREGMANA, THILO MEYER－BRANDIS. Pricing of catastrophe insurance options written on a loss index with reestimation[J]. Insurance: Mathematics and Economics,2008,43(10):214－222.

[6]BIAGINI F, Y BREGMAN, T MEYER－BRNIDS. Pricing of Catastrophe Insurance Options Written on a Loss Index with Reestimation[J]. Insurance: Mathematics and Economics, 2008,43:214－222.

[7]IDNDR. Statement at the IDNDR Program Forum: Natural Disaster Reduction in China [R]. International Decade for Natural Disaster Reduction Australian Coordination Committee,2001.

[8]史培军,李宁,等．全球环境变化与综合灾害风险防范研究[J]．地球科学进展,2009(4):429－433.

[9]马宗晋,等．地质灾害风险评估的原理与方法[J].地质力学学报,2004(1):7－18.

[10]葛全胜,邹铭,等．中国自然灾害风险综合评估初步研究[M].北京:科学出版社，2008:4,136.

[11]史培军．再论灾害研究的理论与实践[J].自然灾害学报,1996(4):6－15.

[12]孙慧钧．指数理论研究[M].大连:东北财经大学出版社,1998(7):24－29.

[13]张继权,李宁．主要气象紫海风险评估与管理的数理化方法及其应用[M].北京:北京师范大学出版社,2007:23－28.

[14]孙慧钧．动态统计指数理论探讨[J]．统计研究,2005(2):13－19.

[15]祝伟,陈秉正．自然巨灾风险评估综述[J].清华大学保险与风险管理研究动态,2009(5):41－50.

[16]CHERNOBAIL A C, BURNECKI K, RACHEV S, TRUCK S, WERON R. ,Modeling Catastrophe Claims with Left－truncated Severity Distributions[J]. Computational Statistics, 2006,21:3－4,537－555.

[17]黄崇福．以历史灾情资料为依据的农业自然灾害风险评估方法[J].自然灾害学报，1998(2):1－9.

[18]卓志,段胜．巨灾损失指数与构建中国巨灾损失指数的思考[J].改革,2011(6).

[19]ZIMBIDIS A A, N E FRANGOS, A A PANTELOUS. Modeling earthquake Risk Via Extreme Value Theory and Pricing the respective Catastrophe Bonds[J]. ASTIN Bulletin, 2007,37(1):163－183.

[20]史培军,等．中国自然灾害系统地图集[M].北京:科学出版社,2003,9:4－12.

[21]高庆华,等．中国自然灾害与全球化[M].北京:气象出版社,2005,10:16,34.

[22]卓志,吴婷．中国地震巨灾保险制度的模式选择与设计[J].中国软科学,2011(1):17－24.

佛罗里达飓风巨灾基金的运营及启示

夏益国

【摘要】佛罗里达飓风巨灾基金是全美第一个由联邦和州提供免税待遇、州政府运营、私人积累资金支付巨灾损失的再保险项目,其成功运营为美国解决巨灾保险问题提供了一条重要的途径。总结其运营经验对于建立我国的巨灾保险制度、发挥政府对保险市场的调控作用具有重要的借鉴意义。

【关键词】佛罗里达飓风巨灾基金;免税待遇; 再保险

Abstract: Florida Hurricane Catastrophe Fund is the first reinsurance program in America that is tax - exempt status offered by Federal government and State , run by state , privately financed to pay for catastrophic loss, and its successful operation provides an important approach to the solution of catastrophe insurance problem in America. It has an important value for the foundation of catastrophe insurance system in our country and performing function of the government' adjustment and regulation to insurance market to summarize its operational experience.

Key words: Florida Hurricane Catastrophe Fund; tax - exempt status; reinsurance

一、佛罗里达飓风巨灾基金产生的背景和概况

佛罗里达州位于美国东南端的佛罗里达半岛,东临大西洋,西临墨西哥湾,冬季气候温暖而湿润,是美国著名的旅游胜地。其独特的地理环境使得佛州在20世纪成为全美经济增长最快的地区之一。但佛州也是一个最易遭受飓风袭击的美国沿海州之一,每年的飓风季节,佛州均会遭受不同程度的飓风破坏。据统计:造成美国历史上最严重损失的10大飓风中,就有9个经过佛州。"卡特里娜"飓风(2005年,造成406亿美元保险损失)、"安德鲁"飓风(1992年,造成155亿美元保险损失)、"魏尔玛"飓风(2005年,造成103亿美元的保险损失)是美国历史上造成最严重损失的三大飓风,无一例外地横扫佛州并造成

[作者简介]夏益国,安徽工业大学经济学院金融系副教授。

严重损失。2004 年的飓风季节,5 个最强飓风中的 4 个袭击佛州,4 个飓风总共造成 228 亿美元的保险损失,其中佛州的保险损失高达 188 亿美元,占总保险损失的 82.45%。AIR Worldwide 2005 年的一项研究表明,在美国毗邻大西洋和墨西哥湾的易受飓风影响的诸州中,总共有 68 600 亿美元的被保险财产,其中的 19 400 亿美元的被保险财产位于佛州,这个数据相当佛州全部被保险财产的 79%。

随着经济的发展,人口和财富的集中,飓风造成的巨灾损失纪录也不断被刷新,如何为飓风风险提供保险保障也成为一道社会难题。1992 年的安德鲁飓风造成了史无前例的 155 亿美元的保险损失。飓风过后,在佛州营业的保险公司中,十一家规模较小的保险公司偿付能力出现危机,其他的保险公司也被评级机构降低了等级。同时,不少再保险公司不愿对飓风提供再保险,使得再保险的价格飞涨;这反过来使得佛州的房主保险等与飓风损失有关的财产保险难以购买且价格昂贵。为了维护保险市场的稳定,平抑不断攀升的保险价格,佛州立法机构在 1993 年批准创立佛罗里达飓风巨灾基金(Florida Hurricane Catastrophe Fund, FHCF)。

佛罗里达飓风巨灾基金(以下简称巨灾基金)实际上是一个由私人融资、州经营的再保险项目。每一家在佛州经营房主保险业务的保险人均强制性地向巨灾基金缴纳一定的保险金;而巨灾基金对于在佛州境内出售的住房财产保险保单提供再保险,保险范围包括住房、住房内的物品以及房主的住房因飓风受损期间而增加的额外生活费用等。大多数商业财产被巨灾基金列为除外财产。巨灾基金向保险人提供价格低廉的再保险,其价格仅相当于私人再保险市场价格的三分之一到四分之一。巨灾基金之所以有能力提供如此低价再保险,主要是由于:①该基金享受联邦和州的免税待遇。因为巨灾基金让全州居民分享到低价购买飓风保险且在该州民选的官员掌控之下,因此该基金能够享受免税待遇是情理之中的事。②不以营利为目的。由于该基金不需要考虑利润,因此其费率不含利润因素。③低管理成本。据统计,佛州巨灾基金的营业费用不到其收取的保费的 1%,而一般的私营保险公司的营业成本是其收取的保费的 10% ~15%。美国参议院银行与保险委员会对它的评价是:“佛罗里达飓风巨灾基金的运作降低了住房财产保险的保险费率,扩大了再保险能力,使得保险人能够承保比没有该基金存在时更多的危险。”也就是说,巨灾基金的成功运作,一方面稳定了佛州的飓风保险市场,扩大了承保能力;另一方面直接平抑了飓风再保险价格,从而稳定了原保险市场上飓风保险的价格和供给。

二、佛罗里达飓风巨灾基金的运营

(一)巨灾基金的资金来源

巨灾基金的资金来源主要由三个方面:①在佛州经营住房保险的保险人缴纳的(再)保险费。②基金的投资收益。③紧急情况下发行债券的收入。

巨灾基金向保险人收取的与其精算相适应的保险费，而保险费率的高低一方面是基于由佛罗里达飓风损失预测方法委员会（FCHLPM）所认可的飓风损失预测模型所预测的飓风风险高低；另一方面，每一个保险人所缴纳的保险费率也各不相同，取决于其所承保的住房财产的保险价值、地理位置、建筑物结构、免赔与共保比例数量等因素。

基金的资产在授权的范围内可进行各种投资，而且给予投资收益的联邦与州免税待遇，但法律规定巨灾基金每年用于防灾减灾的资金资助不少于1000万美元但不高于投资收益的35%，以加强对于飓风灾害的预防、救助和研究等。

巨灾基金的第三个收入来源是发行债券。1999年，立法机构授予巨灾基金发行债券的权力，且该债券享受免税待遇。巨灾基金在其持有的现金资产不足以偿付应付的再保险赔偿时，可发行债券筹集资金。发债的最大能力为目前持有的现金资产与巨灾基金的赔偿上限之差。例如，2005/2006合同年度，到2005年度末持有的现金头寸为29.3亿美元，那么此时的最大发债能力为最高赔偿限额的150亿美元与29.3亿美元差额的120.3亿美元。巨灾基金的债券偿还方式更具有特色，政府并不包揽巨灾基金债券的偿还，而是通过立法规定：巨灾基金发行的债券偿还需要通过一个名为"对财产和意外保险人的紧急征收（emergency assessments on P/C insurer）"把债券的偿还额分摊给在佛州营业的财产和意外保险人，最后转嫁给保单持有人。

巨灾基金有权借入资金以支付当前的巨灾损失，而借款实际上由巨灾基金的参与人偿还，这种允许巨灾基金借入资金的融资安排可以使巨灾基金在更长的时间里进行风险统筹以分散巨灾风险。由于巨灾损失风险的高度关联性，不能在一段时间在不同保险人之间分散巨灾风险，随时间的推移而逐渐分散风险是唯一可行的统筹办法。

（二）巨灾基金的组织机构与监管

任何基金的存在与发展除了其可靠的基金来源之外，其自身管理完善与否是决定其能否生存和发展的重要条件。巨灾基金是在佛州管理局（The State Board of Administration of Florida, SBA）指导和管理之下运作的，州管理局是州政府依法设立的一个机构，其主要职能是为政府各实体部门提供各种投资服务，管理了25个投资基金，市场价值约200多亿美元，佛州巨灾基金是它们管理的基金之一。州管理局是由三个受托管理人构成的委员会为最高权力机构，三人委员会是由佛州州长任主席，佛州司法部长任秘书，佛州财政部长任财务主管。州管理局还依法成立审计委员会和由九人组成的咨询委员会为管理局提供咨询和信息服务。九人委员会由三位消费者代表、一名保险公司代表、一名保险中介机构代表、一名再保险人代表和三名技术专家（一名气象专家、一名工程师和一名精算师）组成。另外，管理局设行政总裁一名，负责管理局的日常事务。巨灾基金的日常管理和运营由其高级职员负责，直接向管理局行政总裁报告。巨灾基金本身的雇员较少，其主要的服务由专业的服务机构提供，巨灾基金依法支付相应的费用。为巨灾基金提供专业服务的主要有金融投资服务、精算服务、风险和损失查验服务、财务审计服务等。

对于保险人向巨灾基金缴纳的保险费以及向巨灾基金获取的赔款是巨灾基金运营中道德风险集中的地方,如果控制失灵,就会引起巨灾基金少收入多支出的后果。巨灾基金一般要求保险人在每个财政年度的12月31日前报告他们的损失(在特殊情况下可能要提前报告)。报表的格式和填报指导一般在巨灾事件发生后邮寄给保险人或在线下载。巨灾基金在赔付前,一般要对保险人的损失报告的合理性进行检查,并且要求保险人提交一份书面声明来证实损失报告的准确性。经过上述程序之后如果认可损失报告,则向保险人支付应付的款项。巨灾基金每年会不定期对保险人的保费缴纳和赔偿进行例行检查,根据检查的结果对原来缴纳的保费或支付的赔款进行调整,以杜绝欺诈或虚报、瞒报等行为。

(三)关于免赔额

凡在佛州营业的财产保险人,根据自己承担的飓风损失风险的高低向巨灾基金购买飓风再保险,巨灾基金负责赔偿保险人超过他们个人免赔额以上、限额以下损失的一定比例。在2005年以前,立法规定每个飓风中保险人的行业总免赔额(industry aggregate retention)均为45亿美元,但2004年的创纪录的飓风引起了人们对于巨灾基金赔偿免赔额的争议:飓风基金是否应该在多飓风年度里降低免赔额以提供更高的保障。2005年3月,佛州参议院通过了1486号法案,降低了保险人取得巨灾基金赔偿的门槛。这项于2005年7月1日生效的法案规定:每年头两个飓风中的行业总免赔额额度仍为45亿美元不变,但随后的飓风中行业总免赔额降为15亿美元。每个保险人的个人免赔额是按照行业总免赔额按比例分摊,这意味着若某个保险人在某个较小的飓风中遭受重大损失的话,那么他就有可能从巨灾基金中获得赔偿,但此时的总损失可能并未超过行业总免赔额。

巨灾基金对于保险人超过免赔额以上、限额以下的损失提供三个档次的再保险供保险人选择:45%、75%、90%。大多数在佛州承保有较高风险的保险人一般均选择90%的再保险水平。这意味着只要保险人的飓风损失达到免赔额以上,其超过免赔额以上损失的90%由巨灾基金承担,直到达到巨灾基金的赔偿上限,巨灾基金的赔偿上限在2004年由原先的110亿美元扩大到150亿美元。对于保险人的免赔额、巨灾基金赔偿限额以上的部分和免赔额以上限额以下需承担10%责任的部分风险,保险人需要向私人再保险市场购买额外的再保险。

三、佛罗里达飓风巨灾基金对我们的启示

佛州飓风巨灾基金作为全美第一个由联邦和州提供免税待遇而由私人积累资金供支付巨灾损失的项目,其成功运营为美国解决巨灾保险问题提供了一条重要的途径。美国联邦政府和不少州一直在关注佛州飓风巨灾基金的运营,把它作为未来美国联邦政府应对自然巨灾的模式之一进行研究并予以必要的支持(如美国国内税务署给予巨灾投资收

益的联邦免税待遇)。佛罗里达飓风巨灾基金的运营稳定了佛州的财产保险市场,化解了因“安德鲁”飓风之后出现的保险市场危机,使得近年来佛州财产与意外保险的保费费率稳中有降。尽管2004年和2005年度巨灾基金的赔款创历史最高水平,巨灾基金通过其法定的融资能力筹集资金迅速赔付保险人的飓风损失,使得佛州保险市场上的保险人没有发生偿付危机,保单所有人迅速得到理赔,维护了佛州经济和社会的稳定发展。佛州前州长杰布·布什在谈到佛州之所以能够在2004年和2005年遭受强飓风的袭击而经济和社会仍然能够稳定发展时指出,“……佛罗里达飓风巨灾基金保持了佛州再保险市场的稳定,使得佛州的保险人在前所未有的飓风面前能够应对自如”。可见,佛州的飓风巨灾基金对于稳定佛州保险市场进而使得佛州经济社会全面发展起到了相当的作用。全面总结佛州飓风巨灾基金的运作经验,特别是佛州政府在巨灾基金运行过程中的作用,对于我们具有一定的启示作用。

(一)政府充分运用保险管理各种巨灾危机

美国作为一个市场经济国家,其在应对各种巨灾事件中充分发挥市场机制的作用,政府倚重于各种类型的保险为全社会构建一道道安全网。在美国,各种巨灾事件的应急救灾工作是政府的责任,但灾后重建主要依靠市场机制,资金来源主要是各种灾后的保险赔款,政府在必要时也提供无偿拨款、低息贷款等官方援助,但从数量上来说处于从属地位,政府不搞大包大揽。美国“9·11”事件发生后,保险公司总共约赔付了420亿美元,大大超过了联邦政府200亿美元的拨款,成为纽约市重建的主要资金来源。这样做一方面培养了全体公民的风险意识,另一方面减轻了政府的财政压力,这些经验非常值得我们借鉴。2008年我国发生了两起影响全国的巨灾损失事件:年初发生在我国南方地区罕见的雨雪冰冻灾害和5月12日发生在四川的汶川大地震。据估计,两次巨灾损失事件造成的直接经济损失超过万亿元,但保险的经济损失补偿占损失的比例微乎其微,几乎可以忽略不计。目前,我国在应对各种巨灾中,主要以政府财政为主、社会捐助和灾民自救为辅,保险的作用非常微弱。巨灾风险一旦发生,一般企业和老百姓不仅无法抵抗,对政府也是一个沉重的负担。因此,把巨灾保险引入政府的灾害管理视野是我国在市场经济条件下灾害救助管理的必然选择。

(二)政府在保险市场失灵时是能够有所作为的

很多巨灾事件(像飓风、洪水、地震、恐怖袭击等),由于其灾害本身的涉及面非常广,标的风险之间的高关联性,使得很多私营保险公司和再保险公司在巨灾面前望而却步。从全球来看,部分巨灾再保险的供给不足,保费上涨较快,从而影响到原保险市场的供给,再保险市场部分处于失灵状态,在这种情况下政府对(再)保险市场的干预是完全必要的,它有助于资源的优化配置,支持保险市场的健康、稳健发展。佛州飓风巨灾基金正是在佛州再保险市场供给不足的情况下建立起来的,它的成功运行使得政府在没有增加财政负担的前提下实现了飓风保险市场的稳定。

（三）佛州政府干预保险市场的艺术也是值得我们思考的

在保险市场失灵时，政府的干预是必要的。但问题是政府应如何干预？现实世界中的问题是政府的不适当干预会损害市场机制作用的发挥，扭曲了市场对资源配置的基础性作用，因此，政府的干预艺术同样至关重要。佛州飓风巨灾基金的运行在这方面为我们提供了一个可供借鉴的范例。①佛州政府建立飓风巨灾基金为保险人提供飓风再保险是其干预飓风保险危机的切入点，起到了“四两拨千斤”的效果，切入点的选择可谓恰到好处。②佛州立法机构和政府对巨灾基金的运行的支持也是恰到好处。从基金的来源看，佛州政府并没有任何的资金投入，其资金来源完全市场化，收取保费、投资收益和发行债券，并且飓风巨灾基金的负债偿还也是通过向在佛州营业的财产和意外保险人征收额外的资金弥补，避免政府背上沉重的财政包袱。政府的支持主要体现在通过法律手段强制推行飓风巨灾基金；为基金提供免税待遇；通过州管理局为基金提供高效的服务以降低其运行成本等，而不搞大包大揽。③政府对保险市场的干预的目的不是为了代替市场，而是为了使市场更有效率地运行。佛州政府建立的巨灾基金一方面增加了再保险市场的供给，使得佛州的保险人能够把其自身积累的风险转嫁出去；另一方面巨灾基金免赔的部分、赔偿限额以上的部分，以及与保险人共保的部分均需要向私人再保险市场转移，这样飓风巨灾基金的运行在某种程度上支持了私人再保险市场的有效运行，巨灾基金与私人再保险市场相得益彰，共同保障佛州的居民财产的安全。

（四）飓风巨灾基金特别注重道德风险的防范

如前所述，任何基金的成功运作离不开对道德风险的防范，而完善的基金治理结构是防范道德风险的锐利武器。首先，佛州的飓风巨灾基金处于州政府管理局的严格管理之下，州管理局通过建立相互制衡的管理体制来保险基金的安全和高效投资，以保证基金的保值和增值。对于保险费的征收和基金赔付，在要求保险人严格自律的前提下，通过现场检查手段进行查验，以最大限度地降低基金道德风险发生。

中国是巨灾频发的国家，随着经济关联度的日益加强，巨灾损失呈直线上升趋势。应对巨灾风险，必须充分借鉴国外成功的巨灾保险的运作方式，设立巨灾保险基金，建立起我国的巨灾保障制度。巨灾属于高损失、小概率事件，同传统保险依赖的大数定律相矛盾。国内商业保险公司对于巨灾缺乏较为精确的评估手段和详尽的统计资料，再加上精算技术的难度，使得众多保险公司不敢轻易涉足巨灾保险市场。国内再保险供给不足，再加上国内财产市场无序竞争，费率严重偏离国际市场，使得不少公司承保的风险难以向国外分保，保险公司只得自留，保险公司经营隐含了巨大的风险。这就需要政府对再保险市场进行引导和支持，佛州为我们提供了可供借鉴的经验。

【参考文献】

[1]Scott E Harrington. 风险管理与保险[M].2版. 北京:清华大学出版社,2004:263-267.

巨灾补偿基金研究进展与展望

潘席龙　潘磊　朱建钢　刘武华

【摘要】本文在简要介绍巨灾风险及其分类的基础上，重点比较了潘席龙等(2009)提出的巨灾补偿基金制度与目前国际上主要的巨灾风险应对策略之间的异同，认为巨灾补偿基金制度可以有效解决商业持续性和社会福利性、不可保与可补偿、保费高昂且积累率低与巨灾补偿需要长期积累、巨灾分布不均与跨区域、跨险种补偿之间一系列难以克服的矛盾，因而更符合中国国情，并认为相对于目前主张的以巨灾保险为基础的保险基金，更有针对性、适用性和推广价值。

【关键词】巨灾风险；巨灾补偿基金；巨灾风险基金；巨灾保险基金；“三跨”分散

Abstract: On the basis of brieflydescription of the features andtheclassification ofcatastrophic risks, this paperfocuses onthe comparison oftheCompensationFund System (CFS, PAN Xilonget al. 2009) and other major systems on how to cope with catastrophe risks. It is thought that the CFS can effectivelysolvethe problem between business continuityand socialwelfare, andthe problem between the low accumulation rate of insurance system and the compensation amount, as well as the problem between the uneven distribution ofcatastropherisks andthe compensation forinter－regionalmulti catastrophe risks, so this paper suggests that CFS should be moresuitable for China's current conditions, especially compared with currentinsurance－basedcatastrophe fund.

Key words: catastrophe risk; compensation fund; insurance fund; catastrophe risk fund; diversification of catastrophe risks based on "Three cross"

［作者简介］潘席龙，西南财经大学中国金融研究中心副教授；潘磊，西南财经大学中国金融研究中心研究生；朱建钢，四川省地震局副研究员；刘武华，西南财经大学中国金融研究中心研究生。

国家自然科学基金面上项目资金资助，项目批准号:71073129。

1　巨灾与巨灾风险及近年的发展趋势

1.1　巨灾的定义

巨灾(catastrophe)一词来源于希腊文 Katasrtophe,指“彻底的转变”;另一个相近的词为 cataclysm,意为“大的转变”(姚庆海,2006)。目前,国内外学术界对“巨灾”一词还没有形成公认的、统一的定义。北美精算师协会将巨灾定义为一种不常发生的、影响大量人口、造成大量人员伤亡及财产损失的事件①;标准普尔将巨灾定义为导致保险损失超过 500 万美元的一个或一系列相关风险事件②;张林源等(1996)认为,巨灾是各类自然灾害中级别最高或接近最高级别的灾害。

笔者认为中国可持续发展信息网不区分灾害性质,只看灾害损失和结果的提法较为合理。至于具体的标准,则正如李全庆(2008)所说,“巨灾是一个相对概念,是相对于巨灾承受主体承受能力而言的”,需要根据各国的实际情况制定相应的标准。

1.2　巨灾风险的种类、特征和属性

从发生原因上,可以分为自然、人为及二者组合。洪水、风暴、地震、旱灾、火灾、严寒、霜冻属于自然灾害;“人为灾害”是与人类活动有关的重大事件,分为“人为”和“技术性”灾祸。

从发生的频率上,可分为常态和非常态的风险。常态风险是指可预期,但具体发生次数和规模又不确定,如暴风雨、冰雹等;非常态巨灾发生概率小、频率低,但影响广、损失大。

关于我国巨灾的特征,姜瑞华和郭跃(2009)、欧阳越秀(2009)、杜兆瑜(2009)、冯锐(2009)的研究表明,我国巨灾有致灾因素强度大、破坏性强、灾害种类多、频率高、分布地域广泛、损失巨大、影响范围广,伴随强次生灾害多,发生周期不确定等特征。

在巨灾风险的属性方面,姚庆海(2006)指出,巨灾风险既有个人风险属性,又有公共风险属性,且这两个属性间还可相互转化。同时,从效率层面看,不论社会风险或私人风险,只要符合社会福利最大化原则,个人规避和政府救助都是可行的。张宗军(2009)认为,无论个人还是企业,面对巨灾这种不可抗拒的负效用公共产品,其消费具有强制性;仲伟(2009)、姚庆海(2006,2009)也认为巨灾及风险防范服务具有公共性。因此,巨灾风险的供给与需求既不存在排他性又不存在竞争性;不论从经济的角度还是从社会的角度,巨灾风险都是一种公共产品,巨灾风险管理和巨灾保险也因此具有很强的公共性。

---

① 北美精算师协会 SOA: http://www.soa.org/

② 标准普尔: www.standardandpoors.com

1.3 当前巨灾形势

全球经济大幅增长的同时，全球的环境也在逐步恶化，气候变暖加剧，冰川融化情况日益严重，大气臭氧层黑洞越来越大，随之而来的灾难也越演越烈。回顾过去的2010年中，世界各地的巨灾接踵发生，有智利的地震以及随之而来的海啸；美国的风暴冰雹；澳大利亚的洪水。据瑞士再保险 Sigma 的初步估计，这一年的自然灾害和人为灾害导致遇难人数较上年增加15 000人，近260 000人因此丧生；其中，中国和巴基斯坦的夏季洪水也夺去了6225条生命。这一系列严重的灾害导致了全球经济损失为2220亿美元，达到2009年630亿美元经济损失的三倍以上；其中，8起灾害事件分别导致每笔超过10亿美元的损失。

2011年3月11日，日本更是发生了高达9级的强震，已确认13 498人遇难、14 734人失踪①，经济损失25万亿日元。更严重的是，地震和海啸还直接导致福岛核电站1～4号机组全部出现故障，出现了切尔诺贝利核危机后又一次最高级别的核灾难。

我国70%的城市都可能面临巨灾的威胁，我国历来都是遭受自然灾害最频繁、损失惨重的国家之一。2008年汶川地震、冰雪灾害，2010年青海玉树地震、甘肃舟曲的泥石流、新疆巩乃斯山区的暴雪后的雪崩，使我国经济和社会面临的巨灾风险日趋严重。据统计，仅2010上半年全国遭遇洪涝、干旱、低温冷冻和雪灾、地震、风雹、山体滑坡及泥石流等自然灾害影响的人口就高达2.5亿人(次)，因巨灾直接经济损失2113.9亿元。

2 国内外巨灾补偿机制研究现状

2.1 国内外关于巨灾风险分散的理论研究

关于巨灾风险是否可保，以及当前巨灾保险和再保险市场存在问题的研究，Malcolm P. Wattman 和 Matthew Feig(2008)认为巨灾保险市场很难平衡发展；小杉光秀(2009)、冯锐(2009)、刘毅与柴化敏(2007)、张志明(2006)、Freeman 和 Kunreuther(2003)认为巨灾风险不满足可识别、可衡量、风险费率可厘定的条件；针对保险业在承保巨灾风险时的困境，Raja Bouzouita、Arthur J. Young (2003)、Ernst n. Csiszar (2007)、占云生(2008)、杜兆瑜(2009)、曹前进(2007)、裘孝锋(2005)和李有运(2003)都认为，巨灾衍生证券具有再保险等不可替代的资金来源充沛、条件灵活、交割简单等优势，巨灾风险完全可以证券化，也应当被证券化，从而让全球金融市场共同来分担巨灾风险，以解决可保性的问题。谢世清(2009)认为我国已经具备了发展巨灾债券的条件，但还存在着制度、市场与技术三大环境

① http://news.qq.com/zt2011/rbdz/

障碍。

2.1.1 巨灾商业保险

从商业保险的角度看，一个可保风险必须满足：①风险可识别和计量，即能预计相应风险发生的概率和损失额；②保险人能对具体风险厘定费率。巨灾风险中投保人损失的高度相关性和逆向选择的存在，使得传统商业保险很难开展巨灾风险的保险业务。即使在巨灾风险的再保险机制中，由于再保险的财务实力相对于巨灾损失的微不足道，也限制了巨灾再保险市场的发展。

2.1.2 保险证券化与巨灾保险衍生工具

保险证券化是将保险公司的缺乏流动性、但预期未来有稳定现金流的资产汇集成资产池，通过结构性重组，将其转变为金融市场上可出售和流通的证券来融资的过程。通过在资本市场发行保险支持证券，能将保险市场上的风险分割和标准化，从而将承保风险转移至资本市场。

Richard W. Gorvett(1999)认为：巨灾带来的清偿要求对于保险公司而言是巨大的，而对于资本市场而言则比较容易；将承保风险转移到金融市场，有助于更好地分散巨灾风险、增强保险公司的抗风险能力。另一方面，由于保险衍生工具的贝塔系数接近于零，将保险联结型证券引入非完全市场，可以提高资本市场效率。

目前国际上巨灾保险证券化创新出来的衍生工具主要有四种：巨灾期货、巨灾期权、巨灾债券和巨灾互换。

保险期货和保险期权是根据所约定的交易指数变化来确定合约价值变化的金融工具，选择相应的交易指数，使其能够与实际发生的巨灾损失相匹配，是开发这类工具的关键。然而，由于巨灾的发生很难预测，投资者对于指数的预测很大程度上都是基于一种纯粹的投机心理，一旦市场出现某种巨灾即将发生的谣言时，就可能出现指数的单边急剧下跌，对市场的稳定与发展都极为不利。

巨灾互换是以特定的巨灾损失为标的，交易因巨灾所致的现金流量的一种互换合约。通过巨灾互换，保险人可以用固定的现金流出锁住不可预期的现金流出。但是巨灾互换作为一种非标准化的合约，有时很难找到合适的交易对手来匹配自身现金流，而且巨灾发生时交易对手能否很好地履行承诺，严重地阻碍了这一市场的发展。

巨灾债券是保险公司或再保险公司通过直接发行一种收益与指定的损失相联系的公司债券，将保险公司所面临的巨灾风险分散给资本市场上众多投资者的一种工具。巨灾债券合同一般规定，如果在预定的期限内发生指定的巨灾，且损失超过事先约定的限额，债券持有人就会损失或延期获得债券的部分或全部本金或利息，而发行债券的(再)保险公司则获得相应的资金，用于赔付超过限额的损失；如果巨灾没有发生或者巨灾损失没有超过事先约定的限额，则债券投资者有权按照约定的利率收回本金和利息。巨灾债券对于保险公司或者再保险公司而言是一种比较理想的“期权”产品，保险公司通过支付投资者超过普通债券利息部分的期权费，获取约定巨灾发生时部分或完全不还本付息的权利，这是目前使用相对较广、市场接受度也最高的一种保险联系证券。在巨灾联系证券的定价研究方面，田玲、张岳(2008)对LFC模型、Wang两因素模型和Christofides模型三个风险定价模型进行比较研究后，得出Wang的两因素模型要高于Christofides模型，同时田玲、张岳(2007、2008)的费率监管数学模型显示，巨灾保险费率在一定条件下是可以趋于稳定的。

虽然这些衍生工具都能在一定程度上起到转移、分散巨灾风险的作用，但前面分析中提到的种种原因使得我国这些市场都未能充分发展起来，除了巨灾债券市场近年交易量有所增长外，其他几种工具的市场发展，都面临着机制、产品设计、市场流动性、定价难度等多方面的挑战。

2.2 国外巨灾补偿体系模式的借鉴作用

现在已建立了巨灾补偿体系的国家和地区，主要有美国、日本、新西兰，欧盟成员国中的法国、挪威、西班牙、瑞典、土耳其等。其中日本、新西兰和美国加利福尼亚州主要应对的是地震风险，英国主要针对的是恐怖袭击，美国夏威夷和佛罗里达州则面向的是飓风，法国主要处理的是洪灾。

此外，各国的巨灾补偿制度，无论是法律规定、参与主体、机构设置、资金来源和运作以及补偿的分担机制等方面，都有一定的差异。

2.2.1 法律背景

各国通常是在某些巨灾发生后，有针对性地就某一类灾害开始自身巨灾补偿法律体系的建设。巨灾法律体系，通常包括全国性或地方性或行业性等层面。其中，全国性的法规是基本的指导、地区性和行业性的法规多为一些实施细则和具体指导。我国在巨灾风险应对上，应首先考虑制定全国性的法律，重点是在全国范围内整体进行资源统筹与安排，同时考虑各地方巨灾风险的实际情况，从而在保持灵活性的基础上，全国统一调配资源、增强应对巨灾风险的能力。基于同样的原因，建议首先制定巨灾方面的统一法规，再以此为基础就不同的风险种类制定专门法规，目标是为了更好地跨风险进行资源配置。

2.2.2 风险承担主体的性质和承保范围

各国普遍呈现出多样化、联合化的特征，具体又分为政府主导、保险公司主导以及政府和保险公司共同主导的几种类型；又以保险公司承保、政府再保险的形式为主。各国巨灾补偿体系中的核心机构，既有政府性质的，也有私营性质的，还有的是私有机构拥有并由政府管理的，以及私营所有、同时由政府担保的。

在保险业发达的国家，由保险公司作为巨灾风险承保主体较为普遍，然而，由于巨灾损失的巨大性、损失影响的公共性，为了确保巨灾保险的强制性，以及保证在巨灾损失面前最后风险承担人的实力，政府的参与是巨灾保障制度的必然。

各国巨灾补偿体系有的承保单项巨灾风险，有的承保综合巨灾风险；所涉及的巨灾主要是自然灾害，较少涉及人为巨灾。然而，随着国际恐怖主义威胁的加剧，以及随着人类科技的进步,由于技术使用不当甚至滥用,也可能使人类面临越来越严重的人为巨灾风险;更严重的是,在自然巨灾的诱因下,加上人为的影响,可能形成巨大的灾难,比如2011年3月日本福岛核电站事件就是典型一例。因此,在新的巨灾风险补偿体系的研究中,应将这些因素考虑进去。

2.2.3 初始资金来源及运作

各国巨灾补偿体系的资金来源既有完全由国家出资的,也有完全由民营机构出资的,还有由政府、企业和社会机构共同出资的。

受制于国家财力以及兼顾效率与公平的需要,在我国,完全由国家出资既不现实、亦无必要;完全由企业出资或个人出资,又会受到地区、企业和家庭经济水平和风险承受能力差异巨大这一现实的限制。因此,让每个受益者共同出资建立我国的巨灾补偿体系,才是最现实、也是最经济的解决办法。

目前,各国巨灾补偿体系在正常营运时资金来源主要是保费收入,特别是那些实行强制性巨灾保险制度的国家,其保险收入是相当稳定的重要来源;其他来源则包括投资回报和发行巨灾债券筹集的资金。此外,政府的税收优惠政策,也可以看做是一部分政府补贴性质的资金来源。巨灾发生时,那些部分或一定限额内由政府提供担保的,政府还将在限定的范围内提供帮助。

2.2.4 补偿机制

常见的是由投保人、保险公司(或保险基金)、再保险公司、政府共同承担。其中,投保人承担的是免赔额、免赔率或免赔事由所规定的免赔部分的损失,以及最终的补偿额相对于实际损失的不足部分;保险公司(或保险基金)、再保险公司通常是按保险合约的约定承担损失;政府通常是以其最后担保人或补偿人的角色而承担约定的损失。

这种多层次的损失分担机制,能有效地在不同层次的主体之间分散巨灾风险,有助于增强巨灾补偿体系的稳定性,有利于其长期经营和持续发展。

2.3 我国巨灾补偿体系现状

面对巨灾风险,我国颁布实施了一系列减灾法律、法规,在减灾工程、灾害预警、应急处置等方面做了大量工作,这一系列的工作在一定程度上增强了我国抗御巨灾风险的能力;但我国至今尚未能建立制度性的巨灾补偿机制,更没能建立专门的经济机构对巨灾补偿提供可持续的财力保证。

在2008年汶川地震前,各保险公司只将洪水灾害作为特别附加险种承保,而对地震、海啸等巨灾风险,保险公司则不予承保。地震后,全国人大明确提出,国家发展有财政支持的地震灾害保险事业,鼓励单位和个人参加地震灾害保险。要积极研究推动巨灾风险制度的建立,逐步完善巨灾风险分散机制。但也只是提出了基本原则,并没有具体的可行性方案,缺乏可操作性。

到目前为止,我国几乎还没有规模化的巨灾保险业务,这一方面与我国社会主义的国家制度有关,使人们普遍对国家有一定的依赖感,投保意识不强;更重要的还是因为传统的商业保险公司,如果没有相关制度和商业模式的突破,根本无法开展规模化的巨灾保险业务。2008 年汶川地震中,商业保险提供的补偿额只占损失额的 0.21%,几近于零。

目前我国的巨灾补偿,主要是一种救助性补偿,其资金来源是政府财政部门,而负责减灾、赈灾的则是民政部门,中间的协调完全是行政方式的,既缺乏以经济利益为基础的连接纽带,也缺乏市场化的监督和约束机制,巨灾补偿工作的开展,完全取决于政府的行政效率。

3 巨灾补偿基金制度的基本架构与特征

潘席龙等(2009)提出了建设我国巨灾补偿基金的制度构想。整个构想从中国的实际情况出发,并遵循了以下原则:补偿主体和补偿资金来源多样化、补偿方式货币化、运行规范化和市场化、成本与补偿对等等有利于风险预防和控制的原则。

纯粹行政化的方式很难同时兼顾上述原则,我们主张所建立的巨灾补偿核心机构必须为经济实体,必须受经济目标的制约;但又不能完全以追求利润最大化为目标,而必须同时承担一定的社会责任,也就是说必须是同时肩负社会责任和经济责任的综合性机构。

3.1 基金的财产组织形式及资金来源

巨灾补偿基金的设立和运转,首要的就是筹集充足的资本金,同时解决好日常运作的资金来源,并处理好不同来源资金的关系,包括不同资金背后相关利益人的利益关系。这就是基金的财产组织问题。王安(2008)将全球的巨灾保险和保障制度分为四种主要模式:政府作为巨灾保险提供者的美国国家洪水保险基金模式、商业化运作和商业化管理的挪威模式、多方合作的土耳其巨灾保险基金模式、政府提供巨灾保险风险再保险的佛罗里达飓风巨灾基金模式;张雪芳(2006)提出以发行彩票等方式筹资的风险基金模式;卓志、王琪(2008)提出通过政府、资本市场多渠道筹资和分担风险的巨灾风险基金构想。从我国的实际情况出发,我们认为基金的资金筹集应坚持四个基本的原则:政府资金和商业资金分离原则、资金平等性原则、谁出资谁受益原则、专款专用原则;并在兼顾基金社会保障、社会安全功能的同时,充分发挥基金的商业功能,按商业化原则加以运作,保证基金商业上的可持续性。

要同时兼顾上述原则,巨灾补偿基金应以政府作为发起人,同时向保险公司、再保险机构等融入股权资金;同时向个人投资者、机构投资者、商业银行、非银行金融机构以及普通企业等发行基金份额,为基金筹集权益性资金。在债务性资金方面,基金应充分发挥政府信用、金融机构的信用优势,以政府和金融机构的担保为基础,在全球市场发行巨灾债券,以获得债务性资本。潘席龙等(2009)提出的巨灾补偿基金财产组织形式如图 1 所示。

有国家信用做支持,我国的巨灾补偿基金应充分利用国际金融市场的便利条件,发行

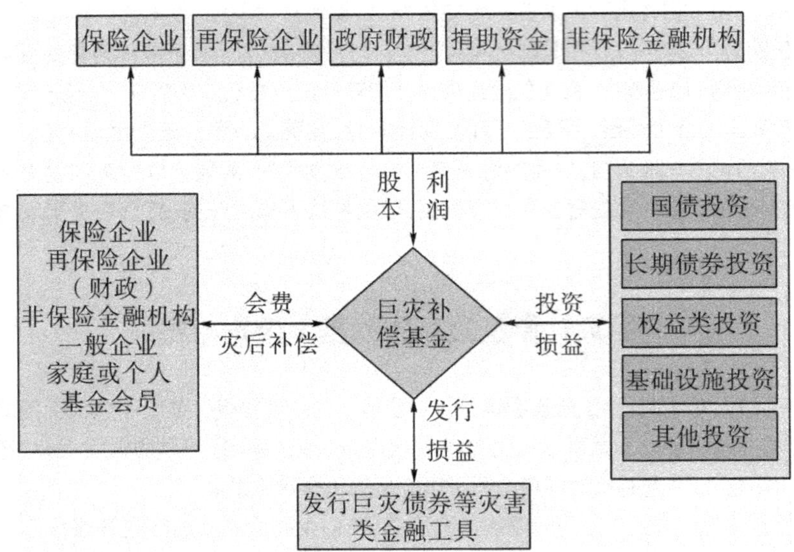

图1　中国巨灾补偿基金的财产组织形式

巨灾债券等金融工具，为基金筹资。具体运作时，须在触发机制、期限、利率、截留标准等多个方面进行结构优化。其中，在触发机制设计方面：通过对物理参数、损失参数、混合参数、模型参数等多种参数的比较，我们认为物理参数型在早期发行巨灾债券更好，在具备一定基础后，混合参数型将更适合我国的实际情况。利率机制的设计上，我们认为除了通常意义上的固定利率和浮动利率外，逆向浮动利率也可作为可行的参考利率之一。截留本息比例的设计上，我们认为可分别设计固定截留比例和按灾情级别变动截留比例的债券，以满足不同投资者的需要。此外，除了同步截留本息之外，我们还提出了本息分别不同比例截留的多种组合形式，并特别指出了截本还息的方式对我国的特殊用途和特别适用性。

其他方面，例如区域设计，我们认为可同时发行单独针对某一地区巨灾风险的债券和面向全国范围所有巨灾的债券。原因是这两类债券并不矛盾，而且可以为投资者提供在不同地区间进行套利的机会。同样，在涵盖险种的设计中，我们也认为可以同时发行只针对某一种特定风险的债券和发行同时含有数种或全部巨灾风险的债券，这样的发行也同样可以为投资者提供在险种间进行套利的可能

3.2　巨灾补偿基金双账户制度

巨灾补偿基金内设社会账户和政府账户两个账户，资金共同运作，但分别核算。前者管理基金持有人投资的基金份额筹集的资金；政府账户管理政府资金，并负责按约定比例在约定巨灾发生时向基金持有人按约定比例进行补偿。两个账户的联系，是社会账户定

期按一定比例向政府账户提交利润，以换取巨灾发生时，社会基金持有人获取补偿的权利。通过适当确定和调整利润上缴比例，可以调整两个账户间的资金关系。这种设计，一方面可以充分利用政府信誉作为补偿资金来源的保障；另一方面，可以避免巨灾补偿对社会账户的强烈冲击；同时，还有助于解决补偿的集中性与持有人的分散性和补偿的急迫性以及基金赢利在时间上的分散性的矛盾。

3.3 巨灾补偿基金注册地制度

鉴于巨灾风险预测、精算等方面存在人类暂时难以克服的困难，传统保险业务中按投保人精算具体损失，按损失逐一赔付的方式，在巨灾业务上存在显著的操作困难。巨灾补偿基金创造性地提出了按基金持有人注册地进行补偿的方式，舍弃传统保险业务不可能完成的巨灾风险精算工作，从而极大节约了业务成本。由于人们对不同巨灾风险认识水平以及不同风险的区域分布存在显著差异，因此，注册地的具体划分，将根据不同险种、区域等进行划分，并随着人们对巨灾风险的掌握水平而不断调整。同样，针对不同注册地、不同险种、不同投资总额，每个基金持有人的实际补偿比例，也是需要根据风险发生情况，科研研究的进展等定期或不定期，由政府组织的专业机构进行调整的。

3.4 巨灾补偿基金运作流程

基金的运作过程是：先由政府出资设立中国巨灾补偿基金公司，同时，可向保险及再保险等机构定向募股；在此基础上向全社会的机构、企业、个人公开发行基金份额；基金份额是半开放式的，只能在巨灾发生时按权益净额退出并获得约定倍数的补偿，其他时候不得退出；但基金份额可以在二级市场转让和交易。

如果规定的巨灾发生，基金将按约定的补偿比例给处于国家认定的注册地范围内的基金持有账户以补偿，同时持有人可以要求兑现其所持基金的权益。其中，权益部分，由社会账户支出；补偿部分，由政府账户支出。从而保证其他持有人的权益不受影响，以确保基金二级市场的稳定。

3.5 基金的投资制度

基金的投资运作，既要考虑持有人资金的保值增值；也要考虑巨灾发生时，可能短时间内需要大量的补偿资金。处理好流动性与收益性，直接关系到基金的存亡。因此，其投资应在国债、短期和长期债券、权益类投资、基础设施投资等方面合理安排，以平衡收益性和流动性，并确保基金的稳定和安全。基金还应充分利用政府和金融机构的信用优势，在巨灾发生后，以政府和金融机构的担保为基础，迅速取得短期融资，以降低巨灾风险的冲击。

3.6 基金收益的分配制度

基金的收益,主要来自于基金的投资收益、捐赠收益及政府拨款等方面,其分配顺序,首先要扣除相应的成本和费用,例如基金运营和管理费用等。其次,是提取法定公积金,以及必要时的任意公积金;其次然后才是按投资人的投资比例进行利润分配。其中,分配给社会账户的收益,将按约定向政府账户转移一部分投资收益以换取巨灾发生时超出持有人权益的超额补偿权。在基金没有达到一定规模之前,不主张使用现金分红的方式,而应更多考虑自动转为新的投资。想兑现的持有人,可通过二级市场兑现,以避免对基金的稳定性造成冲击。

3.7 基金的组织结构

3.7.1 基金组织形式的选择

根据前面提到的相关原则,巨灾补偿基金应是契约型的半开放式基金。考虑契约型的原因是巨灾补偿基金背后有政府资金,在独立董事制度不完善且行政透明度与效率不足的情况下,不宜以公司型的方式运作;而契约型基金简单灵活,在现有的法律框架和制度下,有更强的可行性和操作性。半开放式的选择,一方面是为了保证基金资金的稳定性,这既可以降低不断申购和赎回的交易成本,也能为基金进行必要的长期投资创造条件;另一方面,由于基金有二级市场,持有人完全可以选择通过二级市场变现,基金没有完全开放的必要。之所以不是完全封闭的基金,是鉴于巨灾发生时,持有人可能会急需变现应急,这时,允许持有人将自己所持权益变现赎回。当然,持有人有权选择不赎回,继续持有。

3.7.2 基金的内部治理结构

基金的正常运转,必须以良好的内部治理为基础和前提。由于整个基金中,股东的股权权益相对于基金持有人权益非常小,因此,不能沿用由股东大会为最高权力机构的股份制模式,相反,应以基金持有人大会为最高权力机构。下设基金理事会,理事的来源分为持有人大会选举、股东委派、专家委员会成员等。基金理事会为常设机构,具体负责基金的管理和运作。理事会在管理基金的过程中,应尽可能采取透明化、市场化的方式,以降低受托人与委托人之间的信息不对称性和交易成本。

图2是基金内部的治理结构示意图。从图中可以看到,基金的最高权力机构是持有人大会,大会可定期,如一年召开一次,也可以在发生重大灾害,例如汶川大地震事件时,紧急临时召开,具体的召集方式,可以是网络虚拟加现实会场的方式;下设的理事会为常设机构,负责基金的日常运作。理事会内部,还可设各种专业委员会。在持有人大会下,另设基金监事会,负责监督理事会的工作,并直接向持有人大会负责,从而起到分权和制衡的作用。

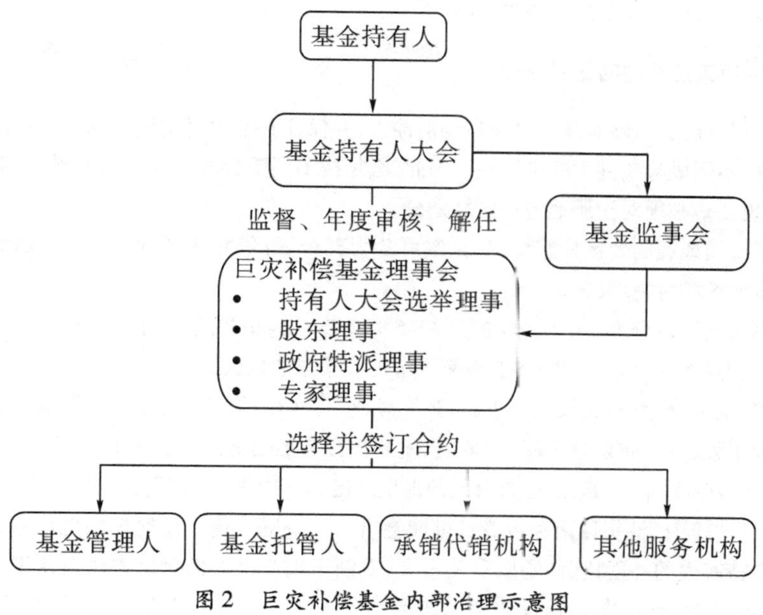

图2　巨灾补偿基金内部治理示意图

3.8　基金在中国的适用性

巨灾补偿基金的主要特点有：一是通过社会资金账户定期向政府账户提交利润的方式，换取巨灾发生时，由政府账户进行补偿的权利，实现了社会统筹，实现了巨灾风险的全社会分散、共同承担。二是根据国家和社会两部分资金在目标和管理上的不同，设计了兼容的共同运作、分别计账的机制，将社会公益和商业利益有机地结合在一起。基金以国家信用为基础，充分利用金融杠杆进行投资和融资，可以更好地发挥出国家资金的信用效益。三是所设定的半开放式机制可以解决基金的稳定性和流动性问题，避免了巨灾风险对二级市场的强烈冲击，使二级市场的建设成为了可能。四是突破了我国巨灾保险市场不发达的限制，避免了个别保险公司无力承担巨灾风险，也避免了保险基金模式下对政府财政的倒逼机制。五是，能有效实现跨区域、跨风险种类、跨时间的风险分散，确保基金的可持续发展。六是注册地制度的设计，绕过了巨灾保险精算的难题。

基于以上特征，我们认为，巨灾补偿基金制度，是到目前为止，最适合我国国情和实际的制度设计，值得深入、细致地进一步研究，并提出更详细和全面的操作方案。

4　巨灾补偿基金研究面临的挑战

虽然基本的制度框架已经有了雏形，但要形成可操作的方案，目前的巨灾补偿基金还面临诸多挑战,迫切需要进一步深入研究。

4.1 巨灾注册地的区域划分

为了规避巨灾风险对基金二级市场的冲击,并保证基金的流动性,就必须保证基金在不同区域、不同风险条件下的可比性。因此,必须按不同险种和不同注册地设定相应的补偿比例,也就是必须对注册地进行区域划分。

根据我国地震的地区分布情况,大致可分为五个区:华北地区、西南地区、西北地区、东南沿海地区和台湾地区。

对旱灾则可以分为三个区域:多为3~5月份春旱的华北地区;多为7~9月伏旱的包括湖南、江西、江苏、浙江等省;多为春夏季节的春旱东北地区。

巨灾,也可分为华南、长江中下游、黄淮海、东北地和西南地区几个区域;就台风而言,其季节性很强,按时间划分区域:5~6月,杭州湾以南的沿海地区;7~8月,广东、台湾、海南、福建、浙江、上海、江苏、山东为台风的高发地区;9~10月,主要是长江口以南地区受台风影响;11~12月,汕头以南和台湾省可能会有台风登陆。由于注册地的区域划分,直接关系基金持有人的补偿比例,所以事关重大;受制于现实中人们对巨灾风险认识不足,详细、具体的区域划分,尤其是针对不同的风险分别所做的区域划分,着实具有较强的挑战性。

4.2 社会账户向国家账户缴存利润的比例

巨灾补偿基金补偿机制的核心,是社会账户向国家账户缴存一定比例的收益,以换取巨灾发生后,受灾的基金持有人可获得数倍于自身权益补偿的期权权利。但如何确定这一比例,并不是件容易的事。

这一比例过高,基金将失去市场竞争力,不利于基金的融资和规模的扩张;比例过低,则国家资金账户的风险过大,巨灾发生后国家的负担太重,不利于国家资金账户的积累和发展。一种可能的解决方案是,基金发展早期,这一比例不宜过高,以利于支持和促进基金发展;当基金发展到一定水平后,再根据巨灾发生情况、经济发展情况和基金的营收情况逐步调整。

4.3 补偿比例的厘定

虽然注册地制度,绕开了巨灾保险必须精算到每个投保人的巨灾损失这一世界难题,而以注册地这一较大的、可灵活调整的区域划分作了替代。然而,这只是对精确性要求上的不同,并不能真正回避巨灾风险定价的问题。不同地区、不同险种、不同灾害等级下,不同持有人补偿比例的设定,也是巨灾补偿基金必须面对的挑战之一。

目前,我们的解决办法是:先完成主要巨灾风险的区划工作,并在设定的不同区划内进行试运行。以后,由人民代表大会下设的专门委员会,每年对巨灾区划和补偿比例进行审定。

4.4 二级市场交易机制

虽然在前面的制度设计中,我们已经尽可能地降低了巨灾风险对二级市场的冲击,然而,由于巨灾风险固有的不确定性,巨灾补偿基金很容易成为二级市场的投机工具,特别是对台风、干旱、冰雪等有一定规律、却又无法准确预测的巨灾风险,到了灾害发生季节,随着灾害信息的不断增加和“明确”,某一注册地的基金份额价值迅速增加却又不完全确定时,最容易成为市场投机的焦点。

因此,二级市场必须将注册地的变更期限、单一持有人的权益总额、持有基金的时间以及某一特定地区的最高补偿额等结合起来厘定对特定持有人的补偿比例,以做到既吸引投资人踊跃投资,又限制恶意炒作,以保障二级市场的健康发展。不过,要具体设定这些指标,而且对个人投资者和机构投资者,要分别确定相应的指标体系,也是一件非常细致而艰巨的工作。

4.5 风险管理

巨灾补偿基金主要有三种特定的风险,分别是巨灾性风险、补偿性风险以及投资性风险。巨灾性风险包括常态式风险,如洪涝灾害、旱灾和台风灾害和与黑天鹅式风险(如地震);补偿性风险包括政策风险、委托-代理以及集中赔付风险;投资性风险则与一般性基金的共有风险基本相同,可细分为市场风险、操作风险与流动性风险。

巨灾补偿基金,是一种全新的基金形式,以上三类主要风险综合在一起,如何有效进行管理和控制,尤其是当频频面临难以预料的巨灾冲击的情况下,如何保证基金的健康发展,仍然还有许多问题需要深入研究。

4.6 绩效考核

作为企业化运作的基金,绩效考核是维持运作效率的重要基础。我们认为可以将夏普系数作为一个重要指标,原因是这一系数在衡量收益高低的时候,同时考虑了风险问题,有利于在同业之间进行比较。

鉴于巨灾补偿基金肩负一定的社会责任和义务,享有特定的税收和政策优惠,因此,我们建议在对基金的考核中,应对政府账户和社会账户分开考核,对政府账户的考核侧重于资金的安全性和流动性,以及担负的社会责任和义务完成情况;而对社会账户的考核,则应侧重于财务绩效,以确保其商业效率。

对绩效考核真正的挑战在于,如何确定基金的整体风险,或者说,如何计算风险调整后的收益额和收益率。

5 巨灾补偿基金应用展望

巨灾问题,已经日益演变为全球性问题,探索巨灾风险的分担和补偿机制,是急需解决的一大问题。巨灾补偿基金制度,是理论上相对较为完善、也充分考虑了我国实际情况的制度构想。随着研究的深入和完善,这一制度完全有可能真正进入我们的现实世界。

巨灾补偿基金设计的初衷是希望巨灾可能发生地的人们根据自身的财产状况合理选择基金的持有量以期在巨灾发生时能获得足额的赔偿来弥补损失。不同注册地的补偿比例在投资者购买基金前已经确定并且随着时间的推移不断调整并公布,投资者可以根据自身财产状况、补偿比例和风险承受能力选择购买基金的数量。基金按照市场化方式运作,自身净值不断提高,在不考虑其对巨灾的补偿的作用的情况下也是一种好的投资方式。

这一基金真正面世以后,将彻底改变目前几乎完全财政救助式的巨灾风险补偿方式,形成以全社会之力共同承担巨灾风险的局面;同时,将加快灾后的重建和恢复进程,降低社会成本。基金通过市场的手段应对巨灾风险,还能最大限度地发挥出有限财政资金的社会效益,最大限度地实现取之于民、用之于民,实现全社会跨区域、跨险种、跨年代巨灾风险分担。

【参考文献】

[1]ERNSTN. CSISZAR. An Update on the Use of Modern Financial Instruments in the Insurance Sector. The Geneva papers, 2007, 32:319 - 331.

[2]FREEMAN P K,H KUNREUTHER. Managing Environmental Risk Through Insurance [C]. Year Book of Environmental and Resource Economics, 2003.

[3]MALCOLM P WATTMAN, MATTHEW FEIG. The Credit Crisis and Insurance - Linked Securities:No Catastrophe for Catastrophe Bonds[J]. 2008(4):80 - 86.

[4]RAJABOUZOUITA, ARTHUR J YOUNG. Catastrophe Insurance Options Insurance Company management's perceptions. Journal of Insurance Regulation,2003,16(3) 313 - 326.

[5]RICHARD W GORVETT. Insurance Securitization:The Development of A New Asset Class, Casualty Actuarial Society Securitization of Risk [J]. Discussion Paper program, 1999 (7):79.

[6]杜兆瑜.巨灾保险证券化研究[J].上海市经济管理干部学院学报,2009,11:47 - 50.

[7]冯锐.关于建立我国海洋巨灾基金的构想[J].中国优秀硕士学位论文全文数据库,2009:37 - 54.

[8]李全庆,陈利根．巨灾保险:内涵、市场失灵、政府救济与现实选择[J]. 经济问题,2008(9).

[9]刘毅,柴化敏．建立我国巨灾保险体制的思考[J]. 上海保险,2007(5):16－18.

[10]欧阳越秀．差异化巨灾风险管理体系的构建[J]. 财经论丛,2009. 3:54－58.

[11]潘席龙,陈东．设立我国巨灾补偿基金研究[J]．西南金融,2009, 1.

[12]裘孝锋．巨灾证券的定价及相关衍生市场的发展[J]. 世界经济情况,2005(8):14－16.

[13]田玲,张岳．巨灾风险债券的利率敏感性研究——基于长江流域大洪灾风险债券的分析[J]. 技进步与对策,2007(8):182－184.

[14]田玲,张岳．巨灾风险债券定价研究的进展述评[J]. 武汉大学学报 2008:650－654.

[15]王安．巨灾风险基金的国际经验与中国的选择[J]. 西部金融 2008(10):40－41.

[16]小杉光秀．日本巨灾风险管理及保险公司对策[J]. 中国金融 2009(23):55－56.

[17]谢世清．论发展我国的巨灾保险连接证券[J]. 金融与经济,2009(10):55－58.

[18]姚庆海．沉重叩问:巨灾肆虐,我们将何为？——巨灾风险研究及政府与市场在巨灾风险管理中的作用(之一)[J]. 交通企业管理,2006(9).

[19]占云生．巨灾风险证券化:国际经验和启示[J]. 经济研究导刊,2008(13).

[20]张雪芳．通过发行彩票建立巨灾风险基金的思考[J]. 财政研究,2006(11):35－36.

[21]张志明．保险公司巨灾保险风险证券化初探[J]．东北财经大学学报,2006(5):60－63.

[22]张宗军．我国政府主导下的巨灾保险制度研究[J]. 金融与经济,2008. 06.

[23]仲伟．美国国家洪水保险制度分析[J]. 中国优秀硕士学位论文全文数据库,2009,7:18－21.

[24]卓志,王琪．中国巨灾风险基金的构建与模式探索[J]. 保险研究,2008.

资本市场的巨灾风险管理工具探析

钱美虹

【摘要】巨灾风险证券化是国际保险与资本市场融合趋势下兴起的一项金融创新，它采用金融工程技术将巨灾风险转移至资本市场。该金融创新不但为资本市场提供了新投资工具，有效降低了投资组合风险，也解决了传统再保险市场承保能力不足的窘态，从而通过资本市场实现有效且低成本的巨灾风险管理。本文概述了国际巨灾风险证券化发展现状，挖掘了巨灾风险证券化的驱动因素，研究了巨灾风险证券化的设计原则、种类和结构，分析了巨灾风险证券化在开展巨灾风险管理方面的优势，并从政府监管、金融工程和资本市场等方面提出了国内发展巨灾风险证券化的建议。

【关键词】巨灾风险管理；巨灾风险证券；巨灾风险证券化；金融创新；保险创新

Abstract: Catastrophe risk securitization, a financial innovation, rose under the trend of integration of international insurance and capital market. It uses financial engineering technology to transfer catastrophe risk to capital markets. This financial innvonation not only provides a new investing tool for capital market, which reduces portfolio risk effectively, but also solves the embarrasing problem of the lack of traditional reinsurance market's underwriting capacity, which realized a effective and low - cost catastrophe risk management through capital market. This article outlines the development status of international catastrophe risk securitization, explores the driving factor of catastrophe risk securitization, researches catastrophe risk securitization's design principles, types and structures, analyses catastrophe risk securitization's advantage in carrying out catastrophe risk management, and offers proposals for catastrophe risk secutitization development in China from the aspect of government regulation, financial engineering and capital markets.

Key words: catastrophe risk management; catastrophe risk securitization; financial innvonation; insurance innvonation

---

[作者简介]钱美虹，中国平安财产保险股份有限公司再保部总经理。

引言

我国是巨灾多发的国家。由于我国国土广阔,地质灾害分布点多面广,巨灾风险发生频率相当频繁。从灾害区划看,全国有74%的省会城市以及62%的地级以上城市位于地震烈度Ⅶ度以上的危险地区;70%以上的大城市、半数以上的人口、75%以上的工农业产值,分布在气象、海洋、洪水和地震等灾害严重的地区。随着国民经济持续高速发展、生产规模扩大和社会财富的积累,因自然灾害所造成的损失有日益加重的趋势。国内巨灾风险管理存在保险公司巨灾风险承保能力不足、巨灾风险管理工具单一等诸多不足,如何有效地进行巨灾风险是一项重要课题。

巨灾风险证券一般也称为保险联结证券(Insurance - linked securities,ILSs),是国际保险与资本市场融合趋势下兴起的一项创新型金融产品。巨灾风险证券化采用金融工程技术将巨灾风险转移至资本市场。巨灾风险证券化不但为资本市场提供了新投资工具,有效降低投资组合风险,也解决了传统再保险市场承保能力不足的窘态,从而通过资本市场实现有效且低成本的巨灾风险管理。

一、巨灾风险证券化发展状况

(一)巨灾风险证券化的发展历程

从发展历史看,可以将其分为五个阶段:

(1)萌芽阶段:同现在的证券化产品比较,在这一阶段的巨灾证券是非常简单的。1995年,美国全国相互保险公司(Nationwide Mutual Insurance Company,NMIC)发行的意外盈余票据。NMIC从资本市场借入4000万美元,以此建立一个专门的信托基金,基金主要用于购买AAA级的证券,基金的唯一目的是当巨灾发生后,将AAA级的证券抛出,以购买NMIC发行的意外盈余票据(contingent surplus note),这是第一笔公募发行的巨灾风险证券,也使投资者第一次能够直接投资于特定保险人的巨灾标的,是巨灾风险证券化的萌芽。

(2)融合阶段:这是各种巨灾证券化工具和各种金融工具相融合的阶段。例如巨灾权益卖权(Cat - equity - puts)就具有权益证券和衍生工具的特征。这种新的证券化产品使保险人在特定条件下,一般是把巨灾的发生约定价格出售给普通股或者优先股给投资者,从而补充资本,尽管这一形式证券并不具有风险转移的特征,但是却发展成了一种新的投资理念。

(3)直接证券化阶段:这一阶段以美国联合机动车服务协会(USAA)在1997年和1998年发行的两笔巨灾债券最有代表性,巨灾债券与保险人出售的风险有了一一对应的关系,交易具有了证券化最基本的结构,并且具有风险转嫁和风险融资这两个核心功能。而且,由于定价技术的发展,合理的利差吸引了很多投资者,交易量增大,市场有了一定的规模。

(4)投资组合的证券化阶段:当巨灾证券化和其他形式的保险证券化逐步被市场接受后,一部分再保险公司开始利用证券化方法将它们的一部分投资组合包装出售,证券化开始成为一种综合的风险管理手段,例如圣保罗再保险公司(St. Paul Re)在1996年发行的680万美元的债券。在这一时期,投资银行转变了角色,在此阶段以前投资银行只是简单的参与巨灾证券化产品的承销发行的传统业务,而在这一阶段投资银行开始直接参与巨灾的证券化,扮演了巨灾分保供应者的角色。1998年投资银行开始建立自己的再保险公司,接受原保险人或者其他再保险人分出的业务。例如雷曼兄弟公司建立起了Lehman Re,而高盛投资公司Goldman Sachs建立了Arrow Re,它们将接收的巨灾再保险业务包装后在资本市场出售,有力地确保了再保险人保障功能的发挥。

(5)证券化繁荣阶段:在这一阶段,除了传统的债券产品巨灾期权、期货及交换等衍生工具开始出现,各种标准化和非标准化产品的种类增多,而保险市场和资本市场前所未有地紧密结合在一起。

(二)巨灾债券发展状况

巨灾债券是最主要的巨灾风险证券,目前以美国的发行量最大。自2004年以来,全球巨灾债券发行数量和规模均呈现快速上升态势。2007年,共发行了27只巨灾债券,发行规模为69.96亿美元,达到历史最高值。由于金融危机的影响,2008年巨灾债券发行规模大幅下降。2010年,巨灾债券发行规模达到46.00亿美元,比2009年增长35.61%。1997—2010年巨灾债券的发行数量和规模见图1。

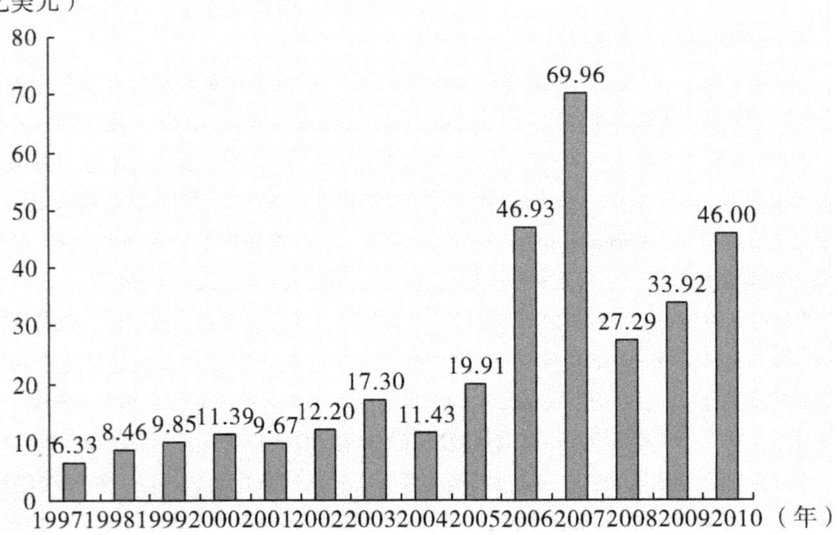

图1 1997—2010年巨灾债券发行规模

数据来源:The Guy Carpenter Securities

二、巨灾风险证券化的驱动因素

(一)保险人内部动因

1. 解决自有资本的不足

巨灾保险市场困境的主要原因之一是保险市场的资本相对于巨灾风险经营的需求不足,由于巨灾损失的巨大,世界各地区的财产保险人都面临着自有资本不足的难题,一旦发生巨灾,将会使很多中小财产保险人丧失偿付能力。因此,寻找新的资本来源就直接关系到保险人的经营绩效稳定。

2. 解决再保险的信用风险

传统巨灾再保险的信用风险须待再保险合同到期时才能按当时巨灾状况真正度量出来,也就是说,巨灾风险的承担者资产的当期实际价格往往不能像证券那样在市场上得到真实、及时的评估。这样的风险累积起来,往往集中一个时点,在一家或少数几家再保险人身上爆发,给保险人和再保险人带来潜在的经营风险。而把再保险业务组成一个资产集合,再以此为担保发行证券,就可以把再保险合同的潜在信用风险转变为市场上的风险,通过证券二级市场及时地分散给每个投资者,从而降低信用风险。

(二)资本市场投资者的动因

1. 零β风险产品的需求,分散投资组合风险

由于巨灾证券化产品的收益仅取决于巨灾风险状况,而与金融市场所面临的风险的相关系数接近于零。因此,从投资学的角度,它能有效的分散和降低投资组合风险。表1是美国的巨灾债券和其他投资产品的相关系数。

表1　1989—1995 美国巨灾期权与其他投资产品的相关系数

	S&P 500 股票指数	美国6个月国债	Aaa级企业债券
相关系数	0.0526	-0.2916	-0.1427

资料来源:Journal of Insurance Issues,1999,22

从上表可以看出,巨灾债券同金融市场的投资产品相关性很低。巨灾风险与其他传统金融风险(如利率及汇率风险)不相关的特性在1997年至1998年亚洲、拉丁美洲及俄罗斯金融风暴中得到充分验证。当国际金融市场因金融风暴而造成欧洲及各国股市、汇市、期货及债券市场震荡时,巨灾债券的利率并无重大影响,充分显示与传统金融市场风险脱钩,而与巨灾风险最具相关性的特点。因此,投资人若将此债券加入投资组合中,能有效降低其风险。

2. 高收益率

就同等级的债券来说,巨灾债券比一般的公司债券的收益要高得多,以20世纪90年代以来的巨灾债券收益看,平均要比同等级的公司债券的收益高近200个基点。当然,这里有一些非市场因素的影响,例如投资者由于信息缺乏等原因,不愿意投资于新的金融产品,导致利差加大。图2是2007年5月以来BB级巨灾债券、BB级企业债券和标普500指数收益率对比图:

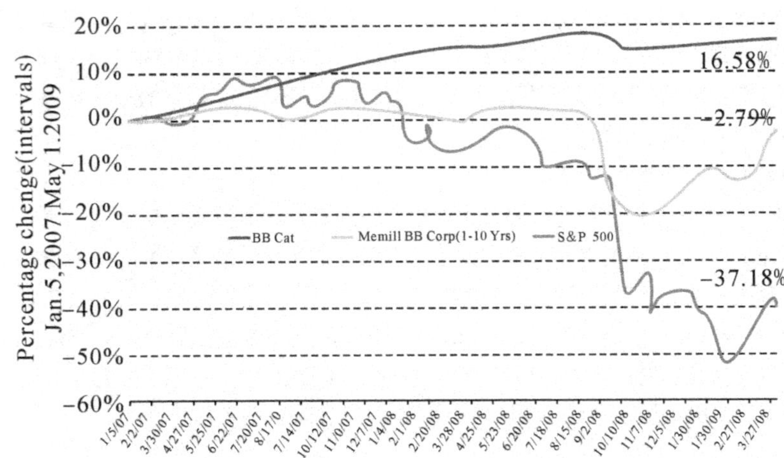

图2 巨灾债券、公司债券和标普500收益率对比图

资料来源:Blomberg

三、巨灾风险证券的设计原则与种类

(一)巨灾风险证券的设计原则

1. 风险自留应该适度

如同很多传统的再保险合同一样,巨灾风险证券也需要把损失分为很多层,每一层都有损失上下限,也就是最大和最小可能损失数额,低层的损失发生概率较大,这部分损失一般由分出人自留。而高层的损失发生概率很小,分出人基本上尽量不自留。能否突破传统再保险的局限,让市场接受较低层的损失额分摊是巨灾风险证券化面临的一个难题。但是,现在的市场参与者并不乐意接收低层风险的转嫁,这是由以下的原因所导致的:

(1)会计制度和监管规定。在现有的会计制度和监管规定下,投资者更倾向于投资信用等级高的、一般达到投资等级(invest grade)的证券,以便保持要求的偿付能力和取得税收上的收益。对高信用等级的证券的需求远远大于对垃圾证券的需求。在现在的评级体

系下，有 2% 损失可能性的证券就有可能被评估为投资等级下的证券。而从巨灾的发生看，低层的损失发生的概率都比较高。这样，如果分出人保持较低的自留额，巨灾证券的定级会比较低，降低投资者的认购热情。在这种情况下，保险人如果要保持低的自留额的同时不显著降低证券的投资等级，唯一的方法是使用本金保证，即是对投资者的本金投入做返还的承诺。例如美国机动车联合服务公司 USAA 发行的巨灾债券有一部分就是属于本金保护的债券，这部分债券被定为 AAA 级，但本金保证会明显提高债券的发行成本，因为发行后的收入会有很大一部分被用于购买零息的美国长期国债，到期后的用这部分国债作为本金偿还的保证。

(2)道德风险和逆选择的存在也是一个原因。投资者、保险人、再保险人等都不愿意承担低层的损失。因为除了发生概率大的原因外，道德风险和逆选择的存在也提高了这部分损失的风险水平；如果分保分出人保持较高的自留额，可以促使分出人加强风险的事前和事后的控制，提高风险管理水平。针对这一情况，可以加强分出人和发行人的信息披露的管理，减少信息在分出人与资本市场投资者之间的不对称，这样低层的巨灾损失也可以通过证券化的形式出售。

(3)再保险的定价对巨灾低层风险的证券化有影响。巨灾风险的证券化的出现动因就是为了解决保险人对高层风险转嫁的需求问题，也就是为了弥补传统再保险合同在接受高层风险上存在的定价过高和资本能力不足的问题。而传统的再保险在承保低层巨灾损失上有明显的价格优势，因此，保险人一般通过再保险来转嫁这些层的损失。

2. 保险人证券化的损失起点不应该太高

对高层的损失使用巨灾证券化是非常必要的措施，而且这一措施非常有效。因为资本市场与保险市场整合的根本原因是保险市场资本的不足，资本市场的作用就在于为高层的大额损失提供资本。

但是，如果将证券化的层数定得太高，却会导致成本的非经济，因为层数越高，则发生的概率越低，风险收益也越小，这样发行人的收益也许不足以抵消成本。因为保险人发行证券需要支付一些特殊的成本，例如建立 SPV 的成本。因此，保险人在确定证券化的损失层时，应该综合考虑以下成本费用比较证券化的收益：

(1)承销费用。投资银行在承销和发行巨灾证券时，要根据发行构成的复杂性和发行的证券金额来确定承销费用。一般是以发行额的 50 ~ 250 个基点为承销费用。

(2)法律费用。主要包括建立 SPV(Special Purpose Vehicle)和信托账户的法律费用。

(3)信息费用。保险人、发行人必须向投资者和评级机构提供必要的信息，这种费用主要包括建立巨灾风险模型而支付给模型公司的费用。

(4)评级公司评估费用。同公司债权比较，巨灾债券的评级需要更多的费用支出，这是因为巨灾风险证券有不同的原理和特征，其评估更为复杂。

(5)SPV 的资本化成本。包括执照费用、赔付成本和保费支出等。

3. 风险转嫁的数额不应该太小

巨灾风险证券化的成本有很大一部分是固定成本。由于固定成本的存在，风险证券化的数额越大，那么单位成本就越小。现在就美国的巨灾风险证券化市场来说5000万巨灾债券的发行成本大约是200个基点，而4亿巨灾债券的发行成本只有约100个基点。

对于保险人来说，有三种办法来减少单位成本：

(1)使用多年合同进行巨灾风险的证券化。例如发行长期的巨灾债券等。不过投资者本来对巨灾的风险证券化产品就不熟悉，现在发行长期债券并不是最佳时机。这需要巨灾风险证券化市场的进一步成熟。

(2)提高巨灾债券的发行额度。

(3)使用柜台交易。如果采用这一方法，巨灾证券的承销和发行成本会有大幅度的下降，对于发行额度不足的小规模保险人来说，这是一种廉价的方式。

4. 触发事件避免受到风险分出人的控制

在设计巨灾证券时，选择合适的触发事件是很重要的。因为，如果选择一种能被风险分出人影响或控制的触发事件，那么投资者就会认为这一证券有很大的道德风险，影响其对这一证券的购买决策。当然，完全避免道德风险是不太现实的。但需要注意以下几点：

(1)合理确定自留额。如果能合理确定保险人的自留额，即使触发事件能够被保险人影响，由于保险人和投资者所处的风险状况趋于一致，也不会存在大的道德风险。

(2)选择双触发事件。这是指巨灾风险证券的特定义务和权利与两个触发事件相联系。例如，可以设计一种巨灾债券，它的债务免除必须同时具备两个条件：第一，特定保险人即风险的一次承担者的巨灾损失达到5000万美元；第二，所处地区整个保险业的行业损失达到4亿美元。

(3)选择巨灾的物质特征为触发事件也是避免道德风险的有效方法。例如以地震的烈度为债券的触发事件。

(二)巨灾风险证券化主要产品类别

巨灾风险证券化的主要产品有巨灾债券、巨灾期权、巨灾互换等。

1. 巨灾债券的基本原理和结构

(1)资金流向结构：巨灾债券是目前巨灾风险证券的最主要类别，其主要的参与人包括投资者、分保分出人、债券的发行人。债券的发行人一般是由专业再保险中介充当SPV，实质上是由原保险人和再保险人等建立的离岸公司。但是SPV并不经营其他业务，它唯一的业务就是接受母公司或者其他再保险公司的分保分出，然后以接受的业务为基础发行债券由投资者认购。因此，巨灾债券的结构可以用图3表示。

在巨灾债券的发行结构中SPV的建立极为重要，分保分出人不直接发行债券，而通过SPV来发行债券是基于税收和破产风险的考虑。

(2)时间结构：一年期债券发行后，在到期日前，每隔一定时间由债券发行人向投资者

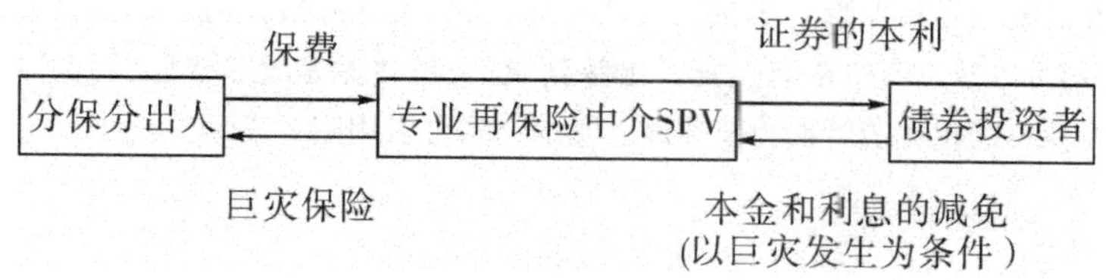

图3　巨灾债券的资金流向结构

支付预定的利息直到一年期满。如果没有发生巨灾,则由发行人向投资者退还本金和支付约定的利息;如果发生巨灾则顺延一个事先约定的损失发展期。在损失发展期限里,确定巨灾损失金额,然后根据金额,发行人可以行使事先约定好的如下权利:①发行人可以免除部分或者全部本利支付;②发行人可以延期支付本利。

这可以用图4表示:

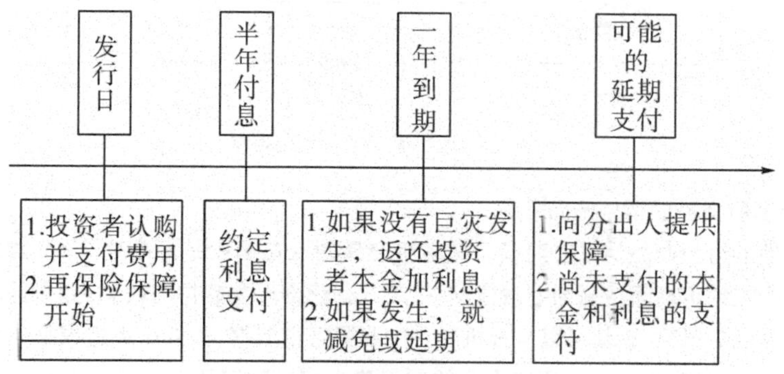

图4　巨灾债券的时间结构

2. 巨灾互换的基本原理和结构

巨灾互换市场的参与人比巨灾债券市场的参与人范围窄得多,一般的巨灾互换只包括原保险人、再保险人等巨灾风险的承担者,而且互换的主要目的是实现巨灾风险在地域上的分散,而不是像巨灾债券一样,实现风险的单向转嫁。

互换参与人一般通过特定的金融中介来实现交换。其交易结构如图5所示:

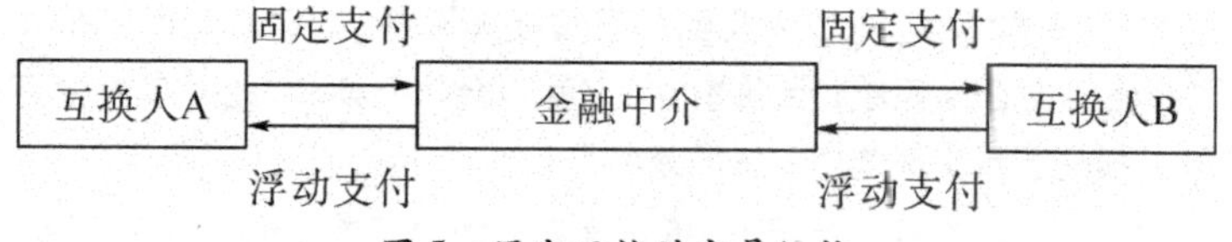

图5　巨灾互换的交易结构

3. 巨灾权益卖权的结构

卖方期权赋予期权购买者一种权利,即在约定期间内可以按约定价格出售特定资产。

巨灾权益卖方期权是指保险公司在购买这种期权后，当巨灾损失超过期权合约议定额度时，保险公司可以按预定价格向投资者出售其股份，包括优先股和普通股，保险公司也可以将投资者持有的优先股转换为普通股。它的结构可以用图6表示：

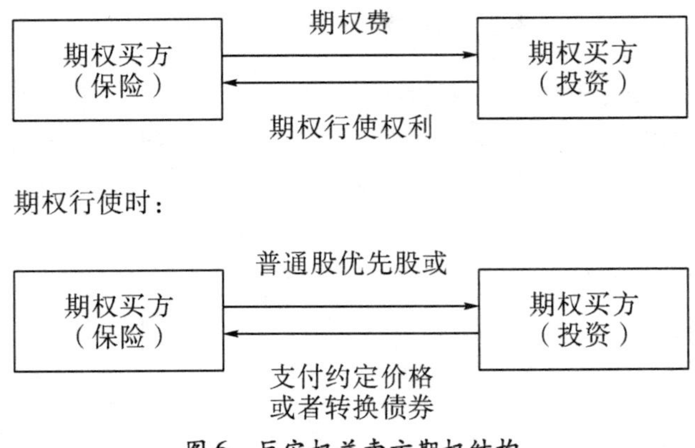

图6 巨灾权益卖方期权结构

4. 交易所交易的衍生产品

代表性的衍生产品是巨灾期权。交易所交易的巨灾期权是标准化合约，当特定的巨灾损失指数在约定期间达到约定数值，期权买方有获得现金支付的权利：如果保险人想使用证券对冲巨灾风险，它就可以从投机者手中购买巨灾期权；如果巨灾造成损失指数等于或超过期权协议值，投机者必须依据合约向保险人支付约定款项。保险人和投机者可以在芝加哥交易所和百慕大商品交易所交易这种期权。以芝加哥交易所CBOT的巨灾期权为例，假定在期权交易中，某保险人购买一份45/65巨灾风险期权合约（损失率位于65%～200%区间）在这一交易中实际包括两个步骤：第一，该保险人买入一份45看涨期权，并支付给卖方一笔期权费，当巨灾损失率在45%～200%时，保险人就执行该期权；第二，与此同时，他再卖出一份65看涨期权，并获得一笔较小的期权费，当巨灾损失率在65%～200%时，期权购买者就执行该期权，如果假定巨灾实际损失率为p，存在三种情况：

(1) $p \leq 45\%$：如果在约定时段内实际的巨灾损失率低于45%，这时的价差对以大于45价格购买看涨期权的购买者毫无价值，买方就不会执行期权，此时卖方便可获得期权费，而保险人只损失了买卖两笔期权费的差额。

(2) $45\% < p \leq 65\%$：在这种情况下，45看涨期权的购买者会执行期权，而65看涨期权的购买者不会执行期权，这样保险人会获得超过45%的 $(P-45)\%$ 的损失补偿。

(3) $p > 65\%$：如果损失率超过65%时，45看涨期权的购买者将获得超过45%的损失率的实际赔付，而65看涨期权的出售者将赔偿损失率超过65%至实际损失率（最高不超过 200%)的损失。这样对于该保险人来说,当巨灾赔付率超过 45%,他将获得保障,保障的范围介于 45% ~65% 的损失率之间。

这种方法从运作功能看,与超额赔付率再保险很相似,超额起点为 45%,承担超过 45% 的在 65% 范围内的损失;但两者的主要区别在于这种风险分散方式是与特定地区经济损失率相关的,而不是保险人自己规定的赔付率.并且后一期权(即 65 看涨期权)的购买者不一定是保险人,可以是参与资本市场交易的任一投资者。

四、巨灾风险证券化应对巨灾风险的优势

巨灾风险证券化与传统的再保险巨灾风险分散机制比较,具有明显的优势,其差异体现在以下几个方面:

(1)巨灾风险证券产品的发行具有较高的要求,不但涉及中介机构,而且要求具有较高的技术含量,相对于传统的巨灾风险再保险产品,对产品的定价提出了更高的要求,巨灾模型的应用是巨灾风险证券产品定价的重要依据。

(2)巨灾风险证券化可以突破传统再保险模式的承保能力限制。凭借一个国家、地区甚至全球发达的资本市场可以承保大规模的巨灾风险。而传统的再保险巨灾承保能力的高低则取决于保险公司和再保险公司的承保能力。

(3)与传统的巨灾风险分散模式相比,巨灾风险证券化具有较低的信用风险。由于资本市场的支持,公开交易的契约背后均有庞大的资金作后盾,因而契约另一方违约的可能性微乎其微,由于公司无力偿付造成的信用风险比较低。而传统模式很可能因为大型巨灾的出现而导致承保人破产,引致信用风险的发生。

(4)很多实证研究表明,巨灾风险证券化能给保险公司产生更多价值。David Cummins 的研究认为,巨灾风险证券化能更有效地平衡风险分散化效应和向资本市场转移风险。Bjoern Hagendorff 通过对 1997 年至 2010 年 80 只巨灾债券研究发现,那些巨灾损失低且波动性的保险公司在发行巨灾债券后,股票价格上升显著,股东获得了超额的收益。

五、在我国实践巨灾风险证券化的建议

目前,我国实行的是国家财政支持的中央政府主导型巨灾风险管理模式,对灾害损失的补偿基本上依靠国家财政拨付和民间捐助。2008 年的南方雨雪冰冻灾害和汶川大地震等巨灾事件,造成的直接经济损失分别达 1111 亿元、8451 亿元,但保险损失分别只有 55 亿元、16.6 亿元。保险在巨灾风险管理中的作用还未得到重视。1995 年,保监会从防范和控制保险公司经营风险的角度出发,限制保险公司承保地震风险,进一步导致巨灾保险市场供需不平衡。如前所述,类似情况在 20 世纪 90 年代在国外也出现过,而国外通过巨灾风险证券化成功的解决这一矛盾。笔者认为,在我国发展巨灾风险证券化,需要通过协

调监管机制、完善法律法规、发展资本市场、发展金融工程技术、培养专业人才等几个方面着手。

(一)协调监管机制,完善法律法规

金融市场的产品创新离不开法律和监管的支持。巨灾风险证券化涉及保险、证券、银行、会计、税收等各个领域,我们需要结合保险业自身特点和资本市场特性,对现有政策法规作相应的调整或补充,为巨灾风险证券化的发展铺平道理。当前有很多法律问题需要解决,如权益凭证的定义、真实销售的法律鉴定、避免双重征税、产品交易规则、信息披露等方面的法律规定仍不完善,SPV 的法律地位、证券化会计处理等规则仍欠缺。

在现有监管模式下,保监会负责与保险相关的业务规范、风险控制以及保险资产管理等问题;证监会负责巨灾风险证券的发行、交易和流通的问题;而财政部和国家税务总局则负责证券化过程中资产处置和流转过程中的相关会计和税收规则的制定、执行和监督等问题。因此需要监管部门打破壁垒,协调监管。如,证监会在现有的政策法规基础上调整、补充相关规定,特别是要明确巨灾证券的交易场所、交易主体、交易规则等重要内容;保监会要放开限制并鼓励保险公司承保地震险等巨灾风险,修订《保险法》对保险公司设立 SPV 的限制;税务部门要制定和完善相关会计准则和税收制度,参照国外的经验,发挥会计制度和税收政策对巨灾证券的推动作用。

(二)加快资本市场发展,促进保险市场和资本市场的结合

近年来,我国的资本市场得到了飞速发展,但与欧美发达国家相比,其规模和交易品种都远远落后,在市场机制等方面仍存在严重的问题,整个市场的运行效率低下。这在很大程度上限制了我国金融创新活动的开展。资产证券化的实践需要完善的资本市场作支撑。要发展巨灾风险证券化,首先需要一个制度完善的、规模足够大的债券市场。我们通过完善债券评级体系,创新债券品种,不断扩大对债券的需求,使债券市场得到更大的发展,才能为发行巨灾债券这个新品种创造市场空间。在此基础上,进一步推动金融衍生品市场的发展。目前我国股票、商品期货市场已经发展了十几年,为发展衍生品市场提供了不少经验。但我国的金融衍生品市场发展还相对落后,更缺乏经验。因此,我们应当加快发展和完善我国的金融衍生品市场,规范市场交易规则,加快风险评估机构、信用评级机构、法律服务机构等众多机构所组成的中介服务体系与市场设施的完善,从而为巨灾互换、巨灾期权等衍生品的发展搭建平台。这其中最亟待解决的是市场的信用阿题。2008 年的金融危机,暴露了发达国家金融衍生品市场的巨大风险,因此我们在发展金融衍生品的过程中应该借鉴它们的经验与教训,注重基础资产质量,防范风险。

(三)大力发展金融工程技术,加快人才培养

现代金融工程技术是巨灾风险证券化的技术保证。对我们来说,风险证券化还存在

大量的技术难题,其中定价是较为突出的一个问题。发行巨灾债券,需要保险公司将所承保的巨灾风险进行分割、组合,通过设立 SPV 将各种保险风险证券化。巨灾债券的期限结构和触发机制的设计,需要运用精算等复杂的专业技术。债券结构的差异将直接关系到债券的评级,进而影响到债券发行的成本。在巨灾风险定价方面,巨灾模型的建立是关键。由于巨灾是小概率大损失的保险事件,历史数据积累非常有限。要加快对我国历史灾害损失统计资料分析和整理,根据巨灾风险评估及历史数据,通过工程学的分析并运用风险管理技术和模型,模拟出我国不同频率、不同损失程度下的巨灾损失分布参数,建立我国的巨灾风险模型。

我国金融发展落后与金融人才的缺乏是分不开的。加强专业人才的培养和储备是当务之急。应通过高校的专业教育、选送人才赴海外培训、引进海外人才等方式,跟踪和掌握国际巨灾风险理论研究和实践的最新发展动态,加强巨灾风险管理的理论创新研究,用以指导巨灾风险证券化的开发和推广。

六、结语

巨灾风险证券化较好地实现了巨灾风险的社会化管理,在发达国家已经被证明是一种较为有效的巨灾风险管理工具,对我国巨灾风险管理具有重要的借鉴价值。同时经济全球化以及银行、保险公司经营网络的国际化,也为中国的巨灾风险证券化提供了良好的国际环境。巨灾风险证券化无疑是我们进行巨灾风险管理的未来发展的方向,值得深入研究探讨。因此,不论是金融监管部门、金融机构还是投资者,都应做好相应的准备。

【参考文献】

[1]SWISS RE. Natural Catastrophes and Man - Made Disasters in 2008[R]. Sigma, 2009.

[2]黄斌. 巨灾风险证券化的经济学分析[J]. 南昌:江西财经大学学报,2003(1):29 - 33.

[3]戈利耶. 风险和时间经济学[M]. 北京:中信出版社, 2002.

[4]瑞士再保险公司. 素描 ART[R]. SIGMA,2003(1).

[5]COX S H, J R FAIRCHILD, H W PEDERSEN. The Economics on Insurance Securitizations [J]. Contingencies, 2002(9/10).

[6]ISO. Catastrophe Risk Securitization: Insurer and Investor Perspectives[R]. Insurance Services Office,1999.

[7]NEIHAUS G. The Allocation of Catastrophe Risk[J]. Journal of Banking and Finance, 2002, 26: 585 - 596.

[8]RULE D. Risk Transfer Between Banks, insurance Companies and capital markets [J]. Financial Stability Review, 2001, 12: 137－159.

[9]Swiss Re. Capital Market Innovation in the Insurance Industry[R]. Sigma, 2001;3.

巨灾保险与金融工具创新

陈亚东　刘苓玲

【摘要】近年来,我国因地震、洪水等自然灾害造成的经济损失数以千亿计。保险作为市场化的风险转移机制和社会救助机制,理应在巨灾风险管理方面发挥重要作用,但我国的巨灾保险体系几乎是一片空白。利用金融工具,将巨灾风险证券化,把保险市场和资本市场相结合,为我国的巨灾保险指明了一条出路。本文通过建立巨灾保险基金和巨灾风险证券化的形式进行分析,尤其是对巨灾债券进行进一步考察,提出了巨灾保险金融工具创新的思路。

【关键词】巨灾保险;金融工具;风险证券化;巨灾债券

Abstract: In recent years, due to earthquakes, floods and other natural disasters, economic losses caused tens of billions of dollars in China. Insurance as a market - based risk transfer mechanisms, and social relief mechanisms, should play an important role in the catastrophe risk management, but the catastrophe insurance system is almost a blank in China. It points out a way to catastrophe insurance by using financial instruments, the catastrophe risk securitization, the insurance market and capital market integration. This paper analyze the establishment of catastrophe insurance fund and the form of securitization of catastrophe risk, especially for the further study of catastrophe bonds, at last puts forward the thinking of catastrophe insurance financial tool innovation.

Key words: catastrophe insurance; financial instruments; risk securitization; cat bond

引言

巨灾特指大自然灾害,如地震、洪水、台风、海啸等,巨灾风险是指这些特大自然灾害

[作者简介]陈亚东,重庆科技学院教授,博士,财政部财政科学研究所访问学者、重庆市优秀专业技术人才;刘苓玲,博士,西南政法大学经济学院教授,劳动经济研究中心主任,硕士生导师。

造成的一定地域范围内大量保险标的同时受损，并带来巨大生命和财产损失。巨灾风险最主要的特点是发生概率小，但损失巨大。在社会发展的过程中，随着人口的聚集与财富的积累，巨灾给人类造成的损失已形成不断扩大的趋势。中国是一个自然灾害频发的国家。据联合国统计，20 世纪全球范围内 54 次最严重的自然灾害中，其中 8 次发生在我国。而民政部有关统计资料来表明，中国每年自然灾害所造成的直接经济损失在 500 亿 ~ 600 亿元之间。巨灾带来的财产损失和恐惧感刺激着人们对巨灾保险的需求，美国、欧洲和日本等国开展了巨灾保险业务，并相继产生了巨灾期权、巨灾期货、巨灾债券、巨灾风险互换等金融工具。然而，中国巨灾保险制度几近空白，巨灾风险损失仍然主要由政府财政直接承担，其转移巨灾风险的作用十分有限，也不利于财政支出在各年的稳定性。因此，建立完善的巨灾保险体系势在必行，这对于保险业发挥其承载社会稳定功能具有重要意义。目前，许多专家学者也开始就中国的巨灾保险模式进行探索，如何利用金融工具，将巨灾风险证券化，将保险市场与资本市场有机地相结合，是社会各界的一致观点，但就如何创新金融工具，建立起适应中国国情的巨灾风险融资体系还没有形成一个共识，对此，本文将在研究我国巨灾保险现状的基础上，提出创新金融工具的思路。

一、我国巨灾保险现状及成因

我国在巨灾保险法规制度建设方面并不是无所作为；2006 年国务院的《关于保险业改革发展的若干意见》中曾提出建立由国家财政支持的巨灾风险体系；2007 年十届全国人大常委会第二十九次会议表决通过的《突发事件应对法》明确规定，我国将建立国家财政支持的巨灾风险体系，并鼓励单位和公民参加保险；2009 年 5 月 1 日开始生效的《中华人民共和国防震减灾法（修订）》第四十五条也规定国家发展有财政支持的地震灾害保险事业，鼓励单位和个人参加地震灾害保险。然而，到目前为止，我国各保险公司只将洪水灾害作为特约附加保险承保，而对破坏性特别严重、人民群众十分关心的如地震、冰雪、海啸、台风等巨大灾难一般不予承保，以规避由此产生的经营风险。以 2008 年为例。2008 年年初我国南方发生特大冰雪灾害，造成直接经济损失约 1516.5 亿元，保险赔款近 20 亿元，占雪灾总损失的 1.3%；"5·12"汶川地震，直接经济损失 8523 亿元，截至 2009 年 5 月，共支付赔偿金 11.6 亿元，预计保险金 4.87 亿元，合计支付 16.6 亿元①，仅占总损失的 0.2%。如此巨大损失，与巨灾保险的空白形成鲜明对比，究其原因主要有以下方面。

---

① 保监会：汶川地震保险理赔基本完成，合计赔付 16.6 亿。http://www.stockstar.com/focus/SS2009051130222503.shtml.

(一)从保险业来看,保险公司整体实力不强,承保能力较弱,难以为巨灾保险的建立提供雄厚的资金基础

市场供给能力是整个保险市场最大能够承保的风险总量,为保证偿付能力,各国一般都要求保险公司的最大自留保费为资本金加公积金的一定倍数。因此,一国保险市场的资本金总量可以用来衡量一国保险市场的供给能力。尽管近年来我国保险公司的保险资产增长迅速,从2002年的6320亿元增长到2009年的40 634.75亿元,增长了5倍(见表1),但是,与美国保险公司拥有的金融资产相比,则具有较大的差异。与此同时,我国原保险市场的巨灾风险分散能力非常有限(见表2)。

表1 中国保险公司资产情况表(2002—2009年) 单位:亿元

年份	总资产	寿险资产	非寿险资产
2002	6320	5161	1159
2003	9088	7657	1431
2004	11 953.68	8352.9	3600.78
2005	15 286.44	13 458.27	1828.17
2006	19 704.19	17 446.26	2257.93
2007	28 912.78	23 249.16	5663.62
2008	33 418.83	27 138.45	6280.38
2009	40 634.75	33 655.05	6979.7

数据来源:根据《中国统计年鉴》(2003—2010年)数据整理。

表2 美国保险公司金融资产情况表(2002—2006年)

单位:亿美元

年份	总资产	寿险资产	非寿险资产
2002	42 748	33 350	9398
2003	48 325	37 728	10597
2004	52 912	41 303	11 609
2005	56 011	43 507	12 504
2006	60 742	47 088	13 654

数据来源:张艳妍,吴韧强. 美国保险资金的运用与借鉴[J]. 经济与金融,2008(10):60-61.

（二）从对巨灾风险的管理来看，我国风险管理技术不成熟，巨灾风险防范意识弱，放缓了巨灾保险建立的步伐

目前，我国保险业尚未建立完备的风险数据库，灾害信息发布和统计不充分，相关信息不能够实现共享，对各类灾害事故的认识不足，客观限制了保险业防灾抗灾的能力，不利于保险业对数据进行统计分析，也不利于对防灾防损工作的指导。而从巨灾风险防范意识来看，慕尼黑再保险公司地震风险专家表示，与发达保险市场相比，亚洲在巨灾保险方面存在相当差距。在美国，保险通常可以覆盖巨灾损失的40% ~50% ，欧洲的比例为20% ~25%，而亚洲则只有4%。四川汶川大地震发生后，保险业虽然积极应对，但仍然难掩尴尬事实：由于投保率过低，保险覆盖面有限，在抗震救灾过程中，保险公司扮演的“捐赠者”角色远远大于“理赔者”角色，产险公司的缺位尤其明显。

（三）从巨灾保险市场来看，保险市场失灵阻碍了巨灾保险的建立

建立在不确定经济学以及风险管理体系下的巨灾保险市场机制应该是价格机制、供求机制、竞争机制和风险机制等构成的一个有机联系整体。然而，巨灾保险市场是一个典型的信息不对称、市场不完全的非有效市场，市场失灵问题主要表现在市场供求两大方面。

1. 巨灾保险需求不足

首先，多数人愿意支付一个实际的价格来减少风险①，几乎每个人都是厌恶风险的，但个人风险厌恶程度主要有两个原因：一是偏好的差别。在其他条件相同时，人们仅在边际效用受其收入影响的程度上存在差异。收入对边际效用影响不大的人一般不是极度的风险厌恶者。二是初始收入或财富的差别。一般来说，拥有高收入或大量财富的人风险厌恶的程度会更小。这两大原因决定了低收入者往往比高收入者更加厌恶风险。然而在我国，由于居民收入水平普遍偏低，在满足了基本生活需要之后，能够购买保险产品的剩余资金并不充裕，尽管低收入家庭存在着转嫁风险的实际要求，但经济支付能力的约束十分突出。巨灾保险商品是一种高收入弹性的商品，对于大多数低收入居民而言，尚属于奢侈品，因而购买力过低是巨灾保险需求不足的根本原因②。

其次，作为理性消费者，居民对不同商品的消费将按照效用最大化的原则予以安排，也就是说，消费者愿意用一单位的某种商品去交换的另一种商品的数量，应该等于该消费者能够在市场上用一单位的这种商品去交换得到的另一种商品的数量③。我国中低收入居民，其手里持有的货币用于购买其他商品的边际效用远高于购买巨灾保险产品的边际

---

① 保罗·克鲁格曼．微观经济学[M]．黄卫平，等，译．北京：中国人民大学出版社，2009：543.

② 刘玲，等．我国巨灾保险市场失灵的经济学分析[J]．商业研究，2009(12)：107.

③ 高鸿业．西方经济学[M]．4版．北京：中国人民大学出版社，2009：92.

效用，即便是有较高收入的居民，由于巨灾风险发生的概率很小，用于购买寿险、意外保险或家庭财产保险等保险产品的边际效用也将高于购买巨灾保险，这使得巨灾保险表现出严重的需求不足。

最后，机会主义和搭便车行为在巨灾保险市场并不鲜见。Hazell 和 Hazell 在基于农产品缺乏需求弹性的假设下研究保险产品对农户的影响时发现，由于农产品的需求缺乏弹性，当没有购买巨灾保险产品时，农作物歉收对农民和消费者都产生不利影响，一旦购买巨灾保险产品，农产品的供给增加，消费者也将获益，而且会通过乘数效应对非农产品的收入和就业产生外溢效应，从而使得边际社会收益大于边际私人收益，边际私人成本大于社会成本，从产生的正外部性导致农户不愿意购买巨灾保险产品①。

2. 巨灾保险的供给不足

首先，巨灾风险损失巨大与保险公司商业性目标的背离性，决定了巨灾保险供给的不足。一方面，由于巨灾风险损失巨大，一旦发生实际赔付，经营巨灾保险的公司可能面临巨额亏损甚至破产倒闭；另一方面，商业性保险公司营利性目的必然要求保险公司保持财务的稳定性以及利润的持续增长，保险人作为经济人，也必然以追求利润最大化为其根本目的，这就使得巨灾保险产品成为保险公司的“鸡肋”产品。

其次，巨灾保险的边际收益过低也是巨灾保险供给不足的另一个重要原因。根据生产者行为理论，企业必须遵循边际收益等于边际成本的利润最大化原则。在承保能力既定的前提下，保险人最大化其收益的条件是使投入到各种险种上的最后一单位承保能力所带来的边际收益相等。如果同一单位承保能力投入到巨灾保险上所带来的边际收益小于投入到其他险种上的边际收益，保险人就会不断减少对巨灾保险的投入，转而承保其他险种，直到巨灾保险与其他险种的边际承保利润相等为止。近年来，我国有关巨灾保险业务的不断萎缩，正是各保险人理性行为选择的必然结果。

二、我国建立巨灾保险机制亟待解决的两个问题

上述分析表明，要真正地将我国的巨灾保险开展起来，必须建立一个适合经济发展规律和我国国情的巨灾保险机制。与普通风险相比，巨灾风险更适合在时间跨度上实现纵向分散，即用非巨灾业务年度的保费收入和盈余弥补巨灾业务年度的赔付和亏损。巨灾风险的时间分散在理论上能够成立，但实际当中却很难被商业保险公司采纳。因为要实现时间分散，保险公司必须建立巨灾准备金，并保持其良好的流动性，这就面临着两个问题：一是规模巨大的巨灾保险基金从何而来；二是如何保证巨灾保险资金良好的流动性。对此可以从多角度予以考察。

① Peter B. R Hazell and Roger D. Norton Hazell. Mathematical Programming for Economic Analysis in Agriculture. Macmillan Publishing Company New York, 1986

(一)巨灾保险基金的筹资渠道

对于数额巨大的巨灾保险基金的原始资金来源,可以有五个渠道:

(1)政府财政拨款。灾害基金一般是政府以财政收入提供资金而建立的为巨灾风险融资的基金,包括国家财政专项拨款;减免的税收(即政府对巨灾保险和巨灾保险基金的税收优惠划入基金账户统一管理);在不影响企业赢利的情况下,对企业实行征收全国国税和地税附加巨灾基金费;对消费者的高档消费和奢侈商品消费征收一定比例的巨灾基金费,如高档餐厅、夜总会、各种高档娱乐场所、化妆品、高档烟酒、高档轿车、高档服饰、高档电子产品等。

(2)保险公司巨灾保费。扣除承保公司管理费用及其正常利润以后的巨灾保费收入,是巨灾保险基金来源的一部分。

(3)社会捐赠。社会捐赠可以成为巨灾保险基金的重要来源。2008 年,社会捐赠款总计为 744.5 亿元,2009 年为 507.2 亿元,其规模不可小视。巨灾保险基金可以长期接收国内外个人、社会团体、企事业单位不定期的捐助。

(4)巨灾彩票。巨灾保险属于准公共产品,完全可以借鉴我国福利彩票的发行方式,其发行收入专用于巨灾保障体系。

(5)基金投资收益。可以将巨灾保险基金委托投资机构进行投资,所获得的投资收益充实基金。

(二)巨灾保险基金良好的流动性

保险公司持有大量现金,将会影响公司的投资决策,降低公司的赢利水平。如果是上市公司,持有大量现金还会引起资本并购者的关注,引发“接管威胁”。面对这种危险,保险公司通常可以通过再保险市场有效分散风险,避免偿付能力危机的出现。对于原保险人而言,再保险可以在更大范围内分散风险。然而,与普通风险不同的是,巨灾风险具有一定的系统性和伴生性,再保险也不可能实现完全意义上的分散化,而且由于巨灾风险造成的最大可能损失还在逐年增加,再保险人也不可能提供完全意义上的风险分散化。不考虑风险分散化问题,再保险市场还存在高成本以及周期性波动问题,即在一系列重大自然灾害之后,行业准备金耗尽,造成资本不足,价格上涨,从而利润水平上升,于是资本重新回流到市场当中,公司重新展开竞争,价格下降。外部融资的另一种渠道来自于资本市场,即风险证券化。通过证券化可以将巨灾风险联结于全球资本市场,从而实现风险的有效分散。

三、巨灾保险中的金融工具创新

巨灾保险中的金融工具创新主要是指将巨灾风险进行证券化处理,利用从资本市场筹集到的资金化解巨灾风险的一种融资方式。活跃在资本市场上的巨灾风险证券化工具已形成一定的类型，并在不同的条件下使用。

（一）巨灾保险中的金融工具类型

（1）巨灾保险期货：这是在芝加哥交易所设计并于1992年12月开始交易的，它是一种交易价格与某种巨灾的损失率或损失指数相联结的套期保值工具。这种期货合同通常设有若干个交割月份，在每个交割月份到期前，保险公司和投保人会估计在每个交割月份巨灾损失率的大小，从而决定市场交易价格。由于和商品期货的运作机制基本相同，如果保险公司预期成灾损失会发生，就会购买巨灾期货，反之则不会购买，从而使保险业免受巨灾造成的重大损失。但是，由于其流动性差、交易量小、道德风险严重以及基差难以控制等问题，巨灾保险期货于1995年停止了交易。

（2）巨灾保险期权：这是芝加哥交易所在1995年推出的以巨灾损失指数作为基础的标准化期权合同。巨灾损失指数反映的是一些样本保险公司或整个产险业的巨灾损失情况。指数越大，巨灾损失越严重，当指数超过合约的执行价格对应的指数时，期权的买方就获得一定的现金收益。保险公司是天然的期权买方。期权的卖方是投资者，当实际的巨灾损失低于合约执行价格对应的指数时，保险公司可放弃执行合同，投资者就得到一个事先确定的收益——期权费。由于巨灾保险期权指数基本是以整个保险业的巨灾损失为准，避免了少数样本保险公司操纵指数的道德风险，分散了投资组合的风险，从而提高了收益率。

（3）巨灾互换：它是交易双方按照一定条件交换彼此的巨灾风险责任。由于所处的地域不同，保险公司面临的风险状况也有差异。根据风险相对数双方签订互换协议，保险人可以直接交换一个国家内不同地区的保单，使承保不同地区的保险公司实现承保风险的多样化与分散化。1996年，百慕大巨灾风险交易所开办了巨灾风险互换交易业务，并制定了一系列措施来防止逆向选择和道德风险。

（4）巨灾债券：又称自然风险债券或保险连接型债券，是保险公司或再保险公司通过直接发行公司债券，利用债券市场来分散风险，用高收益的债券将巨灾风险证券化的一种形式。一个完备的巨灾债券市场由四个基本要素构成：投保人、发起人（保险人或再保险人）、特殊目的再保险人（special purpose vehicle，SPV）以及投资者，其运行机制如图1所示。

如图1所示，投保人首先就巨灾风险向保险人投保，保险人在收取了保费之后向被保险人提供巨灾风险保障；保险人或再保险人将巨灾风险以不同的方式进行组合归类，并通过SPV发行巨灾债券；投资者通过在资本市场上购买债券获得较高的风险收益。如果在债券发行周期内没有发生巨灾损失，发行人向投资者支付较高的本金和利息；如果在发行周期内发生巨灾损失且超过事先约定的限额，发行人将所筹集的资金用于支付赔款，不再向投资者支付本息。如此一来，承保巨灾损失的保险公司和再保险公司就将自身的巨灾

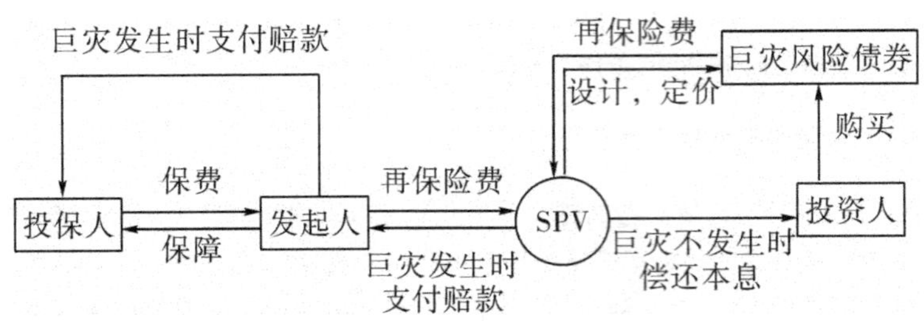

图1　巨灾债券运行机制

资料来源:张学峰.保险风险证券化视角的巨灾风险管理探析.兰州大学学报:社会科学版,2010(4):142

损失风险转移给了市场投资者,投资者的收益完全取决于巨灾损失是否发生。

相对于传统的再保险,巨灾证券化存在着源自其制度设计的内生优势。首先,它可以充分扩充保险公司获得资金的渠道。以我国A股市场为例,2008年一季度A股市值缩水近12万亿元,相当于我国2006年再保险总分保费收入的570倍。可见,对保险公司正常经营可能造成严重冲击的一场巨灾损失,在资本市场上只等同于一次寻常的股市行情波动,能迅速地被资本市场消化,不会引起市场的剧烈震动。资本市场丰厚的资金,可以为巨灾保险基金的创立筹集充足的资本,从而极大地提高对巨灾损失的偿付能力。其次,可以提高保险公司资金的流动性和市场效率。实行巨灾风险证券化,可以在资本市场上将巨灾风险通过出售或转让的方式,加强保险资产的流动性,有效盘活保险公司的非流动性资本金,加速资金周转率与资金循环,利用现有保险资金能力达到规模经济。由此可见,巨灾风险证券化工具有高度的创新性,它可以将巨灾风险转嫁到资金雄厚的资本市场,这比起传统的风险分散工具来说是极大的进步。由于我国目前还没有期权交易和互换交易的实践经验与条件,期货市场的交易制度也不是十分完善,大众接受程度低,诸多因素决定了当前我国不能从巨灾保险期货、巨灾保险期权以及巨灾互换入手解决巨灾保险基金问题,但是我国目前的债券市场发展较为成熟,大众接受程度高,投资者众多,因此可以考虑引进巨灾债券这一工具作为尝试。

(二)我国发行巨灾债券的可行性考察

从市场可行性来看,开发巨灾债券是可行的。这是因为:首先,从巨灾风险证券化产品的发展来看,其中最为成熟、运用最广的是巨灾债券,有众多发行成功案例可供借鉴。而其他巨灾风险证券化产品,还处于初级阶段。一些非标准巨灾风险证券化产品,应用条件苛刻,国际成功案例较少,其成功经验难以借鉴。其次,巨灾债券易于为我国投资者所接受。巨灾债券具有收益率较高、回报相对稳定的特点,比较适合当前投资者对资金回报稳定的需求偏好,较易为投资者所接受。同时,由于巨灾债券的收益仅取决于事件风险状况,而与金融市场所面临的风险无关,能有效分散并降低投资组合的风险,形成保险业和资本市场的良性互动。最后,从债券的设计角度来说,相对于其他巨灾证券化产品,债券化产品的设计相对更为标准,能够有效杜绝投机性产品出现。

从巨灾债券的有效性来看,也有着无可比拟的优越性。首先,巨灾损失和资本市场回报率之间不存在相关性。Cantor(1996)对美国1949到1995年的PCS指数和标准普尔500指数进行了相关分析,实证结果证明巨灾损失和资本市场回报率之间没有显著的相关性。而Lizenberger(1996)等人将得到的经调整的历史损失率和标准普尔500指数之间进行相关分析,实证结果表明巨灾损失概率和资本市场回报率相关系数仅为0.058,可以认为巨灾损失和资本市场不存在相关性,即巨灾债券的加入不会对资本市场造成明显影响和威胁。其次,巨灾债券可以降低投资组合的风险,提高回报率。巨灾债券因其信用风险较低,从而增强了保险经营的范围和稳定性。一方面,债券发行所募集的资本,由SPRV存入信托机构,仅在巨灾损失发生或债券到期后才动用信托基金,因此,由SPRV无力偿付造成的信用风险比较低;另一方面,SPRV与分保公司风险隔离,如果分保公司因为与被约定的巨灾风险事件无关的原因导致偿付能力不足,SPRV仍然有义务偿还给投资者债券本息,从而有效地保护投资者的利益。总之,相对于其他证券化产品来说,巨灾债券在我国的适用性最高。

四、我国发行巨灾债券的政策建议

尽管从客观上分析,我国具有发行巨灾债券的条件。但是由于我国缺乏与巨灾债券发行和运作配套的法律法规制度,保险市场机制还不完善,巨灾风险数据尚不完备,巨灾债券尚处于起步阶段,因而必须从政策法规、保险监管、保险技术、人才等方面做好准备。

(一)进一步完善相关法律法规

巨灾债券的发行涉及保险、资本等多个市场,因而不能简单地适用当前的保险政策及法规,我国立法部门和保险监管机构应将保险的自身行业特点和资本市场的特性有机结合起来,在现有的政策法规基础上,调整、补充相关规定,特别是要明确巨灾债券的交易主体、交易规则等重要内容。例如关于SPV的立法。从保护投资者的角度,就是要保持发行债券所筹集资金运用的独立性,SPV通过“真实销售”的方式获得发起人的资产,使巨灾债券与发起人的经营风险相隔离,因而SPV的法律问题最为重要,直接影响巨灾债券发行的成败①。由于SPV是一个介于保险公司和资本市场的中间机构,对其所适用的法律法规成为当前我国发行巨灾债券的首要难题。根据《保险法》第一百零五条规定:保险公司的资金不得用于设立证券经营机构,不得用于设立保险业以外的企业。这使得保险公司不

① 师华,等.我国发行巨灾债券的相关问题探讨[J].江西社会科学,2010(8):89.

能设立 SPV 这样的非保险金融机构,保险人无法从合法途径利用 SPV 发行巨灾债券。由此可见,法律、法规以及政策的调整补充十分重要。另外,在会计处理和税务问题上,也要注重发挥会计制度和税收政策对巨灾证券的推动作用,参照国际保险业的通行准则,制定和完善我国的相关会计准则和税收制度。

(二)完善监管权限的设计

巨灾债券的运作程序可以分为三个阶段。第一阶段是发起人接受再保险业务,并设立特殊目的实体(SPV),将部分再保险业务分给特殊目的实体。由于特殊目的实体和发起人是保险或再保险机构,按照我国《保险法》的规定,应当由保监会监管。第二阶段是特殊目的实体将巨灾风险证券化,发行巨灾债券。根据监管的偿付能力原则,巨灾债券对保险机构偿付能力有重大影响,巨灾债券的发行审批应由保监会负责,另一方面,发行环节中的监管权限问题,从保护投资者和化解金融风险的监管原则出发,应由银监会监管。第三阶段,巨灾债券在二级市场上的交易和付息还本。二级市场上的交易和结算,处于保护投资者的监管原则考虑,也应该由银监会监管。

同时,巨灾债券的发行涉及保险、证券、税收、会计等多个领域监管,属于跨部门监管,因此,一方面要根据经济发展状况有步骤地放开对保险资金运用的诸多不合理的限制,引导保险资金的有效利用;另一方面也要尝试跨部门的监管合作,同时要以监管创新为原则,注重保险监管的动态性、高效性、公平性及导向性,逐步实现保险监管的法制化和市场化。

(三)健全资本市场运行机制

资本市场的发育与完善是保险风险证券化的基本前提条件,资本市场的开放程度、灵敏程度、自由程度以及规范程度都直接决定了保险风险定价的准确性和公平性。与发达国家相比,我国资本市场还处于初期阶段,市场主体相对缺乏,投资、融资渠道不够畅通,各项运作机制也有待于建立与完善。因此,一方面要尽快培育和完善资本市场体系,规范资本市场行为,不失时机地创新金融产品;另一方面,也要保证资本市场的有效性、主体的自主性、交易的公平性和信息披露的透明性,为巨灾债券的发行奠定良好的基础。

(四)构建适合我国国情的巨灾债券发行机构,培养相关专业人才

现阶段,在我国有关法律体系框架下,出于风险隔离和信用担保的目的,应选择资本实力雄厚、法人治理结构完善、产品创新水平高、抗风险能力强的国有独资保险机构作为 SPV 试点。这种形式可以理解为国家以设立巨灾债券发行机构的形式来对巨灾债券进行担保,有了政府的担保,巨灾债券的发展将更有保证,也将更有可能取得成功。此外,随着慕尼黑再保险和瑞士再保险等国际知名再保险公司获准在华设立子公司,中国可以充分利用它们的成功经验和资源,选择其作为 SPV,面向海外发行中国巨灾债券。巨灾债券产品是新型的金融产品,专业知识的缺乏可能导致产品的交易难以进行,因此,需要加强专

业人才的培养和储备。

(五)构建巨灾风险指数体系和巨灾风险模拟模型

一方面,应建立至少包括国家指数、区域指数和省级指数等多层次的巨灾风险指数体系供各保险公司选择使用,从而创造出更合适的新产品。这样,既能降低巨灾债券的基差风险,又可使其具备一定的流动性。在发展巨灾债券的初期,特别是在现有数据资料和技术不够的情况下,可将巨灾债券的触发条件介于指数型和赔偿型之间,设定为保险公司对损失赔偿的预期值或保费赔付率,这种触发条件比较透明,容易被投资者接受,而且易于理解。

另一方面,应加快对灾害损失统计资料进行分析和整理,建立我国的巨灾风险模拟模型。一是通过工程学的分析并结合风险管理的技术,模拟出我国不同程度巨灾风险的损失分布参数;二是根据巨灾风险评估及其积累指标掌握我国巨灾风险的地理分布;三是根据巨灾风险的评估建立包括除外责任、免赔额、损失限额在内的保险条款等。

(六)加强与境外的投资银行、再保险公司、专业保险服务机构的合作

我国在开发巨灾债券的时候应该考虑到当前国际市场的需求,争取和境外投行、再保险公司、专业保险服务机构合作,可以由境外专业保险服务机构提供数据和定价技术支持,境外投行负责债券的发行和承销,同时在设计合同条款的时候,通过设定较短的债券到期时间、较高的票面利率、保证金不受风险,给予投资者较好的安全保障。

【参考文献】

[1]张为民. 保险词典[M]. 北京:人民武警出版社,2005:73.

[2]张艳妍,等. 美国保险资金的运用与借鉴[J]. 经济与金融,2008(10):60-61.

[3]保罗·克鲁格曼. 微观经济学[M]. 黄卫平,等.译. 北京:中国人民大学出版社,2009:543.

[4]刘玲,等. 我国巨灾保险市场失灵的经济学分析[J]. 商业研究. 2009(12):107.

[5]高鸿业. 西方经济学[M]. 4版. 北京:中国人民大学出版社,2009:92.

[6]PETER B R HAZELL, ROGER D NORTON HAZELL. Mathematical Programming for Economic Analysis in Agriculture[M]. New York: Macmillan Publishing Company, 1986.

[7]张学峰. 保险风险证券化视角的巨灾风险管理探析[J]. 兰州大学学报:社会科学版,2010(4):142.

[8]师华,等. 我国发行巨灾债券的相关问题探讨[J]. 江西社会科学,2010(8):8.

西方巨灾保险需求分析:理论与工具

卓志　丁元昊

【摘要】近年来,世界巨灾风险事件频发,巨灾风险管理与保险正在进一步成为新的热点。作为巨灾保险市场重要组成的巨灾保险需求问题,一方面,其不足是困扰与制约巨灾保险制度及其运行的一大难题;另一方面,对其进行分析又是研究巨灾保险不可回避的领域与课题。本文以自然灾害导致的巨灾风险与保险为研究对象,从个体选择行为的视角,运用规范性模型和描述型模型的基本思路,分别以期望效用理论和非期望效用理论等理论为工具,分析综述了对巨灾保险需求的解释与研究,最后提出了这些理论与工具,为我们开展巨灾保险研究的方法论启示。

【关键词】巨灾保险需求;期望效用理论;非期望效用理论

Abstract: In recent years, with the world's catastrophe events happened frequently, catastrophe risk management and insurance are further become the new hot spot. As an important component of the catastrophe insurance market, the demands for catastrophe insurance, on the one hand, the deficiencies are a major problem that had plagued and constrained the catastrophe insurance system and its operation , on the other hand, its analysis is one of the areas and subjects that can not be avoided around catastrophe insurance research. This paper focus on the catastrophe risk caused by natural risk and its insurance, from the perspective of individual choice behavior, using the normative model and descriptive model as the basic ideas, of expected utility theory and non - expected utility theory and other tools respectively, to analyses and reviews the the interpretations and studies about demands for catastrophe insurance, and finally concludes with these theories and tools' inspirations about our catastrophe insurance researches.

Key words: catastrophe insurance demand; expected utility theory; non - expected

---

[作者简介]卓志,博士后,ASA,教授、博士生导师,中国保险学会副会长,中国精算师协会正会员;丁元昊,西南财经大学保险学院2009级博士生。

本文获教育部哲学社会科学研究重大课题攻关项目“巨灾风险管理制度创新研究”(09JZD0028)资助。

utility theory

早在2001年“9·11”事件给美国带来数千亿美元的损失的时候,人们恐怕很难想象第一次超10亿美元损失的巨灾还发生在1989年(Kunreuther,2009)。随着时代的发展,恐怖主义、核危机、世界范围的传染疾病、网络瘫痪以及金融危机,与自然灾害一起威胁着地球上的每一个公民。由于巨灾事件频频发生,对巨灾风险与保险的研究在每个国家都显得尤为重要。然而,巨灾保险的现实的需求即使在保险密度比较深的发达国家仍然不足。

为此,许多学者提出了自己的解释:有的从宏观行业角度提出了影响需求的假设进而用实证的方法去检验假设的合理性;有的从中观角度分析信息不对称给保险市场需求带来的影响;有的从微观个体效用最大化出发去演绎巨灾保险需求不足的成因。其中,基于个体选择行为进行的研究,如以研究期望效用理论为代表的Arrow,以及之后将期望效用理论拓展到随机效用模型进行研究的McFadden;再如以心理学范式为依托,借助心理学与经济学共同开展研究的前景理论的创始人Kahneman和Tversky等得到广泛的关注,并因在这方面的杰出贡献丰富了巨灾保险理论,极大地推动了巨灾的研究。

本文以自然灾害引发的巨灾风险之保险为研究对象,从个体选择行为的角度,首先从规范性模型为主要工具的期望效用理论出发,进而运用改进后的期望效用模型,分析解释巨灾保险需求;其次通过描述性模型中的非期望效用理论,综合解释规范性模型失灵的原因,研究具体某一类巨灾保险需求不足;最后提出巨灾保险需求分析的理论与工具的启示。

一、巨灾保险需求:期望效用理论与最优保险购买

理论上,保险可以为个人和公司提供保护以应对自然灾害或者其他风险带来的经济损失。长期以来,在不确定性条件下对个体选择行为的研究中,保险占据了重要位置。从个体面对风险及不确定性行为出发,期望效用理论是经济学家与保险学家分析最优保险购买,进而解释保险需求等问题的经典模型。

冯·诺依曼和摩根斯坦(1947)最早提出期望效用概念,随后在公理化假设的基础上,他们运用逻辑和数学工具,建立了不确定条件下对理性人(rational actor)选择进行分析的框架。博尔齐(1961)首次将此理论引入保险经济学,并论证了风险帕累托最优交换的充要条件,提出了风险厌恶影响参与者情况下的最优保险金额。阿罗(1963)将期望效用理论应用于瓦尔拉斯均衡框架中,成为处理不确定性决策问题的分析范式。阿罗提出:在公平精算保费的基础上征收固定比例的附加保费,对一个预期效用最大化的被保险人而言,最优的选择是购买部分保险;在不考虑道德风险因素的条件下,如果保险费包含了固定比例附加费用,则最优的选择是购买拥有绝对免赔额的足额保险。同一时期的帕阿特(Pratt)(1964)基于期望效用理论,提出了绝对风险规避系数,该数值唯一地由个人偏好顺

序决定,包含了效用函数的所有重要信息,反映了人们面对风险时的行为(厌恶、中性、偏好)。莫森(1968)在阿罗研究基础上,提出了以下两个著名的观点:第一,在公平精算保费的基础上征收一正比例的附加保费,风险规避的个人最优的选择是购买部分保险;第二,如果个人的绝对风险规避系数递减,则保险是一个劣质品。可见,据期望效用理论,只要保险公司按照精算纯费率提供保险产品,消费者进行足额投保后的期望效用就总是大于未投保时的期望效用。阿罗—帕阿特和莫深等人用规范性模型解释了人们为什么会购买保险,并指出了保险计划的最优安排等成果,无疑为保险需求研究奠定了坚实的基础,并成为后继者对解释与研究保险需求的重要基础。随后,沿着传统的期望效用理论的研究路线,Doherty(1984)从组合角度对最优保险进行了分析,他指出,正是多元化的资产组合降低了个人和公司对保险的需求。进一步,如果可保风险与资产组合中的不可保风险是负相关的话,传统的期望效用理论中,公平保费保险的购买就不是最优的选择。只有当资产组合中,该可保风险的比重上升时,保险需求才会增加。

虽然期望效用理论在解释人们对一般保险产品的购买行为具有很强的说服力,然而对巨灾保险需求的解释难以自圆其说。为此,Doherty(1984)解释道,在巨灾风险被视做可保风险的前提下,由于其发生概率很小,因而在人们的资产组合中几乎不占任何比例,所以巨灾保险需求不足是多种风险并存时必然造成的结果。此外,Hogarth 和 Kunreuther(1989)认为人们不采取购买巨灾保险的保护措施,是因为他们不明白风险的期望效用理论的原理和模型的计算方法,一旦向公众道明其中的好处,公众认购的积极性就会相应提高。

人们立足期望效用理论对巨灾保险需求不足的主要解释,多将研究集中在完全保险市场范围,而且满足如下假定:①人们对损失的概率分布具有完全的知识。②存在大量同质的风险独立的投保人。③保险契约的谈判、订立和执行等交易成本为零。然而,地震、洪水等巨灾风险概率很小,历史统计数据不足,难以使人们对其分布有足够的把握;巨灾风险分布范围广,然而发生时波及范围比较集中,潜在受灾区域的投保人之间,风险显然不独立;一般保险交易成本也不为零。所以,期望效用理论分析巨灾保险需求的范式和方法受到越来越多的挑战和质疑。

二、巨灾保险需求:改进的期望效用理论

基于传统期望效用理论的缺陷,执著于规范分析的经济学家们开始着手对该理论进行改进,以期能较好地解释人们在面对风险与不确定时的选择行为。为此,他们对期望效用理论的框架下的效用方程赋予了不同的表达式,使之更贴近人们在面对风险和不确定性时的表现,进而形成了以对偶理论(yaari's dual theory)及其延伸、序效用理论(rank - dependent utility theory)、随机效用模型(random utility model)等为代表的改进期望效用理论。这些理论成为巨灾保险需求分析的新工具。

（一）对偶理论

1. 对偶理论对巨灾保险需求分析的优势

Yaari（1987）最早把对偶理论运用到保险需求的研究中。他认为期望效用理论存在如下两个基本的漏洞：一是在期望效用理论中，风险与财富是被束缚在一起的，风险规避与边际财富效用递减只是一个问题的两种阐述方式，因而不具有独立性；二是传统的期望效用理论基于“理性人”假设，给出了不确定性条件下理性行为的描述。然而，独立性以及现实中个体介于完全理性和不理性之间的“有限理性”等的存在，出现了许多与期望效用理论不相符的悖论①。

正是期望效用理论存在的缺陷，Yaari 提出不同决策的风险之间可能存在抵消效应，因而偏好的独立性并不成立。理性人对两个复合决策 $pS_x(t)+(1-p)S_z(t)$，$pS_y(t)+(1-p)S_z(t)$ 的偏好排序，不仅与 $S_x(t)$ 和 $S_y(t)$ 的偏好排序有关，还与 $S_z(t)$ 有关。进一步，Yaari 提出理性偏好应满足对偶独立性假设：x、y、z 为同单调随机变量，且 $x>y$，则 $\forall a\in[0,1]$，有 $ax+(1-a)z>ay+(1-a)z$。在此假设的基础上，Yaari 将对偶理论表述为：在面对风险的情况下，决策人依据对偶效用函数 h 的期望值最大化原则作决策②。

由于地震和洪水等巨灾引起的个体保险损失或理赔满足对偶理论中个体风险的共同单调性，巨灾再保险中的分出保单与分入保单也满足共同单调性，所以用对偶理论分析巨灾保险需求问题具有先天优势。根据对偶理论，投保人的保险决策取决于保险人实际保费 P 与投保人对偶效用函数 h(x) 大小的比较关系，并产生全额投保、不投保、任意比例都可接受这三种最优保险情况。这很好地解释了期望效用理论中“全额保险非最佳”这一与现实不符的结论。各个投保人主观意志的差别导致其主观保费不同，所以实际中，一些人愿意购买保险，而另一些人不愿意购买保险。

2. 对偶理论对巨灾保险需求不足的解释

巨灾风险具有两大显著特征：一是在短时间内会引起巨大的、连锁的个体赔付；二是巨灾再保险具有较高的自留额。前者显示了巨灾个体风险或理赔之间的强相关性；后者则表明了巨灾风险服从条件概率分布。从这个意义上讲，巨灾保险定价与一般保险定价具有明显的不同，而表现出巨灾保险定价的特殊性：它关注巨灾损失分布的重尾类型、巨

---

① 其中比较有名的是“阿莱斯悖论（Allais' Paradox）”，详见 Le Comportement de l'Homme Rationnel devant le Risque: Critique des Postulates etAxiomes de l'Ecole Americane[J]. Econometrica, 1953

② 对偶效用函数 h 可以表述为：存在[0,1]上不减的连续函数 h，记 $V=\{r.v.\ X:0\ X\ 1\}$，使得对一切的 X、$Y\in V$，$X>Y$

等价于 $\int_0^1 h(S_X(t))\mathrm{d}t\geqslant\int_0^1 h(S_Y(t))\mathrm{d}t$，并且 h 可以由以下偏好方程解出：$[1;p]\sim[h(p),1]$（$\forall O\leqslant p\leqslant 1$），$h$ 在正仿射变换意义下是唯一的。

灾风险中个体保险损失或理赔之间的相关性、渐近理论、破产概率等统计性质。Wang 和 Young(1997,1998)在这方面的研究具有代表性。在 Yaari 的对偶理论基础上,他们给出了对偶效用函数的几种具体形式以及更加关注损失分布尾部的保险失真定价法(distortion pricing)。而后者很好地满足了人们对巨灾损失厚尾分布的兴趣。进而,当个体风险属于同一分布族时,由共同单调的个体风险组成的聚合风险模型的风险最大,相应的保险价格最高,这反映了与一般性保险业务相比,保险公司承保巨灾风险和再保险公司分保巨灾风险的成本都是非常高的,也从一个侧面揭示了巨灾保险需求不足的现实。

(二)其他前沿理论

20 世纪 70 年代以后,由于大量心理实验表明,效用是非线性的,进而不少研究改变效用方程的线性表达式。如 Quiggin (1982) 在风险条件下和 Schmeidler (1989)在不确定条件下独立提出的序效用(也称等级依赖效用,rank - dependent utility theory)的概念,以一种效用排序的方式将心理学范畴的描述转换成经济学范畴,是对期望效用理论的又一拓展。

Luce 等(1991,1995)提出的等级和迹象依赖效用理论(rank - and sign - dependent utility)把等级和迹象结合起来,提出权重要以结果的等级顺序和结果与现状相关的迹象为基础,认为效用是各成分结果效用的加权和。巨灾保险在巨灾发生后或相关事件被大量报道时呈现需求上升的趋势,符合迹象依赖的解释。Lopes(1990,1995,1996)的安全—潜势/抱负理论(security - potential/aspiration,SP/A)是另一种等级依赖理论。他认为人们在做风险选择时既考虑安全倾向(避免最坏结果)又考虑潜在的倾向(获得最好结果),对这些目标的注意力变化影响权重函数。SP/A 理论假定权重函数在小概率事件时是“乐观的”;在大概率事件时是“悲观的”。这一假定满足了经验数据对人们购买巨灾保险的观察结果。由于对巨灾风险概率的主观判断,人们倾向于在面对巨灾风险时持投机心态;而对一般风险的认知使人们更多的购买其他保险产品。

此外,针对期望效用理论中对不确定性的解释变量不足,McFadden (2001)等学者提出在经典期望效用模型中加入随机影响变量,这种方法最具代表性的研究当属随机效用模型 RUM(random utility model)。RUM 把个人面临的不确定性分为主要影响因素和随机影响因素两类,两类影响因素分别产生效用,从而影响人们面对风险和不确定性时的选择。这使得传统期望效用理论研究者的眼界为之大开,对巨灾保险的需求提供了强有力的解释工具。

综上,改进的期望效用理论虽然在某种程度上延续了期望效用理论的分析框架,然而在不经意间激发了另外一些学者利用跨学科研究范式对保险需求进行分析,并在期望效用理论诞生 30 年后,自 20 世纪 70 年代开始,对保险需求的研究开始转向依据心理学、社会学、文化人类学和哲学的理论和方法,以划时代的力量开辟了经济学研究的新篇章。

三、巨灾保险需求：非期望效用理论

20 世纪 80 年代以来,在解释当事人面临不确定条件时如何做出决策方面,出现了前景理论(prospect theory)和风险感知(perception of risk)等有代表性的理论。

(一)前景理论

前景理论与传统的决策模型在决策制定和信息加工阶段,所存在的本质不同在于修正(editing)与评估(evaluation)(见表 1)。决策人首先利用自己拥有的信息与经验对风险进行修正(editing),进而通过对现状的比较和决策后改变程度的大小进行评估(evaluation)。其次,传统的理性决策在于对解决方法(solution)的比较判断,而前景理论强调对可能的情景(prospects)进行分析。前景理论的这一过程充分地突出了人们心理因素在做出决策时起到的关键作用。通过对人们反常及自相矛盾的研究,Kahneman 和 Tversky(1979,1992)指出,心理因素常常使人们在风险情形下的选择所展示出的特征与理性人假设模型中相反,这一结论强烈的动摇了期望效用理论的理论基础。

表 1　面临风险时的决策模型对比

传统的理性决策	前景理论
确定问题 寻找解决方法(solution) 分析解决方法	确定问题 产生预期(prospects) 修正预期(editing prospects) · 译码(coding) · 排列组合(combination) · 分隔(segregation) · 排除(cancellation) · 简化(simplification) · 占优探寻(detection of dominance)
评估选择 进行选择 完成	评估(evaluation) 进行选择 完成

Kunreuther(1995,2001)运用前景理论对巨灾保险需求尤其是需求不足进行了解释。前景理论认为人们在面对收益不确定性时,才会表现出风险规避,而在面对损失不确定性时,却表现出风险偏好,这一结论正好与传统的期望效用理论的结论相反。对比图 1 中的左右两个坐标,右面展示的是购买保险的行为人的效用函数,它符合传统效用理论对保险需求的解释。左图展示的则是通过一系列实验得到的现实中的人们的效用函数。巨灾风

险带来的损失很大，然而概率却很小，正好契合了人们对损失的风险偏好的态度，因此，人们对巨灾保险没有内在需求，这与现实中巨灾保险需求长期不足的现象一致。

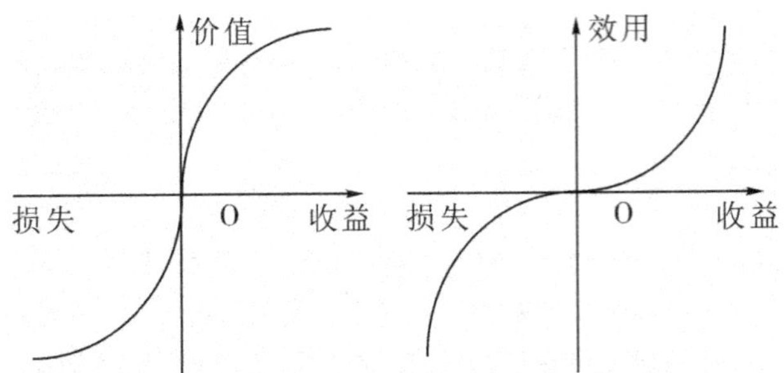

图1　前景理论中的一般行为人与投保人价值函数曲线对比

进一步，Kahneman 和 Tversky(1992)提出了前景理论中的如下几种决策效应：

(1)确定性效应(certainty effect)。人们对确定性收益的偏好，不确定性收益(即使期望价值高于前者)的厌恶。

(2)构架效应(framing effect)。同样的一种风险事件，由于问题的描述框架不同，在一些情况下，可以被人们感知，在另外的条件下则相反。

(3)参照点效应(reference point effect)。在判断风险事件的概率时，人们往往选择一个参照点或者概率阈值。当大于此参照点时，人们赋予其概率为1，而小于此参照点时，赋予其概率0，即认为不会发生。

(4)损失厌恶效应(loss aversion effect)。损失给人们带来的痛苦感大大强于收益给人们带来的幸福感。

(5)可得性效应(availability effect)。人们在决策时往往会简化决策过程，主要依据那些容易得到的信息作出判断，也就是说那些被人们熟悉的、容易记忆的事情在决策时被赋予了更高的权重。

据此，巨灾保险需求不足可被解释为：小概率巨灾事件，被人们本能地忽略不计。而巨灾风险发生时，集体情绪、信息传播、巨大的恐惧感，使得人们极大的暴露在这种风险的信息之下，对巨灾保险的需求短时间内显著上升。在巨灾事件发生之后，随着时间的推移，巨灾风险的信息在人们的视野中逐渐远去，人们会觉得这种小概率的风险甚至不会发生，便减少投保或退出巨灾保险市场。

(二)风险感知

沿着心理学与不确定性决策行为研究路径，产生了一种对自然灾害与巨灾风险进行分析并被称为“风险感知”的方法。该方法利用心理学研究范式(人格理论、心理测量表、词语联想法、情景生成法)，试图把人们面临巨灾风险时的行为与概率判断、风险抉择的心理学研究结合起来。Stevens(1958)使用规模估算技术(magnitude estimation)来评估风险和收益以及感知到的巨灾风险频率。Starr(1969)借用人格理论研究了人们对巨灾风险的风险感知和风险接受程度。Slovic等人(1977)用调查问卷及实验室游戏的方法考察了洪泛区和地震频发区房主的投保行为,对保险究竟应该自愿购买还是强制规定,以及效用理论能否为指导决策提供恰当的行为描述的重点研究。Fischhoff等(1978)用问卷调查的形式收集了人们对风险和收益的感知以及表达偏好(expressed preference)。进一步,在研究的风险领域不断扩大的同时,学者们利用更深层次的心理分析作为工具,例如心智模型(mental model)、情感捷思(affect heuristic)等,得出了许多对巨灾风险有实践指导性的结论。此外,风险感知还将研究范围拓展到社会、政治及文化决定因素方面,是继前景理论后,利用描述性方法论进行风险不确定性决策研究的新方向。

在巨灾保险需求方面,风险感知有如下主要的观点:

(1)自我否定。如果巨灾带来的结果非常恐怖和糟糕,就会使个体产生强烈的否定感,使得人们否认这样的结果会发生在自己身上。这时候结果虽然容易想象,但不会增加人们对事件发生可能性的预期。

(2)赌徒谬论。人们在巨灾事件发生以后,认为很长一段时间不会再发生类似灾难,从而倾向于低估巨灾发生概率。

(3)公众与政府的决策分歧。巨灾风险对于个体行为人而言概率小,而跨区域跨时段聚合众多个体风险后,巨灾风险的概率就很高,而后者是政府的决策依据,因此造成公众与政府的决策冲突与相互失望。

(4)政府救灾补偿机制的挤出。在多数人看来,巨灾风险威胁到公民的生存权,对自然灾害损失进行补偿应该是政府的责任。面对潜在的巨灾风险,人们总是倾向于等待政府的救助补偿,不愿意自己购买巨灾保险。

总之,心理学范式包含的理论框架假定风险是由个人主观定义的,这些个人可能受到广泛的心理、社会、制度和文化因素的影响,研究者可以对这些因素及其内在关系进行定量化和模型化,从而使我们更好地理解个人及其所在社会是如何对他们所面临的自然和巨灾风险做出反应的。风险感知对高概率小损失保险的偏好,以及对低概率严重损失保险的侥幸心理所揭示出的巨灾保险需求不足的根源,具有很强的现实启发意义。

四、简评与启示

通过对巨灾保险需求理论和工具的回顾与总结,本文认为:首先,从研究工具来看,以强调数理逻辑与推导严密为主的规范性模型,背离了实践中人们的保险需求行为,完美的数学函数只能解释部分现象。以强调行为描述与实验研究为主的描述性模型,缺乏严格的理论体系。二者如果有机结合,既可用于指明"应当何时购买保险"的规范性讨论,又可用作说明"保险决定如何作出"的描述性分析。其次,从研究范式来看,纯经济学的研究范式在巨灾保险需求上解释力相对不足,研究开始转向心理学、生物学、决策学范式,凸显多学科融合的态势。

综上所述,对比以上国外研究成果,我国的巨灾保险需求研究还存在很多不足甚至空白,这将直接制约着保险在巨灾风险管理体系中所应该起到的作用。我国是一个巨灾风险集中的国家,如何从根源上寻找解决巨灾保险需求不足的制度和经济安排,值得国内学者不断进行探讨。

【参考文献】

[1]卓志. 风险管理理论研究[M]. 北京:中国金融出版社,2006.

[2]ARROW K J. Uncertainty and the Welfare Economics of Medical Care [J]. American Economic Review,1963(1).

[3]ARROW K J. Aspects of the Theory of Risk - Bearing[M]. Academic Bookstore, Helsinki, 1965.

[4]BATTERMANN H, BROLL U, WAHL J. Insurance Demand and the Elasticity of Risk Aversion[J]. OR Spectrum,2002.

[5]BEENSTOCK M, DICKINSON G, KHAJURIA S. The Relationship Between Property Liability Insurance Premiums and Income :An International Comparison[J]. Journal of Risk and Insurance,1988.

[6]BLANCHARD - BOEHM R, BERRY K, SHOWALTER P. Should Flood Insurance be Mandatory? Insights in the Wake of the 1997 New Year's Day Flood in Reno - Sparks, Nevada [J]. Applied Geography,2001.

[7]BRIYS E, DIONNE G, EECKHOUDT L. More on Insurance as a Giffen Good[J]. Journal of Risk and Uncertainty,1989.

[8]BROWNE M, HOYT R. The Demand for Flood Insurance: Empirical Evidence[J]. Journal of Risk and Uncertainty,2000.

[9]CAMERER C, KUNREUTHER H. Experimental Markets for Insurance[J]. Journal of Risk and Uncertainty,1989.

[10]DOHERTY N. Portfolio Efficient Insurance Buying Strategies [J]. Journal of Risk and Insurance,1984.

[11]DWIGHT M, JAFFEE, RUSSELL T. Catastrophe Insurance, Capital Markets, and Uninsurable Risks[J]. Journal of Risk and Insurance,1997.

[12]ERWANN O MICHEL - KERJAN,CAROLYN KOUSKY. Come Rain or Shine: Evidence on Flood Insurance Purchases in Florida[J]. Journal of Risk and Insurance,2010.

[13]FISCHHOFF B, SLOVIC P, LICHTENSTEIN S. Fault tree: Sensitivity of Estimated Failure Probabilities to Problem Representation[J]. Journal of Experimental Psychology: Human Perception and Performance,1978.

[14]HOGARTH R M, KUNREUTHER H. Risk, Ambiguity, and Insurance[J]. Journal of Risk and Uncertainty,1989.

[15]KAHNEMAN D, TVERSKY A. Prospect Theory, an Analysis of Decision under Risk[J]. Econometrica,1979.

[16]KAHNEMAN D, TVERSKY A. Advances in Prospect Theory: Cumulative Representation of Uncertainty[J]. Journal of Risk and Uncertainty,1992.

[17]KUNREUTHER H. Protection Against Low Probability High Consequence. 1995.

[18]KUNREUTHER H, NOVEMSKY N, KAHNEMAN D. Making Low Probabilities Useful[J]. Journal of Risk and Uncertainty,2001.

[19]KUNREUTHER H, O MICHEL - KERJAN E. Market and Government Failure in Insuring and Mitigating Natural Catastrophes: How Long - Term Contracts Can Help[J]. Working paper,2009.

[20]Laury S, Mcinnes M, Swarthout J. Insurance Decisions for Low - Probability Losses[J]. Risk Uncertain,2009.

[21] LOPES L. Algebra and Process in the Modeling of Risky Choice [M]. Academic Press, 1995.

[22]LOPES L. When time is of the Essence: Averaging, Aspiration, and the short run[J]. Organizational Behavior and Human Decision Processes, 1996.

[23]LOUBERGE H. Risk and Insurance Economics 25 Years after. The Geneva Papers on Risk and Insurance,1998.

[24]LUCE R, FISHBURN P. Rank - and Sign - Dependent Linear Utility Models for Finite First - Order Gambles[J]. Journal of Risk and Uncertainty,1991.

[25]LUCE R, FISHBURN P. A Note on Deriving Rank - Dependent Utility Using Additive Joint Receipts[J]. Journal of Risk and Uncertainty,1995.

[26]MACHINA M. Risk, Ambiguity, and the Rank - Dependence Axioms[J]. American Economic Review,2009.

[27]MCCLELLAND G, SCHULZE W, COURSEY D. Insurance for low - Probability Hazards: A Bimodal Response to Unlikely Events[J]. Journal of Risk and Uncertainty,1993.

[28]MCFADDEN D. Economic Choices[J], American Economic Review,2001.

[29]MOSSIN JAN. Aspects of Rational Insurance Purchasing[J]. Journal of Political Economy,1968.

[30]PRATT J W. Risk Aversion in the Small and in the Large [J]. Econometrica, 1964.
[31] RAVIV A. The Design of an Optimal Insurance Policy [J]. American Economic Review,1979.
[32]SCHLESINGER H. Insurance Demand Without the Expected - Utility Paradigm[J]. Journal of Risk and Insurance,1997.
[33]SLOVIC P, FISCHHOFF B, LICHTENSTEIN S, CORRIGAN B, COMBS B. Preference for Insuring Agasinst Probable Small Losses: Insurance Implications[J]. 1977.
[34]STARR C. Social Benefit Versus Technological Risk [J]. Science, 1969.
[35]TVERSKY A, KAHNEMAN D. Advances in Prospect Theory, Cumulative Representation of Uncertainty [J]. Journal of Risk and Uncertainty, 1992.
[36]WANG S, YOUNG Y R, H H PANJER. Axiomatic Characterization of Insurance Prices [J]. Insurance: Mathematics and Economics, 1997.
[37]WANG S, YOUNG V. Order risks, Expected Utility Versus Yaari's dual theory of choice under risk [J]. Insurance: Mathematics and Economics, 1998.
[38]YAARI M E. The Dual Theory of Choice under Risk [J]. Econometrica, 1987.

后　记

在当今各类巨灾风险事件频繁发生的社会历史条件下,探寻巨灾风险管理与保险制度的理论基础,研究巨灾风险管理与保险制度的创新机制,已经成为整合性风险管理框架下,风险管理与保险学科领域中的前沿问题和未来发展方向。2008 年 5 月 12 日四川汶川特大地震发生,巨灾风险的应对与管理问题再次严峻地摆在我们面前。正是这一事件,催生了关心巨灾风险问题研究的学者的追踪、探求与责任。西南财经大学地处四川成都,长期来汇聚了大批经济、金融、保险、管理等学科的理论工作者。卓志教授作为保险学科带头人,以首席专家的身份成功申报了教育部哲学社会科学研究重大课题攻关项目"巨灾风险管理制度创新研究",并以此为依托,在巨灾风险管理制度的构建以及巨灾保险模式选择等相关领域进行了大量的探索研究,取得了较为丰富的研究成果。

为促进巨灾风险管理与保险研究跟实务领域的交流和合作,探讨适合我国国情的巨灾保险与风险管理的制度建设与创新,由西南财经大学卓志教授发起,并于 2011 年 6 月 18 ~ 19 日在成都组织召开了主题为"巨灾:挑战与应对"的巨灾风险管理与保险国际研讨会。该会议公开征集了巨灾风险管理与保险制度以及相关的学术论文 100 余篇,与会的专家学者以及相关研究人员就巨灾风险管理与保险的制度建设与政策主张、巨灾风险管理与保险的理论探索与实际应用以及巨灾风险管理与保险的国际实践与对我国的启示等相关问题开展了深入细致的探讨。应当说会议既是近年来我们对巨灾风险管理与保险问题研究的汇报会,又是一次进一步深入推动巨灾风险管理与保险制度创新的启动会。我们编辑出版部分会议与研究成果,以飨大家,希望大家继续关心与支持巨灾风险管理与保险制度事业的发展,共享学术研究的成果,最终创建出具有中国特色的巨灾风险管理与保险制度。

本书的出版,我们首先要感谢所有论文作者的支持、辛勤劳动以及其学术成果的奉献;其次要感谢教育部哲学社会科学研究重大课题攻关项目"巨灾风险管理制度创新研究"(编号:09JZD0028)、西南财经大学以及西南财经大学"211"三期建设科研项目、中国财产再保险股份有限公司等的会议和出版资助;最后,我们要感谢西南财经大学出版社曾召友先生、李霞湘女士以及我们的研究团队等对编辑出版工作所付出的努力与辛勤的工作。

谨以此书献给探索与战斗在中国巨灾风险管理与保险制度实践、创新与发展前线的广大决策者、参与者、关心者与支持者，并以此书纪念四川汶川“5・12”特大地震抗震救灾与灾后重建的胜利。

卓志

于柳林腾骧楼